Myla & Jon Kabat-Zinn
Mit Kindern wachsen

Aber das Bewußtsein vorausgesetzt, daß auch zwischen den nächsten Menschen unendliche Fernen bestehen bleiben, kann ihnen ein wundervolles Nebeneinanderwohnen erwachsen, wenn es ihnen gelingt, die Weite zwischen sich zu lieben, die ihnen die Möglichkeit gibt, einander immer in ganzer Gestalt und vor einem großen Himmel zu sehen!

Rainer Maria Rilke

Myla & Jon Kabat-Zinn

Mit Kindern wachsen

Die Praxis der Achtsamkeit in der Familie

Arbor Verlag
Freiamt im Schwarzwald

Copyright © 1997 by Myla Kabat-Zinn and Jon Kabat-Zinn
Puplished by arrangement with Hyperion, USA
Copyright © der deutschen Ausgabe: Arbor Verlag, Freiamt, 1998
Originaltitel: *Everyday Blessings*

Alle Rechte vorbehalten

1 2 3 4 5 6 7   Auflage
06 07 08 09 10 11   Erscheinungsjahr

Titelfoto: © IFA-Bilderteam, 2006
Druck und Bindung: Westermann, Zwickau

Dieses Buch wurde auf 100% Altpapier gedruckt und ist alterungsbeständig. Weitere Informationen über unser Umweltengagement finden Sie unter www.arbor-verlag.de/umwelt.

www.arbor-verlag.de

ISBN 3-936855-48-X

Inhalt

Danksagung 9
Prolog – jkz 12
Prolog – mkz 17

Teil Eins
Die Gefahr und das Versprechen

Die Herausforderung der Elternrolle 23
Was bedeutet Achtsamkeit für Eltern? 32
Wie kann ich das schaffen? 41

Teil Zwei
Sir Gawain und die hässliche Dame: Die Geschichte enthält den Schlüssel

Sir Gawain und die häßliche Dame 49

Teil Drei
Die Praxis der Achtsamkeit in der Familie

Souveränität 59
Empathie 72
Annehmen 81

Teil Vier
Achtsamkeit – Eine Art zu sehen

Eltern-Sein ist „die ganze Katastrophe". 97
Kleine Zen-Meister in den eigenen vier Wänden 99
Eine achtzehnjährige Meditationsklausur 104
Warum es wichtig ist zu üben. 113
Atmen 116
Die innere Kunst der Achtsamkeit 119
Gedanken sind nur Gedanken 121
Verurteilen oder Unterscheiden 124
Formelle Achtsamkeitsübung 128
Briefe an ein junges Mädchen, das sich für Zen interessiert 132
Die Stille zwischen zwei Wellen 146

Teil fünf
Eine Art zu sein

Schwangerschaft. 153
Geburt. 160
Wohlbefinden 165
Stillen. 169
Nahrung für die Seele. 173
Das Familienbett 176

Teil Sechs
Resonanzen, Sich einstimmen und Gegenwärtigkeit

Resonanzen 185
Sich einstimmen. 188
Berührung 191
Kleinkinder 194
Zeit 197
Gegenwärtigkeit. 200
Jack und die Bohnenstange 202

Schlafenszeit 204
Gathas und Segnungen. 206

Teil Sieben
Entscheidungen

Heilende Augenblicke 211
Wer sind die Eltern, wer ist das Kind? 218
Werte 224
Kindgerechte Produkte? 230
Körperkult und die Sehnsucht nach Nähe 235
Medienkult 239
Gleichgewicht 246

Teil Acht
Realitäten

Jungen 259
Eishockey auf dem Teich 266
Camping in der Wildnis. 268
Softball durchbricht den Trübsinn 271
Mädchen 275
Zottelhaube oder „Ich gehe so, wie ich bin!". 283
Die Entwicklung von Selbstbewußtsein und Verantwortlichkeit 291
Achtsamkeit im Klassenzimmer 294

Teil Neun
Grenzen und Öffnungen

Erwartungen 303
Hingabe. 311
Grenzen und Öffnungen 313
Sich um seine eigenen Angelegenheiten kümmern 321
Eine Schachpartie auf dem Bettrand 324
Weggabelungen 329

Teil Zehn
Dunkelheit und Licht

Vergänglichkeit	335
Der Strom der verborgenen Trauer	341
An einem seidenen Faden	346
„Sich vergessen"	354
Eine Garantie gibt es nicht	358
Verirrt	362
Es ist nie zu spät	365

Epilog
Sieben Intentionen und zwölf Übungen zur Entwicklung von Achtsamkeit in der Familie

Intentionen – Elternschaft als spirituelle Disziplin	372
Zwölf Übungen zur Entwicklung von Achtsamkeit in der Familie	374
Literatur	377

Danksagung

Bei der Arbeit an diesem Buch schrieb zunächst jeder von uns bestimmte Kapitel allein. Danach gaben wir einander Feedback und veränderten den Text. Schließlich überarbeiteten wir die ursprüngliche Fassung und bezogen das neue Material mit ein. Auf diese Weise entstand allmählich das vorliegende Buch. Alle Kapitel darin sind Produkte unserer gemeinsamen Bemühungen. Das Endergebnis ist aus unser beider Herz und Geist hervorgegangen und natürlich nicht zuletzt auch aus unserem langjährigen Zusammenleben.

Wir möchten zuerst unseren Kindern danken – für ihren respektlosen Humor, für ihre Ehrlichkeit und ihr Verständnis sowie dafür, daß sie uns auch an einem Teil ihres Lebens außerhalb der Familie teilnehmen lassen. Die Geschichten aus ihrer Kindheit, die wir hier mit ihrem Einverständnis wiedergeben, spiegeln kostbare Augenblicke, die letztlich einzig und allein ihnen gehören. Wir wissen ihre Nachsicht und Geduld mit uns zu schätzen, und es ist für uns ein großer Segen, daß sie ihr Leben und ihre Liebe mit uns teilen.

Wir danken auch unseren eigenen Eltern, Sally und Elvin Kabat sowie Roslyn und Howard Zinn, für alles, was sie uns gegeben haben.

In verschiedenen Entstehungsphasen dieses Buches haben wir Freunde um ihr Feedback gebeten. Ihnen allen möchten wir dafür danken, daß sie uns geholfen haben. Larry Rosenberg, Sarah Doering, Robbie Pfeufer Kahn, Becky Sarah, Norman Fisher, Jack Kornfield und Trudy Goodman haben das ganze Manuskript gelesen und uns mit ihrer Kritik und ihren Anregungen sehr geholfen. Außerdem möchten wir Halé Baycu-Schatz, Kathryn Robb, Jenny Fleming, Mary Crowe, Sala Steinbach, Nancy Wainer Cohen, Sally Brucker und Barbara Trafton Beall für ihre hilfreichen Anregungen danken.

Eine Reihe von Personen haben Beiträge zu diesem Buch geliefert und haben dadurch mit ihrem Herzen und ihrer Seele Anteil daran, und wir sind ihnen für ihre Großzügigkeit und ihre Ausdruckskraft zu tiefem

Dank verpflichtet. Wir möchten Caitlin Miller für ihre Gedichte in dem Kapitel *Briefe an ein junges Mädchen, das sich für Zen interessiert* danken, Susan Block für ihr Material in dem Kapitel *Es ist nie zu spät*, Ralph und Kathy Robinson für das Gedicht, das von ihrem Sohn Ryan Jon Robinson stammt, sowie auch für Ralphs Bericht über Ryans Leben und die Schilderung seines Todes im Kapitel *Vergänglichkeit*, Lani Donlon für die Geschichte in *Werte in der Familie*. Cherry Hamrick für ihren Brief in *Achtsamkeit im Klassenzimmer* und Rebecca Clement, ihrer Schülerin, für den ihren. Auch Rose Thorne, Becky Sarah, Halé Baycu-Schatz und Robbie Pfeufer Kahn haben Material beigesteuert, für das wir ihnen ganz herzlich danken möchten.

Ich (Myla Kabat-Zinn) fühle mich insbesondere Robbie Pfeufer Kahn zu Dank verpflichtet für die vielen Gespräche über die Bedürfnisse von Kindern, die wir im Laufe der Jahre geführt haben. Durch meine täglichen Spaziergänge und Gespräche mit Halé Baycu-Schatz habe ich ebenfalls wichtige Anregungen erhalten.

Weiterhin möchten wir all denen von Herzen danken, die uns über ihre Erfahrungen als Eltern berichtet haben. Viele dieser Geschichten haben wir auf Bitte der Betreffenden hin in anonymer Form nacherzählt. Einige konnten wir aus Platzgründen oder aufgrund ihres Inhalts nicht verwenden. Trotzdem möchten wir denjenigen, die uns diese teilweise erschütternden Geschichten mitgeteilt haben, dafür danken.

Von Robert Bly habe ich (mkz) erstmals eine wunderschöne und herzergreifende Version der Geschichte *Sir Gawain und die häßliche Dame* gehört. Er wiederum beruft sich in seiner Darstellung auf Gioia Timpanelli, die die Geschichte seit mehr als zwanzig Jahren erzählt und ihre Version unter anderem aus der mündlichen Überlieferung des Mittelalters und von Chaucers *Wife of Bath's Tale** herleitet. Unsere eigene Version dieser Geschichte basiert hauptsächlich auf Rosemary Sutcliffs Erzählung in *The Sword and the Circle*.

Unsere Lektoren Leslie Wells und Bob Miller haben uns in den entscheidenden Phasen des Produktionsprozesses mit ihrer Erfahrung zur Seite gestanden. Wir wissen es sehr zu schätzen, daß sie uns während der gesamten Entstehungszeit des Buches die Unabhängigkeit gelassen haben,

---

* Die in diesem Buch genannten und zitierten Bücher und Kassetten finden Sie im Literaturverzeichnis aufgelistet.

die wir brauchten, um unsere Ansichten so zu formulieren, wie sie nun in diesem Buch vor Ihnen liegen. Auch andere Mitarbeiter des Hyperion-Verlages haben uns in verschiedenen Phasen des Entstehungsprozesses wichtige Hilfe geleistet. Insbesondere sind wir Jennifer Lang zu großem Dank verpflichtet, die die Genehmigungen zur Benutzung fremder Quellen einholte.

Prolog – jkz

Unser Sohn, der gerade sein erstes Jahr im College absolviert, kommt um 1.30 Uhr in der Nacht zu Thanksgiving nach Hause. Ein Freund hat ihn gebracht. Als er am frühen Abend anrief und uns mitteilte, er schaffe es nicht, bis zum Abendessen bei uns zu sein – was wir eigentlich gehofft hatten –, waren wir alle enttäuscht, und einige Augenblicke lang hatte ich deutlich Ärger in mir gespürt. Wir hatten dann vereinbart, daß wir die Haustür offen lassen würden und daß er uns bei seiner Ankunft wecken sollte. Doch das war gar nicht nötig. Wir hörten ihn ohnehin ins Haus kommen. Selbst wenn er versucht, leise zu sein, ist seine junge und überschäumende Energie nicht zu überhören. Er kommt die Treppe hinauf. Wir rufen ihn flüsternd, um seine Schwestern nicht aufzuwecken. Er kommt in unser dunkles Schlafzimmer. Wir umarmen uns. Er tritt an meine Seite des Bettes, lehnt sich quer über mich zu Myla hinüber und umarmt uns beide gleichzeitig, mit seinen Armen und mehr noch, mit seinem ganzen Wesen. Er ist glücklich, wieder zu Hause zu sein. Als wäre es die natürlichste Sache der Welt, liegt er quer über mir. Jede Spur von Verärgerung über seine Verspätung und jede Enttäuschung darüber, daß er das gemeinsame Abendessen versäumt hat, ist augenblicklich verflogen.

Ich spüre, daß ein Glücksgefühl von ihm ausgeht, das weder übertrieben noch manisch ist. Er strahlt Freude, Zufriedenheit, Ruhe und Verspieltheit aus. Es ist, als würden alte Freunde einander wiedersehen, und mehr als das: wie ein Familienfest. Er ist jetzt zu Hause, hier, in unserem dunklen Schlafzimmer. Er gehört zu uns. Die Verbindung zwischen uns Dreien ist spürbar. Ein Gefühl der Freude durchflutet mich, und ich sehe eine Folge von Bildern aus meinem Leben mit ihm, die die Fülle dieses Augenblicks widerspiegeln. Dieser große Neunzehnjährige, der quer über mir liegt und den ich so oft in meinen Armen gehalten habe, bis er sich von uns löste und in die Welt hinausging, der nun einen zerzausten Bart und starke Muskeln hat, ist mein Sohn. Ich bin sein Vater. Myla ist seine Mutter. Schweigend sind wir uns dessen bewußt. Während wir daliegen, baden wir in unseren Glücksgefühlen, die sich zu einer Einheit verbinden.

Nach einiger Zeit verläßt er uns, um sich einen Film anzuschauen. Er kann noch nicht schlafen, weil er zuviel Energie hat. Wir versuchen, wieder einzuschlafen, doch wälzen wir uns noch stundenlang im Bett herum, vor Erschöpfung wie betäubt. Ich überlege kurz, ob ich zu ihm in sein Zimmer hinübergehen soll, um mehr kostbare Zeit mit ihm zu verbringen, aber ich bleibe dann doch liegen. Es ist nicht notwendig, daß ich irgend etwas hinterherlaufe, weder ihm noch dem Schlaf, den ich eigentlich dringend brauche. Am nächsten Morgen breche ich zur Arbeit auf, lange bevor er aufwacht. Den ganzen Tag über begleitet mich das Bewußtsein, daß er am Abend bei meiner Rückkehr zu Hause sein wird und ich ihn sehen werde.

*

Solche Augenblicke machen den Segen und die Freude aus, die wir Eltern erleben können, wenn wir es nicht selbst verhindern, so wie ich es an jenem Tag fast durch meinen anfänglichen Ärger getan hätte. Ebenso leicht können solch glücklichen Augenblicke vorübergehen, ohne daß wir sie überhaupt bemerken. Doch was ist das Besondere an ihnen? Spüren wir nur bei der ersten Heimkehr aus dem College, bei der Geburt, beim ersten Wort oder beim ersten Schritt eine so tiefe Verbindung zu unseren Kindern? Oder sind solche Augenblicke häufiger, als wir vermuten? Könnte es sein, daß sie eher häufig als selten sind, daß wir sie praktisch jederzeit erleben können, selbst in schwierigeren Situationen – sofern wir sowohl mit unseren Kindern als auch mit *diesem* Augenblick in Kontakt bleiben?

Meine Erfahrung ist, daß es solche Augenblicke im Überfluß gibt. Nur gehen sie leicht unbemerkt und ohne daß ich ihren Wert erkenne vorüber, wenn ich sie nicht wach genug bin, sie zu sehen. Es erfordert eine gewisse Art von innerer Arbeit, sie wahrzunehmen, denn mein Geist läßt sich so leicht und durch so viele Dinge von der Fülle jedes Augenblicks ablenken.

Wir Eltern befinden uns auf einer mühsamen Reise, einer Art Odyssee, unabhängig vom Alter unserer Kinder, ob uns dies bewußt ist oder nicht und ob es uns gefällt oder nicht. Diese Reise ist natürlich nichts anderes als das Leben selbst mit all seinen Windungen, mit all seinem Auf und Ab. Wie wir die Fülle der Ereignisse unseres Lebens mit unserem Geist und unserem Herzen aufnehmen, entscheidet über die Qualität unserer Reise und deren Bedeutung für uns. Unsere Wahrnehmung beeinflußt, wohin wir gelangen, was auf unserem Lebensweg geschieht, was wir lernen und wie wir uns bei alldem fühlen.

Wenn wir das Abenteuer unseres Lebens wirklich voll auskosten wollen, so erfordert dies eine besondere Art des Engagements und der Präsenz, eine stetige Aufmerksamkeit, die zugleich sanft und offen ist. Oft lehrt die Reise uns, aufmerksam zu sein, und weckt uns auf. Manchmal lernen wir auf eine sehr schmerzhafte oder gar auf eine beängstigende Weise, die wir niemals selbst gesucht hätten. Wie ich es empfinde, ist die Herausforderung Eltern zu sein, jeden Augenblick so intensiv und bewußt wie möglich zu leben, unseren Weg so gut zu planen, wie wir können, unsere Kinder zu nähren und in diesem Prozeß selbst zu wachsen. Unsere Kinder und die Reise, auf der wir uns mit ihnen zusammen befinden, bieten uns in dieser Hinsicht unendlich viele Möglichkeiten.

Das ist eindeutig eine Lebensaufgabe – eine Aufgabe, die wir um des Lebens willen auf uns nehmen. Wir alle wissen im Grunde, daß es nicht darum geht, höchste Perfektion zu erreichen oder alles immer „richtig zu machen". Es geht mehr um die Suche selbst als darum, eine bestimmte Qualität zu erreichen. „Perfektion" ist in diesem Zusammenhang einfach keine adäquate Kategorie – was immer dieser Begriff im Hinblick auf die Aufgabe von Eltern beinhalten könnte. Wichtig ist, daß wir authentisch sind, daß wir unseren Kindern und uns selbst soviel Respekt engegenbringen wie nur möglich und daß wir an alles, was wir tun, mit der festen Absicht herangehen, zumindest keinen Schaden anzurichten.

Meiner Ansicht nach besteht unsere Aufgabe als Eltern vor allem darin, Augenblick für Augenblick so aufmerksam wie möglich zu sein, so bewußt wie möglich zu leben, auch und gerade im Umgang mit unseren Kindern. Wir wissen heute, daß unbewußtes Verhalten eines oder beider Elternteile zwangsläufig Leiden für die Kinder mit sich bringt, insbesondere wenn es sich in Form starrer Ansichten, egozentrischer Verhaltensweisen und eines Mangels an Gewahrsein und Aufmerksamkeit manifestiert. Wenn Eltern sich so verhalten, ist das häufig ein Symptom dafür, daß sie selbst leiden, auch wenn sie ihr Verhalten niemals in diesem Licht sehen mögen, solange sie nicht selbst eine tiefe Erfahrung des Erwachens machen.

Vielleicht sollten wir alle, jeder auf seine Weise, Rilkes Einsicht beherzigen, daß stets „unendliche Fernen" sogar zwischen den einander nahestehendsten Menschen liegen. Wenn wir das wirklich verstehen und akzeptieren – so beängstigend es uns zuweilen erscheinen mag –, können wir uns vielleicht bewußt dafür entscheiden, so zu leben, daß sich Rilkes „wundervolles Nebeneinanderwohnen" entwickeln kann, indem wir die Distanz nutzen und lieben, die es uns ermöglicht, den anderen „in ganzer Gestalt und vor einem offenen Himmel zu sehen".

Das ist, so meine ich, unsere Aufgabe als Eltern. Um sie zu erfüllen, müssen wir unsere Kinder nähren, schützen und sie so lange unterstützen und begleiten, bis sie selbständig ihren eigenen Weg gehen können. Auch ist es sehr empfehlenswert, in unserem eigenen Leben Ganzheit anzustreben. Damit unsere Kinder, wenn sie uns anschauen, *unsere* Ganzheit vor dem Himmel betrachten können, müssen wir selbst völlig eigenständige Personen sein.

Das ist nicht immer leicht. Im familiären Alltag achtsam zu sein ist für Eltern harte Arbeit. Es bedeutet, daß wir uns innerlich gut kennenlernen und daß wir an jenem Berührungspunkt arbeiten, an dem unser eigenes inneres Leben und das Leben unserer Kinder zusammentreffen. Besonders hart ist diese Arbeit heute deshalb, weil die Kultur, in der wir leben, immer stärkeren Einfluß auf das häusliche Leben und auf das Leben unserer Kinder nimmt.

Ein Grund für meine regelmäßige Meditationsübung ist, daß ich auf diese Weise versuche, angesichts der ständigen ungeheuren äußeren Anforderungen mein inneres Gleichgewicht und meine geistige Klarheit zu erhalten. Außerdem hilft mir die Meditation, trotz aller Witterungsumschwünge, denen ich auf meiner Reise als Familienvater Tag für Tag ausgesetzt bin, einigermaßen „auf Kurs zu bleiben". Daß ich mir jeden Tag, gewöhnlich am frühen Morgen, eine bestimmte Zeitspanne für das stille Sitzen reserviere, hilft mir, ruhiger und ausgeglichener zu bleiben, einen klareren und umfassenderen Blick zu bewahren, mir ständig dessen bewußt zu bleiben, was wirklich wichtig ist, und mich immer wieder neu dafür zu entscheiden, daß ich mein Leben von jenem Gewahrsein leiten lassen will.

Die Achtsamkeit, die ich beim stillen Sitzen und bei der Ausführung alltäglicher Aufgaben entwickle, ermöglicht es mir, den gegenwärtigen Augenblick aufmerksam zu erleben – was mir wiederum hilft, im Herzen ein wenig offener und im Geiste ein wenig klarer zu bleiben und dadurch meine Kinder so sehen zu können, wie sie sind, ihnen geben zu können, was sie von mir am dringendsten brauchen, und ihnen den Raum zuzugestehen, den sie benötigen, um ihre eigene Art, wie sie in der Welt leben wollen, finden zu können.

Doch ist auch mein regelmäßiges Meditieren keine Garantie dafür, daß ich immer ruhig, freundlich, sanft und in der Gegenwart zentriert bin. Oft bin ich das ganz und gar nicht. Die regelmäßige Meditationsübung hat auch nicht automatisch zur Folge, daß ich immer weiß, was in einer Situation zu tun ist, oder daß ich mich nie verwirrt oder ratlos fühle. Allerdings hilft mir die durch die Übung verstärkte Achtsamkeit, Dinge zu sehen, die ich andernfalls vielleicht nicht gesehen hätte, und kleine, aber wichtige und manchmal entscheidende Schritte zu gehen, die ich andernfalls vielleicht nie gegangen wäre.

Nach einem Workshop, in dem ich den Anfang dieses Prologs (noch in Manuskriptform) vorgelesen hatte, erhielt ich von einem Mann in den Sechzigern einen Brief folgenden Inhalts:

> Ich möchte Ihnen hiermit für ein ganz besonderes Geschenk danken, das Sie mir an jenem Tag gemacht haben ... Die Beschreibung der Rückkehr Ihres Sohnes zu Thanksgiving hat mich sehr tief berührt. Das gilt insbesondere für Ihre Schilderung dessen, wie er Sie mit seinem Sein umhüllte, als er sich quer über Sie legte. Als ich das hörte, habe ich zum erstenmal seit langer Zeit wieder liebevolle Gefühle meinem eigenen Sohn gegenüber gespürt. Ich weiß nicht genau, was geschehen ist, aber es ist, als hätte ich bisher immer das Gefühl gehabt, mein Sohn müsse anders sein, damit ich ihn lieben könnte, und das hat sich jetzt geändert.

Wenn sie hoffnungslos oder enttäuscht sind, haben vielleicht alle Eltern hin und wieder das Gefühl, sie bräuchten eine andere Art von Kind, um es lieben zu können. Wenn wir dieses Gefühl nicht näher betrachten, kann es sich leicht von einem kurzlebigen Impuls in eine dauerhafte Enttäuschung verwandeln, und es kann sein, daß wir eine Sehnsucht nach etwas entwickeln, von dem wir glauben, daß wir es nicht haben. Wenn wir dann später noch einmal genauer hinschauen, so wie dieser Vater es getan hat, stellen wir möglicherweise fest, daß wir die Kinder, die uns gegeben sind, verstehen und so lieben können, wie sie sind.

Jon Kabat-Zinn

Prolog – mkz

Die tiefe Liebe, die ich für meine Kinder empfinde und mit der ich sie zu schützen versuche, hat mich immer wieder dazu motiviert, die innere Arbeit zu tun, die wir „Achtsamkeit in der Familie" nennen. Diese innere Arbeit hat mir unerwartete Geschenke und Freuden beschert. Sie hat mir geholfen, meine Kinder klarer so zu sehen, wie sie sind, frei von den Verzerrungen meiner eigenen Ängste, Erwartungen und Bedürfnisse, und zu sehen, was sie im jeweiligen Augenblick tatsächlich brauchen. Diese Achtsamkeit im Umgang mit meinen Kindern hilft mir, mich selbst genauer wahrzunehmen, und sie ermöglicht es mir, mit schwierigen Situationen und mit jenen automatisierten Reaktionen anders umzugehen, die äußere Schwierigkeiten so leicht in mir auslösen – Reaktionen, die oft hart und destruktiv wirken und die dem Wohl meiner Kinder zuwiderlaufen.

Obgleich ich nie regelmäßig Sitzmeditation geübt habe, habe ich in meinem Leben immer darauf geachtet, daß ich eine gewisse Zeit und genügend Raum für Nicht-Tun, Stillsein und Schweigen zur Verfügung hatte. Dies zu gewährleisten war besonders schwierig, als unsere Kinder klein waren, aber Möglichkeiten zum Alleinsein und zur Reflexion ergaben sich manchmal, wenn ich am Morgen noch im Bett lag, schon wach, aber noch nicht bereit, mich zu bewegen, noch meiner Träume bewußt, manchmal klar, manchmal in Gedanken verloren, empfänglich für alle Impulse und Bilder, die mich an jenem Ort irgendwo zwischen Wachsein und Schlaf besuchten.

Dies war für mich eine Art Meditation, meine Art, meine inneren Ressourcen zu stärken. Dadurch wurde ein gewisser Ausgleich zu meinen äußeren „Meditationen" geschaffen – zum ständigen Gewahrsein, Sich-Einstellen, Antworten, Festhalten und Loslassen, zu dem meine Kinder mich aufgrund ihrer Bedürfnisse veranlassen.

Meditative Augenblicke habe ich in vielen Formen erlebt: wenn ich mitten in der Nacht aufstehen mußte, um durchdrungen von tiefem Frieden mein Neugeborenes zu stillen und sie mich durch die Süße ihres Seins innerlich nährte oder wenn ich mit dem weinenden Baby umherging und es zu beruhigen und durch Singen und Wiegen zu trösten versuchte, während ich gegen meine eigene Müdigkeit ankämpfte, oder wenn ich in das Gesicht eines unglücklichen, wütenden Teenagers schaute, versuchte, den Grund für das Unglücklichsein herauszufinden und zu erspüren, was dieses Kind brauchte.

Achtsam zu sein bedeutet, aufmerksam zu sein, und Aufmerksamkeit erfordert Energie und Konzentration. Jeder Augenblick bringt Neues mit sich und kann andere Anforderungen an mich stellen. Manchmal bin ich mit einem intuitiven Erkennen gesegnet, in anderen Fällen begreife ich nichts, bin verwirrt, aus dem Gleichgewicht, versuche aber, intuitiv und kreativ auf die Situation zu reagieren, in die ich gestellt bin. Es gibt die zutiefst befriedigenden Augenblicke reiner Glückseligkeit, in denen ein Kind sichtlich aufblüht und ausstrahlt, daß es ihm gut geht. Es gibt aber auch die vielen schwierigen, frustrierenden und schmerzhaften Augenblicke, in denen nichts von dem, was ich tue, richtig zu sein scheint, sondern offensichtlich gravierend falsch ist. Besonders schwer fällt es mir bei älteren Kindern, klar zu sehen. Bei ihnen sind die Probleme gewöhnlich viel komplizierter und die adäquaten Antworten selten einfach.

Doch wenn ich das Gefühl habe, als Mutter meinen Weg verloren zu haben, mich in einem dunklen Wald zu befinden, wo der Boden rauh und uneben ist, das Gelände unvertraut und die Luft kalt, finde ich oft, nachdem ich wieder zu mir gefunden habe, irgend etwas in meiner Tasche. Ich muß mich nur darauf besinnen, innezuhalten, zu atmen, meinen Blick nach innen zu richten und genau anzuschauen, was da ist.

Jeder schwierige Augenblick enthält die Möglichkeit, meine Augen und mein Herz zu öffnen. Jedesmal wenn ich plötzlich etwas verstehe, was eines meiner Kinder betrifft, lerne ich auch etwas über mich selbst und über das Kind, das ich selbst einmal war, und dieses Wissen dient mir fortan als Führer. Wenn ich den Schmerz, den ein Kind empfindet, mitzuempfinden vermag, wenn ich die konträren und irritierenden Verhaltensweisen akzeptieren kann, die meine Kinder manchmal ausprobieren oder manifestieren, dann heilt mich die Macht bedingungsloser Liebe ebenso, wie sie meine Kinder nährt. Während sie wachsen, wachse auch ich. Meine Transformationen finden in meinem Inneren statt.

Meine Sensibilität ist für mich mittlerweile nicht mehr von Nachteil, sondern sie ist zu meiner Verbündeten geworden. Im Laufe der Jahre habe ich gelernt, meine Intuition, meine Sinne, meine emotionale Antenne zu benutzen, um tief in die Ereignisse hineinzuschauen, mit denen ich in meinem Leben konfrontiert werde. Ein wichtiger Teil hiervon ist, daß ich versuche, die Dinge aus der Perspektive meines Kindes zu sehen. Diese Art der inneren Arbeit hat sich für mich als sehr wirksam erwiesen. Jedesmal wenn ich mich entscheide, freundlich, statt grausam zu sein, zu verstehen, statt zu verurteilen, zu akzeptieren, statt abzulehnen, werden meine Kinder innerlich genährt und gewinnen dadurch an Kraft und Stärke, ganz gleich, in welchem Alter sie sich befinden.

Diese Einstellung zum Eltern-Sein schafft Vertrauen. Es ist mir ein wichtiges Anliegen, dieses Vertrauen und das Gefühl grundlegender Verbundenheit zu erhalten, das im Laufe vieler Jahre emotionalen und physischen Bemühens zwischen uns entstanden ist. Wenn ich mich kurzzeitig zu Achtlosigkeit hinreißen lasse oder wenn ich zulasse, daß plötzlich alte destruktive Muster das Ruder in die Hand nehmen, so ist das ein Verrat am Vertrauen meiner Kinder, und ich muß nach solchen Augenblicken bewußt daran arbeiten, unsere Beziehung wieder aufzubauen und zu stärken.

Seit zweiundzwanzig Jahren versuche ich, in meinem Leben als Mutter Augenblick für Augenblick achtsam zu sein: indem ich beobachte, Fragen stelle, mir dessen bewußt werde, was ich am meisten schätze und wovon ich glaube, daß es für meine Kinder am wichtigsten ist. Obgleich unzählige Aspekte des Familienlebens in diesem Buch nicht behandelt werden, hoffe ich, daß es uns gelingen wird, durch Beschreibung der für Eltern relevanten inneren Prozesse und der Art, wie sie erlebt werden, einen Eindruck vom Erfahrungsreichtum und von den Wachstums- und Veränderungsmöglichkeiten geben zu können, die ein achtsames Leben als Vater und als Mutter uns allen schenken kann.

MYLA KABAT-ZINN

Teil Eins

Die Gefahr und das Versprechen

Die Herausforderung der Elternrolle

Eltern erfüllen eine der anstrengendsten, schwierigsten und streßreichsten Aufgaben auf der Welt. Gleichzeitig ist es auch eine der wichtigsten, denn wie sie sie erfüllen, wirkt sich entscheidend auf Herz, Seele und Bewußtsein der nächsten Generation aus, darauf, worin diese jungen Menschen den Sinn ihres Lebens sehen und wie sie sich mit der Welt als Ganzem verbunden fühlen, auf ihr Repertoire an lebenswichtigen Fähigkeiten, auf ihre tiefsten Gefühle über sich selbst sowie auf ihre Chancen, in einer sich schnell verändernden Welt zu überleben. Doch in einer Welt, die der Produktion von Dingen einen weitaus höheren Wert beimißt als der Art, wie Kinder aufwachsen, übernehmen angehende Eltern ihre wichtige Aufgabe fast immer ohne jede Vorbereitung oder nur mit sehr geringer Unterstützung.

Gute Handbücher für Eltern können uns manchmal helfen, einige Situationen auf eine neue Weise zu sehen, und uns vielleicht beruhigen, wenn wir uns unnötige Sorgen machen. Vor allem in den frühen Jahren der Elternschaft können sie Hinweise zur Lösung bestimmter Probleme liefern und machen deutlich, daß es verschiedene Möglichkeiten gibt, die Dinge zu sehen. Sie bringen uns auch zu Bewußtsein, daß wir mit unseren Schwierigkeiten nicht allein sind.

Womit sich solche Ratgeber für Eltern jedoch meistens nicht beschäftigen, sind die inneren Erfahrungen, die Eltern bei der Erfüllung ihrer Aufgabe machen. Wie gehen wir beispielsweise mit den Gedanken und Gefühlen um, die in uns auftauchen, wenn wir Kinder haben? Wie können wir es schaffen, uns nicht von unseren Zweifeln, unseren Unsicherheitsgefühlen und von den realen Problemen, mit denen wir konfrontiert werden, überwältigen zu lassen – von den Situationen, in denen wir uns in einem inneren Konflikt befinden, und von den Situationen, in denen wir Konflikte mit anderen Menschen haben, unter anderem auch mit unseren

Kindern? Solche Bücher zeigen uns gewöhnlich nicht, wie wir unseren Kindern gegenüber mehr Sensibilität entwickeln und wie wir besser auf ihr inneres Erleben eingehen können.

Wenn wir mit Kindern wirklich neue Wege gehen wollen, erfordert dies, daß wir auch innerlich an uns arbeiten. Die konkreten Ratschläge, die uns Elternratgeber für die Bewältigung der äußeren Probleme des Familienlebens liefern, müssen wir durch eigene, innere Autorität ergänzen, die wir nur durch unsere Erfahrung entwickeln können. Diese innere Autorität kann nur dann in uns entstehen, wenn uns klar wird, daß wir unser Leben trotz aller äußeren Einflüsse in erheblichem Maße selbst gestalten können – und zwar durch die Art und Weise, wie wir auf diese äußeren Einflüsse antworten. Im Laufe dieses Prozesses werden wir eine völlig individuelle, aus eigenen Entscheidungen gewachsene Lebensweise entwickeln und dabei von unseren tiefsten, besten und kreativsten Ressourcen profitieren. Ist uns dies erst einmal klar geworden, erkennen wir vielleicht auch, wie wichtig es für unsere Kinder *und* für uns selbst ist, daß wir die Verantwortung für unsere Art zu leben und für die Konsequenzen unserer Entscheidungen übernehmen.

Wenn wir bereit sind, diese innere Arbeit zu tun, kann sich ein außerordentliches Maß an innerer Autorität und Authentizität in uns entwickeln. Unsere Authentizität und unsere Weisheit wachsen, wenn wir unserem Erleben und unserer alltäglichen Erfahrung bewußt Gewahrsein entgegenbringen. Wir lernen dann allmählich, unsere Kinder und ihre Bedürfnisse immer besser zu sehen und geeignete Möglichkeiten zur Unterstützung ihres Wachstums und ihrer Entwicklung zu erkennen. Außerdem wird es uns dann in zunehmendem Maße gelingen, ihre vielen verschiedenen und manchmal verwirrenden Signale zu interpretieren, und unser Vertrauen in unsere Fähigkeit, angemessen auf ihre Bedürfnisse einzugehen, wird gestärkt. Um zu verstehen, was im Kontakt mit unseren Kindern vor sich geht – ganz zu schweigen davon, wie wir uns ihnen gegenüber verhalten sollten, damit sie unter optimalen Bedingungen aufwachsen –, müssen wir eine beständige Aufmerksamkeit im Umgang mit ihnen entwickeln und das Geschehen immer wieder neu untersuchen.

Wie wir als Eltern unsere Aufgabe erfüllen, ist letztlich immer eine ganz persönliche Angelegenheit, und unsere Fähigkeit dazu erwächst tief aus unserem Inneren. Wie andere Menschen diese Aufgabe erfüllen, kann für uns niemals der Maßstab sein. Wir müssen unsere völlig eigene Art entwickeln, wobei wir natürlich auf alles zurückgreifen können, was uns nützlich erscheint. Dazu ist es notwendig, unsere eigenen Fähigkeiten und Talente zu entwickeln und ihnen zu vertrauen. Denn selbst das, was uns gestern gute Dienste geleistet hat, ist nicht unbedingt heute noch die beste Möglichkeit. Um zu spüren, was jeweils zu tun ist, ist es unerläßlich, daß wir fest im gegenwärtigen Moment verwurzelt sind. Und wenn unsere eigenen inneren Ressourcen erschöpft sind, ist es wichtig, daß wir wirksame und gesunde Möglichkeiten kennen, sie wieder aufzufüllen und uns zu regenerieren, ohne dies zu Lasten unserer Kinder zu tun.

Zu Eltern werden Menschen zufällig oder absichtlich, doch wie auch immer es dazu kommen mag, ist Elternschaft eine Berufunf. So ruft uns unser Leben als Eltern dazu auf, unsere Welt jeden Tag neu zu schaffen, ihr in jedem Augenblick mit frischem, unvorbelastetem Blick entgegenzutreten. Diese Berufung ist tatsächlich eine strenge spirituelle Disziplin – eine Aufgabe, die es uns ermöglicht, unsere tiefste menschliche Natur zu erkennen. Schon allein die Tatsache, daß wir Eltern sind, ist eine ständige Aufforderung an uns, unsere nährendsten, liebevollsten, weisesten und fürsorglichsten Qualitäten zu entwickeln und zum Ausdruck zu bringen – das Beste in uns zutage zu fördern, so gut wir eben können.

Wie jede spirituelle Disziplin ist der Weg der Achtsamkeit in der Familie voll von ungeheuren Versprechungen und Möglichkeiten. Gleichzeitig ist er eine Aufforderung zur inneren Arbeit an uns selbst, denn nur aufgrund dieser inneren Arbeit vermögen wir unserer Aufgabe als Eltern wirklich gerecht zu werden; nur mit ihrer Hilfe können wir uns wirklich mit unserem ganzen Sein für diese Heldenreise engagieren – die lebenslange Suche, die ein gelebtes menschliches Leben letztlich ist.

Menschen, die Eltern werden, übernehmen den härtesten aller Jobs, ohne jede Bezahlung, oft unerwartet und in relativ jungem Alter, unerfahren und häufig unter größten ökonomischen Schwierigkeiten. Gewöhnlich gehen Eltern ohne klare Strategie auf ihre Reise und ohne umfassenden Überblick über das, was auf sie zukommt. Sie treten diese Reise meist auf die gleiche intuitive und optimistische Weise an, auf die wir Menschen uns auch vielen anderen Aspekten unseres Lebens nähern. Wir lernen, unsere Aufgabe zu erfüllen, während und indem wir dies versuchen. Und tatsächlich gibt es auch gar keine andere Möglichkeit, es zu erlernen.

Zu Anfang ist uns gewöhnlich nicht einmal klar, daß unser Leben als Eltern völlig neue, ungewohnte Anforderungen an uns stellt, daß dieses neue Leben ungeheure Veränderungen für uns mit sich bringen wird, daß wir vieles Vertraute aufgeben und statt dessen zahllose Dinge tun müssen, mit denen wir uns bisher noch nie beschäftigt haben. Vielleicht ist es sogar gut, daß das so ist, denn letztendlich ist jedes Kind einzigartig und jede Situation anders. Um mit den unbekannten Anforderungen fertig zu werden, die das Kinderhaben und die Kindererziehung mit sich bringen, können wir uns letztlich nur auf unser Herz verlassen, auf unsere tiefsten menschlichen Instinkte sowie auf die Dinge, die wir noch aus unserer eigenen Kindheit in uns tragen – die positiven ebenso wie die negativen.

Und wenn wir seitens unserer Ursprungsfamilie, der Gesellschaft oder der Kultur mit Konformitätsdruck konfrontiert werden – mit der Forderung, daß wir uns Normen entsprechend verhalten sollen, die häufig nicht einmal ausdrücklich definiert oder sogar völlig unbewußt sind –, verhalten wir uns in unserer Rolle als Eltern ebenso wie in unserem übrigen Leben oft unbewußt und automatisch, trotz bester Absichten und trotz unserer tiefen Liebe zu unseren Kindern. Wenn wir chronisch überlastet sind und unablässig unter Zeitmangel leiden, befinden wir uns nicht in Kontakt mit der Fülle des gegenwärtigen Augenblicks – der „Blüte des Augenblicks", wie Thoreau sie genannt hat. Meist erscheint uns dieser Augenblick als viel zu gewöhnlich und flüchtig, als daß es uns erstrebenswert erscheint, unsere Aufmerksamkeit auf ihn zu richten. Wenn wir so leben, können wir auch bei der Erfüllung unserer Aufgabe als Eltern in eine Art träumerischen Automatismus verfallen, und wir können uns einreden, daß alles okay ist, was wir tun, solange wir aus tiefer Liebe zu unseren Kinder heraus handeln und in dem Bewußtsein, nur ihr Bestes zu wollen. Wir können diese Sichtweise rationalisieren, indem wir uns einreden, Kinder seien unverwüstliche Geschöpfe, und die kleinen Dinge, die sie erleben, seien nichts weiter als Kleinigkeiten, die keinerlei langfristige Konsequenzen für sie haben. Damit machen wir uns letztlich glauben, daß Kinder eine Menge aushalten.

Doch werde ich (jkz) immer wieder durch die Geschichten von Patienten der *Stress Reduction Clinic*, in der ich arbeite, und von Teilnehmern der Achtsamkeits-Workshops und -Seminare, die ich in ganz Amerika leite, daran erinnert, daß die Kindheit für viele Menschen eine Zeit offenen oder subtilen Verrats war, weil ein Elternteil (oder beide) unberechenbar war, weshalb die Kinder oft völlig unerwartet mit Entsetzen, Gewalt, Geringschätzung und Niederträchtigkeiten konfrontiert wurden, weil ihre Eltern unter den Auswirkungen von Süchten litten, unglücklich waren oder einfach nicht besser mit ihren Kindern umzugehen wußten. Die Tatsache, daß solche Eltern manchmal während derartiger Ausbrüche negativen Verhaltens plötzlich beteuern, daß sie ihre Kinder lieben, daß sie es doch gut mit ihnen meinen und nur ihr Bestes im Sinn haben, macht die Situation für die betroffenen Kinder noch unerträglicher. Andere Menschen leiden immer noch darunter, daß sie als Kinder nicht gesehen, vernachlässigt und nicht geschätzt worden sind. Dazu kommt, daß durch den in praktisch allen Bereichen der Gesellschaft ständig zunehmenden Streß und durch das immer stärker werdende Gefühl der Dringlichkeit und der eigenen Unzulänglichkeit auch die Situation in den Familien immer schwieriger geworden ist und das Maß des Erträglichen oft längst überschritten hat, wobei der Druck häufig von Generation zu Generation unerträglicher geworden ist, statt abzunehmen.

Eine Frau, die an einem fünftägigen Achtsamkeits-Seminar teilnahm, sagte:

> Ich habe diese Woche während der Meditation bemerkt, daß ich mich so fühle, als würden Teile von mir fehlen, daß ich gewisse Teile von mir gar nicht finden kann, wenn ich still werde und unter die Oberfläche meines Geistes schaue. Ich bin mir nicht sicher, was das bedeutet, aber dieses Gefühl hat mich ein wenig geängstigt. Vielleicht werde ich, wenn ich regelmäßig meditiere, herausfinden, was mich davon abhält, ganz zu sein. Doch im Augenblick spüre ich Löcher in meinem Körper oder in meiner Seele, die bewirken, daß ich überall, wohin ich auch gehe, Schutzwälle um mich herum errichte. Ich fühle mich wie ein Schweizer Käse. Das ist schon seit meiner Kindheit so. Ich habe einige Verluste erlitten, als ich noch sehr klein war. Ich glaube, damals habe ich Teile von mir verloren, weil Menschen, die mir wichtig waren, gestorben sind und weil andere Menschen Teile von mir weggenommen haben. Meine Schwester ist gestorben, als ich noch sehr jung war. Und meine Eltern sind daraufhin in eine Art Depression verfallen, die bis zu ihrem eigenen Tod dauerte. Ich glaube, sie haben Teile von mir genommen und sich davon ernährt. Ich spüre das so. Ich war früher

ein sehr lebendiges Kind, das wußte, was es wollte und ich habe das Gefühl, daß bestimmte Teile von mir einfach weggenommen worden sind. Es scheint mir nicht möglich zu sein, mir diese Teile wieder anzueignen. Warum ist mir das nicht möglich? Was ist mit mir geschehen? Ich habe Teile von mir verloren. Während ich heute hier sitze und meditiere, wird mir klar, daß ich noch immer nach diesen Teilen suche und daß ich nicht weiß, wo sie sind. Ich sehe keine Möglichkeit, ganz zu werden, wenn es mir nicht gelingt, die Teile wiederzufinden, die ich damals verloren habe. Meine ganze Familie ist mittlerweile tot. Sie haben all die Teile, die mir fehlen, mitgenommen und sind dann gegangen, und ich sitze jetzt hier mit diesem Schweizer Käse.

Das Gefühl dieser Frau, ihre Eltern hätten Teile von ihr weggenommen, um sich davon zu ernähren, ist natürlich eine schreckliche Vorstellung, doch so etwas geschieht tatsächlich, und wenn so etwas früh im Leben von Kindern geschehen ist, leiden sie ihr ganzes Leben lang darunter.

Zu allem Überfluß fügen Eltern ihren Kinder oft im Namen ihrer Liebe tiefe Verletzungen zu, indem sie sie beispielsweise schlagen, um ihnen eine Lektion zu erteilen, und dabei auch noch Dinge sagen wie: „Das ist nur zu deinem eigenen Besten", „Das tut mir mehr weh als dir" oder „Ich tue das nur aus Liebe" – dieselben Sätze, die sie selbst zu hören bekamen, als sie von ihren Eltern geschlagen wurden, wie die Schweizer Psychologin Alice Miller in *Am Anfang war Erziehung* gezeigt hat. Im Namen der „Liebe", werden Kinder hemmungsloser Wut, Verachtung, Intoleranz und Gewalt ausgesetzt. Von Eltern, die sich nicht darüber im klaren sind, oder denen es gleichgültig ist, welche Auswirkungen ihr Verhalten auf ihre Kinder hat, obwohl sie weder Freunde noch Fremde jemals so behandeln würden. Und solche Dinge geschehen in allen gesellschaftlichen Schichten.

Wir sind der Ansicht, daß automatisches, unbewußtes Verhalten, das sich am Maßstab des geringsten Aufwandes orientiert – ob es sich nun in Form physischer Gewalt manifestiert oder nicht –, bei den betroffenen Kindern tiefe, dauerhafte Schäden und gravierende Entwicklungsstörungen verursachen kann. Gleichzeitig nehmen wir uns als Eltern, wenn wir uns so verhalten, die Möglichkeit, an unserer Aufgabe zu wachsen. Die Folgen derart unbewußten Verhaltens sind häufig eine generelle Traurigkeit, das Gefühl, wichtige Chancen vertan zu haben, Verletztheit, Groll, Vorwürfe, eine Einschränkung des Selbst- und des Weltbildes – und letztlich Isolation und Entfremdungsgefühle.

Wenn wir jedoch gegenüber den Herausforderungen, mit denen wir als Eltern konfrontiert werden, wach bleiben, so kann dies alles nicht geschehen. Im Gegenteil können wir dann alle Situationen im Zusammenleben mit unseren Kindern nutzen, um die Barrieren in unserem eigenen Geist zu entfernen, um tiefer in unser eigenes Inneres zu schauen und um im Kontakt mit unseren Kindern stärker präsent zu sein.

*

Wir leben in einer Gesellschaft, die der Arbeit von Eltern nicht den Wert beimißt, den sie tatsächlich für die Allgemeinheit hat. Den Menschen unseres Kulturkreises erscheint es als völlig normal, daß sie hundert Prozent ihrer Energie für ihre Karriere oder für ihre „Beziehungen" oder für ihre „Selbstfindung" aufwenden, nicht aber für ihre Kinder. Dieses Verhalten spiegelt die Ansicht, daß es ein Kind nur „verdirbt", wenn man ihm intensive Aufmerksamkeit schenkt, daß dies zu nichts Gutem führen kann und daß Eltern, die sich so verhalten, dadurch lediglich ihr „neurotisches" Bedürfnis ausleben, ihre Kinder ständig kontrollieren, sie nicht „loslassen" zu wollen. So wird es häufig als ein Hinweis auf extremes „Festhalten" gesehen, wenn wir uns unseren Kindern voll und ganz widmen, und keinesfalls als ein Ausdruck des Respekts dem Leben gegenüber und des Bewußtseins der Verbundenheit aller Wesen und Dinge sowie der einzigartigen Freuden, die Eltern und Kinder in ihrer Beziehung zueinander erleben können.

Die Gesellschaft als Ganzes und ihre Institutionen und Wertvorstellungen, die den Mikrokosmos unseres individuellen Geistes und seiner Werte sowohl kreieren als auch spiegeln, tragen erheblich zur Unterminierung der Aufgabe der Eltern bei. Welche Arbeiten werden in unserem Land am höchsten bezahlt? Ganz bestimmt nicht die der Tagesmütter, Erzieherinnen oder Lehrer, deren Arbeit eine so wichtige Unterstützung für die Bemühungen der Eltern ist. Wo sind die geeigneten Leitbilder, die unterstützenden Netzwerke, die Möglichkeiten zum Job-Sharing und die Teilzeitbeschäftigungen für Mütter und Väter, die länger als nur ein paar Wochen nach der Geburt bei ihren Kindern zu Hause bleiben wollen? Wo ist die wirklich ausreichende Unterstützung für junge Familien? Wo gibt es

Vorbereitungskurse für Eltern? Wo bleiben ein umfassendes Sozialsystem, die finanzielle Unterstützung von jungen Eltern, die Schafung geeigneter Mutter- beziehungsweise Vaterschaftsprogramme, unterstützende Elterngruppen, die durch ihr Vorhandensein deutlich machen würden, daß ein gesundes Familienleben für die gesamte Gesellschaft von größter Bedeuutng ist und von dieser auch als grundlegend wesentlich geschätzt wird.

Natürlich gibt es Signale, die uns hoffnungsvoll stimmen können. Viele junge Menschen sehen ihre Aufgabe als Eltern heute als eine heilige Pflicht an, und sie entwickeln oft trotz größter Hindernisse und Schwierigkeiten kreative Möglichkeiten, ihre Kinder in einer nährenden Atmosphäre aufwachsen zu lassen. Überall in unserem Land ergreifen Menschen die Initiative und organisieren Vorbereitungskurse für Eltern, in denen diese grundlegende Kommunikationsfähigkeiten lernen, Kurse zur Gewalt-Prävention und Streß-Reduzierung sowie Beratungsdienste für Eltern und Familien. Zahlreiche Gruppen, die sich für den Aufbau und die Weiterentwicklung des Gemeinschaftslebens engagieren und die sich politisch für die Interessen von Kindern einsetzen, sind entstanden. Mary Piphers Bücher *Reviving Ophelia* und *The Shelter of Each Other*, Robert Blys *Die kindliche Gesellschaft* und Daniel Golemans *Emotionale Intelligenz* veranschaulichen das enorme Ausmaß der Problematik und weisen uns auf unser Potential als Gesellschaft hin, die Probleme zu lösen, sofern wir die besten Ressourcen in unserem Land, in unseren Familien und in uns selbst zu nutzen vermögen. William und Martha Sears' *Baby Book* schließlich, das das Thema „Verwöhnen" in einem neuen Licht erscheinen läßt, liefert uns einen neuen Rahmen, die Bedürfnisse von Babys und Kleinkindern zu würdigen.

Doch sind die Probleme andererseits gewaltig, ja geradezu überwältigend, und sie machen es Familien immer schwerer, Kinder auf gesunde Weise aufwachsen zu lassen. In vielen Haushalten ist heutzutage kein Erwachsener zu Hause, wenn die Kinder von der Schule nach Hause kommen, weil sowohl beide Eltern als auch die Nachbarn arbeiten müssen, um ihren Lebensunterhalt zu verdienen. Kinder bleiben sich deshalb in ihrer Freizeit häufig selbst überlassen. Manchmal haben sie mehr Kontakt zur Welt des Fernsehens oder sogar zur Welt der Drogen und des Verbrechens als zu liebevollen und fürsorglichen Erwachsenen. Gewalttätigkeit von Teenagern ist heute der am schnellsten wachsende Kriminalitätssektor, und derartige Vorfälle erreichen zwischen 15.00 Uhr und 20.00 Uhr an jedem Schultag ihren Höhepunkt. Daß Kinder tagtäglich die Liebe, Unterstützung und Energie und das Interesse lebendiger Erwachsener und älterer Menschen, die sie achten, erfahren, wird in unserer Gesellschaft immer seltener.

Doch wir haben trotz der ungeheuer starken gesellschaftlichen Kräfte, die auf unser eigenes Leben und auf das Leben unserer Kinder einwirken, auch die Möglichkeit, als Individuen bewußt darüber zu entscheiden, wie wir mit den Umständen unseres Lebens umgehen wollen. Wir alle können, wenn wir wollen, ein Leben führen, das stärker von aufmerksamem und bewußtem Handeln geprägt ist. Wir können versuchen, die tiefen Seelenbedürfnisse unserer Kinder und von uns selbst so gut wie möglich zu sehen und auf sie einzugehen. Die Suche nach unserem eigenen Weg wird sicherlich leichter für uns, wenn wir versuchen, das, was wir tun und was zu tun ist, in einem umfassenderen Bezugsrahmen zu sehen, der uns hilft, nicht von unserem Weg abzukommen, obwohl sich die äußere Situation ständig verändert und oft nicht klar ist, welchen Schritt wir als nächsten tun müssen. Achtsamkeit kann uns einen solchen Rahmen bieten.

Beispielsweise kann es schon wichtige Türen in unserem Geist öffnen, wenn wir es schlicht für möglich halten, daß wir bestimmte Situationen auch anders sehen können, als wir es im Augenblick tun, und daß uns in jedem Augenblick mehr Handlungsmöglichkeiten offen stehen, als uns klar ist.

Ein achtsamer Umgang mit unserem gesamten Leben – sowohl mit unseren inneren als auch mit unseren äußeren Erfahrungen – ist eine äußerst positive und praktisch umsetzbare Alternative zu jenem getriebenen, automatischen Dahinleben, dessen wir uns so oft nicht einmal bewußt sind. Dies ist besonders wichtig, wenn wir als Eltern versuchen, all den vielen Anforderungen gerecht zu werden, die Tag für Tag an uns gestellt werden, und unseren Kindern zu geben, was sie brauchen, während die Welt, in der wir leben, immer komplizierter und das Leben in ihr immer anstrengender wird.

Was bedeutet Achtsamkeit für Eltern?

Die Praxis der Achtsamkeit in der Familie ruft uns dazu auf, den Möglichkeiten, positiven Entwicklungschancen und Herausforderungen des Eltern-Seins mit einem neuen Bewußtsein und einer besonderen inneren Haltung zu begegnen. Sie bringt nicht nur mit sich, daß uns das, was wir tun, als wichtig erscheint, sondern zeigt uns, daß unser bewußtes Engagement als Eltern im wahrsten Sinne des Wortes das wichtigste ist, was wir tun könnten – sowohl für unsere Kinder als auch für uns selbst.

Dieses Buch befaßt sich mit den verschiedensten Aspekten der Erfahrung von Eltern. Es beschreibt, wie wir die Bedürfnisse unserer Kinder so umfassend und selbstlos wie möglich erfüllen können, indem wir eine bestimmte Art von Gewahrsein entwickeln. Mit Hilfe dieses Gewahrseins, das auch *Achtsamkeit* genannt wird, können wir zu einem tieferen Verständnis für unsere Kinder und uns selbst gelangen. Achtsamkeit ermöglicht es, Oberflächenerscheinungen zu durchdringen. Sie hilft uns, klarer zu sehen, wie unsere Kinder wirklich sind. Mit Hilfe der Achtsamkeit können wir sowohl in unser Inneres schauen als auch die Außenwelt betrachten und aufgrund dessen, was wir dabei sehen, in unserem Handeln ein gewisses Maß an Weisheit und Mitgefühl entwickeln. Wenn Eltern sich bei allem, was sie tun, um Achtsamkeit bemühen, so kann das eine sehr heilende und transformierende Wirkung haben – sowohl auf ihre Kinder als auch auf sie selbst.

In Teil IV des Buches werden wir sehen, daß man das Leben mit Kindern im Geiste der Achtsamkeit wie eine außergewöhnlich lange und zuweilen sehr anstrengende Meditationsklausur verstehen kann, die einen großen Teil unseres Lebens umfaßt. Und wir können unsere Kinder als uns ständig fordernde Hauslehrer sehen, die uns von ihrer Geburt bis weit in ihr Erwachsenenleben hinein begleiten und schulen. Sie geben uns zahllose Gelegenheiten, mehr darüber zu erfahren, wer wir sind und wer sie sind. Dies wiederum gibt uns die Möglichkeit, mit den wirklich wichtigen Dingen in Kontakt zu bleiben und unseren Kindern zu geben, was sie für ihre Entwicklung am dringendsten brauchen. Vielleicht stellen wir im Laufe der Zeit fest, daß uns dieses Gewahrsein von Augenblick zu Augenblick von einigen der einschränkendsten Gewohnheiten unserer Wahrnehmung und unserer Art, zu anderen Menschen in Beziehung zu treten, befreit – von den Zwangsjacken und Gefängnissen des Geistes, die die vorige Generation an uns weitergegeben hat oder die wir auf irgendeine Weise selbst geschaffen haben. Unsere Kinder können uns durch ihre bloße Gegenwart und oft ohne Worte oder Diskussionen dazu inspirieren, diese innere Arbeit zu tun. Je besser es uns gelingt, uns die dem Wesen unserer Kinder eigene Ganzheit und Schönheit zu vergegenwärtigen – insbesondere wenn uns dies schwerfällt –, um so tiefer wird unsere Fähigkeit, achtsam zu sein. Je klarer wir sehen, desto besser, großzügiger und weiser können wir auf sie eingehen.

Wenn wir es uns zur Aufgabe machen, sie auch innerlich zu nähren und zu verstehen, wer sie sind, dann werden uns unsere „Hauslehrer" insbesondere in den ersten zehn oder zwanzig Jahren unserer „Ausbildung" unendlich viele Augenblicke des Staunens und der Glückseligkeit bescheren sowie zahllose Gelegenheiten, tiefste Gefühle der Verbundenheit und Liebe zu erfahren. Ebenso wahrscheinlich ist, daß sie zielsicher alle unsere wunden Punkte finden, alle unsere Unsicherheiten, an allen unseren Grenzen rütteln und all das in uns anrühren, wovor wir Angst haben und worin wir uns unzulänglich fühlen. Wenn wir bereit sind, das ganze Spektrum unserer Erfahrungen wirklich bewußt zu erleben, werden sie uns immer wieder an das Wichtigste im Leben erinnern, einschließlich seiner Mysterien.

Unsere Aufgabe als Eltern ist zum Teil deshalb besonders intensiv und anstrengend, weil unsere Kinder von uns Dinge fordern, die niemand anders von uns fordern könnte und wie es niemand anders tun könnte oder würde. Sie sehen uns so nah wie kein anderer Mensch, und sie zwingen uns ständig, in den Spiegel zu schauen, den sie uns vorhalten. Dadurch geben sie uns immer wieder die Chance, uns auf neuartige Weisen zu sehen und uns bewußt zu fragen, was wir aus jeder Situation, die wir mit ihnen erleben, lernen können. Aus diesem Gewahrsein heraus können wir dann Entscheidungen treffen, die gleichzeitig dem inneren Wachstum unserer Kinder und unserer eigenen Weiterentwicklung zugute kommen. Unsere

Verbundenheit mit ihnen und unsere Abhängigkeit voneinander eröffnen uns die Möglichkeit, gemeinsam zu lernen und zu wachsen.

*

Um unsere Aufgabe als Eltern auf achtsame Weise erfüllen zu können, ist es hilfreich, etwas darüber zu wissen, was Achtsamkeit ist: Achtsamkeit ist ein Gewahrsein, das jeden einzelnen Augenblick erfaßt, ohne darüber zu urteilen. Wir können dieses Gewahrsein entwickeln, indem wir unsere Aufmerksamkeit verfeinern, unsere Fähigkeit zur Konzentration auf den gegenwärtigen Augenblick schulen und diese Aufmerksamkeit so gut wie möglich aufrechterhalten. Wenn wir dies versuchen, wird unser Kontakt zu unserem Leben, so wie es sich Augenblick um Augenblick entfaltet, immer intensiver.

Gewöhnlich vergeht ein großer Teil unseres Lebens mit automatischen Reaktionen. Wir sind nur sehr partiell und eher zufällig aufmerksam, und viele wichtige Dinge erscheinen uns als Selbstverständlichkeiten, oder wir beachten sie erst gar nicht. Wir beurteilen gewöhnlich alles, was wir erleben, indem wir uns blitzschnell und oft völlig unkritisch Meinungen bilden, deren Maßstab in den meisten Fällen ist, was wir mögen oder nicht mögen, was wir wollen oder nicht wollen. Achtsamkeit kann Eltern bei der Erfüllung ihrer Aufgabe sehr effektiv helfen, all das bewußt zu registrieren, was in jedem einzelnen Augenblick geschieht, und so durch den Schleier der automatischen Gedanken und Gefühle zur Wahrnehmung einer tieferen Realität zu gelangen.

Achtsamkeit ist ein zentrales Anliegen buddhistischer Meditation, wobei es vor allem darum geht, Aufmerksamkeit zu entwickeln und zu kultivieren. Diese Praxis ist in verschiedenen Meditationsschulen in ganz Asien seit mehr als zweieinhalbtausend Jahren gepflegt und weiterentwickelt worden, und sie stößt heute in vielen Bereichen der westlichen Gesellschaft auf zunehmendes Interesse, unter anderem in der Medizin, der Gesundheitsvorsorge, in der Erziehung sowie in Sozialprogrammen.

Achtsamkeit ist eine unter den vielen heute bekannten spirituellen Disziplinen und Übungswegen. Wir könnten sagen, daß all diese Methoden Türen ähneln, die letztlich alle in ein und denselben Raum führen. Von jeder dieser Türen aus eröffnet sich dem Betrachter eine einzigartige Perspektive, die sich von dem Anblick, der sich von den anderen Türen aus bietet, völlig unterscheidet. Doch ganz gleich, durch welche Tür wir den Raum betreten, wenn wir darin stehen, ist es immer der gleiche Raum. Ganz gleich an welcher Meditationsmethode oder -tradition wir uns orientieren, was in der Meditation geschieht, ist immer ein Sich-Einstimmen auf die Ordnung und Stille, die jede Aktivität enthält, so chaotisch sie uns auch erscheinen mag. Dieses Sich-Einstimmen geschieht mit Hilfe der Fähigkeit, aufmerksam zu sein. Keineswegs geht es dabei, wie so viele glauben, um eine Art innerer Manipulation – so als würden wir einen Schalter betätigen oder uns lediglich entspannen –, durch die wir in einen „besonderen Zustand" eintreten, in dem sich alles in unserem Leben anders oder besser anfühlt oder in dem unser Geist „leer" wird oder in dem wir unsere Gedanken unterdrücken. Vielmehr geht es um ein systematisches und stetiges Wahrnehmen unserer gesamten Erfahrung oder eines bestimmten Teils derselben.

Obgleich die Achtsamkeit in der buddhistischen Tradition besonders differenziert beschrieben worden ist, spielt sie in allen Kulturen eine wichtige Rolle, da sie nichts anderes beinhaltet als die Entwicklung von Gewahrsein, Klarheit und Mitgefühl, also von Eigenschaften, die allen Menschen eigen und die für uns alle wichtig sind. Es gibt viele Möglichkeiten, Achtsamkeit zu entwickeln, und keine von ihnen ist die einzig richtige, ebensowenig wie es eine einzig richtige Art gibt, mit Kindern umzugehen.

Achtsamkeit beinhaltet für uns als Eltern, daß wir uns im Alltagsleben mit unseren Kindern der wirklich wichtigen Dinge bewußt bleiben. Wir werden feststellen, daß wir uns die meiste Zeit über ausdrücklich darum bemühen müssen, uns zu vergegenwärtigen, was dies ist. Es kann sogar sein, daß wir in bestimmten Augenblicken absolut nicht wissen, was wichtig ist, weil uns unsere Orientierung verlorengegangen ist – das kann sogar sehr leicht geschehen. Doch selbst in den schwierigsten und schrecklichsten Augenblicken unseres Lebens als Eltern können wir bewußt von der aktuellen Situation Abstand nehmen und uns mit einem frischen, unvorbelasteten Blick fragen: „Was ist in dieser Situation wirklich wichtig?"

Achtsamkeit beinhaltet für uns als Eltern, daß wir uns daran *erinnern*, diese Art der Aufmerksamkeit, Offenheit und Weisheit in allen Situationen, in denen wir mit unseren Kindern zusammen sind, zu entwickeln. Das ist eine echte *Übungsmethode*, eine innere Disziplin, eine Form der Meditation, die sowohl Kindern als auch Eltern großen Nutzen bringen kann.

Wenn wir von unseren Kinder lernen wollen, ist es notwendig, daß wir im Umgang mit ihnen aufmerksam sind und innerlich still werden.

Diese innere Stille ermöglicht es uns, den ständigen inneren Aufruhr, die Unklarheit und die automatischen Reaktionen unseres Geistes zu durchschauen und so ein größeres Maß an Klarheit, Ruhe und Verstehen zu entwickeln – Eigenschaften, die sich unmittelbar auf unseren Umgang mit unseren Kindern auswirken.

Wie alle Menschen haben auch Eltern ihre Bedürfnisse und Sehnsüchte, und ebenso wie ihre Kinder haben auch sie ihr eigenes Leben. Das Problem ist, daß die Bedürfnisse der Eltern und ihrer Kinder sehr oft unterschiedlicher Natur sind. Sie sind gleichermaßen berechtigt und wichtig, aber sie sind ganz einfach unterschiedlich und stehen oft im Widerspruch zueinander. Durch dieses Aufeinanderprallen unterschiedlicher Bedürfnisse kann sich ein Kampf entwickeln, in dem es darum geht, wer von beiden Seiten „seinen Willen bekommt". Diese Gefahr besteht besonders dann, wenn wir uns als Eltern gestreßt, überlastet und erschöpft fühlen.

Statt unsere Bedürfnisse gegen die unserer Kinder auszuspielen, können wir in solchen Augenblicken versuchen, uns der *Interdependenz* unserer Bedürfnisse bewußt zu werden. Unser Leben ist zutiefst mit dem Leben unserer Kinder verbunden. Wenn es ihnen nicht gut geht, leiden auch wir, und wenn es uns nicht gutgeht, leiden sie.

Um dieser Tatsache gerecht zu werden, ist es äußerst hilfreich, wenn wir uns der Bedürfnisse unserer Kinder und unserer eigenen Bedürfnisse bewußt sind, der emotionalen wie der physischen – und je nach Alter der Kinder ist es angebracht, Kompromisse zu schließen oder zu verhandeln, sowohl mit ihnen als auch mit uns selbst, denn nur dann können die Bedürfnisse aller Beteiligten so gut wie möglich berücksichtigt werden. Schon allein diese Sensibilität im Umgang mit uns selbst und unseren Kindern verstärkt unsere Verbindung zueinander. Durch die Qualität unserer Präsenz spüren sie selbst in schwierigen Situationen, daß sie uns wichtig sind und wir für sie sorgen. Treten dann Konflikte zwischen unseren Bedürfnissen und den Bedürfnissen unserer Kinder auf, so sind wir in der Lage, Entscheidungen zu treffen, die aus dieser Herzensbeziehung hervorgehen und die so in stärkerem Maße von Güte und Weisheit getragen sind.

*

Wir betrachten die Aufgabe, die Eltern übernehmen, als eine heilige Verantwortung. Eltern sind für ihre Kinder Beschützer, Ernährer, Tröster,

Lehrer, Gefährten, Vorbilder und Quellen bedingungsloser Liebe und des Akzeptierens. Wenn wir in diesem Bewußtsein leben und handeln und wenn wir uns bemühen, in dem Prozeß, der sich Augenblick für Augenblick entfaltet, ein gewisses Maß an Achtsamkeit zu entwickeln, besteht eine größere Chance, daß die Entscheidungen, die wir als Eltern treffen müssen, aus dem Gewahrsein dessen erwachsen, was dieser Augenblick erfordert und was dieses Kind in dieser Phase seines Lebens durch sein Wesen und sein Verhalten von uns erbittet. Wenn wir uns dieser Herausforderung stellen, erhöht sich dadurch nicht nur die Chance, daß wir für unsere Kinder das Bestmögliche tun, sondern wir erkennen dann vielleicht auch zum erstenmal die tiefsten und besten Kräfte in uns selbst.

Achtsamkeit im Umgang mit Kindern erfordert, daß wir die Herausforderungen erkennen, mit denen wir als Eltern tagtäglich konfrontiert werden, und daß wir versuchen, unsere Aufgaben mit Gewahrsein zu erfüllen. Dieses Gewahrsein kann alle Aspekte der Realität einschließen: unsere Frustration, unsere Unsicherheit und Unzulänglichkeit, unsere Grenzen und sogar unsere dunkelsten und destruktivsten Gefühle sowie die Situationen, in denen wir uns überfordert oder innerlich völlig zerrissen fühlen. Auch und gerade mit diesen problematischen Aspekten unseres Seins sind wir aufgefordert, bewußt und systematisch zu „arbeiten":

Dies zu verwirklichen ist eine gewaltige Aufgabe. Wir alle sind in vielerlei Hinsicht von den Ereignissen und Umständen unserer eigenen Kindheit geprägt, und wir können sogar in mehr oder weniger starkem Maße Gefangene dieser Geschehnisse sein. Und unsere eigene Kindheit hat nicht nur entscheidenden Einfluß darauf, wie wir die Welt und uns selbst wahrnehmen, unsere Lebensgeschichte wirkt sich zwangsläufig auch darauf aus, wie wir unsere Kinder wahrnehmen, darauf, was wir glauben, „was sie verdienen", wie für sie gesorgt und wie sie erzogen und „sozialisiert" werden sollten. Wir alle halten als Eltern sehr strikt und oft unbewußt an bestimmten Ansichten fest, was immer sie beinhalten mögen, als befänden wir uns unter dem Einfluß eines mächtigen Zaubers. Nur wenn wir uns dieser prägenden Einflüsse bewußt werden, können wir die Elemente unserer eigenen Erziehung nutzen, die sich für uns selbst als hilfreich, positiv und förderlich erwiesen haben, und erst dann wird es uns gelingen, über die destruktiven und einschränkenden Aspekte hinauszuwachsen.

Für diejenigen unter uns, die sich in ihrer Kindheit verschließen mußten, um ihre Gefühle zu unterdrücken oder um sie „nicht zu sehen", weil sie nur so das Geschehen ertragen konnten, kann es besonders schmerzhaft und schwierig sein, ein größeres Maß an Achtsamkeit zu entwickeln. In Augenblicken, in denen die alten Dämonen wieder lebendig werden, wenn schädigende Überzeugungen, destruktive Muster und Alpträume aus unserer Kindheit wieder zutage treten und wir von dunklen Gefühlen und von Schwarzweißdenken geplagt werden, ist es besonders schwierig für uns, innezuhalten und einen frischen Blick auf die Dinge zu werfen.

Wir wollen hier keineswegs den Eindruck erwecken, daß es irgendeinen festen oder gar objektiven Maßstab für elterliche Achtsamkeit gibt, an dem Eltern sich orientieren oder messen sollten. Achtsamkeit erfordert immer die kontinuierliche Vertiefung und Verfeinerung des Gewahrseins und der Fähigkeit, in der Gegenwart präsent zu sein und angemessen zu handeln. Es geht also keineswegs darum, daß wir ein festes Ziel oder Ergebnis erreichen, so wertvoll uns ein solches auch erscheinen mag. Ein wichtiger Teil des Prozesses ist, daß wir uns selbst mit einem gewissen Maß an Güte und Mitgefühl sehen. Dies schließt ein, daß wir uns unserer Schwierigkeiten, unserer Blindheit, unserer menschlichen Schwäche und Fehlbarkeit bewußt sind und daß wir so achtsam wie möglich an ihnen arbeiten. Auch in Augenblicken der Dunkelheit und Verzweiflung, die uns zeigen, daß wir im Grunde *nichts* wissen, können wir immer wieder frisch und unbelastet anfangen. Jeder Augenblick ist ein Neuanfang, eine Gelegenheit zur Einstimmung auf das, was ist, und vielleicht sogar eine Chance, uns selbst und unsere Kinder auf eine neuartige und tiefere Weise zu sehen, zu fühlen und zu erkennen.

Denn unsere Liebe zu unseren Kindern kommt in der *Qualität* unserer Beziehung zu ihnen von Augenblick zu Augenblick zum Ausdruck, und sie vertieft sich in alltäglichen Augenblicken, sofern wir uns dieser Augenblicke bewußt und wir in ihnen voll und ganz gegenwärtig sind. Liebe kommt nicht nur in großen Gesten zum Ausdruck, beispielsweise darin, daß wir unseren Kindern eine Reise in einen Erlebnispark schenken, sondern sie zeigt sich unter anderem in der Art, wie wir ihnen das Brot reichen oder wie wir ihnen guten Morgen sagen. Sie äußert sich in alltäglicher Güte, in dem Verständnis, das wir ihnen entgegenbringen, und in unserer generell akzeptierenden Haltung. Wir bringen Liebe zum Ausdruck, indem wir liebevoll handeln. Ob es uns in einem bestimmten Augenblick gut oder schlecht gehen mag, die Qualität unserer Aufmerksamkeit und unserer Präsenz ist in jedem Fall ein wichtiger Maßstab für unsere Fürsorge und Liebe zu unseren Kindern.

Dieses Buch wendet sich an Menschen, denen die Qualität des Familienlebens und das Wohl ihrer Kinder wichtig ist – der schon geborenen und der noch ungeborenen, der jungen wie der älteren. Wir hoffen, daß es Eltern in ihrem Bemühen unterstützt, ihre Liebe durch ihr Sein und Handeln im Alltag zum Ausdruck zu bringen. Das ist uns nur möglich, wenn es uns gelingt, in unserem eigenen Leben authentisch zu sein, und wenn wir mit dem ganzen Spektrum unserer Gefühle in Kontakt sind – kurz gesagt: wenn wir wach sind.

In der Art, wie wir unsere Aufgabe als Eltern erfüllen, kommen unsere besten und übelsten Seiten zum Vorschein, und wir erleben in dieser Rolle sowohl die erfüllendsten als auch die erschreckendsten Augenblicke unseres Lebens. Einfühlsam über das Leben von Eltern zu schreiben ist eine ungeheuer anspruchsvolle Aufgabe. Zeitweise haben wir das Gefühl, daß in unserer Familie alles zum Besten steht. Unsere Kinder wirken in solchen Momenten glücklich, stark und ausgeglichen. Am nächsten Tag oder schon im nächsten Augenblick jedoch kann die Hölle losbrechen. Plötzlich wird unsere Welt beherrscht von Konfusion, Verzweiflung, Wut und Frustration. Was eben noch zu gelten schien, erweist sich nun als völlig unzutreffend und ist uns nicht mehr von Nutzen. Alle Regeln scheinen über Nacht oder in einem einzigen Augenblick ungültig geworden zu sein. Wir wissen nicht mehr, was im Gange ist und warum Dinge geschehen. Wir fühlen uns wie die erbärmlichsten Versager.

Doch selbst in solchen Augenblicken können wir versuchen, uns dessen bewußt zu bleiben, was geschieht, egal wie unangenehm und schmerzhaft es auch sein mag. So schwer es uns auch fallen mag, wir versuchen anzunehmen, was geschieht, und selbst in solch schwierigen Augenblicken herauszufinden, was die Situation von uns fordert. Die Alternative wäre, daß wir uns in unseren reaktiven und automatischen Verhaltensweisen verfangen und daß wir unser Mitgefühl und unsere Klarheit unserer Angst oder Wut oder unserem Leugnen opfern. Und da auch dies zuweilen unvermeidlich ist, können wir in solchen Fällen, das Geschehene später, in einem ruhigeren Zustand, noch einmal untersuchen, um vielleicht zumindest nachträglich etwas daraus zu lernen.

Dieses Buch ist aus unserer eigenen Erfahrung als Eltern entstanden. Sicherlich unterscheidet sich diese in vielerlei Hinsicht von dem, was Sie, als Mütter oder Väter erleben. Vielleicht unterscheiden sich einige der spezifischen Verhaltensweisen, für die wir uns entschieden haben, um unsere

Aufgabe als Eltern zu erfüllen, sehr stark von dem, wie Sie erzogen wurden oder von Ihrer eigenen Art mit Ihren Kindern umzugehen. Vielleicht werden Sie auf einiges von dem, was wir in diesem Buch vertreten, oder auf bestimmte Entscheidungen, die wir beschreiben, mit starken Gefühlen reagieren. Das ganze Thema, wie wir mit unseren Kindern umgehen kann sehr tiefe Emotionen wecken, weil es immer wieder unser Selbstbild und die Art wie wir das Leben sehen, berührt und in Frage stellt.

Es geht uns keineswegs darum, Sie dazu zu bringen, daß Sie alles genauso machen, wie wir es gemacht haben, oder Ihnen das Gefühl zu vermitteln, daß Sie andernfalls irgend etwas völlig falsch machen. Wie wir alle wissen, sind die Probleme, mit denen Eltern sich tagtäglich beschäftigen müssen, nicht leicht zu lösen, und es gibt auch keine allgemeingültigen Antworten und Lösungen. Ebensowenig wollen wir den Eindruck vermitteln, daß Achtsamkeit die Antwort auf alle Probleme des Lebens oder auf alle Fragen ist, mit denen wir als Eltern konfrontiert werden. Wir wollen Ihnen lediglich eine andere Art, die Dinge zu sehen, eine andere Art zu sein, nahebringen, die sich vielleicht auf viele unterschiedliche Weisen mit *Ihrer* persönlichen Art, Ihre Aufgabe als Mutter oder Vater zu erfüllen und Ihr Leben zu leben, vereinbaren läßt. Letztlich müssen wir alle ganz individuell entscheiden, was wir für unsere Kinder und für uns selbst für das Beste halten, und dabei sind unsere Kreativität und unsere Fähigkeit, wach und aufmerksam zu sein, unsere wichtigsten Stützen.

Wir möchten versuchen, Ihnen unsere Erfahrungen mit diesem Weg der „Achtsamkeit in der Familie" zu vermitteln, weil wir hoffen, daß das transformierende Potential dieses Weges Ihren Werten und Intentionen entspricht und Ihnen bei der Erfüllung Ihrer Aufgabe von Nutzen sein wird.

Achtsamer Umgang mit Kindern beinhaltet letztlich, daß wir sie klar sehen und ihnen zuhören und daß wir auf unser eigenes Herz vertrauen. Achtsamkeit unterstützt uns als Eltern in unseren täglichen Bemühungen, mit unseren Kindern bewußt umzugehen. Sie hilft uns, für unsere Kinder zu Quellen bedingungsloser Liebe zu werden, Augenblick für Augenblick, Tag für Tag.

Wie kann ich das schaffen?

Jede Familie befindet sich in einer ganz speziellen Situation, und keine kann auf genau die gleichen Ressourcen zurückgreifen wie eine andere. Doch glauben wir, daß, unabhängig von den Umständen, in denen sich Menschen befinden, alle Familien und Individuen, einfach weil sie Menschen sind, über immense innere Ressourcen verfügen, die sie nutzen und weiterentwickeln können. Diese Ressourcen können uns bei unserem Bemühen, wichtige Entscheidungen für unser eigenes Leben und für unsere Familie zu treffen, in ungeheurem Maße helfen.

Es gibt Menschen, die stets Möglichkeiten finden, das Wohl ihrer Kinder an die erste Stelle zu setzen, so schwierig ihre persönliche oder ökonomische Situation auch sein mag. Wir meinen, daß Kinder es in jedem Fall verdienen, im Leben ihrer Eltern an erster Stelle zu stehen. Unsere Aufgabe als Eltern besteht darin, unseren Kindern eine gute Ausgangsposition zu verschaffen. Man könnte das Familienleben mit einem Staffellauf vergleichen, wobei die Eltern ihre Kinder begleiten und in einer Phase von achtzehn Jahren den Stab weiterreichen, damit sie dann gute Chancen haben, ihre „Solo-Runden" möglichst erfolgreich zu laufen. Um ihnen dies zu ermöglichen, müssen wir ihnen in der Zeit, in der wir neben ihnen herlaufen, alles geben. Dabei gibt es viele Wege und Möglichkeiten, dies zu tun. Ganz gleich, unter welchen Umständen wir leben, wenn wir den Willen und die Motivation dazu aufbringen, können wir alle lernen, die Stärke und Weisheit, die Kreativität und die Fürsorglichkeit zu nutzen, die in uns allen schlummert. Jeder Augenblick gibt uns dazu aufs neue Gelegenheit.

Die Praxis der Achtsamkeit in der Familie fordert Eltern Energie und Engagement ab, so wie es auch für jede andere intensive spirituelle Praxis und für jede Bewußtseinsdisziplin gilt. Vielleicht werden wir uns hin und wieder fragen, ob wir wirklich in der Lage sind, eine solche Aufgabe auf uns zu nehmen, deren Erfüllung unser ganzes Leben erfordern kann. Vielleicht fragen Sie sich: „Wie soll ich das denn zusätzlich zu all dem anderen, was ich schon tue, auch noch schaffen?" Vielleicht unterstützt und inspiriert es Sie dann, wenn Sie entdecken, daß Sie aufgrund Ihrer Funktion innerhalb der Familie bereits mit wichtigen Aspekten systematischer Disziplin und mit Methoden der Achtsamkeit vertraut sind. Achtsamkeit als innere Disziplin zu praktizieren ist Eltern möglich, weil sich diese Art der Anwesenheit ganz natürlich aus den Erfahrungen und Anforderungen entwickelt, denen wir innerhalb der Familie Tag für Tag gegenüberstehen.

Wir müssen als Eltern ohnehin ständig aufmerksam und diszipliniert sein. Wir bringen uns dazu, jeden Morgen rechtzeitig aufzustehen, dafür zu sorgen, daß auch unsere Kinder aufstehen und frühstücken, so daß sie rechtzeitig zur Schule aufbrechen, und dann, falls wir nicht zu Hause arbeiten, uns selbst für die Arbeit bereitzumachen und rechtzeitig loszugehen. Es fordert Disziplin und Aufmerksamkeit, die komplizierten Zeitpläne unserer Kinder und unsere eigenen Termine aufeinander abzustimmen, und auch bei der Planung und Ausführung tagtäglicher Verrichtungen wie Einkaufen, Kochen, Waschen und Hausreinigung sind diese Faktoren wichtig.

Wir haben bereits erstaunliche Fähigkeiten entwickelt. Wir betreiben Tag für Tag Krisenmanagement, jonglieren mit unterschiedlichen, oft miteinander konkurrierenden Anforderungen an unsere Zeit und Energie, und wir setzen jenen unglaublichen sechsten Sinn ein, den wir als Eltern sehr schnell entwickeln und der uns in jedem Augenblick sagt, wo unsere Kinder sind und ob ihnen Gefahr droht. Wir sind auch geübt darin, ein Gespräch zu führen, während wir andere Dinge erledigen, sowie darin, uns trotz unzähliger Unterbrechungen nicht von einem bestimmten Gedankengang abbringen zu lassen. Andere Menschen mögen sich zuweilen verletzt oder abgespeist fühlen, weil sie das Gefühl haben, daß wir ihnen nicht unsere volle Aufmerksamkeit schenken. Doch als Eltern können wir unsere Aufmerksamkeit gleichzeitig auf viele Dinge richten: Wir können uns mit jemandem unterhalten und dabei auf unser Kind aufpassen, eine Jacke zuknöpfen oder das Kind rasch auf den Arm nehmen, bevor etwas Gefährliches passiert. Solche Fähigkeiten entwickeln Eltern zwangsläufig. Je mehr wir sie nutzen und entwickeln – und das müssen wir als Eltern ohnehin –, um so besser werden wir darin. Sie gehen uns in Fleisch und Blut über.

Bei unseren Bemühungen, als Eltern Achtsamkeit zu praktizieren, können wir diese bereits vorhandenen Fähigkeiten sowie die Disziplin, die das Familienleben erfordert, immer besser einsetzen. Das eine ist die natürliche Erweiterung des anderen. Um im Umgang mit unseren Kindern Achtsamkeit zu entwickeln, müssen wir einen Teil unserer Energie und Disziplin und unserer Fürsorglichkeit *nach innen* richten, auf unseren eigenen Geist und Körper, auf unsere Erfahrungen und auf unser Bemühen, uns systematischer um das innere und äußere Leben unserer Kinder zu kümmern, gleichermaßen um ihre seelischen wie auch um ihre physischen Bedürfnisse – etwa Kleidung, Nahrung und ein angenehmes Zuhause.

Wir können Achtsamkeit in jeden Augenblick hineinbringen, ganz gleich wie kurz er ist oder wie gestreßt wir sind oder wie „zu" wir uns fühlen mögen. Doch um Achtsamkeit zu kultivieren, ist es erforderlich, daß wir uns tagtäglich engagieren. Die meisten der vielen tausend Teilnehmer des auf der Achtsamkeitspraxis basierenden Anti-Streß-Programms, das an der *Stress Reduction Clinic* und an der *Inner City Stress Reduction Clinic* des Medical Centers der Universität Massachusetts angeboten wird, sind Eltern. Viele von ihnen kommen mit schweren und manchmal lebensbedrohlichen Gesundheitsproblemen zu uns und haben oft auch noch erhebliche soziale, ökonomische und persönliche Probleme. Manche haben selbst schreckliche Dinge in ihrer Kindheit erlebt. In ihrem Bemühen, mit ihrer extrem schwierigen Situation in der Gegenwart und mit ihren Problemen aus der Vergangenheit fertig zu werden, leisten viele dieser Menschen tagein, tagaus Erstaunliches. Während des achtwöchigen Kursprogramms versuchen sie, in ihrem Leben Achtsamkeit zu entwickeln, wobei sie auf dem aufbauen, was sie ohnehin bereits für ihr eigenes Wohlbefinden und für das Wohl ihrer Familien tun. Im Laufe dieses Kurses verändern sich die Einstellungen dieser Menschen sowie die Art, wie sie andere Menschen einschließlich ihrer Kinder sehen und wie sie zu ihnen in Beziehung treten, oft tiefgreifend und dauerhaft. Trotz der Schwierigkeiten, die es mit sich bringt, im Alltagsleben Achtsamkeit zu entwickeln und aufrechtzuerhalten, berichten viele Kursteilnehmer, daß sie sich aufgrund der für sie neuartigen Aufmerksamkeit sowohl zu Hause als auch bei der Arbeit entspannter, positiver und besser in der Lage fühlen, mit Schwierigkeiten fertig zu werden, und daß ihr innerer Friede und ihr Selbstvertrauen stabiler sind. Die Anwendung der Achtsamkeitspraxis eröffnet ihnen neue Möglichkeiten. Manche Teilnehmer berichten, daß sie sich innerlich freier und sicherer fühlen, als sie je zuvor für möglich gehalten hätten – sie haben nicht mehr das Gefühl, den Umständen ihres Lebens hilflos ausgeliefert zu sein.

Die Kursleiter erläutern den Teilnehmern die verschiedenen Aspekte der Meditationspraxis und geben ihnen außerdem Tips, wie sie diese Methoden in problematischen Alltagssituationen anwenden können. Im Laufe des Programms merken die Teilnehmer weitgehend selbst, wie sie Achtsamkeit sinnvoll auf ihre spezielle Alltagssituation anwenden können. Dieser kreative und sehr intuitive Prozeß entwickelt sich ganz natürlich aus der Achtsamkeitsübung selbst.

Ebenso verhält es sich mit der Anwendung der Achtsamkeit auf die Situation von Eltern. Wir haben nicht vor, Ihnen in diesem Buch konkret zu sagen, was Sie tun oder lassen sollten. Nur Sie selbst können das entscheiden, weil nur Sie Ihr Leben genau kennen und nur Sie wissen können, was Ihre spezifische Situation in einem bestimmten Augenblick erfordert. Sogar die Frage, wie Sie die Achtsamkeitspraxis anwenden können, behandeln wir nur in ganz allgemeiner Form. Wie Sie dabei im Detail vorgehen und welche spezifischen Entscheidungen Sie treffen sollten, kann sich nur aus Ihrer eigenen Motivation ergeben, jeden einzelnen gegenwärtigen Augenblick zu würdigen, indem Sie ihm Ihr volles Gewahrsein schenken – und aus der Sehnsucht Ihres eigenen Herzens. Wenn Sie so handeln, werden sich aus den Situationen, die sie mit Ihren Kindern erleben, vom Geist der Achtsamkeit geprägte Entscheidungen entwickeln. Diese werden aus Ihrer eigenen Kreativität, Vorstellungskraft und Liebe, aus Ihrer persönlichen Genialität erwachsen, denn diese Ressourcen in Ihrem Inneren sind praktisch unerschöpflich.

Heute gibt es eine nahezu unübersehbare Vielfalt von Familiensituationen: alleinerziehende Mütter und Väter; Paare, die sich zwar getrennt haben, ihre Kinder aber trotzdem gemeinsam erziehen; Paare, die spät in ihrem Leben noch einmal Kinder bekommen, obwohl sie bereits erwachsene Kinder haben; Paare, die Kinder adoptieren oder als Pflegeeltern die Verantwortung für Kinder übernehmen; Großeltern, die die Kinder ihrer Kinder aufziehen; ältere Paare, die zum ersten Mal Kinder bekommen; gleichgeschlechtliche Paare; Paare, die sich bezüglich der Kindererziehung völlig einig sind, und Paare, die sich praktisch nie einig sind und die über ihre elterlichen Aufgaben völlig unterschiedliche Ansichten haben; Paare, bei denen die Beteiligung am Broterwerb und an der Erziehung der Kinder völlig ungleich verteilt ist; Familien, in denen beide Eltern einer Vollzeitbeschäftigung nachgehen oder sogar zusätzlich noch Überstunden machen; Familien mit einem Kind, das an einer lebensbedrohlichen Krankheit oder an einer körperlichen Behinderung oder an einer Entwicklungsstörung leidet; Familien mit vom Alter her schnell aufeinanderfolgenden Kindern oder mit vom Alter her sehr weit auseinanderliegenden Kindern, mit Zwillingen oder gar Drillingen; Familien von sehr unterschiedlicher Größe; Familien mit Kindern gleichen Geschlechts oder mit Kindern verschiedenen Geschlechts ... Angesichts dieser Vielfalt von unterschiedlichen Familiensituationen kann es einfach keinen allein richtigen Weg und kein allgemeingültiges Wissen geben, das unter allen Umständen relevant und nützlich ist.

Doch eben weil Achtsamkeit uns keine standardisierten Formeln liefert und weil sie etwas mit der Qualität unserer Erfahrung als menschliche Wesen zu tun hat sowie damit, in welchem Maße wir in unserem Leben in der Lage sind, aufmerksam zu sein, ist sie in praktisch allen Situationen anwendbar. Jeder von uns hat einen Geist; jeder Mensch hat einen Körper, jeder vermag bewußt seine Aufmerksamkeit auf etwas zu richten; und das Leben eines jeden Menschen entfaltet sich in einer Folge einzelner Augenblicke. Achtsamkeit gibt uns keine Ratschläge darüber, was wir tun sollten, sondern sie lehrt uns, auf unser Inneres zu hören, genau auf das zu achten, was wir selbst für wichtig halten, und unsere Vorstellungen darüber zu erweitern, was in einer bestimmten Situation und unter den verschiedensten Umständen angemessen sein könnte.

Als Eltern und als Menschen und ganz gleich, welchen Problemen wir uns in unserem persönlichen Leben gegenübersehen, sind wir alle zu erstaunlichem Wachstum und zu tiefgehenden Transformationen fähig, wenn wir lernen, unsere inneren Ressourcen zu erkennen, sie zu nutzen und einen Weg zu finden, der unseren persönlichen Werten und dem, was unser Herz uns sagt, entspricht. Natürlich erfordert dies Arbeit, aber auch nicht viel mehr Arbeit, als wir ohnehin schon leisten. Vor allem erfordert es eine grundlegende Umorientierung unseres Bewußtseins, so daß wir lernen, auf jene tiefe Weise zu sehen, die aus dem Gewahrsein des gegenwärtigen Augenblicks erwächst und das Beste in uns selbst und in unseren Kindern zutage fördert.

*

Um nun in die Welt der elterlichen Achtsamkeit und dessen, was sie von uns fordert und was sie uns zu bieten hat, einzutreten, werden wir eine

Geschichte erzählen. Wir werden für einen Augenblick in das Reich der Mythen und der Seele eintreten. Vielleicht gibt uns dies eine Ahnung davon, was es bedeuten könnte, tiefer in die Dinge hineinzuschauen und unserem eigenen Herzen zu vertrauen. Dabei können wir alle Personen in der Geschichte als verschiedene Aspekte unseres eigenen Seins auffassen und Männlichkeit und Weiblichkeit, Schönheit und Häßlichkeit, Güte und Hartherzigkeit als Eigenschaften verstehen, über die wir alle in unterschiedlichem Maße verfügen.

Teil Zwei

Sir Gawain und die hässliche Dame: Die Geschichte enthält den Schlüssel

Sir Gawain
und die häßliche Dame

Vor langer Zeit sah sich König Arthur aus Gründen, die in diesem Zusammenhang unwichtig sind, am Weihnachtstage gezwungen, sich um eine gerechte Sache zu kümmern, und dadurch wurde er mit seiner eigenen Ohnmacht konfrontiert. Das Schicksal ereilte ihn, als er dem Ritter von Tarn Wathelan gegenübertrat, einer Gestalt von übermenschlicher Größe, von Kopf bis Fuß in eine schwarze Rüstung gekleidet, auf einem riesigen rotäugigen Kriegsroß, das schwarz wie die tiefste Nacht war. Als Arthur sich dem Ritter näherte, um auf der Ebene vor dessen düsterer Burg gegen ihn zu kämpfen, stellte dieser den König unter einen Bann, der Arthur selbst und sein Pferd jeglicher Kraft beraubte. Wie ein eisiger Schatten überfiel ihn eine gewaltige Furcht, die um so schrecklicher war, als sie sich weder auf den Ritter noch auf irgend etwas anderes in dieser Welt bezog. Es war ein schwarzer Schrecken der Seele, der sich zwischen Arthur und den Himmel legte und ihm jede Kraft nahm, so daß sein Schwertarm und sein Schildarm kraftlos niedersanken und er sich nicht mehr bewegen konnte.

„Was ... verlangst du ... von mir?" keuchte Arthur.

Statt ihn zu töten oder ihn in ein Verlies zu werfen und ihn zusammen mit anderen tapferen Rittern zugrunde gehen zu lassen und dann mit Hilfe von Magie sein Reich in Besitz zu nehmen, bot der Ritter von Tarn Wathelan Arthur an, ihm sein Leben und seine Freiheit zu schenken, wenn er ihm nach sieben Tagen, am Neujahrstag, die Frage: „Was begehren Frauen am meisten?" beantworten könne.

Arthur, von Scham und Wut erfüllt, sah keine andere Möglichkeit, als in den Handel einzuwilligen. Dann ritt er davon. Während der ganzen Woche zog er durch das Land und stellte jeder Frau, der er begegnete, ob Gänsehirtin, Schankwirtin oder adlige Dame, die Frage. Alle Antworten, die er erhielt, schrieb er eifrig auf, doch war ihm die ganze Zeit über klar, daß keine von ihnen die richtige sein konnte.

Schweren Herzens brach er schließlich am Morgen des Neujahrstags zur Burg des Ritters auf. Die Chance, sein Leben zu retten, hatte er offensichtlich vertan, und ihm war klar, daß er nun von der Hand des Ritters sterben würde.

Die Berge wirkten noch dunkler als beim ersten Mal, und es wehte ein rauher Wind. Der Weg erschien ihm viel länger und schwieriger, und doch näherte er sich seinem Ziel viel zu schnell.

Als Arthur mit gesenktem Haupt, nicht mehr weit von der Burg entfernt, durch ein Dickicht ritt, hörte er eine angenehm sanfte Frauenstimme: „Seid gegrüßt, König Arthur. Möge Gott Euch schützen und erhalten."

Er wandte sich um und sah zwischen den Bäumen auf einem Erdhügel neben dem Weg eine Frau in einem leuchtenden, scharlachroten Umhang sitzen. Als der König sie erblickte, durchfuhr ihn ein Schock. Er hatte erwartet, daß die sanfte Stimme einer wunderschönen jungen Frau gehörte, doch vor ihm stand die scheußlichste Kreatur, die er je gesehen hatte. Ihr Gesicht war so abgrundtief häßlich, daß er es kaum anschauen konnte, und ihre lange, mit Warzen bedeckte Nase bog sich nach unten, das lange, haarige Kinn nach oben. Das einzige Auge der Frau lag tief unter einer wulstig vorspringenden Augenbraue, und ihr Mund war nichts weiter als ein unförmiges Loch. Ihr Haar hing in grauen, verfilzten Strähnen vom Kopf, und ihre Hände glichen braunen Klauen. Einen krassen Gegensatz zu dieser unglaublichen Häßlichkeit bildeten die Juwelen, die an ihren Fingern funkelten, denn diese waren so schön und kostbar, daß sie selbst der Königin zur Ehre gereicht hätten.

Arthur stand völlig fassungslos da, bis die Frau ihn daran erinnerte, wie ein Ritter sich in Gegenwart einer Dame zu benehmen hatte. Zu seiner Verblüffung stellte er fest, daß sie über seine Frage Bescheid wußte und auch darüber, daß er trotz der vielen Antworten auf die Frage, was Frauen am meisten begehren, von keiner die richtige Antwort erhalten hatte. Sie teilte dem erstaunten König mit, daß nur sie allein die richtige Antwort kenne und daß sie ihm diese nur verraten werde, wenn er ihr einen heiligen Eid schwöre, ihr als Lohn dafür zu geben, was immer sie verlange. Er willigte in diesen Handel ein, und Sie bedeutete ihm daraufhin, sein Ohr zu ihren Lippen niederzubeugen. Dann flüsterte sie ihm die Antwort ins Ohr.

Sobald Arthur die Antwort der Frau gehört hatte, wußte er in seinem tiefsten Inneren, daß es die richtige war. Die Antwort war so simpel, daß er lauthals in ein Gelächter ausbrach, das ihm fast den Atem nahm.

Die Antwort, die er auf seine Frage „Was begehren Frauen am meisten?" erhielt, lautete *Souveränität**.

Dann fragte Arthur die Frau, was sie als Gegenleistung erwarte. Sie jedoch sagte, sie werde ihm das erst mitteilen, wenn er die Antwort dem Ritter von Tarn Wathelan überbracht und sich ihre Richtigkeit bestätigt habe. Also ritt Arthur davon, und nachdem er den riesigen Ritter ein wenig auf die Folter gespannt hatte, teilte er ihm schließlich die Antwort mit. Da es die richtige war, war er auf der Stelle frei. Anschließend kehrte er zu der Stelle zurück, wo die Häßliche auf ihn wartete.

Als Belohnung forderte Lady Ragnell – das war der Name der Frau – von König Arthur, daß einer der Ritter seiner Tafelrunde, tapfer, höflich und schön anzusehen, sich bereit erkläre, sie zu seiner Frau zu machen. Arthur war erschüttert und geriet angesichts dieser ungeheuerlichen Forderung sichtlich ins Schwanken. Erst als sie ihn daran erinnerte, daß er dieser häßlichen Frau sein Leben zu verdanken hatte und daß er ihr als Gegenleistung für ihre Hilfe sein ritterliches und königliches Versprechen gegeben hatte, erklärte er sich einverstanden.

Hätte Arthur nun einem seiner Ritter befohlen, diese Frau zu heiraten, so hätte er damit die unabhängige Entscheidungsfreiheit des Mannes mißachtet. Er mußte also jemanden finden, der sich freiwillig dafür entschied, sie zur Frau zu nehmen. Als Arthur an seinen Hof zurückkehrte und der erstaunten Versammlung seiner Ritter von seinem einwöchiges Abenteuer berichtete, erbot sich Sir Gawain, sein Neffe, aus Loyalität seinem Onkel, dem König, gegenüber und aus seiner eigenen Güte heraus an, Lady Ragnell zu heiraten. Als Arthur das vernahm, wollte er nicht zulassen, daß Gawain diese Entscheidung traf, ohne die Frau zuvor gesehen zu haben.

Also brachen die Ritter am nächsten Morgen in die Wälder auf. Nach einiger Zeit sahen sie zwischen den Bäumen das scharlachrote Gewand auftauchen. Beim Anblick von Lady Ragnell überkamen Sir Kay und die übrigen Ritter tiefe Abscheu, und einige von ihnen ließen sich sogar zu beleidigenden Äußerungen über ihre Häßlichkeit hinreißen. Andere wendeten sich aus Mitleid ab und verbargen ihre Gefühle, indem sie sich um ihre Pferde kümmerten.

---

* Souveränität, engl.: sovereignity, meint in diesem Zusammenhang soviel wie Eigenständigkeit, Selbstbestimmung und das Recht, über sein eigenes Leben zu entscheiden.

Sir Gawain hingegen schaute die Lady unerschrocken an. Irgend etwas an ihrem ergreifenden Stolz und an der Art, wie sie ihren scheußlichen Kopf erhob, erinnerte ihn an ein von Jagdhunden gestelltes Reh. Irgend etwas in der Tiefe ihres trüben Blicks erreichte ihn wie ein Hilfeschrei.

Er blickte seine Kameraden herausfordernd an und sagte: „Was schaut ihr so betreten zur Seite und zeigt so schlechte Manieren? An meiner Entscheidung bestand nie der geringste Zweifel. Habe ich denn nicht schon gestern abend zum König gesagt, daß ich diese Dame heiraten werde? Und wenn sie mich akzeptiert, dann werde ich das auch tun!" Dann sprang er vom Pferd, kniete vor ihr nieder und sagte: „Edle Dame, seid Ihr bereit, mich zum Ehemann zu nehmen?"

Die Lady schaute ihn einen Augenblick lang mit ihrem einen Auge an und sagte dann mit ihrer erstaunlich anmutigen Stimme: „Das werdet Ihr doch nicht im Ernst wollen, Sir Gawain. Ihr beliebt zu scherzen, ebenso wie die anderen."

„Nie in meinem Leben lag es mir ferner zu scherzen", protestierte er.

Wieder versuchte sie, ihn von seinem Vorhaben abzubringen. „Denkt nach, bevor es zu spät ist. Wollt Ihr tatsächlich eine Frau heiraten, die so häßlich und alt ist wie ich? Meint Ihr wirklich, ich sei die richtige Frau für den Neffen des Königs? Was werden Königin Guenevere und ihre Hofdamen sagen, wenn Ihr solch eine Braut an den Hof bringt? Und was werdet Ihr selbst insgeheim empfinden? Ihr werdet Euch schämen um meinetwillen." Dies sagte die Lady, und sie weinte bitterlich, und ihr Gesicht war von Tränen naß und aufgequollen und noch häßlicher.

„Lady, wenn ich Euch beschützen kann, so könnt Ihr sicher sein, daß ich auch mich selbst zu schützen weiß", antwortete Gawain und blickte grimmig und mit kämpferischem Blick in die Runde der übrigen Ritter. „Kommt nun mit mir zum Schloß, denn noch heute Abend soll unsere Hochzeit gefeiert werden."

Daraufhin antwortete Lady Ragnell mit Tränen in ihrem einen Auge: „Fürwahr, Sir Gawain, Ihr mögt es nicht glauben, aber Ihr werdet diese Hochzeit nicht bereuen."

Als sie sich erhob, um das Pferd zu besteigen, das die Ritter für sie mitgebracht hatten, stellte sich heraus, daß sich zwischen ihren Schultern ein Buckel befand und daß sie auf einem Bein lahm war. Gawain half ihr in den Sattel, bestieg sein Pferd und ritt neben ihr her, und dann machten sich alle auf den Weg zurück zum Schloß des Königs.

Die Neuigkeit eilte ihnen voraus, und an den Stadttoren versammelten sich die Menschen, um Sir Gawain und seine Braut vorüberreiten zu sehen. Alle, die sie sahen, erschraken, weil der Anblick ihre schlimmsten Befürchtungen noch weit übertraf.

Am gleichen Abend fand die Hochzeit in der Schloßkapelle statt. Die Königin selbst war Brautführerin, und der König war Trauzeuge. Sir Lancelot trat als erster vor und küßte die Braut auf ihre welke Wange. Die übrigen Ritter schlossen sich ihm an, doch blieben ihnen fast die Worte im Halse stecken, als sie der Braut und Sir Gawain eine glückliche Ehe wünschten. Und die arme Lady Ragnell schaute auf die gebeugten Köpfe all der Damen, die vortraten, um ihre Fingerspitze so kurz wie nur eben möglich zu berühren, denn sie konnten es nicht ertragen, sie anzuschauen oder sie auf die Wange zu küssen. Nur Cabal, der Hund, kam und leckte ihre Hand mit seiner warmen, feuchten Zunge, und er schaute sie mit seinen bernsteinfarbenen Augen, die ihre Scheußlichkeit gar nicht wahrnahmen, lange an, denn die Augen eines Hundes sehen anders als die Augen eines Menschen.

Das Gespräch bei Tisch war zäh und angestrengt, eine erbärmliche Vorspiegelung von Freude, während Sir Gawain und seine Braut starr neben dem König und der Königin an der Tafel saßen. Als die Tische abgeräumt worden waren und die Zeit zum Tanzen gekommen war, dachten viele, daß Sir Gawain nun wohl die Chance ergreifen und sich zu seinen Freunden gesellen würde. Doch er sagte: „Braut und Bräutigam müssen den ersten Tanz gemeinsam tanzen" und bot Lady Ragnell seine Hand. Sie nahm sie mit einer scheußlichen Grimasse, die wohl ein Lächeln andeuten sollte, und machte dann einen ungelenken Satz nach vorn, um mit Sir Gawain den Tanz zu eröffnen. Unter den wachsamen Augen des Königs und Sir Gawains wagte es während des ganzen Festes keiner der Gäste, den Eindruck aufkommen zu lassen, irgend etwas sei nicht in bester Ordnung.

Schließlich endete das etwas gezwungene Fest, und die Neuvermählten zogen sich in das Hochzeitsgemach zurück. Dort warf Gawain sich vor dem Kamin in einen Sessel mit vielen Kissen und starrte in die Flammen, ohne seine Braut zu beachten. Da wehte ein plötzlicher Windzug die Kerzenflammen zur Seite, so daß es schien, als würden die gestickten Kreaturen auf den Wandteppichen zum Leben erwachen. Irgendwo in sehr weiter Ferne glaubte Gawain das schwache Echo eines Jagdhorns zu hören, als käme es aus dem Herzen des verwunschenen Waldes.

Vom Fußende des Bettes her vernahm er eine leichte Bewegung und das Rascheln eines Nachtgewandes. Dann ertönte eine leise, sanfte Stimme und sagte: „Gawain, mein Liebster, weißt du denn nichts zu mir zu sagen? Kannst du es nicht einmal ertragen, mir einen Blick zu schenken?"

Gawain zwang sich, ihr seinen Kopf zuzuwenden. Dann sprang er auf, denn er konnte nicht fassen, was er sah: Zwischen den Kerzenleuchtern stand die schönste Frau, die er je in seinem Leben gesehen hatte.

„Lady", sagte er atemlos und nicht sicher, ob er wach war oder träumte, „Wer seid Ihr? Wo ist meine Frau, Lady Ragnell?"

„Ich *bin* deine Frau, Lady Ragnell", antwortete sie, „die Frau, die du im Walde gefunden und die du heute abend geheiratet hast, um die Schuld deines Königs zu begleichen – und vielleicht auch ein wenig aus Güte."

„Aber – aber ich verstehe das nicht", stammelte Gawain. „Ihr habt Euch so verändert."

„Ja", sagte die junge Frau. „Ich habe mich verändert, nicht wahr? Ich befand mich unter einem Zauber, und ich bin auch noch nicht völlig von ihm frei. Doch kann ich nun eine kleine Weile in meiner wahren Gestalt mit dir zusammen sein. Ist mein Herr zufrieden mit seiner Braut?"

Sie kam ein wenig auf ihn zu, und er streckte seine Arme nach ihr aus und umfaßte sie. „Zufrieden? Meine Geliebte, ich bin der glücklichste Mann auf der ganzen Welt; denn ich glaubte, die Ehre meines Onkels, des Königs zu retten, und tatsächlich ist mein Herzenswunsch in Erfüllung gegangen. Und doch habe ich schon im ersten Augenblick unserer Begegnung gespürt, daß irgend etwas in dir mich berührte und irgend etwas in mir auf diesen Impuls antwortete."

Nach einer Weile legte die Lady ihre Hände auf seine Brust und drückte ihn sanft von sich weg. „Hör zu", sagte sie, „du mußt nun eine schwierige Entscheidung treffen. Ich habe dir schon gesagt, daß ich bis jetzt nur teilweise von dem Zauber befreit bin, der auf mir lastet. Weil du mich zur Frau genommen hast, ist er zur Hälfte gelöst; aber eben nur zur Hälfte."

Lady Ragnell erklärte, daß sie nun jeweils die Hälfte eines Tages in ihrer natürlichen Gestalt erscheinen könne, und Gawain müsse entscheiden, ob er sie am Tage schön und in der Nacht häßlich oder in der Nacht schön und am Tage häßlich sehen wolle.

„Das ist wahrlich eine schwere Entscheidung", bestätigte Gawain.

„Denke nach", erwiderte Lady Ragnell.

Doch Sir Gawain sagte ohne zu zögern: „Meine Liebe, sei häßlich am Tag und schön für mich allein!"

„Wohlan", antwortete Lady Ragnell, „ist das deine Entscheidung? Muß ich häßlich und entstellt sein unter den Damen der Königin und ihre Verachtung und ihr Mitleid ertragen, obgleich ich in Wahrheit so schön bin wie sie alle? Sir Gawain, ist dies Eure Liebe?"

Sir Gawain beugte nun sein Haupt. „Ich habe nur an mich selbst gedacht. Wenn es Euch glücklicher macht, so seid schön am Tage, und nehmt bei Hof den Platz ein, der Euch gebührt. In der Nacht werde ich Eure sanfte Stimme in der Dunkelheit hören und mich daran erfreuen."

„Das ist fürwahr die Antwort eines Geliebten", sagte Lady Ragnell. „Aber ich möchte schön für dich sein; nicht nur für den Hof und für die Welt am Tage, die mir weitaus weniger bedeuten als du."

Und Gawain sagte: „Wie es auch sei, du bist es, die am meisten leidet; und da du eine Frau bist, glaube ich, daß du in diesen Dingen über mehr Weisheit verfügst als ich. Entscheide selbst, meine Liebe, und wie du auch entscheiden magst, ich werde damit zufrieden sein."

Daraufhin schmiegte Lady Ragnell sich an ihn und weinte und lachte zugleich. „Oh, Gawain, mein Liebster, indem du erkannt hast, daß ich die Entscheidung treffen muß, indem du mir *meinen eigenen Willen* gelassen hast, indem du mir eben jene Souveränität gewährt hast, die die Antwort auf die Rätselfrage war, hast du den Zauber völlig gebrochen, und ich bin nun frei von ihm und kann bei Tag und bei Nacht meine wahre Gestalt zeigen."

Sieben Jahre lebten Sir Gawain und Lady Ragnell überglücklich zusammen, und während dieser ganzen Zeit war Gawain sanfter, gütiger und unerschütterlicher, als er je zuvor gewesen war. Nach sieben Jahren jedoch ging Lady Ragnell davon – niemand wußte wohin – und etwas von Gawain entschwand mit ihr.

Teil Drei

Die Praxis der Achtsamkeit in der Familie

Souveränität

Schauen wir uns nun das geheimnisvolle Juwel im Herzen von Gawains Geschichte an: *Souveränität*, die Antwort auf die Rätselfrage: „Was begehren Frauen am meisten?"

Das *Wissen* über die Souveränität errettete König Arthur vor dem sicheren Tod. Doch ein tiefes *Gefühl* für den Wert der Souveränität, das aus Sir Gawains Empathie Lady Ragnell gegenüber erwuchs, löste ein Dilemma, das allein mit Hilfe des Denkens nie hätte gelöst werden können. Indem er ihr die Entscheidung überließ, gestand er ihr Souveränität zu, und dadurch wurde die Transformation möglich.

Dies ist auch der Schlüssel, wenn wir Achtsamkeit in der Familie kultivieren wollen. Indem wir unseren Kindern Souveränität beziehungsweise Entscheidungsfreiheit zugestehen, ermöglichen wir ihnen zum einen, sich so zu zeigen, wie sie wirklich sind, und zum anderen, ihren eigenen Weg zu finden. Beides benötigen sie, um wirklich erwachsen werden zu können.

Wie oft sind unsere Kinder wie in einem Zauber gefangen, wie oft werden sie von mächtigen Energien mitgerissen, so daß sie plötzlich zu Dämonen, Hexen, Trollen, Ungeheuern und Kobolden werden? Sind wir als Eltern in solchen Augenblicken so wie Gawain in der Lage, die äußere Erscheinung zu durchschauen, über die wir vielleicht erschrecken, und ihre wahre Natur hinter dem Zauber zu erkennen? Können wir Raum in uns schaffen, so daß wir sie so lieben können, wie sie sind, ohne daß sie sich verändern müssen, um uns zu gefallen? Und wie oft stehen wir Eltern selbst unter einem Zauberbann? Wie oft zeigen wir unseren Kindern den Riesen, den Menschenfresser oder die Hexe in uns? Wie sehr sehnen wir uns insgeheim danach, von anderen so gesehen und akzeptiert zu werden, wie wir sind, und unseren eigenen Weg in unserem Leben zu finden?

Mary Pipher weist in ihrem Buch *Reviving Ophelia* darauf hin, daß die Antwort auf Sigmund Freuds gönnerhafte Frage: „Was wollen Frauen?" in Therapiesitzungen mit Frauen immer wieder zutage tritt und daß, obwohl sie alle „etwas anderes und Spezielles wollen ... jede Frau letztlich das gleiche will – die sein, die sie tatsächlich ist, die werden, die sie werden kann", „das Subjekt ihres eigenen Lebens und nicht [nur] Objekt im Leben anderer".

Wenn Souveränität bedeutet, die Person zu sein, die man wirklich ist, und die Person zu werden, die man werden kann, könnte das dann nicht auch die Antwort auf die allgemeinere Frage: „Wonach sehnt sich jeder Mensch in seinem Herzen am meisten?" oder gar: „Was verdient jeder Mensch am meisten?" sein?

So verstanden ist Souveränität kein äußeres Streben nach Macht, obgleich es sehr machtvolle Auswirkungen haben kann, mit ihr in Kontakt zu sein. Man könnte eine tiefe Beziehung zwischen der Vorstellung der inneren Souveränität und der buddhistischen Vorstellung der *Buddha-Natur* sehen, die wiederum mit der Vorstellung des wahren Selbst verwandt ist. Die Gestalt des Buddha ist die Verkörperung eines Geistes- und Herzenszustandes, der am besten als „mit sich selbst in Kontakt sein", „bewußt sein", „wissen" oder „erwacht sein" umschrieben werden kann. Nach buddhistischer Auffassung sind unser individueller Geist und der Buddha-Geist im Grunde ein und dasselbe, und unsere wichtigste Aufgabe als Menschen besteht darin, uns dieser essentiellen Einheit bewußt zu werden. Die Buddha-Natur liegt allem zugrunde. Alles ist vollkommen und einzigartig, und doch ist nichts vom Ganzen getrennt. Insofern ist die wahre Natur jedes Menschen die Buddha-Natur, und in dieser Hinsicht sind wir alle gleich. Die wahre Natur jedes Menschen ist souverän. Wir müssen nur erkennen, daß das für alle Menschen gilt, und es würdigen – bei unseren Kindern, bei uns selbst, letztlich bei allen Wesen.

Natürlich ist dieses „nur erkennen" nicht so leicht, wie es sich anhört. Es ist eine Arbeit, die ein ganzes Leben oder vielleicht sogar viele Leben erfordert. Oft kennen wir unsere eigene wahre Natur nicht oder haben den Kontakt zu ihr verloren. Doch wenn wir den Kontakt zu unserer wahren Natur verloren haben, kann das für uns selbst und andere viel Leid hervorbringen.

Der Buddha wird manchmal „einer, der Souveränität sich selbst gegenüber hat" genannt. Ereignisse reißen uns mit sich, und wir verlieren uns in ihnen. Die Geh-Meditation hilft uns, unsere Souveränität wiederzufinden, unsere Freiheit als menschliche Wesen.

Wir gehen mit Anmut und Würde, wie ein Kaiser, wie ein Löwe.
Jeder Schritt ist Leben.

> Thich Nhat Hanh,
> *The Long Road Turns to Joy*

Daß wir den innersten Kern anderer Menschen wertschätzen, kommt symbolisch in der Sitte zum Ausdruck, andere zu begrüßen, indem wir uns vor ihnen verneigen. In vielen Ländern geben die Menschen einander zur Begrüßung nicht die Hand, sondern legen die Handflächen vor ihrem Herzen zusammen und verneigen sich leicht voreinander. Das bedeutet: „Ich verneige mich vor dem Göttlichen in dir." Diese Geste ist ein Zeichen dafür, daß wir die jedem Wesen innewohnende Ganzheit in jedem Menschen anerkennen, die in jedem Augenblick gegenwärtig ist. Wir verneigen uns mit unserer eigenen wahren Natur vor der des anderen, indem wir uns vergegenwärtigen, daß beide im tiefsten Sinne ein und dasselbe sind, auch wenn wir auf anderen Ebenen alle unterschiedliche, einzigartige Ausdrucksformen dieser Einheit sind. Manchmal verneigen sich Menschen vor Katzen und Hunden, manchmal vor Bäumen und Blumen, manchmal vor Wind und Regen. Und manchmal verbeugen sich dann auch die Katzen und Hunde, die Bäume und Blumen und sogar Wind und Regen. Denn alles, was ist, hat eine Wesensnatur, die es zu dem macht, was es ist, und ihm hilft, seinen Platz innerhalb des Ganzen einzunehmen, und die Beziehung zwischen uns selbst und all diesen Wesen ist immer wechselseitig. Ich (jkz) verneige mich gern auf diese Weise vor Babys und vor meinen Kindern. Manchmal tue ich das, wenn sie schlafen. Meist verneige ich mich innerlich vor ihnen.

*

Unsere elterlichen Entscheidungen darüber, in welcher Form wir unseren Kindern Souveränität ermöglichen wollen, fallen natürlich je nach Alter und Wesensart der Kinder und je nach den Umständen unterschiedlich aus. Was sich hingegen nicht ändern wird, ist hoffentlich unsere tiefe innere Verpflichtung, das grundsätzliche Geburtsrecht unserer Kinder auf Souveränität zu respektieren. Die Voraussetzung hierfür ist, daß wir uns als Eltern der Souveränität, des grundlegenden Gutseins und der wesenseigenen Schönheit unserer Kinder bewußt sind, selbst wenn wir mit diesen Eigenschaften in bestimmten Momenten absolut nicht in Kontakt sind oder wenn es einmal keinerlei äußere Anhaltspunkte für ihr Vorhandensein gibt.

Wie alle Eltern wissen oder zumindest bald herausfinden, kommt jedes Kind mit individuellen Eigenschaften, einem eigenen Temperament und ganz persönlichen Begabungen in diese Welt. Unsere Aufgabe als Eltern ist es, unsere Kinder in ihrer Einzigartigkeit zu erkennen und sie zu würdigen, indem wir ihnen, so wie sie sind, Raum geben, statt zu versuchen, sie zu verändern, so schwer uns das manchmal auch fallen mag. Da sie sich ohnehin ihrer eigenen Natur gemäß ständig verändern, ermöglicht diese Art des Gewahrseins ihnen vielleicht, auf eine Weise zu wachsen und sich zu verändern, die am besten für sie ist und die wir nicht durch unseren Willen beeinflussen können.

Kinder werden mit innerer Souveränität geboren, insofern sie genau als die geboren werden, die sie sind. Wir könnten uns vorstellen, daß jedes Kind als eine Verkörperung dessen geboren wird, was am heiligsten im Leben ist und daß wir als Eltern die Verantwortung für die Entfaltung und für das Erblühen des Seins und der Schönheit unserer Kinder tragen.

Während Souveränität dem Wesen unserer menschlichen Natur innewohnt, wächst unsere Fähigkeit, dies zu spüren und zu nutzen, mit zunehmender Lebenserfahrung, wobei es eine entscheidende Rolle spielt, wie wir selbst in unserer Kindheit und Jugend behandelt wurden. Denn unser Wissen über unsere eigene Souveränität als Person und über die Souveränität anderer sowie unser Gefühl dafür kann durch Vernachlässigung oder schlechte Behandlung verblassen.

Doch was wir Souveränität nennen, ist so tief, so hartnäckig, so lebenswichtig und so unverzichtbar für unsere Natur – weil es unsere wahre Natur *ist* –, daß viele Menschen *trotz* extrem problematischer Kindheitserfahrungen Nahrung und Stärke daraus beziehen. Manchmal übernimmt anstelle der Eltern ein anderer Erwachsener die wichtigste Rolle im Leben eines Kindes: zu sehen, wer dieses Kind wirklich ist, und seine Entwicklung durch Ermutigung und Güte, Anerkennung und Verständnis zu unterstützen. Viele Menschen sind sich dessen bewußt, daß sie ihren Erfolg im Leben einer ganz bestimmten Person zu verdanken haben, die ihr Wesen erkannt und sie dazu ermutigt hat, diesem Wesen entsprechend zu leben. Daß Menschen, die zu einem gewissen Grad ihre Ganzheit erkannt haben und so selbstlos zur Entfaltung der Ganzheit und inneren Schönheit in anderen beitragen können, Kinder und Jugendliche unterstützen, ist die heilige Pflicht von Erwachsenen in einer jeglichen gesunden Gesellschaft.

*

Die Erfahrung der Souveränität wird vertieft, wenn ein Kind lernt, mit der Welt aus seiner eigenen inneren Stärke und dem seinem Wesen eigenen Vertrauen heraus in Kontakt zu treten, aus dem Bewußtsein dessen, daß es geliebt wird und liebenswert ist, *so, wie es ist,* und akzeptiert wird *als das, was es ist.*

Auf den ersten Blick könnte die Betonung der inneren Souveränität unserer Kinder in der Weise mißverstanden werden, daß wir denken, Kinder sollten nun wie Königinnen und Könige behandelt werden, die ständig bedient werden müssen. Darum geht es natürlich nicht. Nichts läge unserem Verständnis von Souveränität ferner. Obgleich uns die Souveränität unserer Kinder wichtig ist, lassen wir nicht zu, daß sie sich über die Bedürfnisse und Interessen anderer Menschen in ihrer Umgebung hinwegsetzen. Es geht uns nicht darum, hier für eine falsche Vorstellung von „Selbstachtung" einzutreten, die nicht dem Verhalten und den realen Erfahrungen der Kinder entspricht. Souveränität bedeutet nicht, daß wir den Kindern erlauben, zu tun, was sie wollen, oder daß alles, was sie tun, in Ordnung ist oder daß sie immer bekommen sollten, was sie wollen, weil sie in jedem Fall ihren Willen bekommen und immer glücklich sein sollten.

Souveränität – bezogen auf die wahre Natur eines Menschen – ist eine universelle Qualität des menschlichen Lebens und vor allem eine Gelegenheit zu verstehen, was jene wahre Natur ist und wie sie bei jedem von uns zum Ausdruck kommt. Kinder sind *in sich selbst* souverän, und das gleiche gilt natürlich auch für ihre Eltern und für alle anderen Menschen.

Um die Souveränität in unseren Kindern zu stärken, so daß sie ihren eigenen Weg in der Welt finden können, müssen wir uns fragen: „Wie können wir ihre Souveränität würdigen und gleichzeitig unsere eigene Souveränität respektieren?" Wie unterstützen wir sie darin, alle Aspekte ihres Seins zu entwickeln, mit ihrer Ganzheit in Kontakt zu sein und dadurch zu lernen, zentriert und selbstsicher zu sein? Und wie können wir ihnen gleichzeitig vermitteln, daß sie die Souveränität anderer Menschen sehen und respektieren?

Souveränität ist etwas völlig anderes als ein Anspruch darauf, sich völlig hemmungslos ausleben zu können. Souveränität bedeutet nicht, daß Kinder alles bekommen sollten, was sie wollen, oder daß andere für sie die Arbeit tun sollten. Unsere Aufgabe besteht darin, die Souveränität unserer Kinder zu respektieren, ohne ihnen gleichzeitig das Gefühl zu vermitteln, daß alles, was sie tun, völlig in Ordnung ist, ganz gleich, was dabei herauskommt, weil nur sie wichtig sind und nur ihre Sicht der Dinge oder ihre Wünsche zählen. Die Souveränität eines Menschen kann nie isoliert gesehen werden, sondern sie steht immer zur Souveränität aller anderen Menschen in Beziehung, weil wir alle Teile eines größeren Ganzen sind und weil alles, was wir tun, alles andere beeinflußt.

Natürlich haben unsere Kinder ein Recht auf viele Dinge. Und natürlich haben auch Erwachsene Rechte. Doch weist die Beziehung zwischen Erwachsenen und Kindern wichtige Ungleichgewichte auf: Die Erwachsenen sind für die Kinder verantwortlich. Die Kinder haben *ein Recht* darauf, geliebt zu werden, versorgt zu werden und von ihren Eltern oder von anderen Erwachsenen beschützt zu werden. Als Erwachsene und als Eltern können wir von unseren Kindern nicht erwarten, daß sie *unsere* emotionalen Bedürfnisse erfüllen, weil wir sie damit überfordern würden. Um diese Bedürfnisse zu erfüllen, müssen wir uns um uns selbst kümmern oder uns die emotionale Zuwendung, die wir brauchen, von anderen Erwachsenen holen. Den Segen, den unsere Kinder uns unablässig schenken, ohne daß wir sie darum bitten – einfach dadurch, daß sie so sind, wie sie sind –, dürfen wir natürlich ohne Schuldgefühle annehmen und genießen.

Es mag durchaus sein, daß wir als Erwachsene und Eltern eine stärkere Verbindung zu unserer eigenen grundlegenden Souveränität entwickeln müssen, da diese so wichtig und gleichzeitig auch so flüchtig ist. Das ist die innere Arbeit, die nötig ist, damit wir zu unserer eigenen wahren Natur erwachen. Möglicherweise werden wir einwenden, daß wir die meiste Zeit über zu beschäftigt sind, um Aufforderungen wie jenes berühmte „Erkenne dich selbst" von Sokrates überhaupt beherzigen zu können. Doch könnte es nicht sein, daß wir es uns im Grunde nicht leisten können, *nicht* nach unserer wahren Natur zu suchen und zu lernen, im Einklang mit ihr zu leben? Wenn wir das nicht tun, schlafwandeln wir dann nicht über weite Strecken unseres Lebens und wissen am Ende trotz allen Nachdenkens nicht, wer wir sind oder waren und wer unsere Kinder sind?

Wie wir gesehen haben, ist die Praxis der Achtsamkeit ein Weg, diese Entdeckungsreise nach innen anzutreten. Wir können das auf zwei unterschiedliche Arten tun, die einander ergänzen: indem wir alle Aspekte unseres alltäglichen Lebens mit Aufmerksamkeit betrachten und indem wir uns täglich einer formellen Meditationsübung widmen, die darin besteht, eine gewisse Zeitspanne innezuhalten und Augenblick für Augenblick in Stille die Aktivitäten unseres Geistes und unseres Körpers wahrzunehmen. Wenn wir versuchen, auf eine oder beide Arten die Achtsamkeit in unserem Leben zu verwurzeln und uns der Frage zuzuwenden, wer wir wirklich sind, so hilft uns das, unsere eigene wahre Natur zu erkennen und unseren Kindern Souveränität zuzugestehen.

*

Was kann es für uns als Eltern bedeuten, wenn wir es unserem Kind ermöglichen, seinen eigenen Weg zu gehen? Was bedeutet es eigentlich, *seinen eigenen Weg zu gehen*? Was ist der wahre eigene Weg eines Menschen überhaupt? Was beinhaltet die Erfahrung der eigenen Souveränität für einen Erwachsenen und für ein Kind? Wie wird diese Souveränität in verschiedenen Lebensaltern und auf verschiedenen Entwicklungsstufen erfahren? Und wie erfahren sie Kinder mit sehr unterschiedlichem Temperament?

Die Souveränität eines Kindes zu respektieren bedeutet zunächst einmal, daß wir uns der Existenz verschiedener Entwicklungsstufen und Temperamente bewußt sind. Es kann bedeuten, daß wir auf die Botschaften, die ein Baby uns gibt, angemessen reagieren, denn wir sind für das Baby die wichtigste Verbindung zur Welt. Wenn das Baby weint, wenden wir uns ihm zu, nehmen es vielleicht auf den Arm, halten es und nehmen mit ihm Kontakt auf, indem wir anwesend sind und ihm zuhören. Wir versuchen, bei ihm zu sein und ihm ein Gefühl des Wohlbehagens zu vermitteln. Auf diese Weise respektieren wir die Fähigkeit des Kindes, die Welt zu einer Reaktion auf seine Bedürfnisse zu veranlassen; wir gestehen ihm diesen Respekt zu und vermitteln ihm, daß die Welt auf seine Signale reagiert und daß es in der Welt einen Platz hat – daß es dazugehört. Wir tun das, unabhängig davon, ob wir gerade Lust dazu haben oder nicht.

Wenn wir unseren Kindern, ihrer Altersstufe gemäß, Souveränität zugestehen wollen, so kann das bedeuten, daß wir unser Haus so „kindersicher" machen, daß unser Krabbelkind ungefährdet seine Umgebung erkunden kann. Doch selbst in einer relativ ungefährlichen Umgebung ist es wichtig, Krabbelkinder nicht aus den Augen zu lassen. Wir ignorieren durchaus nicht die Souveränität eines Krabbelkindes, wenn wir weitgehend wahrzunehmen versuchen, was es gerade tut. Wir bringen dadurch zum Ausdruck, daß das Kind unsere kontinuierliche Aufmerksamkeit verdient. Für Eltern mit Kindern in diesem Alter wird sie zu einer Art sechstem Sinn, mit dessen Hilfe sie beispielsweise augenblicklich erkennen, daß ein Glas zu nah am Tischrand steht, und es so, unmittelbar bevor das Kind danach greift, von dort wegstellen können, selbst wenn sie sich gleichzeitig mit einer anderen Person unterhalten.

Hingegen können ständige ängstliche Warnungen wie: „Tu das nicht! Paß auf, du tust dir weh!", wenn ein Kind seine Umgebung erforscht, das Selbstvertrauen des Kindes unterminieren und unsere Ängste werden so auf das Kind übertragen. Statt dessen könnten wir ruhig dabeisein und das Kind mit unserer Aufmerksamkeit begleiten. So können wir einen Unfall verhindern oder das Kind notfalls aufnehmen, ohne seine Abenteuerlust durch unsere eigenen Ängste zu behindern.

Das Souveränitätsbedürfnis Heranwachsender können wir auf angemessene Weise unterstützen, indem wir uns nicht dadurch irritieren lassen, wie sich unsere Kinder in diesem Alter anziehen oder wie sie durch ihr Verhalten ihre Individualität zum Ausdruck zu bringen versuchen. Statt dessen können wir uns auf ihr grundlegendes Gutsein beziehen, auch wenn ihre Versuche, ihre innere Kraft zum Ausdruck zu bringen, auf uns und andere Erwachsene oft schockierend und abstoßend wirken können. Wir erkennen die Souveränität unserer Kinder in diesem Alter an, indem wir ihre individuellen Ansichten, Erkenntnisse, Fähigkeiten und nicht zuletzt auch ihre Kämpfe und Stärken respektieren und indem wir der unzähligen potentiell bedrohlichen und herausfordernden Kräfte gewahr bleiben, mit denen sie in dieser Zeit in Kontakt kommen. Das bedeutet, daß wir in der Lage sein müssen, zu erkennen, wann es besser ist, nichts zu ihnen zu sagen und sie in Ruhe zu lassen, und wann wir besser verbal oder non-verbal Kontakt zu ihnen aufnehmen – und zwar auf eine Weise, die ihre wachsende Autonomie respektiert. Und manchmal bedeutet es, daß wir klare Grenzen definieren und dann wohlwollend, aber gleichzeitig auch unerschütterlich zu diesen stehen.

Das sind nur ein paar Beispiele, wie wir Kindern in verschiedenen Altersstufen Souveränität zugestehen können. So wie bei Lady Ragnell ist auch unsere wahre Natur nicht immer leicht zu erkennen. Die Klarheit, die es uns ermöglicht, den Schleier der äußeren Erscheinungen zu durchschauen und zum Besten unserer Kinder zu handeln, entwickeln wir, indem wir unser Gewahrsein jedes Augenblicks schulen. Souveränität kann weder uns selbst noch einem anderen allein durch eine einzelne vertrauensvolle Handlung gewährt werden, so wichtig solche Handlungen und solche Augenblicke auch sein mögen. Souveränität entsteht vielmehr dadurch, daß wir versuchen, jedem Augenblick mit einem offenen Herzen und einem gesunden Unterscheidungsvermögen zu begegnen.

Nicht ein einziger Tag vergeht, an dem wir uns nicht auf irgendeine Weise auf die Probe gestellt fühlen, an dem wir nicht unsere eigene Souveränität hinterfragen oder das Gefühl haben, daß diese nicht mit der Souveränität unserer Kinder zu vereinbaren ist. Oder, anders ausgedrückt – die Aufgabe, die Eltern Tag für Tag erfüllen, kann manchmal sehr erschöpfend sein und ist immer harte Arbeit, so wie es auch harte Arbeit ist, zu versuchen, kontinuierliche Aufmerksamkeit zu entwickeln. Wie wir bereits gesehen haben, erfordert Elternschaft Disziplin; sie fordert uns ständig dazu auf, uns daran zu erinnern, daß es möglich ist, präsent zu sein, unsere Kinder als die zu sehen und zu akzeptieren, die sie sind, und uns, indem wir das tun, im Umgang mit ihnen von unserer besten Seite zu zeigen, zu ihrem und unserem eigenen Wohl.

Ein Teil dieser Arbeit besteht darin, nie zu vergessen, daß wir unsere eigenen Probleme und die Probleme unserer Kinder nicht ausschließlich durch Denken lösen können. Wir verfügen über andere, ebenso wichtige geistige Ressourcen, und als Eltern müssen wir lernen, diese zu nutzen, denn nur dann können wir auch unseren Kindern helfen, sie zu entwickeln. Eine dieser Ressourcen ist die *Empathie*, die Kunst, sich einzufühlen und mitzufühlen. Sir Gawain *empfand* etwas für Lady Ragnell. Indem er auf sein Gefühl vertraute – auf das, was wir seine „Intuition", sein „Herz" nennen würden –, gelang es ihm, die äußere Erscheinung und den Entweder-oder-Schleier seines eigenen Denkens zu durchdringen. Erst als er sich von seiner Hoffnung auf ein bestimmtes Ergebnis löste und er sowohl sein Dilemma *als auch* Lady Ragnells Souveränität akzeptierte, ermöglichte er eine Lösung und damit die zuvor scheinbar unmögliche Befreiung.

Wenn jeder Augenblick wirklich eine Gelegenheit ist zu wachsen, eine Chance, dem eigenen Wesen näherzukommen, eine Weggabelung, die zu einer der unendlich vielen möglichen nächsten Augenblicke führt, je nachdem wie wir den jetzigen sehen und erfahren, dann schafft die Souveränität, die einem Kind in einer bestimmten Situation angemessen ist, den Raum, in dem seine wahre Natur in Erscheinung treten, gesehen werden und still gewürdigt werden kann. Und dadurch können im heranwachsenden Kind Selbstachtung, Selbstvertrauen und Vertrauen in die eigene wahre Natur und in den eigenen Weg Wurzeln fassen und sich entwickeln.

Die Kraft der Empathie und des Akzeptierens ist ungeheuer stark und wirkt sowohl bei der Person, die sie empfängt, als auch bei derjenigen, die sie einem anderen Menschen entgegenbringt, zutiefst transformierend. Mehr als alles andere stehen die sorgsame Unterstützung der Souveränität eines Kindes und eine allgemein mitfühlende, empathische und verständnisvolle, akzeptierende Haltung ihm gegenüber im Zentrum der Bemühungen um Achtsamkeit im Umgang mit Kindern.

*

Die folgende Geschichte veranschaulicht sehr eindrucksvoll, wie ein Vater seinem Sohn in einer schwierigen Situation seine Souveränität zum Geschenk machte.

„Papa wird darüber sehr wütend sein", sagte meine Mutter. Es war im August des Jahres 1938 in einer Pension in den Catskill-Bergen. An jenem heißen Freitagnachmittag war es uns – drei neunjährige Jungen aus der Stadt – sehr langweilig. Wir hatten schon so ziemlich alles gemacht, was man in den Sommerferien auf dem Lande machen kann: Frösche gefangen, Blaubeeren gepflückt und im eisigen Flußwasser gezittert. An diesem unerträglich langweiligen Nachmittag wollten wir endlich etwas Aufregendes erleben.

Um zu überlegen, was wir anstellen könnten, verkroch ich mich mit Artie und Eli zusammen in die Kühle des „Casinos", eines kleinen Gebäudes, in dem die Gäste abends Bingo spielten und sich hin und wieder die Vorführung eines durchreisenden Zauberkünstlers anschauten.

Schließlich kam uns die zündende Idee: Das Casino war uns einfach zu neu. Die Holzbalken und die weiße Rigipsverschalung der Wände erschienen uns einfach zu perfekt. Wir wollten diesen Eindruck ein wenig „mildern" und dem Gebäude für alle Zeiten anonym unseren

Stempel aufdrücken. Natürlich dachten wir nicht einen Augenblick lang über die möglichen Konsequenzen nach. Wir nahmen eine lange hölzerne Bank und rammten sie wie einen Rammbock in eine Wand. Ein wundervolles Loch blieb zurück – aber nur ein kleines. Also wiederholten wir das Ganze noch einmal und dann noch einmal ... Anschließend betrachteten wir außer Atem und schwitzend unser erstes wirklich ansehnliches Loch. Die Aktion hatte uns soviel Spaß gemacht, daß wir uns völlig von unserer Idee mitreißen ließen und weitermachten. Nach einer Weile war kaum noch ein Stück Wand unbeschädigt. Noch bevor wir auch nur eine Spur Gewissensbisse bekommen hatten, tauchte plötzlich Mr. Biolos, der Besitzer, in der Eingangstür des Gebäudes auf. Er war außer sich vor Wut. Wenn unsere Väter am Abend aus der Stadt kämen, würde er ihnen Bescheid sagen und dafür sorgen, daß der Gerechtigkeit genüge getan würde! Dann informierte er zunächst einmal unsere Mütter. Meine Mutter war der Meinung, was ich getan hätte, sei so ungeheuerlich, daß sie es meinem Vater überlassen müsse, mich zu bestrafen. „Und Papa wird darüber *sehr* wütend sein!" kündigte sie mir an.

Um sechs Uhr hatte sich Mr. Biolos auf dem Zufahrtsweg postiert und wartete grimmig auf das Eintreffen unserer Väter. Hinter ihm drängten sich die ebenfalls wütenden Gäste wie beim Fußballspiel auf den billigen Stehplätzen auf der Veranda vor ihrem Bingo-Palast. Sie hatten gesehen, was aus ihrem „Casino" geworden war, und wußten, daß sie diesen Anblick nun für den Rest des Sommers ertragen mußten. Auch sie forderten nachdrücklich Gerechtigkeit.

Artie, Eli und ich hatten uns jeder einen unauffälligen Platz gesucht, vorsichtshalber nicht zu weit von unseren Müttern entfernt. Wir warteten.

Arties Vater traf als erster ein. Nachdem Mr. Biolos ihm die Neuigkeit mitgeteilt und ihm das verwüstete Casino gezeigt hatte, zog er bedächtig seinen Gürtel aus der Hose und drosch dann mit nicht zu übersehender Routine auf seinen schreienden Sohn ein – natürlich unter den sichtlich beifälligen Blicken der gehässigen Menge, zu der sich die ansonsten immer so freundlichen Gäste verwandelt hatten. Als nächster traf Elis Vater ein. Nachdem auch er gehört und gesehen hatte, was sein Sohn zusammen mit uns beiden anderen angerichtet hatte, wurde er so wütend, daß er ihn mit einem Schlag gegen den

Kopf zu Boden streckte. Eli lag weinend im Gras, doch sein Vater trat ihn weiter gegen die Beine, in den Hintern und in den Rücken. Als der Sohn aufzustehen versuchte, trat der Vater ihn erneut. In der Menge wurde gemurmelt: „Daran hätten die Kinder vorher denken können. Unkraut vergeht nicht. Macht euch keine Sorgen. Ich wette, die machen so etwas nie wieder."
Ich schaute mir all dies an und fragte mich, was *mein* Vater wohl tun würde. Er hatte mich noch nie in meinem Leben geschlagen. Ich wußte, daß andere Kinder von ihren Vätern geschlagen wurden, hatte gesehen, daß einige meiner Schulkameraden mit blauen Flecken zur Schule kamen, und manchmal hatte ich sogar abends aus einigen Häusern in unserer Straße Schreie gehört. Doch das waren eben immer diese anderen Kinder, ihre Familien, und warum und wie sie an ihre blauen Flecken gekommen waren, war mir immer völlig unklar gewesen. Bis jetzt.
Ich schaute zu meiner Mutter hinüber. Sie war offensichtlich sehr aufgewühlt. Sie hatte mir schon vorher klargemacht, daß ich eine Art Verbrechen begangen hatte. Bedeutete dies, daß von jetzt ab auch für mich Prügel an der Tagesordnung waren?
Dann tauchte mein Vater in unserem Chevy auf. Er bekam gerade noch mit, wie Eli von seinem Vater über die Eingangstreppe ins Haus gezogen wurde. Er stieg aus dem Auto, offensichtlich überzeugt – so glaubte ich –, daß Eli die Strafe verdient haben mußte. Mir wurde schwindelig vor Angst. Mr. Biolos begann mit seiner Ansprache. Mein Vater hörte ihm zu. Sein Hemd war schweißnaß, ein feuchtes Taschentuch hing um seinen Hals. Feuchte Witterung machte ihm immer sehr zu schaffen. Ich schaute zu, wie er Mr. Biolos in das Casino folgte. Mein Vater – stark und prinzipientreu, verschwitzt und sichtlich bedrückt –, was mochte er über all das denken?
Als sie aus dem Casino zurückkamen, schaute mein Vater zu meiner Mutter hinüber und rief ihr ein leises „Hallo" zu. Dann sah er mich und warf mir einen langen ausdruckslosen Blick zu. Während ich noch versuchte, diesen Blick zu deuten, wandte er sich von mir ab und schaute die Menge an, schweifte von Gesicht zu Gesicht.
Dann stieg er zum allgemeinen Erstaunen wieder in das Auto und fuhr davon! Niemand, nicht einmal meine Mutter, konnte sich vorstellen, wohin er fahren mochte.

Eine Stunde später kam er zurück. Auf dem Dach des Wagen war ein Stapel Rigipsplatten befestigt. Beim Aussteigen hielt er eine Einkaufstüte in der Hand, aus der ein Hammerstiel herausragte. Ohne ein Wort zu sagen, löste er die Befestigung der Platten und trug sie nacheinander ins Casino.
An diesem Abend tauchte er nicht mehr auf.
Während des Abendessens, das ich zusammen mit meiner Mutter schweigend verbrachte, und während des ganzen weiteren Freitagabends bis spät in die Nacht hinein hörte ich – jeder konnte es hören – den stetigen Hammerschlag meines Vaters. Ich stellte mir vor, wie er schwitzte, sein Abendessen versäumte, die Gesellschaft meiner Mutter vermißte und immer wütender auf mich wurde. Würde morgen der letzte Tag meines Lebens sein? Es war drei Uhr nachts, als ich endlich einschlief.
Am nächsten Morgen erwähnte mein Vater mit keinem Wort, was am Vortag geschehen war. Er ließ auch keine Spur von Wut erkennen und verhielt sich mir gegenüber in keiner Hinsicht zurückweisend. Wir verbrachten einen ganz normalen Tag zusammen, er, meine Mutter und ich, unser normales angenehmes Familienwochenende.
War er wütend auf mich? Und ob er das war! Doch zu einer Zeit, in der viele seiner Generation es noch als ein von Gott gegebenes Recht ansahen, ihre Kinder körperlich zu züchtigen, war es in seinen Augen ein kriminelles Vergehen, die eigenen Kinder zu schlagen. Ihm war klar, daß sich Kinder, wenn sie geschlagen werden, an den Schmerz erinnern, auch wenn sie den Grund für die Schläge längst vergessen haben.
Jahre später wurde mir klar, daß es für ihn unvorstellbar gewesen wäre, mich zu demütigen. Anders als die Väter meiner Freunde hatte er nichts für Rache und öffentliche Demütigung übrig.
Dennoch hatte mein Vater mir eine Lektion erteilt. Ich habe die Ungeheuerlichkeit meiner Zerstörungswut an jenem heißen Augustnachmittag nie vergessen. Und ich werde auch nie vergessen, daß mir an jenem Tag erstmals klar wurde, wie tief ich ihm vertrauen konnte.

MEL LAZARUS
(Schöpfer der Comic-Strips *Momma* und
Miss Peach und Roman-Autor) aus: „Angry Fathers",
Sunday New York Times „About Men", 28. Mai 1995

Empathie

Empathie war einer der Hauptgründe dafür, daß es Sir Gawain gelang, Lady Ragnell von ihrem Zauber zu befreien. Er hatte ihren Schmerz gespürt und in ihren Augen eine unvorstellbare verborgene Schönheit erahnt: „Irgend etwas an ihrem ergreifenden Stolz und an der Art, wie sie ihren scheußlichen Kopf erhob, erinnerte ihn an ein von Jagdhunden gestelltes Reh. Irgend etwas in der Tiefe ihres trüben Blicks erreichte ihn wie ein Hilfeschrei."

Der Hund des Schlosses zeigte gegenüber Ragnell ein Maß an Empathie, mit dem er die Menschen beschämte. „Nur Cabal, der Hund, kam und leckte ihre Hand mit seiner warmen, feuchten Zunge, und er schaute sie mit seinen bernsteinfarbenen Augen, die ihre Scheußlichkeit gar nicht wahrnahmen, lange an …" Hunde und Katzen können uns Menschen ungeheuer viel über Souveränität, Empathie und Akzeptieren lehren. Vielleicht leben wir deshalb mit ihnen zusammen – und sie mit uns. Sie vermitteln uns die Grundlagen; die Erziehung unserer Kinder ist dann das Training für Fortgeschrittene. Wir beginnen damit, ungeachtet dessen, ob wir dafür bereit sind oder nicht. Und wer ist jemals bereit für diese Aufgabe?

*

Wenn wir darüber nachdenken, welche Bedeutung Empathie in unserem Leben hat, dann könnten wir uns vielleicht fragen: „Was habe ich mir als Kind von meinen Eltern am sehnlichsten gewünscht?" Vielleicht könnten Sie einmal eine oder zwei Minuten darüber nachdenken und schauen, welche Wörter oder Bilder Ihnen dabei in den Sinn kommen …

Was sich die meisten Menschen am sehnlichsten von ihren Eltern wünschten, war von ihnen als die gesehen und akzeptiert zu werden, die sie sind. Sie wollten mit Güte, Mitgefühl, Verständnis und Respekt behandelt werden. Sie hätten sich gewünscht, daß man ihnen Freiheit und eigenen

Raum zugestanden und ihnen ein Gefühl der Sicherheit und Zugehörigkeit vermittelt hätte. Alle diese Dinge können Kinder nur erfahren, wenn ihre Eltern zu echter Empathie fähig sind.

Empathie beschränkt sich nicht auf unmittelbare emotionale Reaktionen. Es ist leicht, Empathie für ein Kind zu empfinden, wenn es unter Schmerzen leidet. Wesentlich schwieriger ist es, wenn das Kind um sich tritt, mit Dingen um sich wirft und wütend schreiend seinen Unmut kundgibt. Ebenso schwierig ist es, wenn die Interessen oder Ansichten des Kindes unseren eigenen zu widersprechen scheinen. Wenn wir in in größerem Umfang zu Empathie fähig sein wollen, müssen wir bewußt an der Entwicklung dieser Fähigkeit arbeiten.

Unsere Empathie unserem Kind gegenüber können wir weiterentwickeln, indem wir uns bemühen, Situationen aus seiner Perspektive zu sehen. Wir versuchen, uns in die Gefühle und Erfahrungen des Kindes hineinzuversetzen. Wir versuchen, das, was in jedem Augenblick geschieht, mit wohlwollendem Gewahrsein aufzunehmen. Dies schließt auch das Gewahrsein unserer eigenen Gefühle ein.

Was könnte es zum Beispiel bedeuten, Empathie mit einem Neugeborenen zu entwickeln, sich vorzustellen, wie es für das Kind sein mag, in diese Welt zu kommen, nachdem es neun Monate lang in einer völlig anderen gewesen ist?

Wir könnten uns zunächst vorzustellen versuchen, wie das Leben im Uterus gewesen sein mag, an einem geschützten Ort, an dem es angenehm warm und feucht ist, wo ständig rhythmische Geräusche ertönen, wo es das Gefühl gibt, geborgen und gehalten zu sein, sanft geschaukelt zu werden – eine Welt ungeteilter Ganzheit, wo es kein Wollen gibt und wo es an nichts fehlt.

Der folgende Auszug aus einem Brief eines Neunzehnjährigen an seine Mutter zum Muttertag gewährt uns einen tiefen Einblick in diese Welt.

Viel Frieden und Stärke von meinem Herzen zu dir
für die neun Monate köstlichster Meditation,
in denen ich wie ein Fisch im Wasser atmen konnte,
in denen die Nahrung so rein war,
daß weder Mund noch Kehle benötigt wurden ...
Gesegnet seist du.

Bei unserer Geburt verlassen wir dieses harmonische Universum und betreten eine neue, völlig andere Welt. Dort werden wir vielleicht durch grelles Licht und kalte Luft überrascht. Vielleicht hören wir laute, unerwartete Geräusche und spüren etwas Rauhes und Hartes auf unserer Haut. Wir empfinden zum erstenmal Hunger. All das trifft uns als rohe, reine Erfahrung, die wir noch nicht durch irgendwelches Wissen filtern könnten. Stellen wir uns einmal vor, wir würden plötzlich in eine solch unvertraute Umgebung versetzt und wären völlig abhängig von der Fähigkeit ihrer Bewohner, unsere Sprache zu verstehen und zu begreifen, was wir im jeweiligen Augenblick brauchen.

Welche Art von Empfindung wäre Ihnen lieber: die eines kalten Kunststoff-Nippels oder die einer warmen, weichen und süß duftenden Brust? Sanft in liebevollen Armen gehalten zu werden oder in einer Wiege oder auf einem Babysitz aus Kunststoff zu liegen? Daß man Sie schreien läßt, bis Sie einschlafen, oder mitfühlende Anteilnahme zu spüren – daß Sie, wenn Sie weinen, auf den Arm oder an die Brust genommen werden, daß man Ihnen ruhig und achtsam die Windel wechselt, Sie auf dem Arm wiegt oder Ihnen ein Lied vorsingt?

Warum fällt es uns so schwer, unsere kleinen Kinder als vollwertig empfindende, vollwertig erfahrende Wesen zu sehen? Warum erscheint es uns als völlig normal, Kinder schreien zu lassen, bis sie nicht mehr können, wohingegen wir die Schreie oder das Weinen eines Freundes oder einer Geliebten – ja selbst eines Fremden – niemals ignorieren würden? Gegen was wehren oder wovor schützen wir uns, wenn wir uns vom Schmerz und Kummer eines Babys distanzieren?

Natürlich könnte es sein, daß wir uns vor mehr Arbeit schützen wollen. Auf kurze Sicht erfordert es natürlich wesentlich mehr Arbeit, unsere Kinder wirklich Augenblick für Augenblick zu begleiten und angemessen auf ihre Bedürfnisse einzugehen. Sich auf die Körpersprache eines Kindes einzustellen, verschiedene Dinge auszuprobieren, die Sensibilität zu entwickeln, die erforderlich ist, damit wir weder zu wenig noch zu sehr auf es eingehen, ein Kind zu halten, zu trösten oder durch Summen zu beruhigen – all dies erfordert Zeit und Energie. Und natürlich rauben uns Kinder häufig auch den Schlaf – sowohl im wörtlichen als auch im metaphorischen Sinne. Sicherlich fällt es uns leichter, Empathie für unsere Kinder zu entwickeln, wenn es unseren eigenen Berdürfnissen entgegenkommt. Die wirkliche Prüfung in dieser Hinsicht sind Situationen, in denen sich ihre und unsere eigenen Bedürfnisse im Konflikt befinden.

Es kann auch sein, daß wir uns in solchen Situationen durch Mangel an Empathie vor dem Schmerz zu schützen versuchen, den wir selbst erlebt haben, wenn in unserer eigenen Kindheit unsere physischen und emotionalen Bedürfnisse nicht erfüllt wurden. Empathie mit der Verletzlichkeit eines Kindes zu entwickeln, kann uns auf sehr direkte Weise an unsere eigenen erinnern.

Ein Weg, wie wir es als Erwachsene vermeiden können, uns unsere eigenen schmerzhaften Erfahrungen als Kinder einzugestehen, besteht darin, daß wir in einen Mechanismus zurückfallen, dessen wir uns bedient haben, als wir selbst noch Babys waren. In einer Umgebung, die nicht angemessen auf ihre wirklichen Bedürfnisse zu antworten vermag, verschließen sich viele Babys emotional, sie verschließen sich und „schalten ab". Wenn wir als Kinder gelernt haben, auf diese Weise mit Schmerz und Frustration fertig zu werden, so verhalten wir uns oft auch als Erwachsene so, und zwar meist völlig automatisch und ohne daß es uns bewußt wird. Statt auf die Gefühle unseres Babys einzugehen und uns unserer eigenen emotionalen Reaktionen auf die Gefühle des Kindes bewußt zu sein, ignorieren wir sie oder spielen sie durch Rationalisierungen herunter wie: „Kinder halten eine Menge aus; sie wird sich schon daran gewöhnen.", „Weinen wird ihm nicht schaden.", „Wir wollen sie nicht verwöhnen". Um uns zu beruhigen und den Schmerz auszublenden, greifen wir anschließend selbst nach etwas zu essen, zu einem Drink, Drogen, wir setzen uns vor den Fernseher oder lesen die Zeitung.

Wir sind uns dabei wahrscheinlich gar nicht bewußt, daß wir über gewaltige innere Ressourcen verfügen, die weit über derartige Fluchtwege hinausführen. Sich auf die Situation einzustimmen und in eine empathische Verbindung zu unserem Kind zu treten ist in solchen Augenblicken eine weitaus bessere Alternative und ist gleichzeitig sowohl für die Eltern als auch für das Kind wesentlich befriedigender. Selbst wenn wir das in unserer Kindheit nicht erfahren haben, können unsere Babys und Kinder diese ursprüngliche Fähigkeit im tiefsten Inneren unserer Seele wecken – sofern wir bereit sind, diese Rufe zu hören.

In Untersuchungen, in deren Verlauf Forscher Mütter baten, absichtlich besonders stark oder zu schwach auf ihre Babys zu reagieren, statt sich auf ihre wirklichen Bedürfnisse einzustimmen, reagierten die Kinder augenblicklich mit Bestürzung und Schmerz. Daniel Goleman, der in seinem Buch *Emotionale Intelligenz* über diese Untersuchungen berichtet, schreibt:

> Ein längeres Ausbleiben der Abstimmung zwischen Mutter und Kind fordert einen ungeheuren emotionalen Tribut vom Kind. Zeigt die Mutter beharrlich keinerlei Einfühlung in bestimmte Emotionen des Kindes – seien es Freuden oder Tränen, sei es das Schmusebedürfnis –, so fängt das Kind an, die Äußerung, vielleicht sogar das Empfinden dieser Emotionen zu meiden. Auf diese Weise können vermutlich ganze Empfindungsbereiche aus dem Repertoire für intime Beziehungen getilgt werden, besonders wenn diese Gefühle während der Kindheit weiterhin versteckt oder offen entmutigt werden.
>
> GOLEMAN
> *Emotionale Intelligenz*

Derartige Untersuchungen enthalten tiefgreifende Implikationen. Nach den Erkenntnissen des Forschers und Psychiaters Daniel Stern, den Goleman zitiert, bilden die kleinen, sich ständig wiederholenden kommunikativen Transaktionen zwischen Eltern und Kindern die Grundlage für die meisten grundlegenden emotionalen Lernprozesse. Wenn dies tatsächlich zutrifft, ist es für die Entwicklung der Kinder zu emotional kompetenten und unabhängigen Wesen von entscheidender Bedeutung, daß sich ihre Eltern aus ganzem Herzen diesem ständigen kommunikativen Austausch mit ihren Kindern widmen.

Aus dieser Perspektive betrachtet könnte das „gute" Baby, das nach zehn Minuten zu schreien aufhört, schon gelernt haben aufzugeben. Und wollen wir unseren Kindern tatsächlich beibringen aufzugeben? Meinen wir tatsächlich, wir könnten unseren Kindern „Unabhängigkeit" beibringen, indem wir sie lehren, sich mit der *Nicht*erfüllung ihrer Bedürfnisse abzufinden? Wollen wir wirklich, daß unsere Kinder sich emotional verschließen und daß sie ihre Lebendigkeit und Offenheit verlieren? Oder wollen wir ihnen vermitteln, daß ihre Gefühle wichtig sind und daß wir bereit sind, auf sie einzugehen? Daß es Menschen gibt, auf deren Sensibilität sie vertrauen und sich verlassen können? Und daß es nicht gefährlich ist, offen zu sein, sich auszudrücken und um das zu bitten, was sie brauchen – kurz gesagt, in einer *Wechselbeziehung* zu ihrer Umgebung zu stehen?

*

Wenn Babys zu Kleinkindern werden und anfangen, die Welt zu erforschen, entwickeln sie eine natürliche Neugier und Freude an allem, was sie umgibt. Gleichzeitig werden sie mit zahllosen Frustrationen konfrontiert, weil sie versuchen, Dinge zu tun, die sie noch nicht tun können, und weil ihnen noch viele Fähigkeiten fehlen. Auf ihren Entdeckungsreisen brauchen sie eine liebevolle und verständnisvolle Person, zu der sie immer wieder zurückkehren können. Krabbelkinder brauchen die Sensibilität und das Verständnis ihrer Eltern (oder, wenn diese nicht zu Hause sind, eine ähnliche Situation in der Kindergrippe), um sich eine Umwelt erobern zu können, die ihrer Neugier genügend Anregung bietet, in der sie gefahrlos ihren Forschungs- und Entdeckungsdrang befriedigen können, und die ihnen gleichzeitig Wärme und Sicherheit gibt – zum Beispiel, in Form eines aufnahmebereiten Schoßes oder indem es gehalten oder aufgenommen wird.

Wenn unsere Kinder älter werden, nimmt unsere Empathie ihnen gegenüber andere Ausdrucksformen an, obgleich es auch dann noch Situationen gibt, in denen das Wichtigste, was sie brauchen, eine stille Umarmung ist oder daß wir ihnen die Hand halten. Die Signale, die wir von ihnen erhalten, sind oft verwirrend und schwer zu verstehen. In einem Augenblick sind sie freundlich und kommunikativ, im nächsten wütend und ablehnend.

Unsere Fähigkeit oder auch nur die Möglichkeit zu kommunizieren, hängt zu einem großen Teil davon ab, ob wir selbst dann zu unserem vollkommenen und tiefen Engagement unserem Kind gegenüber stehen, wenn unser Sohn oder unsere Tochter die Beziehung zu uns in Frage stellt oder auf unsere Vorschläge oder Fragen nicht eingeht.

Um trotz einer Zurückweisung weiterhin empathisch sein zu können, dürfen wir uns nicht durch unsere eigenen verletzten Gefühle an dem Bemühen hindern lassen, uns in den Schmerz hineinzuversetzen, den unsere Kinder in der Situation empfinden. Sie müssen spüren, daß wir zu ihnen stehen, ganz gleich, wie sehr uns ihr Verhalten mißfallen mag, und ganz gleich, wie finster die Masken auf uns wirken mögen, die sie aufsetzen. Wenn wir diese Art der einfühlenden Achtsamkeit auch in schwierigen Situationen aufrechtzuerhalten versuchen, so entspringt das nicht dem Wunsch, die Macht über unsere Kinder zu behalten, sie zu kontrollieren, zurückzuhalten oder uns um unserer eigenen Bedürfnisse willen an sie zu klammern, sondern unserem Bemühen, für sie da zu sein, ganz gleich was geschehen mag; ihnen zu zeigen, daß sie nicht allein sind, daß wir nicht aus dem Blick verloren haben, wer sie sind und was sie uns bedeuten.

Und hilft es nicht uns allen, wenn wir uns verwirrt und hilflos fühlen, zu spüren, daß die Menschen, die uns am nächsten stehen, immer noch unsere Verbündeten sind, daß sie immer noch tief in unser Inneres zu sehen vermögen und daß sie uns immer noch lieben? *Deshalb ist es unsere Aufgabe als Eltern, unsere Beziehung zu unseren Kindern immer wieder neu herzustellen.* Dies erfordert Zeit, Aufmerksamkeit und eine wirkliche innere Verpflichtung. Wenn wir ständig abwesend sind – oder zwar körperlich anwesend, aber mit unserer Aufmerksamkeit und mit unserem Herzen abwesend –, spürt unser Kind nicht das Vertrauen und die Nähe, die es braucht, um uns seine Probleme mitteilen zu können.

Kinder verfügen über die wundervolle Fähigkeit, blitzschnell zum Kern von Problemen vorstoßen zu können. Eine Freundin erzählte uns die folgende Geschichte: Eines Abends brachte sie ihre achtjährige Tochter ins Bett. Das Kind hatte nachts seit einigen Jahren immer wieder große Angst vor Räubern und Kidnappern. Die Mutter saß auf dem Bett des Mädchens und hörte ihm zu. Dabei kämpfte sie innerlich mit dem Wunsch, das Kind zu beruhigen, es davon zu überzeugen, daß es nichts zu befürchten brauche. Doch es war ihr klar, daß es nichts nützen würde, gegen die tiefe immer wiederkehrende Angst der Tochter Argumente vorzubringen.

Statt dessen erzählte sie ihrer Tochter, auch sie hätte in ihrem Alter abends oft große Angst gehabt. Das Mädchen schaute die Mutter erstaunt an und sagte: „Wirklich?" Die Mutter bestätigte dies mit einem Nicken. Daraufhin dachte die Tochter einen Augenblick lang nach und fragte sie dann sehr ernst: „Konntest du es deiner Mami erzählen?" Die Mutter dachte an ihre Kindheit zurück und antwortete dann: „Nein, das konnte ich nicht."

Mit ihren acht Jahren wußte die Tochter aus eigener direkter Erfahrung, wie wichtig es ist, einem vertrauten Menschen mitteilen zu können, wie man sich fühlt. Sie wußte, wie wichtig es ist, die Offenheit, das Verständnis und die mitfühlende Teilnahme einer Mutter oder eines Vaters zu spüren. Ihre Ängste wurden nicht als unbedeutend abgetan, und es wurden keine Witze darüber gemacht. Trotz der sehr realen Ängste fühlte sich die kleine Tochter geborgen genug, um der Mutter ihre Gefühle schildern zu können. Sie brauchte sich in ihrer Angst nicht allein zu fühlen.

Als Eltern lernen wir viel über uns selbst, indem wir uns mit Achtsamkeit der Gedanken und Gefühle gewahr werden, die wir empfinden, wenn ein Kind uns etwas Problematisches mitteilt. Wenn es uns gelingt, das Unbehagen zu beobachten, das gewisse Gefühle in uns erzeugen, und wenn wir jeden Impuls registrieren, bestimmte Sorgen oder Ängste zu beschönigen oder sie als unbedeutend abzutun, so kann uns das helfen, unsere automatischen Verhaltensweisen zu verändern und uns unseren Kindern gegenüber mitfühlender und fürsorglicher zu verhalten.

In manchen Augenblicken, in denen es das Beste wäre, einfach nur zuzuhören, empathisch zu sein und unserer Fürsorglichkeit Ausdruck zu geben, überschütten wir unsere Kinder statt dessen mit unseren eigenen starken Gefühlen und Reaktionen. Schlußendlich kann es sogar soweit kommen, daß das Kind glaubt, es müsse sich um uns kümmern, statt umgekehrt.

Wenn wir solche Augenblicke, in denen wir uns plötzlich in unseren eigenen inneren Prozessen verfangen haben, mit Achtsamkeit betrachten, wird uns vielleicht klar, was da vor sich geht, und wir können innehalten oder unserem Verhalten vielleicht sogar eine andere Richtung geben. Dieses sensible Gewahrsein jedes einzelnen Augenblicks ermöglicht es uns, die Bewegungen unserer Energie zu verfolgen. Es erinnert uns daran, daß wir unsere Unterscheidungsfähigkeit entwickeln müssen, daß wir uns sehr bewußt darüber klar werden müssen, wann es hilfreich ist, unsere Gefühle mitzuteilen, und wann das unnötig ist oder sogar negative Auswirkungen hat. Indem wir uns in einem *inneren* Zuhören üben, lernen wir, wann es richtig ist, die Initiative zu ergreifen, und wann wir die Dinge besser so belassen sollten, wie sie sind, wann Sprechen und wann Schweigen die bessere Wahl ist und wie wir schweigend gegenwärtig sein können, so daß ein anderer Mensch das als empathische Präsenz empfindet, und nicht als Ablehnung und Rückzug. Niemand kann uns diese Dinge lehren. Wir müssen sie durch eigenes Erfahren lernen, indem wir auf die Signale und Hinweise achten, die wir erhalten, und auf das Kommen und Gehen unserer eigenen geistigen Zustände.

Kinder, die ohne die Empathie ihrer Eltern und ihrer Freunde aufwachsen, haben manchmal das Gefühl, in einer emotionalen Wüste zu leben, umgeben von Menschen, die sie im Grunde nicht kennen oder die sich gar keine Mühe geben, sie richtig kennenzulernen, so wohlmeinend manche von ihnen auch sein mögen. Kinder, die mit empathischen Eltern aufwachsen und die spüren, daß ihre Eltern ihre Verhaltensweisen und Gefühle zu einem großen Teil akzeptieren, die sich auf ihre Eltern sowohl emotional als auch physisch verlassen können, sind an einem gewissen offenen, lebendigen Gesichtsausdruck zu erkennen. Sie fühlen sich frei, ihre Wut und manchmal auch ihren unbändigen Zorn auszudrücken, und sie sind ebenso ungehemmt im Ausdruck positiver Gefühle. Sie sind fähig, sich liebevoll und fürsorglich zu verhalten, wenn ein anderer Mensch in ihrer Umgebung verletzt ist oder leidet. Doch andererseits können sie anderen aufgrund ihres starken Selbstwertgefühls auch ausgezeichnet Grenzen setzen.

Die ständige Arbeit am Aufbau und an der Wiederherstellung einer empathischen Beziehung zu unseren Kindern ist eine wichtige Grundlage für die Entwicklung von Achtsamkeit im Umgang mit Kindern. Wenn wir lernen, die Dinge aus der Perspektive eines Kindes zu sehen, so kann uns das helfen, adäquate Entscheidungen zu treffen, und es hilft uns auch, allem, was Augenblick für Augenblick geschieht, im Geiste mitfühlender Präsenz zu begegnen.

Annehmen

Ebenso wie Souveränität und Empathie ist auch das Bedürfnis des Kindes, angenommen zu werden, ein wichtiger Aspekt des achtsamen Umgangs mit Kindern. Alle drei genannten Faktoren stehen in einer engen Beziehung zueinander und ergänzen einander. Etwas anzunehmen bedeutet, daß wir zur Kenntnis nehmen, daß die Dinge so sind, wie sie sind, ob uns dieser Zustand nun recht ist oder nicht, und ganz gleich, wie schrecklich die Dinge in manchen Augenblicken sind oder erscheinen mögen.

Sir Gawain akzeptierte Lady Ragnell so, wie sie war. Mel Lazarus' Vater akzeptierte, daß, was sein Sohn getan hatte, bereits geschehen war. Dadurch vermochte er zu sehen, daß der nächste Augenblick etwas Neues erforderte, etwas, das einen Schlußstrich unter das Geschehene zog, heilend wirkte und ein Ausdruck von Respekt war. Um entscheiden zu können, *wie* wir zu dem, was tatsächlich geschieht, in Beziehung treten, müssen wir zu einer annehmenden Haltung in der Lage sein. Etwas anzunehmen ist kein Ausdruck von Passivität. Annehmen hat nichts mit Resignieren oder Besiegtwerden zu tun. So wie Souveränität nichts mit dem ungezügelten Ausleben von Ansprüchen zu tun hat, bedeutet auch Annehmen nicht, daß alles, was unsere Kinder tun, in jedem Fall okay ist. Auch wenn wir ihnen gegenüber völlig klar zum Ausdruck bringen, daß wir einige ihrer Verhaltensweisen absolut nicht akzeptabel finden, können wir ihnen trotzdem das Gefühl vermitteln, daß wir sie ganz und gar annehmen. Annehmen ist eine Tür, die uns, wenn wir sie öffnen, neue Pfade zeigt und uns hilft, neue Möglichkeiten zu erschließen.

Ich (mkz) bin mit meinen Töchtern in einem Schuhgeschäft. Die eine ist vier Jahre alt, die andere noch ein Säugling. Die Vierjährige möchte Schuhe haben, doch sie findet keine, die ihr richtig passen. Als wir den Laden verlassen, fängt sie an zu brüllen und zu schreien, packt einen Schuh aus dem Schaufenster und weigert sich, ihn loszulassen. Während ich das Baby auf dem einen Arm halte, nehme ich die Vierjährige an die Hand und gehe zur Tür, wo ich die Verkäuferin bitte, ihr den Schuh abzunehmen. Ein

Gezerre beginnt. Ich fühle mich wütend und hilflos. Schließlich gelingt es mir, mit den Kindern den Laden zu verlassen. Die Vierjährige schreit und heult immer noch. Ihr Gesicht ist mittlerweile rot. Sie ist wütend, weil sie keine neuen Schuhe bekommen hat. Es kostet mich einige Mühe, sie in den Kindersitz zu befördern. Dabei tritt sie mit einem Fuß gegen die halb geöffnete Wagentür und beschädigt die Seitenverkleidung.

Meine Reaktion auf diese ganze Episode hängt davon ab, wie ich mein Kind in diesem Augenblick sehe oder nicht sehe. Im Augenblick des Geschehens war ich von der starken Reaktion des Mädchens überwältigt. Ich war wütend und nicht besonders verständnisvoll. Nun war ich zwar nicht besonders empathisch ihr gegenüber, habe sie aber auch nicht angefahren. Ich richtete meine Aufmerksamkeit darauf, uns alle sicher nach Hause zu bringen und meine vierjährige Tochter davon abzuhalten, ihre Schwester, mich oder sich selbst zu verletzen. Erst später fühlte ich mich in der Lage, mir das Geschehene noch einmal vor Augen zu führen und Empathie für sie zu entwickeln. Ich versuchte, mir die Situation noch einmal zu vergegenwärtigen und zu verstehen, was geschehen war.

Verschiedene Gründe für ihr Verhalten schienen mir möglich: Vielleicht war sie übermüdet gewesen, oder sie hatte Hunger und deshalb einen niedrigen Blutzuckerspiegel gehabt. Es konnte auch eine Reaktion auf die chemischen Ausdünstungen der Lederprodukte im Laden gewesen sein. Vielleicht war es ihre Frustration darüber, daß sie nicht bekommen hatte, was sie wollte, und die Situation war möglicherweise noch dadurch verschlimmert worden, daß sie mich mit ihrer kleinen Schwester teilen mußte. Wahrscheinlich war es eine Kombination aller genannten Faktoren, die zu dem Wutanfall führte.

Indem ich auf das Geschehene zurückblickte, wurde mir klar, daß sie nicht aus Bosheit oder um mich zum Wahnsinn zu treiben oder mich zu manipulieren um sich getreten und geheult und das Auto beschädigt hatte. Ihre Wut darüber, daß sie keine Schuhe bekommen hatte, hatte eine heftige Reaktion ausgelöst, die sie nicht mehr kontrollieren konnte. Es war, als stünde sie im Banne einer fremden Macht – unter einem Zauber.

*

Es gibt unendlich viele Möglichkeiten, die Verhaltensweisen unserer Kinder zu betrachten, die wir oft als „schwierig" oder „negativ" bezeichnen.

Was dem einen als völlig unakzeptabel erscheint, kann für einen anderen Menschen ein ganz normales Verhalten sein. Oft versteifen wir uns darauf, Dinge nur auf eine ganz bestimmte, durch unsere Ansichten und Gefühle geprägte Weise zu sehen, die wir häufig noch nie überprüft haben und die die gesellschaftliche Etikette – was andere Menschen denken könnten oder wie peinlich uns etwas ist – höher bewertet als das emotionale Wohlbefinden unserer Kinder.

In solchen Augenblicken fühlen wir uns leicht von unseren Kindern manipuliert und gegängelt, völlig hilflos und infolgedessen natürlich ungeheuer wütend. Um unsere Autorität geltend zu machen und die Kontrolle über die Situation wiederzugewinnen, scheuen wir dann manchmal nicht davor zurück, ausfällig zu werden, zu schreien oder sie vielleicht sogar zu schlagen.

Da solche Situationen im Leben von Eltern, insbesondere wenn ihre Kinder noch jung sind, häufig vorkommen, erhalten wir immer wieder Gelegenheiten, uns von diesen konditionierten Reaktionsmustern zu lösen und aus unserem Gewahrsein und unserer Unterscheidungsfähigkeit heraus ein wesentlich angemesseneres und dienlicheres Repertoire emotionaler Antworten zu entwickeln.

Dies ist ein Punkt, an dem Achtsamkeit unseren emotionalen Reaktionen gegenüber in Verbindung mit formeller Meditation uns helfen kann, zu einer klareren Sichtweise zu gelangen, wie wir in Teil Vier dieses Buches näher beschreiben werden. Die Meditationsübung ähnelt einem Laboratorium, in dem wir unsere verschiedenen Geistes- und Gefühlszustände besonders gut kennenlernen und wo wir herausfinden können, wie sie uns jeweils beeinflussen. In der Meditation haben wir die Möglichkeit wahrzunehmen, wie unsere Gedanken und Gefühle Augenblick für Augenblick auftauchen, und zu erkennen, daß es sich dabei um zeitweilige Erscheinungen handelt, auf die wir nicht zu reagieren brauchen. Uns unserer Emotionen gewahr zu sein bedeutet, daß wir sie ganz einfach bewußt zur Kenntnis nehmen. Wir akzeptieren, ohne zu urteilen, daß dies in einem bestimmten Augenblick unsere Gefühle sind, ob wir sie nun mögen oder nicht.

Wenn wir lernen, im Rahmen unserer Bemühungen um die Entwicklung von Achtsamkeit, unser eigenes großes Spektrum von Gefühlen – einschließlich der besonders heftigen – wahrzunehmen und zu akzeptieren, werden wir uns auch der Gefühle anderer Menschen bewußter, insbesondere der Gefühle unserer Kinder. Wir lernen dann etwas über die Landschaft der Gefühle und ihre veränderliche Natur, und dadurch wächst unsere Fähigkeit, unsere eigenen Gefühle und die Gefühle anderer anzunehmen, und es wird unwahrscheinlicher, daß wir die Gefühlsäußerungen anderer als persönlichen Angriff verstehen. Es fällt uns dann leichter, ihre Erfahrungen und Gefühle zu akzeptieren, selbst wenn uns ihr Verhalten nicht gefällt. Dadurch treten wir aus jenem begrenzten Bereich heraus, in dem wir uns als Eltern häufig befinden und in dem wir so sehr von unseren eigenen Gefühlen und unserem Haften an unserer Sicht der Dinge in Beschlag genommen sind, daß wir den Kontakt zu unseren Kindern verlieren und sie, ohne daß wir es bemerken würden oder es beabsichtigt hätten, in einem sehr tiefen Sinne im Stich lassen.

Unsere Kinder eröffnen uns durch ihre Gegenwart zahllose Gelegenheiten, durch die Schleier unserer emotionalen Reaktionen hindurch die Dinge so zu sehen und zu akzeptieren, wie sie sind, und dann aufgrund unserer Sicht des Gesamtbildes zu handeln, so gut wir können.

*

Wie wir Dinge sehen, entscheidet letztlich darüber, was wir zu tun beschließen. Wenn ein Baby schreit, verstehen wir das als einen bewußten Versuch, uns zu manipulieren, oder als Hilfeschrei? Wenn Kinder die Welt zu erforschen beginnen, verstehen wir ihre unerschöpfliche und nicht zu bändigende Neugier als ein Zeichen von Intelligenz, Stärke und Vitalität oder als Bedrohung unserer Bemühungen, die Kontrolle über die Situation zu behalten, als einen Akt des Ungehorsams? Wie fassen wir es auf, wenn ein Sohn seine Schwestern neckt oder wenn eine Tochter im Teenageralter launisch und distanziert, ablehnend und fordernd ist oder wenn ein Kind so wütend ist, daß es droht, von zu Hause wegzulaufen?

Die Situationen, mit denen wir die größten Schwierigkeiten haben, bedürfen gleichzeitig auch am dringendsten der Achtsamkeit. Es kann hilfreich sein, wenn wir uns in diesen schrecklichen Augenblicken daran erinnern, unsere Kinder so zu akzeptieren, wie sie sind, und uns bemühen, aus diesem Gewahrsein heraus mitfühlend zu handeln.

Unsere Kinder so akzeptieren, wie sie sind – das klingt sehr einfach. Doch wie oft hätten wir im Grunde gerne, daß unsere Kinder anders handeln, anders aussehen oder einfach generell anders *sind*, als sie im betreffenden Augenblick *tatsächlich* sind? Wie oft möchten wir, daß sie so sind, so aussehen oder so zu uns in Beziehung treten, wie sie es in einem anderen Augenblick, zu einer anderen Zeit getan haben? Wie oft akzeptieren wir trotz aller gegenteiligen Anzeichen nicht, daß die Dinge hier und jetzt nun einmal nicht so sind, wie wir es gern hätten, sondern eben so, wie sie sind?

Wir tendieren dazu, alle Verhaltensweisen von Kindern, die wir als Angriff auf unsere Autorität interpretieren, als „negativ" zu verurteilen. Wenn wir das Gefühl haben, die Kontrolle über eine Situation zu verlieren, möchten wir den Angreifer auf jede uns mögliche Weise „disziplinieren", um „Ruhe und Ordnung" wiederherzustellen.

Bei diesem Zyklus, in dem einem „negativen Verhalten" irgendeine von uns veranlaßte Disziplinierungsmaßnahme folgt, machen wir häufig nicht den geringsten Versuch, uns zu vergegenwärtigen, wie das Kind die Situation erlebt. Auf diese Weise führen schwierige Situationen oft nicht zu größerem Verständnis und tieferer Verbindung zwischen Eltern und Kind, sondern zu Distanz und Entfremdung.

Die Alternative hierzu ist ein Prozeß, der sich wesentlich weniger klar definieren läßt und für den es keine festen Verhaltensformeln gibt. Doch steht am Anfang desselben in jedem Fall das Bemühen, offen zu sein, unser Kind im betreffenden Augenblick unvorbelastet zu sehen und uns an seine innere Souveränität, seine wahre Natur zu erinnern. Dabei werden wir oft feststellen, daß unsere Sicht der Dinge durch unsere eigenen Bedürfnisse gefärbt ist, durch unsere Ängste und Erwartungen und durch Ressourcen, die uns im betreffenden Augenblick zur Verfügung stehen oder fehlen. Diese Bedingungen können sich so miteinander verbinden, daß unser Blick auf eine ganz bestimmte Weise gefärbt oder völlig getrübt ist. In beiden Fällen sehen wir nicht mehr das ganze Bild, sondern erkennen nur bestimmte Farben und bestimmte Details. Daß wir eine Situation nur eingeschränkt wahrnehmen, führt oft dazu, daß wir das Verhalten unserer Kinder gewöhnlich negativ beurteilen, was wiederum leicht zu ständiger Verärgerung und emotionaler Distanzierung führen kann.

Wenn wir die Augenblicke, in denen wir spüren, daß wir unsere Objektivität und Klarheit verlieren, aus der Perspektive der Achtsamkeit betrachten und versuchen, uns wieder völlig in der Gegenwart zu zentrieren – vielleicht, indem wir unseren Atem nutzen, um uns in unserem Körper zu erden –, und wenn wir versuchen, genau wahrzunehmen, was tatsächlich mit unserem Kind geschieht, stellen wir oft fest, daß das oberflächliche Verhalten, auf das wir so heftig reagiert haben, nur der äußere Ausdruck eines wesentlich tiefreichenderen, umfassenderen Prozesses war. Wenn wir davon ausgehen, daß es für „schwierige" Verhaltensweisen eines Kindes einen Grund gibt, selbst wenn wir diesen nicht sogleich sehen oder verstehen, können wir mitfühlender und in tieferem Sinne annehmender sein.

Wie wir auffassen, was geschieht – ob wir es verurteilen oder mißbilligen oder ob wir ihm mit Offenheit entgegentreten und herauszufinden versuchen, was dahinter stecken könnte –, hat einen starken Einfluß auf unsere Beziehungen zu unseren Kindern. Wenn wir lernen, ihr „schwieriges" Verhalten auf eine weniger verurteilende, auf eine mitfühlendere und offenere Art und Weise zu sehen, so können wir ihre Verbündeten bleiben und eine Herzensbeziehung zu ihnen aufrechterhalten, selbst wenn uns ihr Verhalten im Augenblick nicht gefällt.

Wenn es uns gelingt, nicht mehr ständig ihre heftigen oder schwierigen Verhaltensweisen zu kritisieren, beginnen wir vielleicht allmählich zu sehen, daß wildes, lautes und wütendes Verhalten nicht unbedingt „negativ" zu sein braucht. Manchmal reagieren Kinder ungewöhnlich heftig, um ihr Gleichgewicht wiederzufinden. Vielleicht fühlen sie sich durch die Schule oder durch die Anforderungen bestimmter Arten von Arbeit eingeschränkt, und sie brauchen ein Ventil für ihre Energie, ihre Vitalität und ihre Kraft.

Wenn unsere eigenen Kinder sich im Laufe der Jahre besonders wild, albern oder provozierend verhielten, hat es mir (mkz) gewöhnlich sehr geholfen, solche Ausbrüche als Entladungen von Energie zu verstehen, als eine für sie wichtige Möglichkeit, Dinge zum Ausdruck zu bringen, statt sie in sich zu behalten. Unser Körper tut das ständig, indem er zum Beispiel schwitzt oder Hautausschläge produziert. Selbst Erbrechen und Durchfall kann man als sinnvolle Versuche des Körpers verstehen, sich von Giftstoffen zu befreien und sich zu reinigen. Ebenso könnten wir auch emotionale Entladungen akzeptieren und positiv sehen.

Manchmal schäumen Kinder geradezu über von unkontrollierter Energie. In anderen Augenblicken können solche Ausbrüche tief verborgene Emotionen zum Ausdruck bringen. Selbst wenn sie völlig aufgelöst sind, weinen, schreien, um sich treten und mit Gegenständen um sich werfen, vermag ich ihnen gegenüber toleranter zu sein, sofern ich diese Verhaltensweisen als Ausdruck ihrer Vitalität verstehe. Solche Vorfälle als gesunde und normale emotionale Entladungen anzusehen hilft mir, ein wenig Abstand zum Geschehen zu bekommen und es nicht zu persönlich zu nehmen. Ich kann dann unbefangener mit der Situation umgehen, und sie erhalten die Möglichkeit, unterschiedliche Verhaltensweisen auszuprobieren, statt sich durch meine elterliche Autorität auf das beschränken zu lassen, was ich als akzeptabel empfinde.

Jedesmal wenn wir dieser Energie Widerstand entgegensetzen, mit ihr kämpfen, sie zu kontrollieren versuchen oder uns negativ über sie äußern, verschlimmern wir die Situation nur. In solchen Augenblicken müssen wir nach Möglichkeiten suchen, uns *mit* unseren Kindern zu bewegen, statt ihnen nur Widerstand zu leisten; wir müssen *mit* ihnen arbeiten, statt gegen sie.

Manchmal bedeutet das, daß wir ihrer Energie eine Ausdrucksmöglichkeit geben müssen. Wenn ein Kleinkind oder sogar ein Schulkind einen solchen Energieausbruch hat, hat es vielleicht Lust, mit Ihnen zu ringen oder irgendein anderes Spiel mit Ihnen zu spielen, bei dem sein Körper sehr stark gefordert wird, denn dadurch kann es seiner Energie Ausdruck geben, jedoch auf eine zentrierte, geerdete Weise. Sobald Sie Kontakt zu ihm aufgenommen haben, können Sie es leicht dabei unterstützen, das zu bekommen, was es im betreffenden Augenblick braucht.

In manchen Situationen kann es hilfreich sein, einen solchen Ausbruch wie ein plötzlich hereinbrechendes Unwetter zu betrachten. Manchmal müssen wir solche Ereignisse einfach durchstehen, so wie wir das Ende eines Gewitters abwarten. Würden wir ein Gewitter jemals als „manipulativ" bezeichnen – wie oft tun wir das aber, wenn Kinder sich nicht so verhalten, wie wir es gern hätten? Manchmal haben Kinder keine andere Möglichkeit, sich aus einer inneren Verstrickung zu befreien, als zunächst eruptiv ihre Energie zum Ausdruck bringen. Kinder müssen uns manchmal wegstoßen, um Raum in sich selbst zu finden, bevor sie sich wieder mit uns versöhnen, die Verbindung zu uns wiederherstellen und sich auf einen Neubeginn einlassen können.

Wenn wir uns darin üben, das Geschehen zu beobachten, lernen wir allmählich, die frühen Warnzeichen zu erkennen, die das Herannahen eines Sturms anzeigen. Auch können wir unsere Kinder in friedlichen Augenblicken, wenn diese offener sind, dazu ermuntern, selbst zu spüren, wie sie sich vor dem Ausbruch eines solchen Sturms fühlen. Sie könnten sich dann beispielsweise fragen: „Habe ich Hunger?", „Bin ich müde?",

„Bin ich wütend oder traurig?" So lernen unsere Kinder allmählich, um das zu bitten, was sie brauchen, ob sie nun allein ruhig in ihrem Zimmer sitzen wollen, ob sie möchten, daß wir sie umarmen, ob sie ein warmes Bad oder etwas zu essen brauchen oder ob sie mit uns toben wollen. Auf diese Weise werden sie allmählich ihrer selbst gewahr und lernen, sich zu akzeptieren.

Für Eltern kann es ebenso schwer wie für ihre Kinder sein, die Konzentration nach innen zu richten und auf ihre eigenen Gefühle sowie auf die Hinweise zu achten, die sie durch ihren Körper erhalten – besonders in emotional turbulenten Situationen. Unsere eigenen Bedürfnisse und die Bedürfnisse unserer Kinder auf adäquate und befriedigende Weise zu erfüllen, erfordert Energie, Aufmerksamkeit und unablässige Übung.

*

Offen zu sein, anzunehmen und mitfühlend zu sein heißt nicht, daß wir naiv oder passiv sind. Es gibt für uns Eltern tagtäglich eine Vielzahl von Situationen, in denen wir eingreifen und entschlossen handeln müssen. Natürlich hängt es vom Alter eines Kindes und von den spezifischen Umständen ab, was wir jeweils tun. Manchmal sind unsere Kinder einfach zu aktiv, sie bewegen sich zu schnell, sie sind zu „aufgedreht". Vielleicht sind sie noch nicht in der Lage, selbst ihr Maß zu finden, oder sie haben es zwar versucht, haben sich aber nicht gegen den Druck ihrer Umgebung durchsetzen können. Sie brauchen uns dann, um wieder „auf den Boden zu kommen", indem wir sie zügeln, ihnen Grenzen setzen oder eine Situation schaffen, in der sie mit der Wirklichkeit zusammenprallen, so daß sie wieder zu sich kommen können.

In anderen Situationen ist es so, als würden unsere Kinder uns mit einer roten Flagge zuwinken, uns ein ernsthaftes Signal ihrer Not zeigen, so als wollten sie sagen: „Schau her! Bei mir ist etwas ganz und gar nicht in Ordnung!" Diese „roten Flaggen" können viele verschiedene Formen annehmen; es können Wutausbrüche sein, große Ängstlichkeit, die Kinder können sich verschließen, es können sich körperliche Symptome entwickeln, oder sie wollen plötzlich nicht mehr zur Schule zu gehen. Wenn wir unseren Kindern in solchen Situationen automatisch die schlechtesten Motive unterstellen und aufgrund dieser Unterstellung mit strafender Härte oder mit Zynismus reagieren oder wenn wir sie einfach ignorieren, dann setzen wir sowohl sie als auch uns selbst herab. Wenn wir ihr Verhalten als „negativ", „respektlos" oder „manipulativ" abqualifizieren und mit Mißfallen und Disziplinierungsversuchen darauf reagieren, distanzieren wir uns genau in den Augenblicken von ihnen, in denen sie uns am meisten brauchen. Indem wir sie verurteilen, bauen wir eine Barriere zwischen uns und ihnen auf. Wir versäumen dadurch eine Chance, ihr inneres Wachstum und ihre Transformation zu unterstützen und Vertrauen und Verbundenheit zwischen uns und ihnen zu stärken. Auch versäumen wir eine Gelegenheit, etwas zu sehen, das ein wirkliches Problem für sie sein könnte, und verweigern ihnen unsere Anteilnahme an dem mit ihren Schwierigkeiten verbundenen Schmerz.

In solchen Situationen ist ein Blick unter die Oberfläche sehr wichtig. Es kann sehr schwierig sein, den Grund für die „rote Flagge" zu finden. Doch statt die Situation aus einer negativen, ängstlichen und verurteilenden Perspektive zu betrachten, können wir uns bemühen, eine offene und mitfühlende Sichtweise zu entwickeln: „Was bedeuten diese Signale?", „Womit können wir in dieser Situation arbeiten?" Wenn wir die Signale und Hinweise unserer Kinder sensibel und aufmerksam registrieren und analysieren und das, was wir dabei erkennen, mit dem in Verbindung bringen, was wir ohnehin schon über sie wissen, wird uns wahrscheinlich allmählich klar werden, was sie gerade beschäftigt und was wir jetzt tun können.

Natürlich ist die aktuelle Situation, in der ein Kleinkind um sich schlägt und brüllt oder ein Schulkind schreit und Türen zuschlägt, nicht gerade der geeignete Zeitpunkt, um über den eigentlichen Grund für dieses Verhalten zu reflektieren. Zunächst müssen wir mit der Krise fertig werden. Weshalb auch immer Kinder aufgebracht sein mögen, ganz sicher sind sie in dieser Situation nicht zum Nachdenken aufgelegt. Gewöhnlich stehen sie völlig im Bann ihrer Gefühle und haben nicht die geringste Lust, mit uns über die Hintergründe ihres Verhaltens zu sprechen. Wichtiger ist für sie in diesem Augenblick, daß wir diesen Gefühlssturm mit ihnen zusammen durchstehen und daß wir nicht unser Zentrum verlieren, nur weil sie das ihre verloren haben. Wir könnten uns vorstellen, wir wären in diesem Unwetter eine große schützende Eiche, ein verläßlicher Freund, der zwar vielleicht nicht versteht, was sie empfinden, und der auch nicht unbedingt Antworten auf ihre Probleme weiß, der aber einfach verständnisvoll bei ihnen ist.

Wenn die Situation sich wieder beruhigt hat, ist die Zeit gekommen, sich mit den Hintergründen des Geschehens zu beschäftigen. Wir werden dann zu Detektiven und überlegen, weshalb sie sich unglücklich fühlen mögen oder warum sie aus dem Gleichgewicht geraten sind. Ist der Grund ein Vorfall in der Schule oder irgend etwas, das in der häuslichen Umgebung geschehen ist? Ist der Grund ein physisches oder ein emotionales Problem, oder spielen beide Bereiche dabei eine Rolle? Ist etwas relativ Einfaches wie Übermüdung, Hunger oder Überreizung die Ursache, oder ist dem Kind etwas Beunruhigendes passiert? Liegt dem Geschehen ein bestimmtes Muster zugrunde? Gibt es im Leben des Kindes bestimmte Belastungsfaktoren? Welche inneren und äußeren Ressourcen stehen ihm zur Verfügung, oder welche benötigt es? Wird für die Erfüllung seiner emotionalen und seelischen Bedürfnisse gesorgt?

Zu akzeptieren, wer unsere Kinder sind und was sie durchleben, bedeutet, daß wir uns Fragen wie die soeben aufgeführten stellen und uns tiefgehend mit dem befassen, was sich uns zeigen mag.

*

Meine zehnjährige Tochter liegt im dunklen Zimmer im Bett und sagt zu mir:

„Mami, ich fühle mich so durcheinander."

Ich antworte: „Worüber bist du durcheinander?"

Sie sagt: „Ich weiß es nicht, ich fühle mich einfach durcheinander."

Ich kämpfe mit dem inneren Drang, die Situation zu verbessern ...

„Es ist okay, sich durcheinander zu fühlen."

Sie sagt: „Ist das wahr?"

Ich antworte: „Ja, es ist okay."

Sie schweigt und schlummert ein.

Sie brauchte in diesem Augenblick keine Diskussion oder Lösung. Weil sie sich von mir umsorgt fühlte, konnte sie ihre Unsicherheit und Verwirrung akzeptieren. Indem ich ihren Zustand annahm, gelang es ihr, sich selbst anzunehmen, so wie sie in diesem Moment war.

*

Es ist nicht immer leicht, unsere älteren Kinder zu akzeptieren, insbesondere wenn sie uns mit allem, was sie sagen, zu kritisieren scheinen. Das geschieht gewöhnlich am Ende eines langen Tages, wenn alle in der Familie müde und erschöpft sind. Zusammen mit einem Strom negativer und verächtlicher Bemerkungen werden dann gleichzeitig Forderungen an uns gestellt. Vielleicht Vielleicht müssen wir auch zahllose Klagelieder über uns ergehen lassen, darüber, wie müde sie seien und wieviel sie noch zu tun hätten. Je mehr wir uns von ihnen entfremdet fühlen, um so wütender werden sie, um so stärker kritisieren sie uns und um so mehr Forderungen stellen sie an uns. Und umgekehrt ruft ihr Verhalten dann in uns Wutgefühle hervor und kann dazu führen, daß wir sie noch weniger annehmen können und sie noch heftiger zurückweisen.

Meine (mkz) Tochter betritt im Teenageralter im T-Shirt zitternd die Küche, und es kommt zum folgenden Wortwechsel:

„Es ist kalt hier."

„Zieh dir doch etwas über."

(*Verärgert*) „Ich brauche mir nichts überzuziehen. Es ist zu kalt hier."

„Es ist nicht besonders kalt hier. Warum ziehst du dir denn nicht etwas Wärmeres an?"

(*Wütend*) „Warum soll ich mir etwas anziehen, wenn es hier einfach zu kalt ist!"

Jede Interaktion treibt uns weiter auseinander. Ich bin verärgert über ihr Verhalten und habe kein Verständnis, weil sie in letzter Zeit ständig an mir herumgenörgelt hat. Später entwickelt sich eine regelrechte Szene, woraufhin sie sich in ihr Zimmer zurückzieht und sich weigert, mit mir zu sprechen. Dies wirkt auf mich wie eine kalte Dusche. Plötzlich kann ich aber wieder über meine eigene Wut hinausblicken, und mir kommt zu Bewußtsein, daß sie im Augenblick eine sehr schwierige Zeit durchlebt. Mir wird klar, daß sie in den letzten Wochen um so wütender geworden ist, je größer die Distanz zwischen uns wurde. Und je mehr sie mich angegriffen hat, um so wütender bin ich geworden und um so ferner habe ich mich ihr gefühlt. Ein schrecklicher Teufelskreis, der schließlich zu unserer augenblicklichen Patt-Situation führte. Wie läßt sie sich auflösen?

Offensichtlich bin *ich* diejenige, die sie beenden muß. Mir ist klar, daß meine Tochter nicht alles bekommen kann, was sie von mir braucht. Sie möchte etwas bekommen, aber sie möchte es nicht von mir bekommen … Sie möchte und sie möchte nicht. Ein echtes Paradox.

Als sie darüber klagte, daß es kalt sei, und sich weigerte, sich etwas Wärmeres anzuziehen, hätte ich versuchen können, sie zu umarmen, wobei dahingestellt bleiben mag, ob sie das gewollt hätte oder nicht. Oder ich hätte verständnisvoll sein und einfach die Heizung höher stellen können, wodurch sie die Wärme auf eine Weise bekommen hätte, die sie vielleicht hätte akzeptieren können. Ich hatte mehrere Verhaltensmöglichkeiten, doch statt eine von diesen auszuprobieren, ließ ich zu, daß meine Wut der letzten Tage mich unduldsam machte. Ich verschloß mich ihr gegenüber und schob ihr die Schuld an unserem Problem zu.

In dem Zustand, in dem sie war, hätte sie es gebraucht, daß ich besonders liebevoll und verständnisvoll ihr gegenüber bin und ihre Nörgeleien nicht persönlich verstehe, sondern als Zeichen für ihre eigenen inneren Kämpfe. Ich konnte zwar nichts an ihrer allgemeinen Lebenssituation ändern, aber ich hätte verständnisvoller sein und ihr Verhalten als Bitte um liebevolle Zuwendung in einer schwierigen Situation verstehen können.

*

Es kann wesentlich schwieriger für uns sein, Teenagern die Wärme und Zuneigung zu geben, die wir diesen Kindern so viel leichter haben geben können, als sie noch kleiner waren. Wir müssen ständig nach neuen Möglichkeiten suchen, um ihnen zu zeigen, daß wir auf ihrer Seite stehen, daß sie für uns immer noch ebenso wichtig sind wie in der Zeit, als sie süße rotbäckige kleine Engel waren.

*

Manche Verhaltensweisen unserer Kinder sind für uns wahrscheinlich wesentlich schwerer zu ertragen als andere. Die Situationen, in denen sie unser Verständnis und unsere Liebe am meisten brauchen, sind stets auch die Situationen, in denen es uns am schwersten fällt, ihnen eben dies zu geben.

Ganz gleich, wie alt unsere Kinder sind, immer werden einige der Dinge, die sie tun, in uns Gefühlsausbrüche und destruktive Verhaltensweisen auslösen. Vielleicht kennen wir diese Reaktionsmuster aus der Umgebung, in der wir selbst aufgewachsen sind, und vielleicht haben wir sie übernommen, ohne das auch nur zu ahnen. Sie treten in Situationen zutage, die denjenigen ähneln, in denen sie entstanden sind. Unsere Reaktionen können die Form von unbewußten Körperhaltungen, von Anspannung, Selbstgerechtigkeit, Verachtung, Intoleranz, Grausamkeit und Katastrophendenken annehmen. Wenn unsere Kinder uns durch ihr Verhalten „auf die Palme bringen", empfiehlt es sich, um unsere Fähigkeit zu akzeptieren weiterzuentwickeln, besonders genau auf unsere eigenen inneren Gefühle achten. Jedesmal wenn uns die Gründe für unsere eigenen Gefühle und deren Ursprung ein wenig klarer werden, haben wir die Möglichkeit, uns gegen ein automatisches und oft destruktives Reagieren zu entscheiden und statt dessen neue und positivere Verhaltensmöglichkeiten zu entwickeln.

Wir können jedes Verhalten in seinem schlechtesten Licht sehen, doch gibt es auch immer Möglichkeiten einer verständnisvolleren und wohlwollenderen Interpretation. Wenn wir selbst in einer von Mißtrauen geprägten Umgebung aufgewachsen sind, wenn wir selbst als Kinder durch Verdächtigungen und Verurteilungen verletzt worden sind, wenn wir herabgesetzt oder lächerlich gemacht worden sind, so können wir leicht in diese uns so vertrauten Verhaltensmuster verfallen und sie im Umgang mit unseren eigenen Kindern wiederholen. Aus diesem Teufelskreis auszubrechen erfordert kontinuierliche Achtsamkeit. So ist es zum Beispiel sehr fruchtbar, unser Gewahrsein darauf zu richten, *was* wir sagen, *wie* wir es sagen und *welche Wirkung* das Gesagte auf unsere Kinder hat.

Zu viele Kinder leben mit dem Gefühl, daß sie nicht so angenommen werden, wie sie sind, daß sie ihre Eltern aus irgendeinem Grunde „enttäuschen" – daß sie nicht „die in sie gesetzten Erwartungen erfüllen". Wie viele Eltern beschäftigen sich unablässig damit, daß ihr Kind „zu sehr dies" oder „zu sehr das" oder „nicht genug von diesem oder jenem" ist? Dieses distanzierte, verurteilende Verhalten seitens der Eltern verursacht ungeheuer viel unnötigen Schmerz und Kummer. Wann ist elterliches Mißfallen in Form von Beschämung, Demütigung oder Distanz-Halten je ein positiver Einfluß auf das Verhalten eines Kindes gewesen? Sicherlich können Eltern durch derartige Methoden kindlichen Gehorsam erzwingen, aber wie teuer bezahlt das betroffene Kind dafür – und sogar noch der Erwachsene, zu dem dieses Kind einmal wird?

Eltern brauchen keineswegs von allem begeistert zu sein, was ihre Kinder tun, und sie müssen auch nicht mit allem einverstanden sein, auch nicht mit der Lebensweise der Kinder, wenn diese älter sind. Es wird immer Differenzen zwischen Eltern und Kindern geben. Letztlich muß jedes Kind seinen Weg selbst finden. Wenn ein Kind unser Verständnis spürt, ganz gleich, wie alt es ist, wenn es unsere Liebe nicht nur in den Zeiten spürt, in denen es leicht ist, mit ihm auszukommen und es zu lieben, sondern auch in seinen schwierigen, abscheulichen und unerträglichen Phasen, dann erhöht das seine Chance, auf die Dauer ausgeglichener zu werden und sich auf umfassendere Weise zu entwickeln. Kinder werden mit vielen Schwierigkeiten und Problemen fertig, wenn ihnen stets die Möglichkeit offensteht, zur Quelle unserer bedingungslosen Liebe zurückzukehren. Denn inneres Wachstum und Heilung sind nur möglich, wenn wir sie mit allem, was zu ihnen gehört, annehmen.

Teil Vier

Achtsamkeit – Eine Art zu sehen

Eltern-Sein ist „die ganze Katastrophe"

Wenn wir Eltern werden, ob absichtlich oder zufällig, verändert sich sofort unser ganzes Leben. Es kann allerdings einige Zeit dauern, bis wir merken, wie umfassend diese Veränderung tatsächlich ist. Als Eltern sind wir zwangsläufig großem Streß ausgesetzt. Auch sind wir auf eine Weise verletzlich, wie wir es vorher nicht kannten. Eltern zu werden fordert von uns eine völlig neue Art der Verantwortlichkeit. Es ist eine bis dahin ungekannte Herausforderung und zwingt uns, unsere Zeit und Aufmerksamkeit von anderen Dingen – uns selbst eingeschlossen – in einem bis dahin ungekannten Maße abzuziehen. Eltern werden mit Chaos, Unordnung und Gefühlen der eigenen Unzulänglichkeit konfrontiert, es ergeben sich zahllose Anlässe für verbale Auseinandersetzungen, Streits und Irritationen – sie leiden unter dem Lärm, den scheinbar unendlichen Verpflichtungen und Erledigungen. Ständig gibt es neue Anlässe, sich hilflos, festgefahren, wütend, gereizt, verletzt, überfordert, alt oder unwichtig zu fühlen. Das erleben wir als Eltern nicht nur, solange unsere Kinder noch klein sind, sondern auch noch, wenn sie schon erwachsen sind und ein eigenes Leben führen. Kinder zu haben scheint geradezu zu bedeuten, daß man um Schwierigkeiten bittet.

Warum sollte man sich das also antun? Kinder geben uns die Möglichkeit, am Pulsieren der Lebensenergie auf eine Weise teilzuhaben, wie wir es nicht erfahren könnten, wenn sie nicht ein Teil unseres Lebens würden. Besonders wenn unsere Kinder noch sehr jung sind, ist es unsere Aufgabe, für sie da zu sein und sie, so gut wir können, zu unterstützen und zu schützen, damit sie unbekümmert das immense Potential des Kind-Seins erfahren können. Wir müssen ihnen dabei auf eine unaufdringliche Weise unsere Unterstützung und unser Wissen zur Verfügung stellen, so daß sie ihren eigenen Weg finden können.

Kinder verkörpern die besten Seiten des Lebens. Sie leben in der Gegenwart, sie sind reine Möglichkeit, und sie verkörpern Vitalität, Entwicklung, Erneuerung und Hoffnung. Sie sind ganz und gar nur das, was sie sind. Und sie teilen dieses vitale Sein mit uns und erwecken es auch in uns zu neuem Leben, wenn wir ihren Ruf zu hören vermögen.

Sobald wir Kinder haben, verändert sich unser Kontakt zum übrigen Universum und unsere Sicht aller Dinge völlig. Wir empfinden plötzlich eine Verbundenheit mit den Hoffnungen und Schmerzen anderer, wie wir es vielleicht noch nie erlebt haben. Wir verspüren plötzlich ein tieferes Mitgefühl mit den Leiden und Problemen anderer Menschen. Wenn wir uns um das Wohl unserer Kinder sorgen, sehen wir auch Armut, Umweltprobleme, Kriege und die Zukunft in einem anderen Licht.

Sorbas, der rauhe, warmherzige Held aus Nikos Kazantzakis' Roman *Alexis Sorbas*, antwortete auf die Frage, ob er jemals verheiratet gewesen sei: „Bin ich etwa kein Mann? Natürlich war ich auch verheiratet. Frau, Haus, Kinder, einfach alles ... die ganze Katastrophe." Und er sagte auch: „Probleme? Das Leben ist ein Problem. Nur der Tod ist kein Problem."

Achtsam oder nicht, letztlich treffen wir unsere Entscheidungen immer selbst und müssen dann mit den Konsequenzen leben. Trotzdem wissen wir nie, was als nächstes kommt. Die ständige Ungewißheit des Lebens ist ein wichtiger Teil der „ganzen Katastrophe". Die Frage ist: Können wir lernen, alle Lebensumstände für uns zu nutzen, selbst die schwierigsten und belastendsten, um an Stärke und Weisheit und Offenherzigkeit zu wachsen, so wie ein Seemann die verschiedensten Winde zu nutzen weiß, um ein Segelschiff in eine bestimmte Richtung fahren zu lassen? Wenn wir unsere Kinder sicher durch alle Stürme geleiten wollen, so daß sie in einer geborgenen Umgebung ihren Bedürfnissen und ihrem inneren Zeitplan entsprechend heranwachsen können, und wenn wir bei alldem auch selbst weiter innerlich wachsen wollen, so ist es eine absolute Notwendigkeit für uns, alle Situationen unseres Lebens für uns zu nutzen.

Kleine Zen-Meister in den eigenen vier Wänden

Wir legten im Rahmen einer Zen-Zeremonie das Hochzeitsgelübde ab, einander zu helfen, „zum Wohle aller Wesen den *großen Geist* zu erlangen". Seit ich (jkz) vor etwa dreißig Jahren die Zen-Tradition kennenlernte, hat sie mich immer sehr beschäftigt. Die Zen-Schulung ist sehr anstrengend und intensiv, und sie kann sehr unvorhersehbar verlaufen. Sie kann wild und verrückt sein, aber auch sehr liebevoll und komisch. Sie ist sehr einfach, aber andererseits doch nicht so einfach. Ihre wichtigsten Aspekte sind Achtsamkeit und Nicht-Anhaften, im tiefsten Sinne zu erkennen, wer wir sind und was wir tun, was para-doxerweise das Nicht-Wissen und das Nicht-Tun einschließt.

Das rauhe Klima des Zen-Trainings weist meiner Ansicht nach viele Parallelen zum familiären Alltag auf. In beiden Fällen geht es darum, ohne irgendwelche Umwege und Einschränkungen zum Leben selbst zu erwachen. Und da unsere Babys wie alle Babys mit ihrem runden Bauch, ihrem großen Kopf und ihrem geheimnisvollen Lächeln kleinen Buddhas ähneln, war für mich der Gedanke naheliegend, daß wir sie als kleine Zen-Meister ansehen können, die direkt bei uns im Haus leben. Zen-Meister erklären nicht, was sie meinen. Sie verkörpern einfach nur Präsenz, Gegenwärtigsein. Sie verlieren sich nicht in Gedanken und Erwägungen über dieses und jenes. Sie haften nicht daran, daß Dinge so und nicht anders sein müssen. Was sie tun oder sagen, ist nicht immer in sich schlüssig. Ein Tag muß bei ihnen nicht unbedingt genauso sein wie der nächste. Ihre Gegenwart und das, was sie uns lehren, können uns helfen, zur direkten Erfahrung unserer eigenen wahren Natur zu gelangen, und sie können uns dazu anregen, hier und jetzt unseren eigenen Weg zu finden. Sie sagen uns nicht, wie wir dabei vorgehen sollen, sondern sie konfrontieren uns immer wieder mit neuen Herausforderungen, die wir durch Denken allein nicht lösen können – indem sie uns das Leben in seiner ganzen Fülle spiegeln, indem sie auf die Ganzheit verweisen. Vor allem verkörpern Zen-Meister Wachheit, und diese Wachheit versuchen sie auch in uns zu aktivieren.

Kinder und insbesondere Babys sind in vielerlei Hinsicht ähnlich. Je älter sie werden, um so schwieriger wird es für uns, das zu sehen. Doch ihre wahre Natur ist immer gegenwärtig und spiegelt uns unsere eigene, sofern wir bereit sind, wirklich hinzuschauen.

Kinder haben den „ursprünglichen Geist", einen Geist, der offen, rein und noch nicht mit allen möglichen Dingen überfrachtet ist. Sie sind unübersehbar völlig gegenwärtig. Sie lernen, entwickeln und verändern sich unablässig und verlangen so von uns, immer wieder neu auf sie einzugehen. Während sie heranwachsen, stoßen sie uns auf jeden Punkt, an dem wir vielleicht noch festhalten – auf jede Erwartung, jede liebgewonnene Überzeugung und jedes Haften daran, daß bestimmte Dinge so und nicht anders sein sollten. Als Babys füllen unsere Kinder unser ganzes Leben aus und die Erfüllung ihrer physischen und emotionalen Bedürfnisse verlangt von uns soviel Aufmerksamkeit, daß sie uns aufrufen, völlig präsent zu sein, unablässig sensibel zu erkunden, was tatsächlich vor sich geht, neue Verhaltensweisen auszuprobieren und aus ihren Reaktionen zu lernen. Sie lehren uns, wie wir uns auf sie einstimmen und wie wir in unserer Verbundenheit mit ihnen Freude und Harmonie finden können. Für theoretische Erwägungen ist bei alldem nicht viel Zeit, und Theorie ist ohnehin meist nicht besonders hilfreich, wenn sie nicht in Beziehung zur Praxis steht.

Natürlich sind Kinder keine wirklichen Zen-Meister. Kinder sind Kinder, und Zen-Meister sind Zen-Meister. Doch wenn wir unsere Kinder offen anschauen und dann sehen, wie in ihrem Sein die Reinheit des Lebens zum Ausdruck gelangt – und das in jedem Alter –, so kann uns das helfen, uns in jedem Augenblick ihrer und unserer eigenen wahren Natur bewußt zu werden.

Nichts vermag uns letztlich auf das vorzubereiten, was tatsächlich auf uns zukommt, wenn wir Eltern werden. Wir lernen das, indem wir Eltern *sind*, indem wir unsere Rolle als Eltern ausfüllen. Wir müssen unseren Weg selbst finden, uns auf unsere inneren Ressourcen verlassen, auch auf diejenigen, von deren Existenz wir gar nichts ahnten. Dabei kommen die entscheidenden Anstöße und Signale von unseren Kindern und von jeder neuen Situation, mit der wir konfrontiert werden. Nur indem wir Eltern sind, können wir herausfinden, was es bedeutet, Eltern zu sein. Es beinhaltet eine unablässige tiefe innere Arbeit, eine umfassende spirituelle Schulung, Augenblick für Augenblick, sofern wir uns entscheiden, das Familienleben auf diese Weise zu sehen.

Wir können den Strom der Unterweisungen, die unsere Kinder und die Umstände, in denen wir uns mit ihnen befinden, uns kontinuierlich geben, völlig ignorieren oder uns ihm widersetzen, weil er uns ungelegen kommt oder unwichtig erscheint, oder wir können uns darauf einlassen und die Hinweise ernst nehmen, die uns zeigen, worauf wir in einem bestimmten Augenblick achten sollten und was in einer gegebenen Situation zu tun ist. Es liegt völlig in unserer Hand, wie wir mit diesen Anregungen umgehen. Wenn wir uns ihnen widersetzen, kann das unnötige Kämpfe und viel Schmerz verursachen, denn wenn wir gegen die Lebenskraft unserer Kinder ankämpfen, während diese ihre Umwelt erforschen, lernen und wachsen, wenn wir ihre Souveränität nicht anerkennen und respektieren, dann leugnen wir damit eine wichtige Realität, die sich trotz unseres Leugnens schließlich auf irgendeine Weise bemerkbar machen wird.

Wenn wir beispielsweise einen Augenblick lang vergessen, daß ein Zweijähriges ein Kind ist, und wir ihm unnachgiebig und gefühllos unsere Vorstellungen darüber, wie es sich verhalten sollte, aufzuzwingen versuchen, dann ignorieren wir, daß das Kind einfach nur tut, was Zweijährige tun. Wenn wir möchten, daß das Kind sich anders verhält, als es das im betreffenden Augenblick tatsächlich tut, wenn wir mit seinem Verhalten nicht einverstanden sind und versuchen, ihm unsere Vorstellungen aufzuzwingen, so kreieren wir dadurch vor allem eine Menge Schwierigkeiten. Wir alle haben als Eltern sicherlich schon erfahren müssen, welche Folgen es haben kann, sich so gegen die Realität zu sperren.

Gelingt es uns hingegen in einem solchen Augenblick, uns von unseren Vorstellungen darüber, wie etwas eigentlich „sein sollte", zu lösen und die Situation statt dessen mit den Augen des Kindes zu sehen – das heißt, wenn wir uns dessen bewußt sind, daß wir die Erwachsenen sind und in der betreffenden Situation in unser Inneres schauen können, um mit einem gewissen Maß an Weisheit und Mitgefühl eine Möglichkeit finden zu können, zum Besten unseres Kindes zu handeln –, dann befinden wir uns in einem völlig anderen inneren Zustand, und auch unsere Entscheidungen darüber, was wir tun, fallen völlig anders aus – sie werden sich quasi von einem Moment zu nächsten ergeben. Wenn wir uns für diesen Weg entscheiden, ermöglichen wir es unserem Kind, uns etwas sehr Wichtiges zu lehren. Es kann uns dann nämlich zu Bewußtsein bringen, wie sehr wir uns darauf versteifen, daß Dinge auf eine ganz bestimmte Weise geschehen sollten, daß unser Geist augenblicklich unruhig wird, wenn wir uns in einer Schwierigkeit befinden, und daß wir immer viele verschiedene Möglichkeiten haben, uns zu entscheiden. Eine dieser Möglichkeiten ist, daß wir uns von unseren eigenen automatischen Reaktionen und unserem Mangel an Gewahrsein mitreißen lassen, indem wir aus dem Blick verlieren, daß Zweijährige eben Dinge tun, die für Zweijährige typisch sind. Eine andere Möglichkeit ist, daß wir uns unserer Tendenz zu automatischen Reaktionen bewußt sind und uns dafür entscheiden, einen anderen Weg einzuschlagen, einen Weg, auf dem wir uns sowohl mit unseren automatischen Reaktionen beschäftigen als auch damit, was wirklich mit unserem Kind los ist. Vielleicht „wußten" wir all das theoretisch noch kurz vorher, aber nicht auf eine Weise, die uns davor bewahrt hätte, automatisch zu reagieren, die uns nicht dazu veranlaßt hat, unserem Verstehen *konkreten Ausdruck zu geben*. Unsere Zweijährige hat uns wie ein Zen-Meister durch ihr Sein gezeigt, daß wir nur zu leicht automatisierten emotionalen Verhaltensmustern zum Opfer fallen können und daß das nicht so sein muß. Diese wichtige Erkenntnis läßt sich auf viele Bereiche unseres Lebens anwenden. Schließlich folgt uns unser Geist überallhin, und gewöhnlich reagiert er stets ähnlich, wenn ihm etwas, das geschieht, nicht gefällt oder wenn er keinen Einfluß darauf zu haben glaubt.

Gelingt es uns, unser Gewahrsein auf die problematischen Bereiche unseres Lebens zu richten – ob es sich dabei um unsere Aufgaben als Eltern oder um andere Dinge handelt –, so schmerzhaft und angsterregend es auch sein mag, kann uns die Bereitschaft, präsent zu sein und *alles* anzuschauen, helfen zu akzeptieren, wie die Dinge tatsächlich sind, und in Harmonie mit diesem So-Sein zu leben. Doch das kann nur geschehen, wenn wir sehen lernen, was die Welt uns zeigt, indem wir tief in unsere Erfahrung hineinschauen.

Betrachten wir alles, was in jedem einzelnen Augenblick vor uns auftaucht, mit Gewahrsein, ohne auf unserer Forderung zu beharren, daß Dinge so und nicht anders sein sollten, entsteht durch die Kontinuität, die wir entwickeln müssen, um dieses Gewahrsein permanent aufrechtzuerhalten, eine geistige Stabilität, eine Offenheit und Klarheit des Herzens, die wir niemals erreichen können, solange wir versuchen, eine bestimmte

Lösung oder ein bestimmtes Ergebnis zu erzwingen. Denn die Harmonie, die sich auf diese Weise offenbart, liegt allen Dingen zugrunde. Sie ist hier und jetzt in uns und in unseren Kindern, sofern es uns gelingt, immer wieder den Raum dafür zu schaffen, daß sie sich manifestieren kann.

*

Zuerst flechten wir Grashalme und spielen Tauziehen,
dann singen wir und versuchen, einen Fußball in der Luft zu halten.
Ich kicke den Ball, und sie singen, sie kicken, und ich singe.
Die Zeit ist vergessen, die Stunden vergehen im Flug.
Menschen, die vorübergehen, deuten auf mich und lachen:
„Warum benimmst du dich so närrisch?"
Ich nicke und antworte nicht.
Ich könnte etwas sagen, doch wozu?
Möchtest du wissen, was in meinem Herzen ist?
Vom Anbeginn der Zeit: Nur das! Nur das!

RYOKAN
japanischer Zen-Meister des 18. Jahrhunderts,
Einsiedler, Kalligraph, Dichter

Eine achtzehnjährige Meditationsklausur

Ebenso wie es uns helfen kann, unsere Aufgabe als Eltern besser zu erfüllen und gleichzeitig selbst innerlich zu wachsen, wenn wir uns vorstellen, unsere Kinder wären kleine Buddhas oder Zen-Meister, kann es auch hilfreich sein, wenn wir unser Leben in der Familie als eine außergewöhnlich lange Meditationsklausur verstehen – als eine Chance zu tiefer innerer Arbeit, von der sowohl unsere Kinder als auch wir selbst dauerhaft profitieren können.

Gewöhnlich dauern Meditationsklausuren ein paar Tage, einige Wochen oder höchstens einige Monate. Unsere „Elternklausur" jedoch umfaßt mindestens achtzehn Jahre – für jedes Kind. Natürlich unterscheiden sich die Aufgaben, die Eltern Tag für Tag erfüllen müssen, sehr stark vom typischen Tagesablauf einer Meditationsklausur. Dennoch habe ich (jkz) es immer als sehr hilfreich empfunden, mein Familienleben mit einer solchen Meditationsklausur zu vergleichen, denn dadurch ist es mir gelungen, die Aufgabe, die ich innerhalb meiner Familie erfülle – die vielen Jahre permanenter und letztlich selbstloser Aufmerksamkeit, Fürsorge und Weisheit, die von uns Eltern gefordert wird – in einem umfassenden Zusammenhang zu sehen.

Doch was ist eine Meditationsklausur? Welchen Zweck erfüllt sie? Und wie kann uns die Metapher der „Elternklausur" helfen, besser zu verstehen, was achtsamer Umgang mit Kindern beinhaltet, selbst wenn wir nicht regelmäßig meditieren und noch nie an einer Meditationsklausur teilgenommen haben? Und wie könnte es unser eigenes Wachstum und unsere eigene Entwicklung fördern, wenn wir unsere Aufgabe als Eltern aus dieser Perspektive betrachten?

Als Teilnehmer einer Meditationsklausur widmen wir uns einer bestimmten Art innerer Arbeit, zu der wir in unserem normalen Alltag nur sehr schwer kommen, weil wir so viele Verpflichtungen erfüllen müssen und mit so vielen Ablenkungen und Verlockungen konfrontiert werden. Weil wir während einer solchen Klausur die Anforderungen des Familien- und Berufslebens für eine bestimmte Zeit hinter uns lassen, können wir uns auf das Sein konzentrieren.

Meditationsklausuren werden häufig von erfahrenen Lehrern oder Lehrerinnen geleitet, die die Teilnehmer ermutigen, inspirieren, unterweisen und mit ihnen über ihre Erfahrungen sprechen. Die grundlegende Praxis besteht größtenteils aus stiller Meditation im Sitzen und meditativem Gehen, wobei die Übungen gewöhnlich früh am Morgen beginnen und bis zum späten Abend fortgesetzt werden. Nur sitzen. Nur gehen. Gewöhnlich wird auch eine bestimmte Zeitspanne für schweigende Arbeit angesetzt, so daß wir Gelegenheit erhalten, aus der Geisteshaltung heraus, die wir beim Sitzen und Gehen zu kultivieren versuchen, die Toiletten und Duschen zu reinigen, das Geschirr zu spülen und im Garten zu arbeiten. Worin genau die Arbeit besteht, die wir verrichten, ist nicht so wichtig; entscheidend ist, in welchem Geist wir es tun.

Die Aufmerksamkeit wird primär nach innen gerichtet, auf einige wenige grundlegende Aspekte der Lebenserfahrung, die gewöhnlich als völlig selbstverständlich hingenommen und übersehen werden, beispielsweise auf das Ein- und Ausströmen des Atems und auf das, was wir Augenblick für Augenblick in unserem Körper und in unserem Geist wahrnehmen. Abgesehen davon tun die Teilnehmer nichts anderes, als schweigend zu essen, und natürlich schlafen sie. Gewöhnlich ist es während der Klausur nicht erlaubt, zu lesen, zu schreiben oder Telefongespräche zu führen. Die Teilnehmer sind also, abgesehen von gelegentlichen Gesprächen mit dem Lehrer, wirklich mit sich selbst allein. Solche Klausuren können sehr anstrengend und eine große Herausforderung sein – und sie können zutiefst heilend wirken.

Im Laufe der Zeit stellt sich der Geist allmählich auf die Situation ein, und er kann dann einen Zustand tiefer Konzentration und Ausrichtung erreichen, so daß er in der Lage ist, über lange Zeitspannen konzentriert, relativ ausgeglichen und ruhig zu bleiben. Wenn wir so auf kontinuierliche Weise unsere Aufmerksamkeit entwickeln und gleichzeitig lernen, das Wahrgenommene als das zu erkennen, was es ist, und es anzunehmen, lernen wir die Landschaft unseres eigenen Geistes und Herzens auf völlig neuartige Weisen kennen. Wir entwickeln dann ein durchdringendes Gewahrsein, das uns einen tiefen Blick in die Natur unseres Seins ermöglicht, einen Blick unter die Oberfläche der Erscheinungen, der unsere Anhaftungen und unsere persönliche Geschichte zu durchdringen vermag. Eine solch intensive und ausdauernde Aufmerksamkeit kann manchmal zu tiefen Einsichten führen, zu tiefen Augenblicken des Erwachens, die uns Aspekte unseres Seins offenbaren, welche wir zuvor weder kennengelernt noch überhaupt für möglich gehalten hatten.

Intensive Meditationspraxis ist sowohl ein Spiegel als auch ein Reinigungsprozeß. Sie hilft uns, eine umfassendere und genauere Sichtweise zu entwickeln, die uns tiefe Erkenntnisse über uns selbst offenbaren und ein ebenso tiefes Loslassen bewirken kann – ein Loslassen all dessen, womit wir uns auf ausschließende und starre Weise identifizieren: ein Loslassen unseres Haftens an Dingen sowie an bestimmten Ansichten und Vorstellungen.

Wenn wir unsere Aufmerksamkeit über längere Zeit auf unseren eigenen Geist richten, erkennen wir, daß er immer wieder bestimmten Mustern folgt. Indem wir einfach still sitzen und gehen, können wir erkennen, wie unablässig der Strom der Gedanken dahinfließt, wie chaotisch der Denkprozeß ist – denn manchmal ist es schwer, eine Ordnung darin zu erkennen – und wie unzuverlässig und ungenau die meisten unserer Gedanken sind. Vielleicht erkennen wir auch, wie automatisch unser Geist die meiste Zeit reagiert und wie machtvoll die Gefühlsstürme sind, die ihn immer wieder erschüttern.

Vielleicht sehen wir, daß der Geist ungeheuer viel Zeit in der Vergangenheit weilt, indem er sich an Dinge erinnert, sich ärgert oder sich selbst und anderen Vorwürfe macht, und in der Zukunft, indem er sich Sorgen macht, plant, hofft und träumt. Wir können uns zudem bewußt werden, daß unser Geist ständig sich selbst und alles andere danach beurteilt, ob er eine Erfahrung in einem bestimmten Augenblick als angenehm, unangenehm oder neutral empfindet. Vielleicht merken wir auch, wie stark unser Geist an allem möglichen haftet, wie er ständig Menschen, Dinge und Meinungen in seine Raster einzuordnen versucht, daß er meist vom Wunschdenken und von seinem Verlangen, woanders zu sein, als da, wo er ist, getrieben wird, daß er sich ständig Dinge und Beziehungen anders wünscht, als sie im betreffenden Augenblick tatsächlich sind.

Wir lernen außerdem zu sehen, wie schwer es dem Geist fällt, im gegenwärtigen Augenblick präsent zu sein, und wir merken, daß es möglich ist, ihn so weit zu beruhigen, daß er einen großen Teil seiner eigenen unablässigen Aktivitäten zu sehen und zu einer inneren Stille und einem

Gleichgewicht zu gelangen vermag, das sich nicht mehr so leicht durch seine eigene Geschäftigkeit stören läßt.

Wenn unsere Motivation so stark geworden ist, daß wir uns selbst in schwierigen Zeiten der Übung widmen können, wenn wir gelernt haben, den körperlichen Schmerz anzunehmen und auszuhalten, der durch langes stilles Sitzen entstehen kann, wenn wir das Verlangen unseres Geistes nach Gesprächen oder nach Unterhaltung, Ablenkung und Anregungen zu ertragen vermögen, wenn wir Langeweile, Widerstand, Kummer, Schrecken und Verwirrung, die auftauchen können und dies auch gewöhnlich tun, aushalten können und wenn wir gleichzeitig gütig, sanft und ohne Erwartungen fortfahren, einfach das wahrzunehmen, was Augenblick für Augenblick im Feld unseres Gewahrseins auftaucht, dann kann unser Geist durch unsere Meditationsübung tiefe Zustände der Stille, des Wohlbefindens und der Weisheit erreichen.

Denn der Geist ähnelt in vielerlei Hinsicht einem Gewässer, einem Meer. Je nach Jahreszeit, Witterung und Windverhältnissen kann seine Oberfläche völlig ruhig und glatt oder von meterhohen Wellen aufgewühlt sein. Doch wenn man tief genug hinabtaucht, bleibt das Wasser sogar bei heftigen Stürmen sehr ruhig.

Wenn wir beharrlich mit der Übung fortfahren, können wir bei einer solchen längeren Klausur erfahren, daß unser Geist einem Meer ähnelt: daß Ruhe und tiefe Stille seinem Wesen eigen sind, daß Ruhe, Stille und Gewahrsein auch bei heftigen Gefühlsstürmen weiter gegenwärtig sind – unter der Oberfläche, eingebettet in unser Sein, ein integraler Bestandteil desselben. Wir können diese Ruhe, die Stille und das Gewahrsein nutzen, nicht um den aufgewühlten Zustand der Oberfläche zu beseitigen (wir versuchen ja auch nicht, die Wellen des Meeres zu glätten), sondern um den Aufruhr zu verstehen und um einen größeren „Behälter" für ihn zu schaffen, einen Kontext, in dem wir den Sturm selbst betrachten und ihn sogar zur Vertiefung unseres Verstehens nutzen können.

Wir erkennen dann vielleicht, daß unsere Gedanken und Gefühle uns nicht mitreißen oder blind machen müssen, wie es uns so häufig in unserem Leben ergeht. Und wir brauchen sie nun nicht mehr zu unterdrücken, um all das Leiden von uns fernzuhalten, das sie enthalten oder erzeugen.

Die Wahrnehmung der Aktivität unseres eigenen Geistes wird uns vielleicht auch zu der Erkenntnis führen, daß wir keineswegs isoliert, getrennt und allein sind. Vielleicht erkennen wir, daß auch „ich" und „mein" nur

Gedanken sind, mächtige, tief verwurzelte und zählebige Gewohnheiten unseres Geistes, aber trotzdem nur Gedanken. Wir erleben uns dann nicht mehr als getrennt und die meiste Zeit mit individuellen Problemen und mit persönlichem Gewinnen und Verlieren beschäftigt, sondern erkennen, daß wir Teil einer alles einschließenden, fließenden Bewegung sind, die größer ist als wir.

Vielleicht wird uns auch das Mysterium dessen bewußt, daß unser Leben durch die Vereinigung unserer Eltern entstanden ist und ihr Leben durch die Vereinigung ihrer Eltern – daß wir Vermittler zwischen unseren eigenen Eltern und unseren Kindern sind, zwischen allen, die uns vorangegangen sind und die wir nie kennenlernen werden, und allen, die den Kindeskindern unserer Kinder folgen werden und die wir ebenfalls nie kennenlernen werden.

Vielleicht erkennen wir, daß der tiefste Wesenskern des Universums seine Einheit ist, ein nahtloses Ganzes, und daß alles, was ist, in allem anderen enthalten ist. Vielleicht erkennen wir, daß alles von allem gespiegelt wird, daß alles und jedes in sich ganz *und* Teil einer größeren Ganzheit ist und daß der Sinn und die spezifischen Einzelheiten unseres fließenden, sich ständig verändernden individuellen Lebens aus Verbundenheit und Unabhängigkeit hervorgehen.

Vielleicht erkennen wir mit frischem Blick und einem neuen Verständnis, daß die Entwicklung des Lebens gleichzeitig sowohl unpersönlich als auch sehr persönlich ist. Wenn die Schleier des Denkens und der Anhaftung schwinden, kann sich uns direkt offenbaren, daß wir hier und jetzt die sind, die wir sind, daß unser Sein einzigartig ist, daß wir alle unser eigenes Gesicht, unseren eigenen Charakter und einzigartige Sehnsüchte haben, daß wir alle eine einzigartige Geschichte haben und daß all das genau so ist, wie es ist, weil wir genau die Eltern haben, die wir haben, und weil wir genau auf diese Weise aufgewachsen sind – und daß wir unseren ganz besonderen geheimnisvollen Weg gehen oder daß wir einer Berufung folgen, die unserem Leben eine umfassendere Perspektive gibt und es mit Leidenschaft erfüllt. Wir alle arbeiten da, wo wir arbeiten, wir leben da, wo wir leben, und unsere Pflichten sind *unsere* speziellen Pflichten, unsere Kinder *unsere* Kinder, unsere Hoffnungen *unsere* Hoffnungen, unsere Ängste *unsere* Ängste.

Vielleicht begreifen wir nun, daß „getrennt" und „nicht getrennt" ebenfalls nur Gedanken sind, Versuche, eine tiefere Realität zu beschreiben, die wir sind. Wir erkennen vielleicht, wie wir anmutiger leben können; wir sehen, daß die Dinge, die uns begegnen, *uns* begegnen, und gleichzeitig erkennen wir, daß es nicht ratsam ist, all dieses Geschehen ausschließlich persönlich zu nehmen, weil es gleichzeitig auch unpersönlich ist, und daß die Vorstellung, daß ein festes, dauerhaftes Ich existiert, problematisch – Buddhisten würden sogar sagen unhaltbar – ist. Natürlich sind wir alle die, die wir sind, und wir sind für viele Dinge verantwortlich, doch sind wir ganz gewiß nicht, wer wir zu sein glauben, weil das Denken begrenzt und unsere wahre Natur grenzenlos ist.

In einer Meditationsklausur können wir zu der Erkenntnis gelangen, daß wir weder unser Körper noch unsere Gedanken noch unsere Gefühle noch unsere Ideen und Ansichten noch unsere Ängste, unsere Unsicherheit und unsere Verletzlichkeit sind, obwohl alle diese wichtigen Bestandteile unserer Erfahrung unser Leben stark beeinflussen können, so wie das Wetter die Meeresoberfläche beeinflußt. Dieser Einfluß ist um so stärker, je stärker wir an den genannten Faktoren wie an unserem Leben hängen, so daß wir alles wie durch eine dunkle oder helle oder farbige oder kaleidoskopartige Brille sehen.

Wir sind nicht identisch mit unseren Vorstellungen und Ansichten. Wenn wir im Bewußtsein dieser Tatsache leben und in der Lage sind, die Brille abzusetzen, die unsere Erfahrung filtert, könnte das unsere Sichtweisen und Entscheidungen und die Art, wie wir Tag für Tag leben, tiefgreifend beeinflussen. Schon allein diese Einsicht könnte bewirken, daß wir uns selbst und unsere Aufgabe als Eltern in einem völlig neuen Licht betrachten und eine völlig neue Lebensweise entwickeln.

Vielleicht erkennen wir durch die Meditationsübung außerdem, daß wir wie alle Menschen nur für sehr kurze Zeit hier sind, daß die kurze Zeit unseres Lebens aber gleichzeitig unendlich lang ist, wenn wir die einzelnen Augenblicke mit Gewahrsein erleben. Denn jedes Leben besteht aus einer nahezu unendlichen Folge einzelner Augenblicke. Wenn wir in der Gegenwart leben, verlassen wir das Reich der linearen Zeit und treten in die zeitlose Gegenwart ein. Solche Erfahrungen können uns vor Augen führen, daß wir nicht zwangsläufig völlig an die lineare Zeit gebunden sind.

Vielleicht sehen wir die Vergänglichkeit in einem völlig neuen Licht, denn nichts, worauf wir unsere Aufmerksamkeit konzentrieren, hat lange Bestand. Jeder Atemzug kommt und geht, Körperempfindungen kommen und gehen, Gedanken kommen und gehen, Gefühle kommen und gehen, Ideen und Ansichten kommen und gehen, Augenblicke kommen und gehen, Tage und Nächte kommen und gehen. Vielleicht erkennen wir, daß auch die Jahreszeiten und die Jahre kommen und gehen, daß die Jugend kommt und geht, daß berufliche Aufgaben und Menschen kommen und gehen – daß selbst Berge und Flüsse und die unterschiedlichen Arten von Lebewesen kommen und gehen. Nichts ist von Dauer, auch wenn uns Dinge so erscheinen mögen. Alles ist ständig in Bewegung, in der Veränderung begriffen, im Werden und in der Auflösung, im Entstehen, in der Entwicklung. Alles Leben ist ein komplexer Tanz, wobei der äußere Tanz der Welt sich gar nicht so sehr vom inneren Tanz unseres eigenen Geistes unterscheidet. Vielleicht erkennen wir, daß selbst unsere Kinder ein Teil dieses Tanzes sind ... daß sie ebenso wie wir nur für kurze Zeit Gäste in dieser wunderschönen und gleichzeitig so seltsamen Welt sind und daß unsere Zeit mit ihnen zusammen sogar noch kürzer ist und niemand weiß, wie lange sie dauern wird.

Könnte diese Erkenntnis uns nicht zutiefst berühren und uns etwas sehr Wichtiges lehren? Könnte uns das nicht vor Augen führen, wie kostbar die Zeit ist, die wir mit unseren Kindern zusammen sind, und uns wünschen lassen, unsere schnell dahinfließenden Augenblicke mit ihnen zusammen mit Gewahrsein zu genießen? Könnte das alles sich nicht darauf auswirken, wie wir unsere Kinder in den Arm nehmen, wie wir ihnen Gute Nacht sagen, wie wir sie im Schlaf anschauen und sie am Morgen wecken? Könnte dieses Verstehen uns nicht davon abhalten, es ihnen schwer zu machen, wenn sie versuchen, ihren eigenen Weg zu finden – wenn sie sich gegen unsere Vorstellungen und Ansichten zur Wehr setzen, wenn sie unsere Geduld und unser Bestreben, stets recht zu behalten und als allwissend zu erscheinen, auf die Probe stellen –, wobei wir in solchen Augenblicken die wesentlich wichtigeren und für das Lebensganze entscheidenderen Dinge vergessen?

Wenn wir die Erfüllung unserer Aufgabe als Eltern wie eine Art Meditationsklausur verstehen und im Umgang mit unseren Kindern Tag für Tag und Augenblick für Augenblick Achtsamkeit zu üben versuchen, im gleichen Geist konzentrierter und stetiger Bemühung um Aufmerksamkeit und Präsenz, wie wir es während einer tatsächlichen Meditationsklausur tun würden, dann erkennen wir vielleicht, welch ungeheure Kraft darin liegt, den größeren Zusammenhang zu sehen und sich seiner zu erinnern, so daß wir uns nicht mehr in den Wellen an der Oberfläche unseres Geistes und unseres manchmal nur sehr oberflächlich wahrgenommenen Lebens verlieren. Vielleicht gehen wir dann anders mit unseren Augenblicken um. Vielleicht lassen wir sie nicht mehr so unbemerkt und ungenutzt verrinnen, ausgefüllt mit oberflächlicher Geschäftigkeit und Ablenkung. Vielleicht wissen wir dann mehr zu schätzen, was uns gegeben ist, unseren eigenen Körper, unser Leben, unsere Beziehungen, unsere Kinder, unsere Eltern sowie unsere Kindeskinder und schließlich die Welt, die uns gegeben wurde, auf daß wir darin leben, und die wir an die uns folgenden Generationen weitergeben.

Vielleicht wären wir sorgsamer und würden uns anders um Menschen und Dinge kümmern. Vielleicht wären wir aufmerksamer und anders aufmerksam, wenn wir uns stets in Herz und Geist vergegenwärtigen würden, was wir bereits im tiefsten Inneren wissen, aber gewöhnlich vergessen oder noch nicht bis zu dem Punkt entwickelt haben, wo es uns dazu dienen kann, wirklich zu einer anderen Lebensweise zu erwachen. Vielleicht würden wir dann in unserem Leben auf eigenen Füßen stehen, und wir würden die Erde unter uns und den Wind spüren, wie er über unser Gesicht und um unseren Körper streicht. Vielleicht würden wir den Ort als „hier" und die Zeit als „jetzt" erfahren und jene geheimnisvolle Weisheit achten, die allen Wesen und auch unseren Kindern innewohnt.

Dies waren einige Eindrücke von dem, was Menschen durch intensive Übung der Achtsamkeit in einer längeren Meditationsklausur sehen oder erkennen können. Solche Klausuren können sehr hilfreich sein, sofern wir Zeit dazu haben. Doch oft ist es gerade für Menschen, die sich bemühen, ihre Verpflichtungen als Eltern im Familienleben und im Beruf zu erfüllen, weder möglich noch ratsam, sich für längere Zeit aus dem Alltagsleben zurückzuziehen.

Gerade für solche Menschen kann es nützlich sein, ihr gesamtes Zusammenleben mit Kindern wie eine lange Meditationsklausur zu sehen. Natürlich ist es kein Rückzug aus der Welt, wenn Eltern sich um ihre Kinder kümmern – obgleich eine gesunde Familie die Belastungen, denen ihre Mitglieder in der Außenwelt ausgesetzt sind, abpuffern, was ein Gefühl innerer Sicherheit und des Friedens geben kann. Es geht vielmehr darum, daß wir die oft schwierige Situation unseres Lebens in der Welt und in der Familie nutzen so gut wir können, um Achtsamkeit zu entwickeln, tief in unser Leben hineinzuschauen und unser Tun aus unserem Sein hervorgehen zu lassen – nicht nur hin und wieder während einer „Klausur", sondern ständig.

Natürlich ist der Tageslauf des Familienlebens wesentlich komplizierter und chaotischer als der einer Klausur, denn er wird weitgehend von unseren „Lehrern", unseren Kindern, bestimmt. Er wird sich verändern, wie sich die Kinder verändern und größer werden, manchmal von Tag zu Tag oder sogar von Augenblick zu Augenblick. Doch die Praxis bleibt immer gleich: Es geht darum, völlig gegenwärtig zu sein, tief in die Dinge hineinzuschauen, so gut wir können und ohne daß wir die Ereignisse oder die Art, wie wir dieselben erfahren, verurteilen. Es geht nur um Präsenz und angemessenes Handeln in jedem Augenblick. Erleichtern kann uns die Erfüllung dieser Aufgabe, wenn wir täglich eine gewisse Zeit der formellen Meditationsübung widmen. Doch das Wichtigste ist in jedem Fall, im Alltagsleben Achtsamkeit zu entwickeln, unsere Aufgabe als Eltern zu erfüllen, jeden Tag und jeden Augenblick für die Vertiefung unseres Gewahrseins zu nutzen.

Dann wird das Aufwachen am Morgen zur Aufwach-Meditation, und das Zähneputzen wird zur Zähneputz-Meditation. Und wenn wir keine Zeit finden, uns die Zähne zu putzen, weil das Baby schreit, so wird auch dies für uns zur Meditation. Und so geht es weiter durch den Tag: die Kinder anziehen, das Frühstück auf den Tisch stellen, die Kinder zur Schule schicken, selbst zur Arbeit gehen, die Windeln wechseln, einkaufen, Erledigungen machen, putzen, kochen – all dies kann uns dienen, unsere Achtsamkeit zu entwickeln. Alles.

Warum es wichtig ist zu üben

Die Qualität des Tages beeinflussen zu können ist die höchste aller Künste.

Thoreau, Walden

Bei einigen Menschen verändert sich schon viel, wenn sie nur davon hören, wie wichtig es ist, in der Gegenwart präsent zu sein, bewußter und mitfühlender zu sein, im eigenen Leben mehr zu akzeptieren und insbesondere in ihrer Funktion als Eltern mehr Verständnis zu zeigen. Schon allein dies weckt in ihnen die Fähigkeit, bewußt „die Qualität des Tages zu beeinflussen", wie Thoreau es ausgedrückt hat. Es inspiriert sie zu einer neuartigen Offenheit und Sensibilität.

Doch wir wissen auch, daß die Funktionsweise des menschlichen Geistes es schwierig macht, „einfach aufzuwachen". Mit dem gegenwärtigen Augenblick in Kontakt zu treten erfordert gewöhnlich eine gewisse Art von Anstrengung und kontinuierliche Praxis. Es ist sehr schwer, dauerhaft klar zu sehen. Vielleicht erhalten wir nur gelegentlich kurze oder vage Eindrücke von unserer eigenen Souveränität sowie von unserer Fähigkeit, dieselbe im Alltagsleben zum Ausdruck zu bringen. Gewöhnlich fällt es uns nicht leicht, zu Einsicht und Transformation zu gelangen.

In der Gegenwart zu leben lernen wir meist nur, indem wir es bewußt *üben*. Und wir müssen auch *üben*, mit den Augen der Ganzheit zu sehen. Warum? Weil wir den größten Teil unseres Lebens damit verbringen, das genaue Gegenteil von Achtsamkeit zu üben – vielleicht aufgrund der Beschaffenheit des menschlichen Geistes, vor allem, wenn dieser in der Kindheit nicht genügend Güte genossen und nicht ausreichend genährt wurde. Wir *üben* dann, *nicht* im gegenwärtigen Augenblick zu leben. Wir üben, uns durch unsere Gedanken und Gefühle, unser Mögen und Nicht-Mögen aus unserem Zentrum – von unserer Souveränität, von unserer Verbundenheit mit allen und allem – wegreißen zu lassen. Wir üben, ängstlich zu sein. Wir üben, wütend zu werden. Und je mehr wir das alles üben, indem wir diese Muster in unserem Leben ständig wiederholen, um so „besser" werden wir darin, und um so schwerer fällt es uns, daraus auszubrechen. Wir üben, an Sichtweisen und Modellen der Wirklichkeit festzuhalten, die nur teilweise oder ganz und gar nicht zutreffen. Dadurch festigen wir unser automatisches Verhalten, und unser keineswegs souveränes, mitfühlendes und verständnisvolles Handeln führt zu Konsequenzen, die unsere Probleme, unsere Verwirrung und unseren Mangel an Klarheit bezüglich unseres eigenen Lebens noch vergrößern.

Deshalb ist es wichtig, Achtsamkeit im familiären Alltag als *Übung* zu praktizieren, statt sie nur als Philosophie oder als eine gute Idee anzusehen. Als Übung hilft Achtsamkeit, uns von den tief in unserem Geist und in unserem Leben eingeprägten Mustern zu befreien, die uns von uns selbst und vom gegenwärtigen Moment fernhalten. Denn letztlich haben wir nichts anderes als den gegenwärtigen Augenblick, um zu leben, zu wachsen und unsere Verbundenheit mit allem und allen immer stärker zu erfahren.

Wir benutzen hier das Wort „Übung" etwas anders, als es gewöhnlich verstanden wird. Wir verstehen darunter: *in diesem Augenblick Ganzheit zu manifestieren*. Was wir meinen, hat keine Ähnlichkeit mit dem Üben des Klavierspiels oder von Tanzschritten. Es geht nicht um das systematische Üben einer Fähigkeit oder um irgendeine Art des Probens. Es geht nicht darum, in einer bestimmten Tätigkeit besser zu werden, indem man sie unablässig wiederholt – obwohl die Achtsamkeit tatsächlich tiefer wird, je mehr wir uns darin üben, achtsam zu sein.

Jedesmal wenn Sie Ihr Kind mit Gewahrsein auf den Arm nehmen, üben Sie Achtsamkeit. Wichtig ist dabei, daß Sie völlig bei dem sind, was Sie tun. Und was bedeutet „völlig bei etwas sein"? Es bedeutet, daß Ihnen bewußt ist, daß Sie Ihr Baby auf den Arm nehmen, während Sie das tun. Es bedeutet, daß Sie mit dem Fühlen, Riechen, Berühren, Halten und Atmen in Kontakt sind, mit allem, was geschieht, und daß Sie sich all dessen bewußt sind, während Sie tun, was Ihre Intuition und Ihr Baby und der Augenblick Ihnen als wichtig erscheinen läßt, ob Sie nun das Kind stillen, seine Windel wechseln, es ankleiden, ihm etwas vorsingen oder was auch immer. Dieses „was auch immer" kann auch beinhalten, daß Sie gar nichts tun. Vielleicht ist im betreffenden Augenblick *nichts* anderes wichtig, als so präsent wie möglich zu sein.

Sie brauchen nicht „gut" in irgend etwas zu sein, und ganz sicher ist es nicht im Sinne der Achtsamkeit, daß Sie sich selbst beurteilen. Es geht einfach nur darum, im betreffenden Augenblick *da*zusein. Warum? Weil Sie ohnehin schon da sind. Warum also sollten Sie dann nicht voll und ganz da sein? Vielleicht werden Sie dann in jenem Augenblick die Ganzheit kosten, denn diese ist immer hier und jetzt vorhanden, so daß wir sie jederzeit sehen, fühlen und mit ihr eins werden können.

Übung bedeutet also einfach, daß wir uns bewußt daran erinnern, in dem, was jeweils geschieht, völlig präsent zu sein, daß wir also nicht unablässig automatisch oder mechanisch handeln. Wenn Sie das Baby auf den Arm nehmen, sind Sie voll und ganz da und nehmen das Baby auf den Arm. Wenn Sie Ihr Kind umarmen, sind Sie da und umarmen Ihr Kind. Ihr Geist ist dann nicht irgendwo anders, oder, wenn er das ist, sind Sie sich dessen bewußt und deshalb in der Lage, ihn in die Gegenwart zurückzubringen. Es ist einfach, jedoch andererseits auch nicht so leicht, weil unser Geist nun einmal die Eigenart hat, blitzschnell abzuschweifen.

Es gibt viele verschiedene Möglichkeiten, Achtsamkeit zu üben. Es gibt keinen Aspekt unseres Lebens, der nicht einfach dadurch zur Übung werden kann, daß wir uns seiner bewußt werden und seine Entfaltung mit Gewahrsein verfolgen. Je größer unsere Bereitschaft ist, aufmerksam zu sein, um so tiefer können wir uns in der Achtsamkeit verwurzeln und um so achtsamer können wir unsere Aufgaben als Eltern erfüllen. Wir alle verfügen über die für diese innere und äußere Arbeit notwendigen Voraussetzungen. Jeder Augenblick lehrt uns etwas. Jedes Kind, jede Situation, jeder Atemzug ist unser Lehrer. Alles ist hier und wartet darauf, daß wir es in diesem Augenblick annehmen. Wenn wir uns dem Leben auf diese Weise nähern, dann wird es, wie Thoreau gesagt hat, zu einer wahren Kunst, die Qualität des Tages zu beeinflussen. Dies ist die Kunst des bewußten Lebens, eine unablässige Verfeinerung unseres Lebens und Seins in der Welt, ein nie endender Prozeß, innerhalb dessen wir uns durch all die Dinge weiterentwickeln, mit denen wir Tag für Tag konfrontiert werden.

Atmen

Wie nun können wir in unserem familiären Alltag auf eine Art und Weise mit der Praxis der Achtsamkeit beginnen, bei der wir uns wohlfühlen? Warten wir auf den „richtigen Augenblick", oder lassen wir die Augenblicke unseres Lebens einfach so zu, wie sie sind? Müssen wir in der Schwangerschaft oder bei der Geburt unseres ersten Kindes damit beginnen, oder können wir jederzeit beginnen, an welchem Punkt unseres Lebens wir auch stehen?

Da die Gewohnheiten unseres Geistes nun einmal so sind, wie sie sind, ist es wahrscheinlich das Beste, mit dem Beginn nicht auf einen ominösen „richtigen Augenblick" zu warten, sondern mit den Augenblicken Vorlieb zu nehmen, die wir ständig erleben, so unvollkommen, gewöhnlich und uninteressant sie uns auch erscheinen mögen.

Schon allein der Entschluß, dort zu beginnen, wo wir sind, hier und jetzt, mit den Ressourcen, die uns im Augenblick zur Verfügung stehen, versetzt uns in den Geist achtsamer Übung. Wir können selbst untersuchen, welchen Wert es für uns hat, völlig präsent zu sein, ganz gleich, was geschieht, und genau dort, wo wir uns in diesem Moment befinden, ob wir gerade erst Eltern werden, schon erwachsene Kinder haben oder bereits Großeltern sind.

Eine Möglichkeit, mit der Übung der Achtsamkeit in der Familie zu beginnen, besteht darin, sich mit dem eigenen Atem vertrauter zu machen, in Augenblicken der Stille, aber auch im gesamten Tagesverlauf. Unser Atem fließt ununterbrochen. Er ist immer präsent. Er ist tief mit unserem Leben, mit unserem Körper und mit unseren Gefühlszuständen verbunden. Indem wir uns unseres Atems bewußt werden, versetzen wir unseren Geist und Körper in den gegenwärtigen Augenblick – und dadurch wird auch unsere Wahrnehmung klarer.

Wenn Sie möchten, können Sie jetzt gleich einmal versuchen, zu Ihrem Atem in Kontakt zu treten und sich seiner ein paar Minuten lang gewahr zu sein. Versuchen Sie, den Atem zu *spüren*, wie er in Ihren Körper hinein- und wieder aus ihm herausfließt, wobei Sie sich beim Einströmen des Atems vergegenwärtigen, daß er einströmt, und beim Ausströmen, daß er ausströmt. Sie können mit Ihrer Aufmerksamkeit sozusagen auf den Wellen Ihres Atmens reiten, sein Steigen und Fallen wahrnehmen, so wie Sie in einem Schlauchboot die sanften Bewegungen der Wellen spüren. Später können Sie versuchen, die Aufmerksamkeit bei allem, was Sie tun, auf den Atem zu richten.

Wahrscheinlich werden Sie bei diesem Versuch schnell feststellen, daß Ihr Geist, so wie der Geist aller Menschen, ein Eigenleben führt. Er hat vermutlich nicht die geringste Lust, sich des Atems bewußt zu werden und mit ihm in Kontakt zu bleiben. Er ist es nicht gewöhnt, das Gewahrsein aufrechtzuerhalten. Sie werden feststellen, daß er ständig hierhin und dorthin abschweift, in die Vergangenheit, in die Zukunft, von einem Gedanken zum nächsten und von einem Gefühl zum nächsten. Noch unsteter verhält er sich, wenn wir unter Zeitdruck stehen oder wenn wir versuchen, irgendwelche akuten Probleme zu lösen. Wenn Sie erstmals innehalten, um auch nur ein paar Minuten lang Ihrem Atem zu folgen, werden Sie diese Eigenart Ihres Geistes schnell entdecken. Sie manifestiert sich sogar in einer besonders ruhigen äußeren Situation.

Durch regelmäßige Übung können Sie eine Vertrautheit mit dem Atem entwickeln, die es Ihnen ermöglicht, allmählich alles, was im betreffenden Augenblick in Ihnen und um Sie herum geschieht, in Ihr Gewahrsein einzubeziehen. Auf diese Weise wird es Ihnen in zunehmendem Maße möglich sein, das in jedem Augenblick enthaltene Potential zu erschließen.

Je länger Sie an der Entwicklung des Atem-Gewahrseins arbeiten, um so mehr werden Sie davon profitieren. Es läßt den gegenwärtigen Augenblick in einem helleren Licht erscheinen und hilft Ihnen, tiefe Ruhe und Klarheit zu finden. Doch erfordert es viel Energie und Engagement, sich des Atems bei allem, was wir tun, gewahrzusein und dies aufrechtzuerhalten. Es ist gleichzeitig ein Ausschau-Halten und ein In-sich-hinein-Schauen, und man könnte das Ergebnis dieses Bemühens auch *Unterscheidungsfähigkeit* oder weise Aufmerksamkeit nennen. Sie können dieses Gewahrsein in jeden Aspekt Ihres Lebens hineinbringen: Sie können sich Ihres Atems bewußt sein *und* die Windel wechseln, sich des Atems bewußt sein *und* einkaufen, sich des Atems *und* des Augenkontakts bewußt sein, sich des Atems bewußt sein *und* mit Ihren Kindern spielen, ihnen vorlesen oder sie ins Bett bringen oder mit einem älteren Kind reden – Sie können sich des Atems bewußt sein *und* daß Sie kochen, des Atems *und* daß Sie versuchen, zehn Dinge gleichzeitig zu tun, wobei Sie das Gefühl haben, es nicht mehr zu schaffen; sich des Atems *und* des Gefühls bewußt sein, es nicht geschafft zu haben und nun irgendwie die Scherben wieder zusammenfügen und weitermachen zu müssen. Diese Übung erfordert keine zusätzliche Zeit, sondern nur, daß wir uns daran erinnern, sie auszuführen.

Die Windeln wechseln, das Haus reinigen, Streitigkeiten schlichten, geschäftig hierhin- und dorthin laufen, dasitzen und sich Sorgen machen und Angst haben, arbeiten oder spielen, pünktlich oder verspätet sein – bei alldem können Sie den Atem nutzen, um sich stärker in der Gegenwart zu verwurzeln.

Die innere Kunst der Achtsamkeit

Sie können Achtsamkeit in Ihrem Leben und in Ihrer Familie ebenso kultivieren, wie Sie Tomaten oder Mais in Ihrem Garten ziehen, und dieses Kultivieren meinen wir, wenn wir von *Übung* sprechen. Wenn wir etwas kultivieren wollen, müssen wir uns um das, was wir kultivieren möchten, kümmern, wir müssen es pflegen, ob es unsere Absicht ist, achtsamer zu werden, oder ob es um das Wachstum unserer Kinder geht. Sich um etwas oder jemanden zu kümmern bedeutet, das wir der betreffenden Sache oder Person unsere Aufmerksamkeit schenken. Es geht also darum, präsent, wach, auf etwas konzentriert, aufmerksam und bewußt zu sein – es geht darum, durch eine liebevolle und zugewandte innere Haltung eine wirkliche Verbindung herzustellen.

Dieses Sich-Kümmern ist das Herz der Achtsamkeitsübung. Ebenso wie junge Pflanzen benötigen auch Kinder Schutz, und genau das gleiche gilt für die Entwicklung der Achtsamkeitsübung. Wenn Sie Ihre Aufgabe in Ihrer Familie im Geiste der Achtsamkeit erfüllen wollen, so müssen diese Absicht und Ihre Bemühungen, sich dieser Übung zu widmen, geschützt werden, weil sie andernfalls leicht chaotischen äußeren Umständen und den tagtäglichen an uns gestellten Anforderungen zum Opfer fallen können. Unsere Bemühungen um Entwicklung der Achtsamkeit können wir am besten schützen, indem wir einen geschützten Raum schaffen, so wie wir ja auch junge Pflanzen durch Stäbe stützen und sie durch Maschendraht oder durch Zäune schützen. Diesen geschützten Raum ermöglichen im Fall der Achtsamkeitsübung bestimmte formelle und formlose Übungen. Natürlich erfordert die formelle Praxis der Achtsamkeit einen gewissen Zeitaufwand. Ob und wieviel Sie üben wollen, bleibt dabei Ihnen überlassen. Die formlosen Übungen wie das Bemühen, im Tagesverlauf mit dem eigenen Atem in Kontakt zu bleiben, erfordern, wie Sie bereits gesehen haben, keinerlei zusätzliche Zeit. Wir müssen lediglich daran denken, sie auszuführen und unsere Aufmerksamkeit darauf zu richten.

Obgleich wir alle zuweilen im herkömmlichen Sinne achtsam sind, ist es meist erforderlich, daß wir, um ein meditatives, nicht-urteilendes und nicht durch automatische Verhaltensweisen gehindertes Gewahrsein aufrechtzuerhalten, immer wieder neu die *Absicht*, achtsam sein zu wollen, bestärken. Dazu müssen wir lernen, uns nicht selbst zu behindern, uns nicht von unseren Gedanken und Gefühlen beherrschen zu lassen. Gewöhnlich müssen wir diese Lektion immer wieder neu lernen. Dies können wir durch die Wahrnehmung unserer Gedanken und Gefühle erreichen und indem wir üben, uns nicht von ihnen mitreißen zu lassen.

So wie beim Anbau von Tomaten oder Mais ist auch in diesem Fall ein gewisses Maß an Disziplin der Schlüssel zum Erfolg – nicht die von außen auferlegte Disziplin, in der Bestrafen eine Rolle spielt, sondern die innere Motivation zur Achtsamkeit, der bestmöglichen Verwirklichung des unserem Wesen eigenen Potentials. Wie wir bereits gesehen haben, ist das eine spirituelle Disziplin, eine Möglichkeit, mit dem in Kontakt zu bleiben, was T. S. Eliot den „ruhenden Pol, um den sich die Welt dreht" genannt hat.

Weil sowohl für die Achtsamkeitsübung als auch für das Leben mit Kindern die Entwicklung von Aufmerksamkeit sehr wichtig ist, liegt es im Grunde nahe, daß wir beides gleichzeitig zu entwickeln versuchen, denn dann nährt, vertieft und unterstützt das eine das andere.

In der Zen-Tradition heißt es immer wieder, daß die Meditationsübung nichts Besonderes sei. Die Übung ist ebensowenig etwas Besonderes, wie es etwas Besonderes ist, daß eine Mutter ein Kind gebiert, daß ein Mann Vater ist und daß ein Bauer Getreide und andere Nahrungspflanzen wachsen läßt. Sogar lebendig zu sein ist aus dieser Perspektive betrachtet nichts Besonderes.

All dies ist natürlich wahr. Aber versuchen Sie einmal, das einer Mutter oder einem Vater oder einem Bauern klarzumachen. „Nichts Besonderes" beinhaltet gleichzeitig auch „etwas ganz Besonderes". Das überaus Gewöhnliche ist völlig außergewöhnlich. Alles hängt davon ab, wie Sie die Dinge sehen und ob Sie bereit sind, tief in das Herz der Dinge hineinzuschauen und dementsprechend, was Sie sehen, fühlen und wissen, zu leben.

Gedanken sind nur Gedanken

Wenn wir die Teilnehmer unserer Achtsamkeitskurse in der *Stress-Reduction-Clinic* nach den wichtigsten Resultaten ihrer Teilnahme an dem Programm fragen, erwähnen sie praktisch immer zwei Dinge: Das erste ist „das Atmen", das zweite ist, „zu wissen, daß ich nicht mit meinen Gedanken identisch bin".

Natürlich haben alle diese Menschen auch schon vor der Teilnahme an dem Programm geatmet. Was sie mit „Atmen" meinen, ist ein für sie neuartiges Gewahrsein ihres Atmens und die Entdeckung der starken Wirkung, die es haben kann, über längere Zeit achtsam dem Atem zu folgen und dies mit den Aktivitäten des Alltagslebens zu verbinden.

Die zweite Aussage verweist darauf, daß sich die meisten von uns nur sehr vage dessen bewußt sind, daß wir ständig denken. Meist fällt uns das erst auf, wenn wir versuchen, unsere Aufmerksamkeit systematisch auf unseren Atem zu konzentrieren und ohne Urteil wahrzunehmen, was in unserem Geist vor sich geht. Erst dann merken wir, wie schwierig es ist, unsere Aufmerksamkeit zu stabilisieren und sie über längere Zeit auf irgend etwas zu richten, selbst auf etwas scheinbar so Simples wie den eigenen Atem.

Wenn wir anfangen, auf den Atem zu achten *und* darauf, was uns vom Atem ablenkt, merken wir gewöhnlich sofort, daß wir praktisch ununterbrochen denken. Wir merken, daß unser Denken größtenteils aus Beurteilungen und Bewertungen unserer Wahrnehmungen besteht sowie darin, Vorstellungen und Meinungen über Dinge zu entwickeln. Außerdem erkennen wir, daß unser Denken komplex, chaotisch, unvorhersehbar und häufig ungenau, unzusammenhängend und widersprüchlich ist.

Diesen nie versiegenden Strom unseres Denkens nehmen wir die meiste Zeit über nicht einmal bewußt wahr. Unsere Gedanken scheinen eine Art Eigenleben zu führen. Sie gleichen Wolken, die kommen und gehen, augenblicklichen Ereignissen im Feld unseres Bewußtseins. Doch kreieren wir aus ihnen ständig neue Modelle der Wirklichkeit in Form von Ideen und Meinungen über uns selbst und andere in der Welt, und diese halten wir dann für wahr, wobei wir Anzeichen dafür, daß das Gegenteil der Fall ist, häufig leugnen.

Wenn uns nicht klar ist, daß Gedanken nichts weiter sind als Gedanken, können wir in praktisch jedem Bereich unseres Lebens in Schwierigkeiten geraten. Wenn wir das wissen, kann uns das helfen, den Fallen auszuweichen, die unser Denken uns stellt. Dies gilt insbesondere für unsere Aufgabe als Eltern. Wenn Sie beispielsweise denken: „Tom ist faul", werden Sie bald glauben, daß Tom *tatsächlich* faul ist, also vergessen, daß das im Grunde nur *Ihre Meinung* über Tom ist. Sie werden Tom dann jedesmal, wenn Sie ihn sehen, als faul ansehen und darüber alle anderen Aspekte seiner Persönlichkeit vergessen, weil diese durch Ihre festgefahrene Meinung über ihn – für die Sie handfeste Gründe haben mögen oder nicht – blockiert oder ausgeblendet werden. Wahrscheinlich wird die Art, wie Sie zu ihm in Beziehung treten, sehr eingeschränkt sein und seine Reaktion auf Ihr Verhalten wird Sie in Ihrer Ansicht noch bestärken.

Tatsächlich haben Sie Tom in Ihrem Denken „faul gemacht" und sind nicht in der Lage, Tom als Tom zu sehen, das heißt als die Ganzheit, die er ist. Statt dessen sehen Sie nur das eine Attribut, mit dem Sie so beschäftigt sind, obwohl es wahrscheinlich nur teilweise zutreffend ist oder sich verändern kann. Ihre Einstellung kann es Ihnen unmöglich machen, eine sinnvolle Beziehung zu Tom herzustellen, weil alles, was Sie sagen oder tun, von Ihrem Vorurteil geprägt ist und von ihm wahrgenommen und als unangenehm empfunden wird, wobei Sie möglicherweise nicht einmal merken, daß diese Wirkung von Ihnen ausgeht.

Lehrer verhalten sich manchmal so, und auch Eltern. Im Grunde gehen wir alle nicht nur mit Kindern und anderen Menschen, sondern auch mit uns selbst so um. Wir reden uns ständig ein, daß wir „zu sehr" dies oder „zu wenig" jenes seien. Wir etikettieren uns in einem fort. Wir urteilen über uns, glauben dann diesem Urteil, und indem wir es glauben, verengen wir unsere Sicht dessen, was real und was wahr ist. Unsere Sichtweise nimmt also den Charakter einer selbsterfüllenden Prophezeiung an. Dadurch schränken wir uns selbst und unsere Kinder ein, und wir werden blind für die in uns selbst und in anderen schlummernden Möglichkeiten der Transformation, weil wir eine starre Sicht der Dinge haben, die die vielfältigen Dimensionen, die Komplexität, die Ganzheit und die beständige Veränderung aller Dinge und Menschen nicht wahrnimmt.

Bei der Achtsamkeitsübung geht es darum, daß Sie lernen, Ihre Gedanken als Gedanken und nicht schlicht und einfach als „die Wahrheit" zu sehen. Mit Gefühlszuständen verhält es sich natürlich genauso. Wenn wir uns unsere Gedanken und Gefühle auf diese Weise anschauen, wird die hartnäckige Herrschaft der Personalpronomen über den Geist zuweilen gelockert werden. In solchen Augenblicken ist das, was wir erfahren, nicht mehr „mein" Gedanke, sondern lediglich „ein" Gedanke, nicht mehr „mein" Gefühl, sondern einfach „ein" Gefühl. Das kann uns vom hartnäckigen Haften an „unseren" Gedanken, Meinungen und Gefühlszuständen befreien und uns eine umfassendere Perspektive sowie größere Freiheit geben. Ob es sich um ein Gefühl der Verärgerung oder der Peinlichkeit, der Ungeduld oder der Wut handelt, wenn wir es im Geiste der Achtsamkeit registrieren und es als das erkennen, was es ist, erschließen wir uns dadurch neue Verhaltensalternativen, so daß wir uns nicht mehr zwangsläufig darin verfangen oder automatisch darauf reagieren müssen. Das bedeutet keineswegs, daß wir unsere Gefühle und Gedanken nicht mehr ernst nehmen oder daß wir sie nun einfach ignorieren. Doch kann das Gewahrsein, daß Gedanken eben Gedanken sind und Gefühle eben Gefühle, helfen, angemessenere Verhaltensweisen zu entwickeln, den Kontakt zu uns selbst zu verbessern und den Erfordernissen einer Situation besser gerecht zu werden.

*

Sei frei von Kummer.
Bedenke, wer die Gedanken erzeugt!

Warum bleibst du im Gefängnis,
Obwohl die Tür weit geöffnet ist?

Befreie dich aus dem Gestrüpp des Angst-Denkens.
Lebe in Stille.

Fließe abwärts und immer weiter abwärts
In ständig weiter werdenden Ringen des Seins.

RUMI

Verurteilen oder Unterscheiden

Achtsamkeit wird als nicht-urteilendes Gewahrsein von Augenblick zu Augenblick definiert. Das Nicht-Urteilen spielt dabei eine wichtige Rolle. Wenn wir herauszufinden versuchen, was in unserem Geist vor sich geht, werden wir bald feststellen, daß fast ständig eine Art innerer Zensor in uns aktiv ist, der nicht nur alles, was in unserer Umgebung geschieht, sondern auch uns selbst und unsere Erfahrung beurteilt. Ohne es zu wissen, können wir Gefangene unseres eigenen unablässigen Urteilens sein. Dies bindet einen großen Teil unserer Energie und hindert uns häufig daran, die Dinge klar zu sehen.

Wie wir schon im vorigen Kapitel gesehen haben, bilden wir uns oft blitzschnell Meinungen und halten dann an ihnen fest, als wären sie die Wahrheit, obgleich sie in Wirklichkeit nichts weiter als Gedanken sind und der *Inhalt* dieser speziellen Gedanken die Schlußfolgerungen sind, zu denen unser Geist über Dinge oder Menschen oder uns selbst gelangt ist. Und so wie wir uns auf alle Gedanken, die in unserem Geist auftauchen, fixieren können, können wir uns auch auf diese Schlußfolgerungen fixieren, ganz gleich, ob sie positiv oder negativ sind. Dadurch verlieren wir die Fähigkeit und Freiheit, außer ihnen noch irgend etwas anderes zu sehen. Unser Haften an unseren Vorstellungen und Meinungen engt uns ein und beschränkt unsere Möglichkeiten zu wachsen.

Wenn wir lange so leben, stellen wir bei einem Rückblick nach vielen Jahren vielleicht mit tiefem Bedauern fest, daß unsere Meinungen nichts weiter als eben Meinungen waren. Wir erkennen dann vielleicht, daß sie uns davon abgehalten haben, andere Möglichkeiten auszuprobieren oder auch nur zu sehen, und daß sie uns dazu verleitet haben, Wege einzuschlagen, die nicht unserem inneren Wesen entsprachen. Unsere Meinungen können die Möglichkeit, ein selbstbestimmtes Leben zu leben, überschatten, so wie Wolken das Licht der Sonne verdecken können. Sie hindern uns auch daran, die Souveränität anderer zu sehen und zu respektieren, unter anderem auch die unserer Kinder.

Natürlich ist uns dieses ständige Beurteilen bei der Entwicklung der Achtsamkeit und bei deren Anwendung im Zusammenleben mit unseren Kindern hinderlich. Statt seiner benötigen wir *Unterscheidungsvermögen*, die Fähigkeit, tief in das Wesen der Dinge hineinzuschauen und Unterschiede scharf und klar zu erkennen. Unterscheidungsvermögen ist die Fähigkeit, dies *und* das zu sehen, im Gegensatz zu dies *oder* das – das vollständige Bild mit allen Einzelheiten zu sehen und Abstufungen zu erkennen. Diese Fähigkeit zu unterscheiden ist ein Ausdruck des Respekts der Realität gegenüber, weil wir sowohl die Feinheiten als auch die groben Umrisse der Phänomene registrieren und beachten und uns somit der Komplexität und des Mysteriums der Dinge bewußt sind. In dieser Sichtweise kommt eine Aufrichtigkeit und Rechtschaffenheit zum Ausdruck, weil sie der Wirklichkeit in ihrer Totalität gerechter wird. In der Geschichte *Sir Gawain und die häßliche Dame* urteilten Sir Kay und die übrigen Ritter über Lady Ragnell aus einer sehr begrenzten Perspektive, nämlich allein aufgrund ihrer äußeren Erscheinung, und dadurch verrieten sie ihren ritterlichen Ehrenkodex. Hingegen beurteilte sie Sir Gawain, der ein tieferes Unterscheidungsvermögen entwickelt hat, nicht nach ihrer äußeren Häßlichkeit.

Wenn wir Achtsamkeit als nicht-urteilendes Gewahrsein bezeichnen, so bedeutet das nicht, daß wir die Dinge nicht so sehen, wie sie sind, weil wir uns weigern, notwendige und wichtige Unterscheidungen zur Kenntnis zu nehmen. Tatsächlich können wir nur dann sehen und fühlen, was tatsächlich geschieht, wenn wir uns des Urteilens enthalten, wenn wir die oberflächlichen Erscheinungen zu durchschauen vermögen – die Filter unserer eigenen beschränkten Ansichten, dessen, was wir mögen und was wir nicht mögen, unserer Glaubenssätze und Ängste, unserer ungeprüften und manchmal unbewußten Vorurteile und unserer tiefen Sehnsucht danach, daß die Dinge so sein mögen, wie wir es gerne hätten.

Nicht zu urteilen bedeutet, daß wir uns der ständig urteilenden Aspekte unseres eigenen Geistes bewußt sind und daß wir uns des Urteilens enthalten und die Tätigkeit des Geistes darauf richten, von Augenblick zu Augenblick Unterschiede und Veränderungen wahrzunehmen. Diese Orientierung ist nicht nur wichtig für die innere Arbeit der Meditation und des Lebens mit Kindern, sondern sie ist auch bei wissenschaftlichen Untersuchungen unverzichtbar, die versuchen, an der Grenze zwischen

Bekanntem und Unbekanntem eine den Phänomenen zugrundeliegende Ordnung zu erkennen. Wissenschaftler sind sich heutzutage darüber im klaren, wie wichtig es ist, daß sie sich der Beschränkungen ihrer eigenen Perspektive und ihrer Vorurteile bewußt sind sowie der Tendenz des menschlichen Geistes, voreilig Schlüsse zu ziehen, oder aus Bequemlichkeit bei dem zu verharren, was er zu wissen glaubt.

Ein unterscheidendes Gewahrsein vermag selbst unser eigenes Urteilen als solches zu erkennen. Wir können diese tiefsitzende Gewohnheit unseres Geistes mit einem gewissen Mitgefühl wahrnehmen und uns bemühen, uns nicht zu verurteilen, weil wir soviel urteilen. Indem wir erkennen, was das, was wir sehen, bedeutet, erwächst aus unserer Unterscheidungsfähigkeit Weisheit. Unsere Unterscheidungsfähigkeit gibt uns die Freiheit, uns unseren Kindern gegenüber weiser zu verhalten, ohne uns ständig in unseren eigenen Vorlieben und Abneigungen zu verfangen, weil wir diese nicht klar als das erkennen, was sie sind. Es liegt in der Natur des Geistes, daß er urteilt. Doch ohne Unterscheidungsvermögen sind unsere Urteile häufig ungenau, ganz und gar nicht weise und von unbewußten Tendenzen geprägt.

Wenn die Mutter eines fünfjährigen Jungen unablässig überall Gefahren wittert, deshalb ständig in seiner Nähe bleibt und ihn vor allen möglichen schrecklichen Dingen warnt, die ihrer Meinung nach passieren könnten, wenn er dieses oder jenes tut, dann ist sie in einer sehr engen Sichtweise gefangen. Sie ist sich nicht bewußt, welche Auswirkungen ihr Denken und Verhalten auf ihren Sohn haben könnte. Durch ihr Verhalten verstärkt sie die Ängste, die der Junge ohnehin hat, oder sie stellt ihm Barrieren in den Weg und engt ihn unnötig ein.

Würde sie hingegen ihr eigenes Verhalten und die geistige Haltung, aus der es resultiert, sehen und durchschauen, so könnte sie vielleicht einige ihrer auf Angst basierenden Impulse verändern und dadurch freier und weniger eingeschränkt werden. Vielleicht würde sie dann merken, daß sie wesentlich mehr Möglichkeiten hat, als sie bisher glaubte, und vielleicht würden dann ihre Ängste das Bedürfnis ihres Kindes nach Autonomie nicht mehr lähmen, und Neugier und Forschungsdrang des Jungen könnten sich entfalten.

Natürlich können auch Väter in ein solches von Angst geprägtes Verhalten verfallen, und dieses kann sich ebenso auf Töchter wie auf Söhne beziehen.

Es ist sehr wichtig, daß wir versuchen, unsere tiefverwurzelte Tendenz, Dinge nur als gut oder schlecht, als gefährlich oder sicher, als okay oder nicht okay zu sehen, etwas zu relativieren. Wenn Sie beispielsweise als Vater oder Mutter irgendwann Dinge getan haben, die Sie heute bereuen, so versuchen Sie, sich auch das zu vergegenwärtigen, was Sie nach Ihrer eigenen Ansicht gut gemacht haben, und umgekehrt. Eine starre Schwarzweiß- beziehungsweise Entweder-oder-Sichtweise ist niemals hilfreich. Sie führt lediglich zu Illusionen und Selbsttäuschungen, zu Konflikten zwischen Ehepartnern und mit Kindern.

Wenn wir unsere Aufgaben als Eltern im Geiste der Achtsamkeit und Unterscheidungsfähigkeit wahrnehmen, werden wir merken, wie sehr wir dazu neigen, unsere Kinder und uns selbst als Eltern zu verurteilen. Wir haben feste Meinungen über sie, darüber, wer sie sind und wie sie sein sollten, und wir messen sie an irgendeinem Standard, den wir in unserem Geist entwickelt haben. Indem wir unsere Kinder auf diese Weise beurteilen, unterbrechen wir unsere Verbindung zu ihnen und werden starr in unserer Haltung. Enthalten wir uns hingegen bewußt des Urteilens und entwickeln Unterscheidungsvermögen, so schaffen wir dadurch die Möglichkeit, die Verbindung zu ihnen wiederherzustellen.

Unterscheidungsvermögen schließt die Erkenntnis ein, daß wir selbst dann, wenn wir versuchen, unsere Kinder so zu sehen, wie sie wirklich sind, niemals voll und ganz sehen werden, wer sie sind oder wohin ihr Leben sie führen wird. Wir können sie nur lieben und akzeptieren und das Mysterium ihres Seins respektieren.

Formelle Achtsamkeitsübung

Selbst wenn Sie sich nicht der formellen Achtsamkeitsübung widmen wollen oder wenn Sie das nur hin und wieder tun, kann es für Sie von Nutzen sein, die Anweisungen für die formelle Meditationsübung zu kennen, denn sie zeigen klar, wie Sie die Achtsamkeit in alle Bereiche Ihres Alltagslebens integrieren können. Wenn Sie alle Ihre Erfahrungen in diesem Licht sehen, wird Ihr ganzes Leben zu einer Meditationsübung. Dann sind alle Augenblicke Ihres Lebens für Sie Gelegenheiten, Gewahrsein zu entwickeln und zu erwachen.

Wenn Sie sich der formellen Meditationsübung widmen wollen – um Ihre Aufgaben als Eltern bewußter erfüllen zu können, um den Streß in Ihrem Leben zu verringern oder um sich auf eine sehr tiefe Weise weiterzuentwickeln –, können Sie Augenblicke der Stille für diese Art der Übung nutzen, selbst wenn diese in Ihrem Leben selten sind oder wenn Sie sie erst schaffen müssen, indem Sie beispielsweise früher als gewöhnlich aufstehen oder zu bestimmten Tageszeiten das Telefon abstellen.

Für uns alle ist es eine wichtige Form der Regeneration, daß wir Zeit allein verbringen. Diese Möglichkeit geht vielen von uns heute zunehmend verloren, weil unser Alltagsleben immer hastiger und „atemloser" wird. Für Eltern scheint es zu manchen Zeiten praktisch unmöglich, eine bestimmte Zeit, in der sie nicht zu erschöpft sind, für die formelle Meditationsübung zu reservieren. Wir alle müssen selbst entscheiden, ob, wann und in welcher Form wir in unserem Leben Zeit für diese Art stillen Seins haben.

Eine solche Zeit der Ruhe braucht nicht besonders lang zu sein. Schon eine oder zwei Minuten sind ein Anfang. Sie können sie in der Mitte des Tages auf dem Sofa verbringen oder unmittelbar vor dem Einschlafen im Bett. Sie können fünf Minuten während der Mittagspause dafür reservieren oder sich im geparkten Auto diese Zeit nehmen, während Ihr Baby schläft. Wenn Sie es wirklich wollen, können Sie wahrscheinlich irgendwann im Laufe des Tages ein paar Minuten Zeit erübrigen, vielleicht sogar eine

Viertelstunde. Allerdings müssen Sie es wirklich wollen, insbesondere wenn es Ihnen als schwierig oder langweilig erscheint zu meditieren. Denn andernfalls füllen wir unsere „freien" Augenblicke gewöhnlich rasch aus, indem wir eine Zeitung lesen, den Fernseher oder das Radio einschalten oder uns auf irgendeine andere Weise „die Zeit vertreiben".

Ruhige Augenblicke, in denen wir uns in Achtsamkeit üben, nähren Körper und Seele. Eltern kleiner Kinder brauchen diese Augenblicke mehr als alle anderen Menschen. Zeit für uns selbst, Zeit, allein zu sein, ist das, was viele Eltern am wenigsten haben und am meisten ersehnen. Dennoch wissen wir, wenn wir einmal Zeit haben, oft nicht, was wir tun sollen, insbesondere wenn es nur ein paar Minuten hier und da sind, also nicht genug Zeit, um irgend etwas gezielt zu tun, und wenn wir genau im falschen Moment plötzlich Zeit haben.

Die formelle Achtsamkeitsübung erfordert natürlich eine gewisse Zeit. Doch lohnt es in jedem Fall, sich diese Zeit zu nehmen, wenn Sie sich davon angesprochen fühlen, und entscheidend ist nicht, daß Sie besonders viel Zeit dafür erübrigen. Wenn wir im Augenblick präsent sind, aus dem Strom der ständigen Gedanken heraustreten und Vergangenheit und Zukunft wirklich loslassen, machen wir eine Erfahrung der Zeitlosigkeit. Schon ein paar Minuten unserer normalen, linearen Zeit können dann sehr erholsam wirken, weil zeitlose „Augenblicke" uns befreien. In solchen Momenten brauchen Sie sich weder irgendwohin zu begeben, noch brauchen Sie etwas zu tun. Sie sind für einen kurzen Moment vom Druck Ihrer Verpflichtungen befreit, können in die Erfahrung der eigenen Ganzheit eintreten und sich gleichzeitig als Teil eines alles umfassenden Ganzen erfahren.

Wenn Sie die formelle Meditationspraxis in Ihr Leben integrieren wollen, so beginnen Sie wie folgt: Nehmen Sie sich ein paar Augenblicke Zeit für sich selbst. Legen Sie sich hin, oder setzen Sie sich in einer aufrechten Haltung. Richten Sie die Aufmerksamkeit einige Augenblicke lang auf Ihren Bauch, und spüren Sie, wie dieser sich mit dem Atem bewegt; oder richten Sie die Aufmerksamkeit auf Ihre Nasenöffnungen, und spüren Sie den Luftstrom dort. Versuchen Sie in keinem Fall, den Atem oder die Bewegungen des Bauches zu forcieren, sondern lassen Sie den Atem einfach fließen und Ihren Bauch sich frei bewegen.

Die Konzentration der Aufmerksamkeit auf den Atem und auf den Körper beinhaltet nicht, daß Sie irgend etwas an dem, was ohnehin geschieht, verändern sollen. Sie brauchen lediglich zu registrieren, was in Ihrem Körper vor sich geht, und sich der mit dem Atmen verbundenen Empfindungen beim Ein- und Ausströmen der Luft bewußt zu werden. Sie können wahrnehmen, wie sich die Bauchdecke hebt und senkt, die sich bei jedem Einatmen dehnt und bei jedem Ausatmen zusammensinkt, oder wie Luft durch die Nasenöffnungen ein- und ausströmt. Nachdem Sie mit beidem eine Weile experimentiert haben, konzentrieren Sie Ihre Aufmerksamkeit auf eines dieser beiden Phänomene.

Wie bereits erwähnt wurde, ist der Geist oft aufgewühlt wie die Oberfläche des Meeres oder flatterhaft wie eine Fahne im Wind, denn er ist ständig mit irgend etwas beschäftigt. Er läßt sich von Gedanken und Gefühlen mitreißen. Ihre Aufmerksamkeit wird wahrscheinlich immer wieder vom Atem abgelenkt werden, und oft werden Sie nicht einmal für die Dauer eines Atemzuges Frieden und Kontinuität erfahren. Vielleicht ist es sogar alles andere als entspannend für Sie, bei der Wahrnehmung des Atems zu bleiben, weil Sie dabei vor allem Angstgefühle verspüren oder sich unablässig abgelenkt fühlen.

All das ist völlig in Ordnung. Sie müssen nicht unbedingt ein Gefühl der Entspannung erfahren, obgleich die Übung oft entspannend wirkt. Es geht nicht darum, daß Sie bestimmte Gefühle entwickeln. Sie sollen sich nur dessen bewußt werden, wie die Dinge für Sie von Augenblick zu Augenblick tatsächlich sind. Wenn Sie sich also angespannt fühlen, dann registrieren Sie die Angespanntheit; wenn Sie sich wütend fühlen, dann akzeptieren Sie, daß Sie wütend sind; wenn Sie sich dumpf und schläfrig fühlen, dann sind Sie eben dumpf und schläfrig. Das ist alles. Sie nehmen einfach bewußt Ihren Geist und Körper wahr. Urteile sind generell unnötig. Wir versuchen, uns auf unsere Erfahrung in *jedem* Augenblick zu konzentrieren, ohne zu urteilen, ohne darauf zu reagieren. Wir nehmen lediglich wahr, was da ist, und versuchen, jegliche Tendenz, Personalpronomen mit Gefühlszuständen zu verbinden, loszulassen.

Eine andere wichtige Anweisung, die Sie beherzigen sollten, wenn Sie mit der formellen Achtsamkeitsübung beginnen wollen, ist folgendes: Immer wenn Sie merken, daß Ihre Aufmerksamkeit nicht mehr auf Ihre Atmung oder auf Ihren Körper gerichtet ist, dann stellen Sie fest, *wo* sie sich befindet. Mit anderen Worten: Stellen Sie fest, was in Ihrem Geist vor sich geht. Dies zu registrieren ist sehr wichtig, weil es Gedanken, Gefühle und Bilder zu Bewußtsein bringt und unsere Vertrautheit mit unseren eigenen

Geisteszuständen vertieft. Sobald es Ihnen gelungen ist, sich bewußt zu vergegenwärtigen, was in diesem Augenblick in Ihrem Geist vor sich geht, können Sie den Entschluß fassen, dies loszulassen, und dann wieder zu Ihrem Atem zurückkehren und diesen entweder an der Bewegung Ihrer Bauchdecke oder an dem Luftzug in Ihren Nasenöffnungen verfolgen und einfach die Empfindungen und die direkte Erfahrung dieses Einatmens, dieses Ausatmens registrieren. Wenn Ihr Geist tausendmal vom Atem abschweift, dann bringen Sie ihn eben tausendmal auf die beschriebene Weise wieder dorthin zurück, nachdem Sie mit Gewahrsein registriert haben, was in Ihrem Geist vor sich ging, was immer es sein mag. Sie folgen weder dem Inhalt Ihrer Gedanken, noch versuchen Sie, irgendeine Aktivität Ihres Geistes zu unterdrücken. Sie beobachten sie vielmehr einfach, lassen sie so sein, wie sie ist, und kehren zur Beobachtung Ihres Atems zurück. Im Laufe der Zeit können Sie Ihre Übung so erweitern, daß sie außer dem Atem auch andere Objekte der Aufmerksamkeit umfaßt.

Formelle und formlose Übung ergänzen und stärken einander. Letztlich unterscheidet sich Meditation nicht vom Leben selbst. Nur können Sie während des stillen Sitzens Ihre Aufgaben in der Familie nicht erfüllen; deshalb ist jeder Augenblick kostbar. Wir brauchen nur unsere Kinder und alles andere in unserem Leben zu unseren Lehrern werden zu lassen und unsere Absicht, gegenwärtig zu sein, so stark und lebendig wie möglich zu erhalten.

Es gibt noch viele andere Möglichkeiten, formell Achtsamkeitsmeditation zu üben, wenn Sie die Zeit dazu haben. In der *Stress-Reduction-Clinic* erlernen die Teilnehmer unserer Kurse unterschiedliche Methoden, unter anderem Body-Scan, Sitzmeditation und Hatha-Yoga im Geiste der Achtsamkeit. Nähere Details über diese verschiedenen Übungsarten können Sie den Büchern *Gesund durch Meditation* und *Im Alltag Ruhe finden* entnehmen. Tonbandkassetten beziehungsweise CDs mit Meditationsanleitungen von verschiedener Länge, die Ihnen bei der Entwicklung der formellen Meditationspraxis helfen können, sind ebenfalls erhältlich – nähere Angaben darüber finden Sie am Ende dieses Buches.

Briefe an ein junges Mädchen, das sich für Zen interessiert

Eines Tages erhielt ich (jkz) einen Brief von Caitlin, der Tochter eines Freundes. Sie hatte sich entschlossen, für die Schule eine Projektarbeit über Zen-Buddhismus zu schreiben, und sie wollte mehr über Zen herausfinden, als sie den ihr verfügbaren Büchern entnehmen konnte. Ihr Vater hatte ihr geraten, mir zu schreiben. Ihr Brief war wunderschön verfaßt. Aus ihren Fragen sprach ein so offensichtlich echtes Interesse und ein so starkes Engagement, daß ich ihr sofort antwortete und versuchte, ihr einen Eindruck von der Schönheit und Tiefe der Zen-Meditation zu vermitteln. Später fiel mir auf, daß die Art, wie ich in dieser Antwort die wichtigsten Elemente der Meditationspraxis beschrieben hatte, auch für Erwachsene hilfreich sein könnte. Deshalb möchte ich zwei meiner Briefe an Caitlin in diesem Kapitel wiedergeben.

Generell müssen wir sehr vorsichtig sein, wenn wir Kindern die Meditation nahebringen wollen. Natürlich spricht nichts dagegen, wenn sie erleben, wie wir meditieren. Als unsere Kinder noch klein waren, kamen sie manchmal während meiner Sitzmeditation zu mir und setzten sich auf meinen Schoß. Ich umhüllte sie dann mit meiner Decke und mit meinen Armen und fuhr mit der Meditation fort. Wenn sie wieder gehen wollten, öffnete ich die Decke und ließ sie gehen. Wenn wir uns als Eltern bemühen, alles in unserem Leben im Geiste der Achtsamkeit zu tun, ist es sehr wichtig, äußerst feinfühlig dafür zu sein, was wirklich von unseren Kindern kommt und was wir ihnen aus dem Wunsch heraus aufzuzwingen versuchen, sie an dem teilhaben zu lassen, was *uns* wichtig und wertvoll ist.

Caitlins Impuls, etwas über Meditation zu lernen, kam eindeutig von ihr selbst. Meine Antwort auf ihren Brief war ein Versuch, ihr Werkzeuge an die Hand zu geben, mit denen sie ihren eigenen Garten bearbeiten konnte. Ich stellte fest, daß sie schon bemerkenswerte „gärtnerische" Fähigkeiten entwickelt hatte. Mit ihrer Zustimmung veröffentliche ich in diesem Kapitel Auszüge aus meinen Briefen an sie sowie einige Gedichte, die sie mir zugesandt hat.

*

11. Februar 1996

Liebe Caitlin,
vielen Dank für Deinen wunderschönen Brief vom 31. Januar. Es hat mich gefreut zu hören, daß Du so begeistert von Zen und vom Buddhismus bist und daß Du mehr darüber erfahren möchtest, als Du in den Büchern gefunden hast, die Dir zur Verfügung stehen. Bücher können sehr nützlich sein. Deshalb habe ich Dir ein paar meiner Lieblingsbücher beigelegt. Ich hoffe, daß sie Dich Dein ganzes Leben lang begleiten werden und daß Du immer mal wieder hineinschaust – so alle fünf Jahre vielleicht, denn du wirst sehen, daß sich das, was sie Dir zu sagen haben, im Laufe der Zeit verändert. Doch ist es insbesondere im Zen wichtig, über das, was in Büchern geschrieben steht, hinauszugelangen und das, worauf sie verweisen, zu erfahren, denn nur so kann man wirklich verstehen, worum es im Zen geht.

Worum es im Zen und im Buddhismus wirklich geht, ist herauszufinden, wer wir sind. Nun könntest du sagen: „Das ist doch Unsinn. Natürlich weiß ich, wer ich bin!" Und Du könntest fortfahren: „Ich bin Caitlin und elf Jahre alt." Aber „Caitlin" ist im Grunde nur ein Klang, den Deine Eltern Dir gegeben haben, als Du geboren wurdest. „elf Jahre alt" ist nichts weiter als die Anzahl der Umkreisungen der Erde um die Sonne seit deiner Geburt. Warst Du auch schon „Du", bevor man Dir den Namen Caitlin gab? Und bist Du noch das gleiche „Du", das Du mit fünf oder mit zwei Jahren warst? Natürlich bist Du das, aber gleichzeitig bist Du es auch wieder nicht, weil Du ständig wächst und Dich veränderst. Was Du damals gedacht oder gewollt oder gefühlt hast, ist wahrscheinlich nicht das gleiche wie das, was Du heute denkst oder willst oder fühlst. Aber jenes tiefe Etwas, das „Du" bist, ist immer noch Du und wird immer Du sein.

Du hast sicher schon gemerkt, daß die Antwort auf die Frage, wer Du bist, ein wenig mysteriös ist. Im Zen geht es darum, sich selbst kennenzulernen, sich selbst zu verstehen und zu erkennen, was das bedeutet. Unter anderem bedeutet es zu begreifen, daß es Arten des Wissens und Verstehens gibt, die über das hinausgehen, was Denken und Worte uns vermitteln und worüber andere Menschen uns etwas sagen können. Dieses Wissen ist sehr persönlich und intuitiv. Deshalb ist ein Großteil des Zen-Gedankenguts in Form von Gedichten und unlösbaren Rätseln ausgedrückt worden. Diese überschreiten die Grenzen des normalen Denkens und verweisen auf etwas, das freier und grundlegender ist als das, was unser herkömmlicher Geist zu erfassen vermag. Das bedeutet allerdings nicht, daß das normale Denken im Zen als „schlecht" angesehen wird. Es ist zweifellos sehr wichtig, und ebenso wichtig ist es, daß wir unsere Denkfähigkeit gut entwickeln. Doch Denken ist nicht alles, und wenn wir nicht achtsam sind, kann es sich die Herrschaft über unser ganzes Leben aneignen, und dadurch wiederum können wir die tieferen, die emotionalen, intuitiven und künstlerischen Aspekte unseres Seins oder unseres wahren Selbst vergessen (so nennen die Buddhisten …, wer Du „wirklich" bist … unabhängig von Deinem Namen und Alter, von Deinen Meinungen und dem, was du magst oder nicht magst). Klingt das verwirrend? Wenn es so wirkt, dann nur, weil ich versucht habe, etwas mit Hilfe von Worten auszudrücken, das Worte nicht zu fassen vermögen. Im Grunde ist das alles sehr einfach, und die Schönheit des Zen liegt nicht zuletzt in der unglaublichen Einfachheit dieser Lehre. Doch eben deshalb erscheint Zen von außen betrachtet oft geheimnisvoll, was es tatsächlich aber nicht ist. Es ist nur wichtig, zu verstehen, worauf es hinzielt.

Im folgenden habe ich ein paar traditionelle Zen-Aphorismen aufgeschrieben. Eine Freundin von mir hat kürzlich ein kleines Buch veröffentlicht, in dem sie solche Weisheiten gesammelt und ihnen Illustrationen hinzugefügt hat. (Narayan Liebenson Grady, *When Singing, Just Sing – Life as Meditation*)

Wenn du sitzt, dann sitze nur.
Wenn du ißt, dann iß nur.
Wenn du gehst, dann gehe nur.
Wenn du redest, dann rede nur.
Wenn du zuhörst, dann höre nur zu.
Wenn du schaust, dann schaue nur.
Wenn du berührst, dann berühre nur.
Wenn du denkst, dann denke nur.
Wenn du spielst, dann spiele nur,
und erfreue dich jedes Augenblicks und jedes Tages.

Du hast mich gefragt, ob es Zen-Rätsel gibt (traditionell werden sie auf Japanisch *Koan* genannt), die mir persönlich wichtig sind und die mich durch den Tag begleiten. Tatsächlich gibt es solche Rätsel, die mich begleiten, und ich habe im Laufe der Jahre erfahren, daß sie sehr hilfreich sind. Wie Du selbst schon vermutet hast, ist das Entscheidende, daß wir ihnen gegenüber offen sind und sie im Laufe des Tages immer wieder zu uns sprechen lassen.

Hier ein paar Beispiele:

Hat ein Hund Buddha-Natur?
Was war dein Gesicht, bevor deine Eltern geboren wurden?
Woher kommst du?
Wer bist du?
Hast du dein Frühstück beendet? Dann reinige die Eßschale!

Vergiß nicht, daß man diese Rätsel nie völlig zufriedenstellend beantworten oder verstehen kann, indem man über sie nachdenkt und auf die übliche Weise über sie spricht. Einer meiner Lehrer, ein koreanischer Zen-Meister, pflegte zu sagen: „Öffne deinen Mund, und schon hast du Unrecht." (So oder so ähnlich reden Zen-Meister häufiger.) Im Zen gibt es eine Spruchweisheit: „Verwechsle den Finger, der auf den Mond weist, nicht mit dem Mond." Zen-Rätsel und Zen-Geschichten sind solche „Finger", die uns auf irgend etwas aufmerksam zu machen versuchen. Doch ist der Hinweis selbst nicht das, worum es letztlich geht. (Du kletterst ja auch nicht auf einen Wegweiser, auf dem „New York City" steht, und meinst dann, Du wärest in New York City angekommen.) Im Fall der Zen-Koans ist das „Etwas", auf das verwiesen wird, nicht einmal ein „Ding". Am besten behältst du das Rätsel oder die Frage oder die Geschichte einfach im Inneren wach, hütest sie in Deinem Geist und in Deinem Herzen – was immer das für Dich bedeuten mag –, und versuchst nicht, sie zu beantworten oder sie rational zu verstehen. Das ist, worum es in der Meditation eigentlich geht: daß wir uns der Schönheit des Lebens und seines Geheimnisses bewußt werden und bleiben – dessen, daß wir einen Körper „haben", daß wir lebendig sind, daß wir mit unserer Familie, mit unseren Freunden, mit der Natur und mit dem Planeten Erde verbunden sind, daß wir nicht alle Antworten kennen und nicht einmal immer wissen, wohin wir gehen. All das ist okay. Wichtig ist, daß wir bei alldem *wach* sind, daß wir im jeweiligen Augenblick *präsent* sind – mit unserer gesamten Erfahrung, mit unseren Gefühlen, unserer Intuition und Imagination, unserem Körper und allem, was er tut und empfindet, und mit unserem Denken. All das gehört zu Dir, aber Du bist mehr als alle diese Dinge, denn Du bist ein Ganzes, das ständig wächst und sich verändert. Es ist nicht nur alles okay, so wie es ist, sondern es ist sogar wunderbar. Demnach bist auch *Du* schon jetzt wunderbar. Du brauchst also nicht erst wunderbar oder besser zu werden. Du brauchst nur zuzulassen, daß Du Du selbst bist, und Du mußt lernen, Dir nicht selbst im Weg zu stehen. (Vielleicht hast Du dieses Problem nicht, aber viele Menschen leiden darunter; deshalb ist Meditation für sie oft sehr hilfreich.) Genau das hat der Buddha entdeckt. Und das ist einerseits etwas ganz Besonderes und andererseits nichts Besonderes, weil der Geist jedes Menschen potentiell dem Geist des Buddha gleich ist. Man muß nur wach und aufmerksam sein. (Deshalb hat meine Freundin Joko Beck ihrem Buch, das ich ebenfalls beigelegt habe, den Titel *Nothing Special (Nichts Besonderes)* gegeben. Sie ist eine achtundsiebzigjährige Zen-Meisterin-Großmutter, doch wenn Du sie sehen würdest, würdest Du sie für eine ganz normale alte Frau halten, denn das ist sie tatsächlich auch, ein ganz normaler Mensch wie Du und ich, Deine Mutter und Dein Vater – nichts Besonderes und gleichzeitig etwas ganz Besonderes.)

Nun komme ich zu Deiner dritten Frage, in der Du mich nach speziellen Methoden fragst. Ja, es gibt Methoden, die uns helfen können, besser zu verstehen, wer wir sind, mehr zu schätzen, daß wir leben und daß wir unser Leben mit allen anderen Lebewesen teilen. Doch bevor ich Dir etwas über einige dieser Methoden schreibe, ist es mir wichtig, daß Du Dich daran erinnerst, daß auch Techniken und Methoden nur Finger sind, die auf den Mond weisen. Sie sind nicht das Ziel, sondern nur Wegweiser, die auf Deine eigene Erfahrung verweisen. Sie sind Hilfsmittel wie die Stützräder an einem Kinderfahrrad, die das Kind braucht, bis es ein „Gefühl" für das Radfahren entwickelt hat. Ebenso brauchen wir diese Techniken, bis wir ein Gefühl dafür entwickelt haben, was es wirklich bedeutet, Augenblick für Augenblick gegenwärtig zu sein. Erinnerst du Dich: „Wenn du gehst, dann gehe nur ...", denn das ist es letztlich, was es bedeutet, den „Zen-Geist" zu haben.

Tatsächlich ist dieses „nur gehen" oder „nur sitzen" oder „nur was auch immer tun" nicht so einfach, wie es klingen mag. Nehmen wir beispielsweise das Gehen. Wenn Du versuchst, „nur zu gehen", wirst Du wahrscheinlich feststellen, daß Du nicht nur gehst, sondern gleichzeitig auch darüber nachdenkst, wohin du gehst, oder daß Du dir Sorgen machst, daß Du Dich vielleicht verspäten wirst. Oder Du denkst darüber nach, was geschehen wird, wenn Du ankommst und deshalb bist Du nicht völlig Deines Körpers gewahr, beispielsweise Deiner Füße oder Deiner Hände oder Deiner Wirbelsäule oder Deines Atems. Es ist also gar nicht so leicht, einfach nur zu gehen. Du mußt daran arbeiten, wenn Du es erlernen möchtest, und diese Arbeit wird gewöhnlich „Übung" oder auch „Praxis" oder „Meditationsübung" genannt. Zu meditieren bedeutet, daß wir uns bemühen, uns jedes Augenblicks bewußt zu sein, bei allem, was wir tun, und daß wir uns nicht von unseren Gedanken oder Gefühlen mitreißen lassen, was immer sie beinhalten mögen – ob sie interessant oder leeres Gerede sind, ob wir glücklich oder unglücklich sind. Dazu brauchen wir nichts von dem, was wir tun, zu ändern. Es geht nur darum, daß wir uns dieses gegenwärtigen Augenblicks bewußt sind, während wir ihn erfahren.

Wenn Du das in jungen Jahren lernst und es zu einer Lebensweise entwickelst, kann sich das sehr positiv auf Dein Leben auswirken, denn dadurch entwickeln sich in Dir die Möglichkeiten, zu einem weisen und liebevollen, fürsorglichen, glücklichen und spielerischen Mensch zu werden. Wir alle haben diese Möglichkeiten, wenn wir noch jung sind, aber mit zunehmendem Alter kann das Leben manchmal derart schwer auf Menschen lasten, daß sie vergessen, was für wundervolle Wesen sie sind und welch ungeheures Potential an Weisheit, Mitgefühl und Kreativität sie eigentlich haben. Indem Du meditierst, kannst Du verhindern, daß Du das jemals vergißt, und gleichzeitig hilft es Dir, Dein Leben zu nutzen, Dich zu der zu entwickeln, die Du bist. Dadurch werden sich viele Dinge für Dich verändern – manchmal auf eine sehr angenehme, manchmal auf weniger angenehme Weise. Du wirst an diesen Veränderungen teilhaben, sie beeinflussen und Deinem Leben aus Deiner eigenen Weisheit und Bewußtheit heraus eine Richtung geben können. So wirst Du in Deinem Leben gute Entscheidungen treffen, und es wird Dir leichter fallen, auch mit schwierigen Situationen und mit großem Streß fertig zu werden.

Wenn Du also mit der Meditationsübung beginnen willst, so kannst Du das mit Hilfe vieler verschiedener Techniken tun. Am Anfang ist es wahrscheinlich das Beste, die Aufmerksamkeit auf Deinen Atem zu richten, denn Dein Atem begleitet Dich überallhin. Du gehst, redest, sitzt oder ißt zwar nicht ständig, aber Du atmest ununterbrochen. Deshalb kannst Du Dir in jedem Augenblick Deines Atems bewußt werden und Dich so mit ihm anfreunden. Wenn Du aufgeregt oder wütend bist, wirkt es beruhigend, wenn Du auf den Atem achtest. Doch noch wichtiger ist, daß Dir das hilft, mit dem gegenwärtigen Augenblick in Kontakt zu bleiben. Dieser Augenblick ist entscheidend. Du wirst ihn später nie mehr haben. Deshalb mahnt Zen uns, ihn nicht zu versäumen. „Lasse eine solche Gelegenheit nicht ungenutzt verstreichen!" hat der große indische Sufi-Dichter Kabir gesagt.

Und noch etwas: Genauso wie die Techniken nicht das letztendliche Ziel sind, sondern nur Möglichkeiten, sich mit dem eigenen Leben vertrauter zu machen, beschränkt sich auch die Meditationsübung nicht auf die formelle Meditation im Sitzen oder Liegen oder auf eine bestimmte Zeitspanne am Tag, in der wir versuchen, mit unserem Atem eins zu werden. Letztendlich geht es darum, daß Du Augenblick für Augenblick, Tag für Tag bei allem, was Du tust, präsent bist. Und da Dein Atem Dich überallhin begleitet, kannst Du Deinen Körper mit seiner Hilfe immer wieder in den gegenwärtigen Augenblick zurückbringen, so daß das Folgende wirklich zutrifft:

Wenn du gehst, dann gehst du nur.
Wenn du ißt, dann ißt du nur.
Wenn du deinem kleinen Bruder hilfst,
dann hilfst du nur deinem kleinen Bruder.
(Wenn du deinen kleinen Bruder neckst,
dann neckst du nur deinen kleinen Bruder.)
Wenn du am Telefon mit jemandem sprichst,
dann telefonierst du nur.
Wenn du studierst, dann studierst du nur ...

Ich nehme an, Du verstehst jetzt ungefähr, was ich meine.

Noch etwas zum Üben: Das Idealziel ist, sich in jedem Augenblick des Atems oder irgend etwas anderem bewußt zu sein, ohne zu urteilen und ständig emotional zu reagieren. Das bedeutet nicht, daß es darum geht, das Auftauchen von Urteilen und Gefühlen bei der Übung völlig auszuschalten. Natürlich werden sie auch weiterhin auftauchen. Das Ziel der Übung ist vielmehr, daß Du Dir Deines ständig urteilenden Geistes bewußt bist und die Dinge einfach so läßt, wie sie sind, zumindest während der Übung. Wenn Du ständig über alles und alle urteilst, und wenn Du über alles und alle Meinungen hast, ist Dein Geist und Dein Herz angefüllt mit Denken und Urteilen, mit Mögen und Nicht-Mögen, und aufgrund der vielen Meinungen wird es Dir schwerfallen, klar zu sehen.

Eine meiner Lieblingsgeschichten aus der Zen-Tradition ist die folgende: Ein Universitätsprofessor besucht einen Zen-Meister, um ihn zu fragen, worum es im Zen wirklich geht. Er hat schon viel über Zen gelesen und will nun herausfinden, was es wirklich damit auf sich hat.

Der Zen-Meister fordert den Professor auf, am Tisch ihm gegenüber Platz zu nehmen, und serviert ihm dann Tee. Er gießt den Tee in die Tasse des Gastes, und als die Tasse voll ist, gießt er weiter und weiter, so daß der Tee über den Rand der Tasse, über den Unterteller, über den Tisch und schließlich auf den Boden läuft.

Erstaunt ruft der Professor: „Was machen Sie da? Sehen Sie denn nicht, daß die Tasse schon voll ist?"

„Ja, ich sehe es", antwortete der Zen-Meister. „Ähnlich ist es mit Ihrem Geist. Wie können Sie erwarten, daß ich ihn mit irgend etwas fülle, wo er doch ohnehin schon so voll mit Vorstellungen und Meinungen ist?"

Es ist also nicht nötig, ständig alles zu beurteilen und ständig über alles und jedes eine definitive Meinung zu haben. Ich weiß, daß das schwer ist, weil wir durch die Schule und durch die ganze Gesellschaft ständig dazu angehalten werden, zu allem Meinungen zu haben und Stellung zu beziehen. Es ist gut, sich daran zu erinnern, daß wir nicht mit unseren Meinungen identisch sind. Du bist auch nicht mit einem einzigen Deiner Gedanken identisch. Nun könntest Du einwenden, daß Du die bist, die denkt, fühlt oder sieht. Doch damit kommen wir auf die Frage zurück, die ich ganz zu Beginn dieses Briefes gestellt habe: Wer ist das? Diese Frage können wir uns unablässig stellen. Setze Dein Vertrauen vor allem in Gewahrsein und Wachheit. Vertraue Deinem wahren Selbst, Deinem Herzen, Deiner Intuition. Oder, anders gesagt: Es ist nichts dagegen einzuwenden, daß Du Meinungen hast, aber wenn Du Dir dessen nicht bewußt bist, ist die Gefahr groß, daß Du so sehr an ihnen haftest und so engstirnig wirst, daß Du nichts neues mehr lernen kannst.

Du hast mich auch gefragt, warum ich mich dafür entschieden habe, diese Techniken und Lehren zu üben. Meine Antwort lautet: Weil ich tief innen spürte, daß es im Leben mehr geben mußte als das, was ich beim

Studium der Molekularbiologie erfahren habe, und weil ich mein Leben nicht einfach so verstreichen lassen wollte. Ich fing an, mich mit Yoga, Meditation und östlichen Kampfkünsten zu beschäftigen, weil ich das Gefühl hatte, daß dadurch etwas tief in meinem Inneren genährt wurde, das durch nichts anderes, was ich damals tat, Nahrung bekam. Das Resultat war, daß ich nicht mehr so wütend war wie vorher und daß ich generell ein glücklicherer Mensch wurde. Meditation hilft mir, ruhiger, klarer und liebevoller zu werden und ermöglicht es mir, verständnisvoller zu sein und effektiver zu handeln, als ich es vermutlich heute könnte, wenn ich nicht vor etwa dreißig Jahren mit der Meditationsübung begonnen hätte. Und ich meditiere immer noch jeden Tag – nicht, um ein bestimmtes Ziel zu erreichen, oder gar, um mich gut zu fühlen. Ich tue es, weil ich es als gute Möglichkeit empfinde das Leben lieben zu lernen, und mit dem in Berührung zu bleiben, was wirklich wichtig ist. Ich lausche so gerne der Stille.

Du fragst, welchen Einfluß Buddhismus und Zen auf die Welt haben. Ich denke, beide verweisen auf etwas Universelles im Leben und in allen Menschen, das für unser Überleben als Spezies ebenso wichtig ist wie für das Glück des einzelnen Menschen und der menschlichen Gemeinschaft. Da die Welt immer komplizierter und schnellebiger wird und wir immer stärker unter Zeitdruck und Streß stehen, müssen wir lernen, nicht nur Energie in unsere äußeren Aktivitäten zu investieren, sondern gleichzeitig auch mehr für uns selbst zu sorgen, für unser Herz, unsere Seele und generell für unser Sein. Andernfalls werden wir leicht zu nervösen Wracks, in deren Leben es weder Stille noch echtes Verstehen gibt – im Grunde ein sehr trauriges Leben. Die Weisheit des Buddhismus kann in dieser Hinsicht sehr hilfreich sein. Es gibt sogar eine Art „buddhistischer Wirtschaftsphilosophie". Vielleicht hast Du schon einmal den Slogan: „Small is beautiful" („Klein ist schön") gehört. Der gehört dazu. Auch das Bemühen, anderen Lebewesen nicht zu schaden, ist ein Teil der buddhistischen Anschauung von der die Welt lernen könnte. Ich glaube, daß es in der Politik, im Wirtschaftsleben und generell in allen Lebensbereichen sehr wichtig ist, daß wir Menschen mehr Gewahrsein und mehr Selbstlosigkeit entwickeln. Mittlerweile meditieren Millionen von Amerikanern. Vor zwanzig Jahren sah das noch anders aus, und ich denke, das ist eine sehr positive Veränderung.

Schließlich fragst Du in Deinem Brief noch nach ungewöhnlichen Anschauungen oder Übungen, die mir interessant und wichtig erscheinen.

Vielleicht ist für Dich ja alles, was ich bis jetzt in diesem Brief geschrieben habe, ungewöhnlich. Ich möchte an dieser Stelle wieder auf das zurückkommen, was ich gleich am Anfang geschrieben habe, nämlich daß es im Zen und im Buddhismus generell letztendlich darum geht, den eigenen Geist kennenzulernen. Es ist nichts dagegen einzuwenden, daß wir etwas glauben oder von etwas überzeugt sind. Aber es ist wichtig, nicht so starr an unseren Überzeugungen festzuhalten, daß sie uns für andere Aspekte der Wirklichkeit blind machen. Letztendlich ist entscheidend, daß wir wir selbst sind und uns in unserer eigenen Haut wohlfühlen. Die Übungen sind dafür da, dieses Ziel zu erreichen und uns daran zu erinnern, daß wir okay sind, so wie wir sind, und daß wir alle wundervoll und einzigartig sind.

Vielleicht kennst Du das Sprichwort: „Ich habe ihn gefragt, wie spät es ist, und er hat mir erklärt, wie eine Uhr funktioniert." Vielleicht habe ich es in diesem Brief genauso gemacht. Ich weiß es nicht. Jedenfalls hat mir Dein Brief und die Begeisterung, die aus ihm sprach, gefallen; deshalb habe ich Dir eine so lange Antwort geschrieben. Ich hoffe, ich habe nicht zuviel gesagt und die Dinge nicht zu kompliziert dargestellt. Wenn das der Fall ist, dann nimm Dir aus dem, was ich geschrieben habe, das heraus, womit Du etwas anfangen kannst, und laß den Rest einfach weg.

Wenn Du möchtest, kannst Du mir gern zurückschreiben. Und viel Glück bei Deinem Projekt.

Herzliche Grüße
Jon

*

22. Februar 1996

Liebe Caitlin,

vielen Dank für Deinen Brief und für die Gedichte. Sie haben mich wirklich umgehauen. Ein Gedicht zu schreiben ist schon schwierig genug, aber Zen-Gedichte zu schreiben, und noch dazu gute, die Augenblicke und Bilder der Wahrheit Deiner unmittelbaren Erfahrung einfangen, der inneren und der äußeren ... Woher hast Du das? Offensichtlich verfügst Du über eine erstaunliche Begabung, zu sehen, zu hören und ehrlich zu schreiben, subtil und gleichzeitig mit großer Kraft.

Was für ein wundervolles Projekt hast Du Dir ausgesucht (oder hat es Dich gesucht?). William Stafford, einer unserer großen zeitgenössischen

Dichter, der kürzlich gestorben ist, hat jeden Morgen, bevor er irgend etwas anderes tat, ein Gedicht geschrieben, und das dreißig Jahre lang. Eine außergewöhnliche Meditationsübung!

Du hast Dir offensichtlich ein Gebiet erschlossen, mit dem viele Erwachsene in ihrem ganzen Leben nie in Kontakt kommen. Natürlich hast Du recht, wenn Du sagst, daß Dein Verständnis des Zen und des Buddhismus im Laufe der Jahre wachsen wird. Aus Deinen Briefen und Gedichten kann ich jedoch entnehmen, daß Du Dir schon jetzt ein erstaunliches Verständnis dieser Lehren angeeignet hast. Die Idee des „Wachseins" ist die Grundlage für die Art von Leben, das Dir offenbar bestimmt ist. Mit Hilfe der Wachheit kannst Du die tiefsten und schönsten Aspekte Deines Seins entwickeln und später die Welt daran teilhaben lassen. Es ist ungeheuer wichtig für die Welt als Ganzes, daß alle Menschen sich zu voller Blüte entwickeln. Wir können anderen Menschen helfen zu erblühen, allerdings nur, wenn wir zuvor den Garten unseres eigenen Herzens, unseres Geistes, unserer Seele und unseres Körpers pflegen. Offenbar ist Dir das schon klar. Im Zen und bei der Meditation geht es darum, dieses Wissen lebendig zu erhalten, damit uns nicht irgendwann Dinge, die kostbar sind, als selbstverständlich erscheinen. Zu schreiben ist schon an und für sich eine wundervolle Meditationspraxis. Wußtest Du das?

Ich möchte Dir noch einmal ganz herzlich dafür danken, daß Du mir die Möglichkeit gegeben hast, Dich auf diese Weise kennenzulernen. Was immer Du tun magst, woher auch immer der Impuls, es zu tun, kommen mag und so mysteriös es sein mag (und es ist sicherlich mysteriös), fahre fort damit, und lasse Dich durch das, was Du auf diese Weise erfährst, und generell vom ganzen Leben lehren!

Viel Glück bei Deinem Projekt. Du kannst mir jederzeit schreiben, wenn Du möchtest.

    Alles Gute wünscht Dir
    Jon

*

Caitlins Gedichte

Zweige,
Dünn, ineinander verschlungen,
Eine Silhouette, wie kein Künstler sie schaffen könnte
außer der Natur.

*

Ich war wach in der Nacht und sah
Millionen Sonnenaufgänge, die Sonnenaufgänge waren.
Ich erwachte am Morgen
und sah einen Sonnenaufgang, der das Leben war.
Er enthielt alle Farben.
Er glich dem achtspeichigen buddhistischen Rad,
den Pfaden des Lebens.
Wenn du nur auf Rot schaust,
kannst du Orange nicht schätzen.
Wenn du von Gewahrsein erfüllt schaust,
siehst du alle Farben des Lebens,
und du kannst in die eintauchen,
die dir ins Auge springt
und in deine Seele
und in dein Herz
und in deinen Geist.

*

Ich ging im Schatten auf einem dunklen Kieselpfad
Gehen, Gehen, Laufen
Ein unspürbarer Nebel SCHÜRTE MEINEN ZORN
Gehen, Laufen, Laufen
Ich ging nicht, sondern blieb einfach hier
Gehen, Laufen, Laufen
Denn mein Geist war bei Hausaufgaben, Stundenplänen und Ängsten.
Laufen
Der Rauch einer Fabrik des Nicht-Verstehens

Laufen
erfüllte meine Seele mit einem Förderband-Gefühl
STOP *Zwei Ahornbäume neutralisierten meinen Nebel.*
Ihre Stämme der Treue haben mein Denken gelöscht.
Ich kletterte empor und hielt mich an ihrem bernsteinfarbenen Holz fest.
Dann sprang ich los und spürte, wo ich stand.
Die Wecker-Bäume, die mein Gewahrsein geweckt hatten,
waren in der klaren, frischen Luft verschwunden.

*

Streß
Gefühle wie heiße Spaghetti,
die überkochen.
Leg einen Deckel drauf,
Vergiß ihn, deck ihn ganz zu,
das wirkt beruhigend auf das Auge

explodiert schließlich

frei

unter kaltem Wasser abschrecken
beruhigt Seele
und Herz und Geist

endlich leer.

*

Staubsaugen und gleichzeitig Waschen und ein Buch lesen
ist, wie wenn du den Schnee fallen siehst
und vom Weiß geblendet bist:
Du siehst nie auch nur eine einzige Flocke.
Es ist wie bei den Bildern von Seurat:
Du wirst nie jeden einzelnen Punkt erkennen.
Ein einziger Tropfen Wasser

ist wie eine stille Tulpe.
Er ist keine Pose und kein Bild,
sondern ein Teil
eines in sich geschlossenen Kreises.
Tulpen verwelken
und sähen sich neu aus,
Tropfen fallen
und vereinigen sich mit einem Strom.
Ein einzelner Kiesel
ist eins,
aber auch ein ganzer Steingarten.

*

Mara* nimmt viele Formen an,
die von Gold und Juwelen und Samtvorhängen,
die von Diamantringen und Plastikherzen,
die des falschen „Ich-liebe-Dich" von Grußkarten.
Er jagt, versucht und fängt dich ein,
ködert dich mit seinem falschen Gesang.
Um nach den Wahrheiten zu suchen, wozu Buddha uns aufrief,
mußt du Reichtümern aus alter Zeit lauschen.
Die Bäume, die Luft und das Lied der Natur
sind zu allen Zeiten die wahren *Freuden gewesen.*

*

Zen
Still, bestimmt
Verstehen, sein, beobachten
Eine einzelne Blume im Sternenlicht
Gewahrsein

---

*   Mara, der Gott der Verblendung, führte Buddha unmittelbar vor seiner Erleuchtung mit weltlichen Freuden in Versuchung.

Die Stille zwischen zwei Wellen

Achtsamkeit und die Klarheit, die aus ihr erwachsen kann, sind etwas sehr Einfaches. Sie sind wirklich nichts Besonderers und doch gleichzeitig etwas ganz Besonderes. T. S. Eliot nennt dieses „nichts Besonderes" in *Das verhaltene Lachen von Kindern im Laub*, dem letzten seiner *Vier Quartette:*

> *Ein Zustand vollendeter Einfalt*
> *(Der nicht weniger kostet als alles).*

Alle Kinder sind einzigartig, jedes ist ein unergründliches Universum von Möglichkeiten und Gefühlen. Sind wir in der Lage, die Eigenart und den Widerhall ihrer Stimmen, ihrer Lieder und ihres Lebens zu hören? Können wir hören, was Eliot „das verborgene Lachen von Kindern im Laub" nannte? Diese Arbeit zu tun ist nur hier und jetzt möglich.

> *Rasch nun, hier, jetzt, immer –*
> *Ein Zustand vollendeter Einfalt*
> *(Der nicht weniger kostet als alles)*

Rasch nun! Nur in *diesem* Augenblick können wir irgend etwas sehen, spüren oder hören, ob es nun unsere Kinder oder die ständigen Veränderungen in unserem eigenen Geiste sind. Doch können wir dies nur, wenn wir bereit sind, völlig aufmerksam und im gegenwärtigen Geschehen anwesend zu sein, ganz darauf eingestellt, zu sehen und zu hören und offen zu sein. Andernfalls bleiben uns nur zu leicht zahllose Gelegenheiten, zu sehen und zu unseren Kindern in Beziehung zu treten, verschlossen.

> *Unerkannt, weil nicht erwartet*

Doch wenn wir aufmerksam schauen, erhaschen wir vielleicht einen kurzen Einblick. Wenn wir nach innen lauschen, hören wir vielleicht unser eigenes Leben, unser wahres Selbst, das uns ruft:

> *Aber gehört, halb-gehört, in der Stille*
> *Zwischen zwei Wellen der See.*

Wenn wir uns des Raumes zwischen den Gedanken bewußt werden, hören wir:

> *Die Stimme des verborgenen Wasserfalls*
> *Und die Kinder im Apfelbaum.*

Immer wieder erinnert uns die tiefe Einsicht des Dichters an das Rufen, an die Sehnsucht, an das in jedem gegenwärtigen Augenblick latent enthaltene Potential – an den Raum, die Stille zwischen zwei Wellen des Meeres, die unsere Essenz und unsere Möglichkeiten enthüllt.

Rainer Maria Rilke beschreibt in *Das Stundenbuch* genau diesen Zwischenraum durch Bilder aus dem Bereich der Musik.

> *Ich bin die Ruhe zwischen zweien Tönen,*
> *die sich nur schlecht aneinander gewöhnen:*
> *denn der Ton Tod will sich erhöhn –*
> *Aber im dunklen Intervall versöhnen*
> *sich beide zitternd.*
> *Und das Lied bleibt schön.*

Innere Stille gibt uns immer und immer wieder, mit jedem Atemzug, in jedem Augenblick, die Gelegenheit, präsent zu sein, die Kinder im Apfelbaum, das verhaltene Lachen von Kindern im Laub. Rasch nun, hier, jetzt, immer ...

Und solch eine Übung – und es ist eine *Übung*, wie Eliot sehr wohl wußte, ebenso wie Rilke und Thoreau und zahllose andere – umfaßt alles, was wir haben. Diese Einfachheit kostet alles. Es fordert uns alles ab, *dieses* Hier, *dieses* Jetzt zu „haben". Und indem wir uns wahrhaft dafür entscheiden, dies jetzt zu haben, haben wir auch „immer", ein Verweilen, ein Sich-Erstrecken in die Zukunft, weil dieser Augenblick die Zukunft des vorigen und die Vergangenheit des nächsten ist. Der eine färbt den nächsten, und auf diese Weise wird alles sehr geheimnisvoll.

> *Geh, sprach der Vogel, denn das Laub war voller Kinder,*
> *Die sich erregt versteckten und ihr Lachen verhielten.*
> *Geh, geh, geh, sprach der Vogel: die Menschen*
> *Ertragen nicht sehr viel Wirklichkeit.*
> *Vergangene Zeit und künftige Zeit.*
> *Was hätte sein können und was gewesen ist,*
> *Weisen auf ein Ende, das stets gegenwärtig ist.*
> T. S. Eliot
> „Burnt Norton", *Vier Quartette*

Die Arbeit der Achtsamkeit, die darin besteht, als menschliches Wesen für die Fülle des Lebens wach zu sein, ist hart, und für Eltern gilt das sogar in ganz besonderem Maße. Vielleicht ist sie in anderer Hinsicht für uns als Eltern aber auch leichter, weil sich uns so viele wundervolle Gelegenheiten eröffnen, die wir nur zu ergreifen und für die wir einfach dazusein brauchen.

Jeder, der innehält und sich auch nur einen Augenblick hinsetzt, um zu meditieren, fühlt und weiß unmittelbar, daß die Klänge in unserem Inneren auf irgendeine Weise immer in Dissonanz sind, in der Dissonanz des Schmerzes und der Qual, der Unsicherheit, Ungeduld und Nostalgie, des Verlustes und der Trauer sowie des Todes und jenes Gedankenstroms, der unablässig durch unseren Geist zieht. Zu lernen, wie sich alle diese verschiedenen Klänge in Rilkes dunklem Zwischenraum miteinander versöhnen lassen, in Eliots Stille zwischen zwei Wellen des Meeres, ist das Herz der Übung des Sehens, Loslassens und Seinlassens. Die dynamische Spannung unserer pulsierenden Augenblicke, die noch wesentlich mehr Augenblicke und Möglichkeiten enthalten, die sich noch entfalten werden – diese Spannung selbst lädt die Musik des Lebens ein, zu erklingen.

Wenn wir die Stille und die Fülle des gegenwärtigen Augenblicks zu umarmen vermögen, hilft uns vielleicht unsere Praxis der Achtsamkeit, in unserem Zusammenleben mit unseren Kindern zu erkennen, daß das Lied weitertönt und daß es ein wunderschönes Lied ist. Eliot beendet das letzte große Gedicht, das er in seinem Leben geschrieben hat, mit einer mittelalterlichen Affirmation, die fast wie eine Beschwörung klingt:

Und alles wird gut sein,
Jederlei Ding wird gut sein, und
Wenn die Feuerzungen sich nach innen falten
Zum Schifferknoten aus Feuer
Und eins werden Feuer und Rose.

Es folgt die vollständige Schlußstrophe des vierten Quartetts (*Das verhaltene Lachen von Kindern im Laub*). Ebenso wie das ganze Gedicht zeugt sie von einem Verständnis, das unmittelbar das Transzendente im Gewöhnlichen berührt:

Wir werden nicht nachlassen in unserm Kundschaften
Und das Ende unseres Kundschaftens
Wird es sein, am Ausgangspunkt anzukommen
Und den Ort zum erstenmal zu erkennen.
Durch das unbekannte, erinnerte Tor,
Wenn der letzte Fleck Erde, der zu entdecken bleibt,
Jenes ist, das den Anfang gebildet;
An dem Quellengrund des längsten Stromes
Die Stimme des verborgenen Wasserfalls,
Und die Kinder im Apfelbaum,
Unerkannt, weil nicht erwartet,
Aber gehört, halb-gehört, in der Stille
Zwischen zwei Wellen der See.
Rasch nun, hier, jetzt, immer –
Ein Zustand vollendeter Einfalt
(Der nicht weniger kostet als alles)
Und alles wird gut sein,
Jederlei Ding wird gut sein und
Wenn die Feuerzungen sich nach innen falten
Zum Schifferknoten aus Feuer
Und eins werden Feuer und Rose.

Diese nie endende Erkundung ist das große Werk des Gewahrseins. Wir können in jeder Situation daran arbeiten. Doch wo könnten wir diese Art zu sehen besser kultivieren als bei der Erfüllung unserer Aufgabe als Eltern?

Teil fünf

Eine Art zu sein

Schwangerschaft

Die Schwangerschaft ist ein besonders geeigneter Zeitpunkt, um mit der Achtsamkeitsübung zu beginnen oder diese zu vertiefen. Die starken Veränderungen in unserem Körper, in unserer Wahrnehmung, im Bereich unserer Gedanken und unserer Emotionen laden zur Entwicklung einer neuartigen Wachheit, zum Staunen und zur Offenheit geradezu ein. Manche unter uns haben in der Schwangerschaft vielleicht zum ersten Mal das Gefühl, völlig in ihrem Körper anwesend zu sein.

Die Veränderungen in unserem Körper fallen nicht nur uns selbst, sondern auch den Menschen in unserer Umgebung auf. Durch ihre Reaktionen werden wir immer wieder an unseren besonderen Zustand erinnert, wobei die Reaktionen von wohlwollenden Erkundigungen nach unserem Befinden bis hin zu unerbetenen Ratschlägen und unerwartetem und völlig unvermitteltem Betätscheln unseres Bauches reichen können.

Die vielen körperlichen und emotionalen Veränderungen, die wir während der Schwangerschaft durchleben, eröffnen uns einzigartige Möglichkeiten, intensiv an der Entwicklung von Achtsamkeit zu arbeiten – indem wir uns unserer Erfahrung bewußt sind, indem wir wach sind für das, was wir brauchen und für das, was uns guttut, indem wir unsere Erwartungen und Vorstellungen beobachten, indem wir unsere Fähigkeit zu akzeptieren ebenso entwickeln wie Güte und Mitgefühl – insbesondere uns selbst und unserem Baby gegenüber –, und indem wir Gefühle tiefer Verbundenheit zulassen.

Den Vätern der Kinder und den Partnern von Schwangeren stehen diese Möglichkeiten ebenfalls offen. In der Schwangerschaft können auch sie achtsamer ihren eigenen Gefühlen gegenüber werden, beispielsweise was ihre Reaktionen auf die im Körper ihrer Partnerin stattfindenden Veränderungen betrifft und die Veränderungen, die die Geburt des Kindes unvermeidlich für ihr eigenes Leben mit sich bringen wird. Auch für sie bringt die bevorstehende Geburt äußere und innere Arbeit mit sich, weil sie an den notwendigen Planungen und Entscheidungen beteiligt sind und weil sie mehr Empathie und Selbstlosigkeit entwickeln müssen, um sich auf den besonderen Zustand ihrer Partnerin und auf den geheimnisvollen Prozeß der Verwandlung von zwei zu drei und manchmal sogar noch mehr Menschenwesen einzustellen. Gleichzeitig können sie diese Herausforderung auch nutzen, um das Gewahrsein ihrer selbst zu vertiefen, das für ihre Aufgabe Vater zu sein von größter Bedeutung ist.

*

Vor unserer Schwangerschaft waren wir wahrscheinlich ständig aktiv oder sogar getrieben: häufig in Eile, relativ unbewußt und bemüht, immer mehr zu schaffen. Plötzlich finden wir uns in einer langsameren, empfänglicheren Art des „Seins" wieder. Die extreme Erschöpfung, die uns nun zeitweise überkommen mag, kann uns zwingen, mit unseren Alltagsaktivitäten kürzer zu treten, denn unser Körper muß nun schwer arbeiten, um mit Hilfe der erstaunlichen Plazenta, die sich neu entwickelt hat, und unserer wesentlich stärkeren Blutversorgung unser heranwachsendes Baby zu ernähren. Wenn wir diese Veränderungen ignorieren und versuchen, genauso geschäftig weiterzuleben wie bisher, lassen wir eine große und schnell vorübergehende Chance verstreichen, die Welt auf eine andere, auf eine langsamere, bewußtere und sensiblere Weise zu erfahren. Obgleich die bevorstehende Geburt unsere Gedanken und Phantasien immer wieder in die Zukunft lenkt, bringen uns die ständigen Veränderungen unseres Zustandes gleichzeitig immer stärker zu Bewußtsein, wie wunderbar das ist, was in diesem Augenblick geschieht.

Die Schwangerschaft eröffnet uns auf ganz natürliche Weise die Möglichkeit, uns nach innen zu wenden und uns auf uns selbst zu besinnen. Dabei können wir uns mit Hilfe des Atems erden und so unsere Verbindung zum gegenwärtigen Augenblick vertiefen. Auf diese Weise werden wir uns in stärkerem Maße unserer Gedanken, unserer Gefühle, unseres Körpers und des Babys bewußt, das in uns heranwächst. Wenn wir den Atem langsam und tief werden lassen und bewußt spüren, wo wir uns verspannen, können wir diese Spannungen mit jedem Ausatmen aus unserem Körper herausfließen lassen. Die Energie, die wir in der Vergangenheit vielleicht darauf verwendet haben, Wut und Angst zu ignorieren, wird frei, wenn wir unsere Gefühle einfühlsam beobachten und sehen, wie sie sich von Augenblick zu Augenblick verändern.

Die Schwangerschaft ist eine Zeit starker Emotionen, die sich rasch verändern können. Selbst wenn wir uns sehnlichst gewünscht haben, schwanger zu werden, kann es sein, daß wir außer Glücksgefühlen auch Augenblicke der Angst, der Ambivalenz gegenüber dem, was auf uns zu kommt, sowie Zweifel und Unsicherheit erleben. Wie wird sich unser Leben verändern? Sind wir bereit, Eltern zu sein? Während der Schwangerschaft fühlen sich Frauen oft emotional verletzlicher als gewöhnlich, und sind sensibler gegenüber optischen Eindrücken, Geräuschen und Gerüchen.

Jede Schwangerschaft ist anders, jede Frau ist anders, und jeder Tag ist anders. Das Spektrum der möglichen Erfahrungen ist enorm. Es kann sein, daß wir uns gesünder und strahlender fühlen als je zuvor, daß wir uns in einem nie gekannten Maße wohlfühlen, aber auch, daß wir uns unglaublich krank, elend und bewegungsunfähig fühlen. Es kann ebenfalls sein, daß wir enttäuscht, wütend oder frustriert sind, weil das, was wir erleben, nicht unseren Vorstellungen und Erwartungen, die wir von der Schwangerschaft hatten, entspricht.

Während der Schwangerschaft achtsam zu sein bedeutet nicht, daß wir uns auf eine bestimmte Weise fühlen „sollten" oder daß es gilt, irgendeinen Idealzustand zu erreichen, der für uns und unser Baby der beste ist. Vielmehr geht es darum, daß wir das volle Spektrum unserer Gefühle und Erfahrungen anerkennen und akzeptieren und daß wir uns bemühen, so gut damit umzugehen, wie es uns möglich ist. Diese Art der Orientierung, die in Gewahrsein und Akzeptieren wurzelt, bewirkt häufig, daß wir ruhiger und entspannter werden und daß wir uns insgesamt wohler fühlen.

Wir alle leiden in unterschiedlichem Maße unter schmerzhaften Erfahrungen, die wir gemacht haben, unter schwierigen Familienbeziehungen und unter alten Wunden, die zwar manchmal verheilt sind, manchmal aber auch nicht. Wenn wir uns auf unsere Aufgabe als Eltern vorbereiten, ist es besonders wichtig, daß wir versuchen, die Wunden zu heilen, die man uns als Kindern vielleicht unablässig durch Urteile, Kritik und an Bedingungen geknüpfte Liebe zugefügt hat. Um diese Wunden zu heilen, können wir zunächst im Laufe eines Tages die Augenblicke mit Gewahrsein betrachten, in denen wir uns bei der Be- oder Verurteilung und beim Herabsetzen anderer ertappen. Wir sollten uns vergegenwärtigen, daß diese Impulse nichts weiter sind als Gedanken, und wir können unsere Aufmerksamkeit dann bewußt wieder auf unseren Atem und zurück auf den gegenwärtigen Augenblick lenken.

Eine andere Möglichkeit, den Heilungsprozeß zu unterstützen, besteht darin, daß wir uns im Laufe des Tages Zeit nehmen, uns nach innen zu wenden und in einer mitfühlenden, nicht-urteilenden Energie zu baden. Manchen fällt es relativ leicht, liebende Güte und Verstehen auf ihr innerstes Sein und auf ihr Baby zu richten. Anderen fällt es schwerer, diese Art von Energie zuzulassen und sie auf sich selbst zu richten, oder sie fühlen sich dabei befangen oder unwohl. Manchmal kann es hilfreich sein, an eine andere Person oder an ein Tier zu denken, an ein anderes Wesen, das wir geliebt und akzeptiert haben. Wenn wir dann mit der liebenden Güte und dem Verständnis, das wir für dieses Wesen empfinden, in Berührung kommen, können wir versuchen, diese Gefühle mit uns selbst zu verbinden.

Wenn wir uns nach innen wenden und uns der vielen Veränderungen bewußt werden, die wir erleben, können wir unser Gewahrsein auch auf unsere tief verwurzelten und stark emotionsbeladenen Überzeugungen über die Schwangerschaft, die Wehen, die Geburt und unsere Aufgabe als Eltern richten. Wir alle hegen bewußt und unbewußt solche Überzeugungen. Wir leiten sie aus unseren eigenen Erfahrungen und aus Geschichten ab, die wir aus dem Familienkreis, von Freunden und Bekannten gehört haben. Diese tiefen, häufig ungeprüften Überzeugungen können unsere Hoffnungen und Ängste im Hinblick auf die bevorstehende Geburt stark beeinflussen.

Es ist sehr wichtig, sich daran zu erinnern, daß unsere Überzeugungen über das Gebären, was immer sie beinhalten mögen, nicht unbedingt „wahr" sind. Wenn wir uns bewußtmachen, daß sie lediglich Gedanken sind, wenn wir sie untersuchen und versuchen, ihre Ursprünge zu verstehen sowie den Kontext, in dem sie entstanden sind, so beginnen wir damit, die negativen Einflüsse zu entschärfen, die sie möglicherweise auf unsere Psyche ausüben.

Negative Überzeugungen oder Einstellungen gegenüber der Schwangerschaft, der Geburt und der Elternrolle können, ohne daß wir es merken, durch beiläufige Bemerkungen von Freunden und Familienmitgliedern ausgesät werden. Eine noch gravierendere Wirkung können solche Bemerkungen auf uns haben, wenn sie von Menschen stammen, die wir als mächtige und sachkundige Autoritätspersonen ansehen, ob das unsere eigenen Eltern, Ärzte oder andere „Gesundheits-Fachleute" oder Freunde sind.

In der Zeit, als ich (mkz) Kurse für Schwangere leitete, hörte ich immer wieder: „Mein Arzt hat gesagt, mein Becken sei sehr eng." Diese Bemerkung kann bei Frauen alle möglichen Zweifel und Ängste hervorrufen, die sich negativ auf den Verlauf der Schwangerschaft und die Geburt auswirken können. Viele Kaiserschnitte wurden nur durchgeführt, weil das Becken der Frau angeblich zu eng war. Manchmal haben die betreffenden Frauen in einer späteren Schwangerschaft ein wesentlich größeres Baby ganz normal geboren – mit dem Beistand einer erfahrenen Hebamme, die eine positive Grundeinstellung hatte und über die notwendigen Fähigkeiten verfügte, um die Gebärende durch den Geburtsprozeß zu geleiten, ohne unnötige medizinische Eingriffe.

Ein Weg, wie Sie sich Ihrer Überzeugungen über das Gebären bewußter werden können, ist, mit Ihrer eigenen Mutter und Ihren Großmüttern oder anderen Familienmitgliedern so detailliert wie möglich über deren persönliche Erfahrungen mit Geburten zu sprechen. Anschließend können Sie eine erfahrene Hebamme suchen, die schon viele Geburten ohne Komplikationen und ohne unnötigen medizinischen Eingriff erlebt hat. Eine solche Hebamme könnten Sie bitten, Ihnen beängstigende Geburtsgeschichten, die Sie irgendwo gehört haben, aufgrund ihres Wissens und ihrer Erfahrung zu erklären.

Beispielsweise könnte man dann die Geburtsgeschichte einer Frau, die vor zwanzig oder dreißig Jahren eine Zangengeburt hatte, die für das Baby sehr traumatisch war, in einem umfassenderen Zusammenhang sehen: Man hatte der Mutter starke Medikamente gegeben, sie lag während der Wehen auf dem Rücken (was für die Geburt eine sehr ungünstige Position ist), und sie hatte vielleicht keinerlei Unterstützung. Eine Geburtsgeschichte aus neuerer Zeit, bei der das Kind mit Hilfe einer Saugglocke auf die Welt gebracht wurde und einen Schock erlitt, könnte man in dem größeren Zusammenhang sehen, daß die Frau während der Wehen unter Periduralanästhesie stand, nicht in der Lage war, in die Hocke zu gehen und bei der Geburt die Schwerkraft zu nutzen, und daß sie nicht genug spürte, um richtig pressen zu können. Wenn wir uns vor Augen führen, daß viele Geburten in Kliniken stattfinden, und wenn wir auf der anderen Seite Geschichten über Frauen hören, die ohne jede unnötige medizinische

Intervention gebären, werden wir den Geburtsprozeß allmählich besser verstehen und auch in dieser Hinsicht der natürlichen Kraft und Weisheit unseres Körpers vertrauen.

Wenn wir uns gründlich über die natürliche Geburt informieren, wird uns allmählich klar werden, daß wir mit einem Minimum an ärztlicher Hilfe oder ganz ohne jede medizinische Intervention eine Umgebung für die Geburt schaffen können, die sowohl für das Baby als auch für uns selbst positiver ist als die in einer konventionellen Klinik.

Wichtig ist in diesem Zusammenhang auch die Entscheidung, *wer* uns bei der Vorbereitung auf die Geburt und bei der Geburt selbst unterstützen soll. Wie wir alle sind auch die Leiterinnen von Vorbereitungskursen für Schwangere und Hebammen durch ihre Ausbildung und durch ihre ganz persönlichen Erfahrungen geprägt. Und natürlich haben auch sie ihre ganz individuellen Überzeugungen. Diejenigen unter ihnen, die daran glauben, daß eine Frau auch ohne jede medizinische Intervention gebären kann, und die viele natürliche Geburten miterlebt haben, können eine Schwangere wahrscheinlich eher auf eine Art und Weise bestärken und unterstützen, die ihr ihre Selbstbestimmung läßt. Suchen Sie sich die Person, die Ihnen bei Ihrer Geburt beistehen soll, sehr bewußt aus – ohne Naivität und ohne blinden Glauben an irgendwelche „Autoritäten".

Daß Sie das Gefühl haben, daß diese Person „nett" ist, reicht nicht. Es ist sehr wichtig, genau darauf zu achten, wie wir uns in ihrer Gegenwart fühlen. Kann diese Person zuhören, geht sie auf unsere Bedenken ein und auf alles andere, was uns wichtig ist? Wenn wir mit mehreren Hebammen oder Ärzten, die wir in die engere Wahl gezogen haben, sprechen und ihnen ganz konkrete Fragen stellen, beispielsweise wo sie praktizieren, welche Referenzen sie aufzuweisen haben, wie viele der von ihnen betreuten Frauen letztlich doch durch Kaiserschnitt gebären, wie oft und unter welchen Bedingungen sie einen Dammschnitt durchführen, so können wir wichtige Informationen über die Einstellung der Ärzte und Hebammen zur Geburt und über ihre Arbeitsweise erhalten. Auch Gespräche mit anderen Frauen, die von der gleichen Hebamme oder vom gleichen Arzt betreut worden sind, können sehr aufschlußreich sein.

Wenn wir uns genau anhören, was die verschiedenen Ärzte und Hebammen sagen, wenn wir die Erfahrungen hinterfragen, über die sie berichten, und wenn wir herausfinden, unter welchen Bedingungen sie sich bei ihrer Arbeit wohlfühlen, können wir uns allmählich ein Bild über ihre

Ansichten und Einstellungen machen und aufgrund dessen entscheiden, ob diese unseren eigenen Vorstellungen entsprechen. Indem wir durch Lektüre, Gespräche und Reflexionen über unsere eigenen Gefühle und Reaktionen Informationen zusammentragen, wird uns zunehmend klarer und deutlicher werden, welche Einstellung *uns* zusagt und was für *uns* besonders wichtig ist.

Wenn wir uns auf diese Weise vorbereitet haben, bleibt die letzte entscheidende Frage, wo und mit welcher Person wir uns am wohlsten und sichersten fühlen. Manche Frauen glauben anfangs, sie würden sich im Krankenhaus am sichersten fühlen, merken aber im Laufe der Zeit, daß sie doch lieber zu Hause gebären wollen. Andere mögen anfangs eine Hausgeburt bevorzugen, fühlen sich aber später doch mit dem Gedanken wohler, in ein entsprechendes Krankenhaus oder ein Geburtszentrum zu gehen.

Unsere Gefühle und die äußere Situation zu erforschen, Informationen zu sammeln und unsere Intuition zu nutzen kann uns helfen, zu einer Entscheidung zu gelangen, die sowohl unsere eigenen Bedürfnisse als auch diejenigen des Babys in größtmöglichem Maße berücksichtigt.

Geburt

Die Stärke und Intensität der Wehen zwingt uns, in jedem einzelnen Augenblick gegenwärtig zu sein. Die Wehen verlaufen bei jeder Frau völlig anders. Wie sie verlaufen werden, läßt sich nie im voraus sagen. Sie haben immer einen ganz individuellen Rhythmus und ein individuelles Tempo. Manchmal werden Wehen und Geburt von einem ruhigen, geradezu sakralen Gefühl begleitet. Alle Anwesenden erfüllen ihre Aufgabe, die Wehen nehmen ihren Lauf, und schließlich wird das Baby geboren. Die Geburt kann aber auch einer rasenden Komödie gleichen, bei der alles so schnell geschieht, daß alle Beteiligten hektisch umherlaufen.

Bei der Geburt müssen alle Anwesenden von ihren Erwartungen und Vorstellungen abrücken. Sie müssen offen sein für das, was in jedem Augenblick geschieht, und es ist sehr hilfreich, wenn sie dieses Geschehen mit ihrem ganzen Sein unterstützen. Vielleicht hatten wir uns vorgestellt, es wäre schön, während der Wehen massiert und gestreichelt zu werden, doch wenn es dann tatsächlich so weit ist, wollen wir am liebsten überhaupt nicht berührt werden. Vielleicht hatten wir uns vorher ausgemalt, wir wollten eine schöne Musik hören und viele Freunde um uns versammeln, doch dann merken wir, daß wir unsere Ruhe brauchen und nur ganz wenige Freunde um uns haben wollen. Vielleicht sahen wir uns vorher als eine glückselige Madonna, die ihr Kind ruhig zur Welt bringt, doch in der realen Situation sind wir frustriert, fluchen oder beklagen uns und geben alle möglichen, keineswegs wohltönenden Geräusche von uns.

Die Wehen bieten uns Frauen die Gelegenheit, uns vom Image der stillen, freundlichen, nachdenklichen, hübschen und ständig hilfsbereiten Frau zu befreien – von jenem „Gutes Mädchen"-Image, das wir uns in unserer Gesellschaft so häufig zulegen –, uns zuzugestehen, daß wir einfach so sind, wie wir sind, und uns die Freiheit zu nehmen, uns auf uns selbst zu besinnen und das zu tun, was in dieser Situation getan werden muß. Wenn diejenigen, die während dieses geheimnisvollen Geschehens, in dem wir die Hauptrolle spielen, bei uns sind, uns unseren eigenen Weg – unsere Souveränität – zugestehen können, kann die Geburt zu einer machtvollen Affirmation, zu einer Heilung unserer Psyche werden, zu einer Initiation in einen neuen Bereich des Seins.

Falls Sie sich während der Schwangerschaft durch Konzentration auf Ihren Atem bemüht haben, Achtsamkeit zu entwickeln, kann Ihnen das helfen, während des Geburtsprozesses in der Gegenwart zentriert, entspannt und konzentriert zu bleiben. Wenn die Wehen dann intensiver werden, können Sie sich mit Hilfe des Atems voll und ganz in den Schmerz und in die anstrengende Arbeit des Gebärens hineinbegeben, bei der jeder Augenblick wichtig ist. Ganz gleich, wie Ihre Wehen verlaufen und wie stark und schmerzhaft sie auch sein mögen, ein intensives Gewahrsein jedes einzelnen Augenblicks hilft Ihnen in jedem Fall, das Geschehen völlig bewußt zu erleben und anzunehmen. Am Ende dieses Prozesses steht nicht nur die Ankunft des Babys, das willkommen geheißen werden möchte, sondern eine ungeheuer intensive Erfahrung, die uns unser ganzes weiteres Leben lang begleiten wird.

Zur Unterstützung der Achtsamkeit während der Wehen können wir uns daran erinnern, daß wir langsam und tief weiteratmen während wir die wachsende Intensität der Kontraktionen wahrnehmen, und beim Einatmen bei den intensiven Empfindungen verweilen und beim Ausatmen alle Spannungen und alles Festhalten, das wir im Körper spüren, loslassen. Jede Kontraktion endet mit einer Ruhepause, so kurz diese auch sein mag. In dieser Pause können wir unsere Position verändern, etwas trinken, jemanden umarmen oder ganz einfach lachen. Je stärker wir in der Gegenwart zentriert sind, um so besser sehen oder spüren wir, was wir in jedem einzelnen Augenblick brauchen.

Wenn wir den Atem nutzen, um während der Wehen voll und ganz in der Gegenwart zu sein, um in jeden Schmerz und in jedes Unwohlsein hineinzuatmen, benötigen wir weniger Energie, als wenn wir versuchen, uns entweder vom Schmerz abzulenken oder gegen ihn anzukämpfen. Wenn wir uns der inneren Weisheit unseres Körpers widersetzen oder uns gegen sie verspannen, machen wir es uns nur schwerer, uns zu öffnen und die Geburt geschehen zu lassen. Ebenso wie langsames und tiefes Atmen kann es helfen, während der Wehen stärker präsent zu sein, wenn wir uns dessen bewußt werden, was wir empfinden, wenn wir unsere Position verändern, wenn eine Helferin auf bestimmte Stellen unseres Körpers Druck ausübt oder uns heiße Umschläge macht, wenn wir unsere Gefühle und unsere Frustration zum Ausdruck bringen oder uns an unserem Partner festhalten.

Frauen machen häufig die Erfahrung, daß ihre Angst vor dem Schmerz der Geburt schlimmer ist als der Schmerz selbst. Sie stellen fest, daß sie in *diesem* Augenblick mehr positive Energie für den Geburtsprozeß zur Verfügung haben, wenn sie jede Kontraktion bewußt erleben, ohne darüber nachzudenken und ohne sich Sorgen darüber zu machen, wie lange sie dauern wird oder wie die nächste sein wird. Dieses Bemühen um völlige Präsenz in jedem Augenblick während der Wehen und während der Geburt erfordert Mut, Konzentration und die Liebe und Unterstützung der anwesenden Freunde und Helfer.

Wir sind es gewöhnt, Schmerz generell mit pathologischen Zuständen in Verbindung zu bringen. Der Schmerz des Geburtsprozesses ist jedoch ein gesunder Schmerz. Er entsteht durch einen intensiven physiologischen Prozeß – die Kontraktion des Uterus, die zunächst den Gebärmutterhals öffnet und später das Baby aus dem Körper der Mutter befördert. Frauen können die Wehen durch positive Affirmationen unterstützen, indem sie die Kraft, die Intensität und sogar den Schmerz, den sie empfinden, bewußt mit inneren Bildern assoziieren, beispielsweise mit der Vorstellung, daß sich der Gebärmutterhals wie eine Blüte öffnet oder daß das Baby mit jeder Kontraktion weiter hinabrutscht. Auch das Tönen von *Ohhh-* und *Ahhh* bei jeder Kontraktion, wodurch die Kehle geöffnet wird, und die gleichzeitige innerliche Vorstellung der Öffnung der Gebärmutter und der Vagina, ist eine Möglichkeit, die Wehen bewußt zu unterstützen.

Beim Prozeß des Gebärens bringt jede Situation, ja sogar jeder Augenblick eine neue Herausforderung mit sich. Manchmal sind wir in der Lage, uns diesen Herausforderungen voll und ganz zu stellen, in anderen Fällen scheuen wir vor ihnen zurück, wir verschließen uns und verfallen in automatische Verhaltensweisen. Es mag Momente geben, in denen es uns völlig mißlingt oder wir uns dabei ertappen, daß wir uns über eine Erfahrung beklagen, die wir als schrecklich empfinden – daß wir über sie fluchen und sie ablehnen.

Wenn wir merken, wie wir uns zurückziehen und uns verschließen, können wir unsere Aufmerksamkeit einfach wieder auf den Atem lenken. Das wird uns helfen, uns wieder auf den gegenwärtigen Augenblick auszurichten, so daß wir mit ihm arbeiten können, wie er ist. Dann ist jeder

Augenblick wahrhaft ein neuer Anfang, und Neuanfänge sind genau das, was während des Geburtsprozesses nach jeder Kontraktion erforderlich ist, insbesondere wenn wir uns erschöpft, ängstlich oder entmutigt fühlen. Unsere Bereitschaft, immer wieder neu anzufangen, ist Ausdruck des umfassendsten Neuanfangs überhaupt. Nach langer Vorbereitung und harter Arbeit wird schließlich das Kind geboren und mit ihm auch die Mutter.

*

Wie überall im Leben geschehen manchmal auch bei der Geburt unerwartete Dinge. Wir können nicht alles ahnen, was geschehen wird, und wir können uns nicht gegen alle Eventualitäten absichern. In solchen unvorhergesehenen Augenblicken können uns unsere Erwartungen bezüglich einer „perfekten" Geburt oder eines „perfekten" Babys daran hindern, das zu erfahren, was tatsächlich in jedem Augenblick mit uns geschieht. Um auch in unerwarteten Situationen achtsam sein zu können, benötigen wir sowohl die Klarheit des Sehens als auch die Fähigkeit und Bereitschaft, uns auf die Wirklichkeit, so wie sie ist, einzulassen. Diese Haltung ist alles andere als passiv. Selbst unter schwierigen Umständen können und müssen wir unseren Gefühlen und unserer Intuition vertrauen und versuchen, fundierte und weise Entscheidungen zu treffen, die dem gegenwärtigen Augenblick entsprechen. Letztlich tun wir stets unser Bestes, und wir halten in den Augenblicken, die uns gegeben sind, unsere Augen so offen, wie wir können.

So gut wir können mit allem Geschehen umzugehen und unsere konkreten Erwartungen darüber, was wie geschehen sollte, loszulassen ist keineswegs leicht. Es setzt voraus, daß wir uns die Erlaubnis geben und uns die Zeit zugestehen, alle unsere Gefühle in ihrer ganzen Tiefe zu erfahren: Frustration, Wut und Enttäuschung ebenso wie Angst und Trauer. Mitgefühl für uns selbst zu entwickeln, für unsere Schwierigkeiten, Bemühungen und Grenzen – für unsere Menschlichkeit –, ist ein wesentlicher Teil des Prozesses der Selbstheilung, der die Geburt für uns sein kann.

Während der Schwangerschaft konzentrieren wir den größten Teil unserer Energie auf die bevorstehende Geburt des Babys. Erst nach der Geburt wird uns klar, daß das nur der Anfang war. Doch die innere Arbeit während der Schwangerschaft und der Geburt ist eine gute Vorbereitung auf den achtsamen Umgang mit dem Kind. Die Macht und Unmittelbarkeit, mit der wir bei der Geburt in den gegenwärtigen Augenblick versetzt und gezwungen werden, unsere vorgefaßten Ansichten loszulassen, bringt uns mit der Essenz der Achtsamkeitspraxis in Kontakt. Die Geburt unseres Babys kann uns bislang ungeahnte Möglichkeiten eröffnen.

Wohlbefinden

Wenn wir damit beginnen, unser Leben und unseren Umgang mit unseren Kindern im Geiste der Achtsamkeit zu gestalten, kann uns unser neues Gewahrsein zur Überprüfung vieler grundlegender Annahmen und Fragen veranlassen, mit denen wir uns gewöhnlich nicht beschäftigen.

Beispielsweise werden junge Eltern oft gefragt: „Schläft das Baby schon durch?" Wenn wir genau hinhören, was hinter dieser Frage steckt, werden wir vielleicht feststellen, daß es mehr darum geht, wieviel Schlaf die Eltern bekommen oder nicht bekommen als darum, ob es dem Baby gutgeht. Außerdem verbirgt sich hinter der Frage die Überzeugung, daß Babys grundsätzlich die ganze Nacht schlafen sollten. Und darin wiederum steckt die unausgesprochene Vorstellung, daß die Bedürfnisse der Eltern wichtiger sind als die der Kinder.

Diese Ansicht kommt häufig in Form unerbetener Ratschläge zum Ausdruck beispielsweise: „Sorgt dafür, daß euch noch Zeit für euch allein bleibt. Nehmt eure Beziehung wichtig. Besorgt euch einen Babysitter, und nehmt euch Zeit für euch selbst." Bei genauer Betrachtung dieser Aufforderungen werden wir feststellen, daß auch hier das Wohl der Eltern als vorrangig angesehen wird, nicht das Wohl des Babys. Babys werden häufig als robust und „unverwüstlich" und die Eltern als sensibel und schutzbedürftig dargestellt. Natürlich ist es richtig, daß Eltern nicht vergessen dürfen, sich auch um sich selbst zu kümmern, und daß sie während dieser intensiven Zeit der Umstellung auf eine für sie ungewohnte Situation und der Konfrontation mit den verschiedensten neuartigen Anforderungen, die liebevolle Fürsorge und Unterstützung anderer brauchen. Andererseits dürfen sie aber auch die Bedürfnisse des Babys nicht herunterspielen oder aus dem Auge verlieren. Wenn wir in der Lage sind, mit einem gewissen Gewahrsein zu handeln, werden wir Entscheidungen fällen, die uns selbst zugute kommen und die trotzdem nicht auf Kosten unseres Babys gehen.

Bei der Entscheidung darüber, welche Prioritäten wir bei der Erfüllung unserer Aufgabe als Eltern setzen wollen, ist es wesentlich, daß uns bewußt wird, wie ungemein wichtig es ist, daß wir eine Atmosphäre von Vertrauen und Verbundenheit aufbauen, denn davon hängt sowohl das langfristige Wohl des Kindes als auch das langfristige Wohl der ganzen Familie ab. Wie bereits im Kapitel „Empathie" erwähnt wurde, haben Wissenschaftler festgestellt, daß Kinder die wichtigsten und grundlegendsten emotionalen Lernerfahrungen durch kleine, häufig wiederholte Kontakte machen, die schon sehr früh zwischen ihnen und ihren Eltern stattfinden. Unter diesen intimen Augenblicken und Interaktionen scheinen diejenigen die wichtigsten zu sein, durch die das Kind erfährt, daß seine Emotionen mit Empathie aufgenommen, akzeptiert und erwidert werden. Dieser Prozeß wird Sich-Einstimmen (*attunement*) genannt. Das Wissen darum, daß dieses Sich-Einstimmen in der frühen Kindheit die Grundlage für die spätere emotionale Kompetenz des Kindes bildet, könnte uns dazu motivieren, uns Augenblick für Augenblick bewußtzumachen, wie wir tatsächlich mit unseren Kindern in Beziehung treten, insbesondere wenn sie noch klein sind – wie wir tatsächlich für sie sorgen.

Nehmen wir an, ein Baby schläft nachts nicht durch. Die übermüdeten und frustrierten Eltern beschließen, das Baby soll „sich alleine ausweinen", bis es „kapiert", daß niemand kommt, woraufhin es dann einschläft. Doch denken Sie einmal einen Augenblick lang darüber nach, was das Baby durch diese Erfahrung wohl lernt. Höchstwahrscheinlich lernt es durch das Ausbleiben einer Antwort, daß es sich nicht auf andere Menschen verlassen kann und daß die beste Möglichkeit zu überleben darin besteht, daß man die eigenen Gefühle nicht zeigt.

Statt den Konflikt zwischen dem Wohl des Babys und ihrem eigenen Wohl für unlösbar zu halten, könnten Eltern sich die Wechselbeziehung zwischen ihren eigenen Bedürfnissen und den Bedürfnissen des Kindes vor Augen führen. William Sears, der Autor des *Baby Book*, schreibt:

> Das gegenseitige Geben hat auch einen biologischen Aspekt … Wenn eine Mutter ihr Baby stillt, gibt sie ihm Nahrung und vermittelt ihm ein angenehmes Gefühl. Das Saugen des Babys an der Brust regt den Körper der Mutter zur Ausschüttung von Hormonen an, die die Mutter in ihrem mütterlichen Verhalten bestärken … Daß Babys durch das Stillen einschlafen, liegt an einem in der Milch

enthaltenen, Schlaf induzierenden Stoff ... Während Sie Ihr Baby stillen, produziert Ihr Körper eine größere Menge des Hormons Prolaktin, das beruhigend auf Sie selbst wirkt. Man könnte also sagen: Die Mutter bringt das Baby zum Schlafen, und das Baby bringt die Mutter zum Schlafen.

Wenn wir uns der vielen Arten der Verbundenheit zwischen uns und unserem Kind bewußter werden, werden wir vielleicht auch viele andere Aspekte des Familienlebens anders sehen – beispielsweise den der Pflege des Kindes und die Frage, ob ein Kind mit seinen Eltern das Bett teilen sollte.

Achtsamkeit im Umgang mit unserem Kind bedeutet nicht unbedingt, daß wir als Eltern nie frustriert sein, uns nie wünschen dürfen, eine bestimmte Situation wäre anders, als sie ist, wenn wir das Gefühl haben, daß unsere Bedürfnisse sich in direktem Widerspruch zu denjenigen unseres Babys befinden. Beispielsweise kann es vorkommen, daß unser Kind nachts mit uns spielen oder um drei Uhr morgens von uns im Arm gehalten werden will. Unser erster Impuls in solchen Situationen ist wahrscheinlich, nicht auf dieses Bedürfnis eingehen zu wollen. Wenn wir in der Lage sind, solche Augenblicke im Geiste der Achtsamkeit und mit Unterscheidungsvermögen zu sehen, können wir unsere Gefühle der Wut, des Grolls und der Frustration *und* unsere Gefühle der Empathie und des Verstehens wahrnehmen. Bemühen wir uns, alles, was wir erleben, im Sinne der Achtsamkeitsübung zu sehen, so können wir uns dafür entscheiden, den Widerstand zu sehen, den wir gegen den Wunsch unseres Kindes, daß wir jetzt sofort auf sein Bedürfnis eingehen, entwickelt haben, dann unser Entweder-oder-Denken fallenzulassen, ganz gleich, wie rational und vernünftig es sein mag, und im Einklang mit der tieferen Weisheit unseres Herzens zu handeln. Durch dieses Gegenwärtigsein auch in schwierigen Situationen können wir zu wirklich kreativen Lösungen gelangen, die auch dem Wohl unseres Kindes voll und ganz gerecht werden. Wir handeln dann im Einklang mit unserem eigenen Wohl und wachsen gleichzeitig über unsere Grenzen hinaus.

Babys bleiben nicht lange Babys. Diese wichtige und prägende Lebensphase, in der sie weitestgehend von uns abhängig sind, ist relativ kurz und sehr kostbar. Wie gut sie sich in dieser Zeit fühlen, hängt in erster Linie davon ab, wie genau wir spüren, was sie in jedem einzelnen Augenblick empfinden und brauchen, sowie von der Qualität und Konstanz unserer Antworten auf ihre Bedürfnisse. Wenn wir uns um Achtsamkeit im Umgang mit unseren Kindern bemühen, versuchen wir, auf eine Art und Weise auf sie einzugehen, die ihre Souveränität respektiert.

Stillen

Die Aufnahme von Nahrung ist von grundlegender Bedeutung für das Leben jedes Menschen. Obwohl wir ungeheuer viel Zeit, Energie und Nachdenken darauf verwenden, bringen wir für diese Aktivität gewöhnlich sehr wenig wirkliches Gewahrsein auf. Ebensowenig sind wir uns einiger wichtiger Aspekte der Ernährung unserer Babys bewußt, obgleich wir als Eltern Tag für Tag und Nacht für Nacht damit zu tun haben. Wenn wir uns in unserem Leben mit Kindern bewußt sind, daß menschliche Beziehungen und Interaktionen von größter Bedeutung sind, werden wir auch unseren in dieser Hinsicht anscheinend unbedeutenden aber in Wirklichkeit sehr prägenden Entscheidungen bezüglich der Ernährung – und noch wichtiger, bezüglich der inneren Haltung, in der wir die Nahrung geben – unsere volle Aufmerksamkeit schenken. Auf diese Weise füllen wir nicht nur den Bauch unseres Kindes, sondern nähren zudem andere Aspekte seines Seins.

Wenn das Baby Nahrung bekommen hat, taucht es in einen Zustand der Glückseligkeit ein. Manchmal kommt es dann zu einem Blickaustausch, und es entsteht ein wundervoll friedliches, physisches Gefühl der Liebe und Verbundenheit, so wie es auf vielen Renaissance-Gemälden der Madonna mit dem Kinde zum Ausdruck kommt.

Das Ojibwa-Wort für Spiegel, *wabimujichagwan*, bedeutet „auf deine Seele schauen", eine Vorstellung, die ein wenig vom Mysterium der Beziehung zwischen dem geistigen Bild und dem Stofflichen einfängt. Wenn es zutrifft, daß wir für unsere Kinder Spiegel sind und daß durch das Schauen die Ich-Grenzen entstehen, dann tragen wir vielleicht auch in jenen intensiven, liebevollen Augen-blicken, in denen die Zeit stillsteht, die Luft klar wird, die Erde abkühlt und uns das Gefühl ergreift, daß alles gut und richtig ist, so wie es ist, zur Entfaltung der Seele bei.

Louise Erdrich
The Blue Jay's Dance

Ob wir unser Kind stillen oder ihm die Flasche geben, wir können uns in jedem Fall bemühen, auf seine Signale einzugehen und ihm die Nahrung zu geben, wenn es das möchte. Wir können es sensibel im Arm halten, es mit unserem Körper wärmen und ihm so Geborgenheit vermitteln. Und wir können uns immer wieder Zeit nehmen, unser Buch oder unsere Zeitung weglegen, den Fernseher abstellen, dem Kind unsere volle Aufmerksamkeit schenken und uns in der Kunst des Anschauens üben. Auch das ist eine Form der Meditation.

Bekommt ein Kind seine Nahrung nicht, wenn es selbst sie haben möchte, sondern zu einer von Erwachsenen festgelegten „Essenszeit" – ob es dann hungrig ist oder nicht –, wird dadurch verhindert, daß es das Gefühl des Hungers kennenlernt und erfährt, wie dieser Hunger gestillt wird. „Geregelte Essenszeiten" können dazu führen, daß das Kind die Verbindung zu sich selbst verliert und, daß es der Person gegenüber, die ihm die Nahrung gibt, kein Gefühl der Verbundenheit entwickelt, denn ihm wird die Möglichkeit der Selbstregulation genommen, und statt dessen wird es in eine passive Rolle gedrängt. Es hat keinerlei Einfluß auf das Geschehen und macht deshalb nicht die Erfahrung, daß einer Äußerung seines Willens eine adäquate Antwort folgt. So kann die Nahrungsaufnahme zu einer dissoziativen Erfahrung werden, statt vitalisierend zu wirken und das Gefühl des Vertrauens und der Verbundenheit zwischen Eltern und Kind zu stärken.

Ob Babys gestillt oder mit der Flasche ernährt werden, wenn sie die Nahrung auf *ihre* Signale hin bekommen, stärkt das ihr Gefühl, daß sie selbst ihre Situation beeinflussen können. Sie erleben dann ihre Kompetenz, daß zu bekommen, was sie brauchen, und ihre Umwelt zu einer angemessenen Antwort auf ihre Bedürfnisse zu bewegen. Das Vertrauen, das Menschen entwickeln, wenn sie wiederholt die Erfahrung machen, daß sie ein angestrebtes Ergebnis erreichen können, stärkt das Gefühl persönlicher Autonomie. Viele Untersuchungen zeigen, daß die Erfahrung, ein gewünschtes Ergebnis durch eigene Anstrengung erreichen zu können, entscheidenden Einfluß auf die Erhaltung und Wiederherstellung der Gesundheit hat sowie auf die Fähigkeit, mit Streß fertig zu werden und die eigene Lebensweise auf eine der Gesundheit förderliche Weise zu verändern. Durch diese intimen Interaktionen zwischen Eltern und Kind wird die Grundlage für ein gesundes und starkes Selbstwertgefühl geschaffen.

Wenn Sie Ihr Kind stillen möchten, kann es sehr hilfreich sein, bei Müttern, die Erfahrung im Stillen haben, und bei Gruppen, die sich für die natürliche Ernährung von Babys einsetzen, Unterstützung zu suchen. Zu Anfang kann das Stillen sehr frustrierend und schwierig sein, was vor allem von den speziellen Bedürfnissen Ihres Babys und Ihres eigenen Körpers abhängt. Oft fühlen sich Mütter durch die Schwierigkeiten, die sie am Anfang erleben, überfordert und entmutigt. Doch lassen sich Probleme, die auf den ersten Blick unlösbar zu sein scheinen, oft auf verblüffend einfache Weise lösen. Wenn Sie sich sachkundige Unterstützung suchen und bereit sind, an der Lösung eventueller Probleme wirklich zu arbeiten, werden Sie nach den schwierigen ersten Wochen ein starkes Vertrauen in sich selbst und in die wunderbare Fähigkeit Ihres Körpers, seine Aufgabe zu erfüllen, entwickeln. Irgendwann kann das Stillen für Sie ganz mühelos werden. Es wird dann zur Grundlage Ihres Umgangs mit dem Kind – einer Art des Umgangs, bei der die Bedürfnisse des Kindes im Mittelpunkt stehen und der sowohl das Baby als auch die Mutter auf tiefster Ebene nährt.

Obgleich die Vorzüge des Stillens für die Gesundheit mittlerweile in weiten Kreisen bekannt sind, sind andere wichtige Aspekte dieser natürlichen Form der Ernährung von Babys bisher weder bekannt noch ausreichend erforscht – beispielsweise die Bedeutung der emotionalen Zuwendung und des körperlichen und psychischen Abstimmens der biologischen Rhythmen von Mutter und Kind (die körperliche und geistige Interaktion zwischen beiden), die Mutter-Kind-Bindung und die langfristigen neurologischen und entwicklungsrelevanten Auswirkungen des Stillens.*

Ich (mkz) habe festgestellt, daß unsere Kinder als Babys und Kleinkinder unmittelbar nach dem Stillen in einen Zustand tiefer Entspannung eintraten. Ganz gleich, was im betreffenden Augenblick geschehen mochte, ganz gleich, wie unglücklich oder wütend sie noch kurz vorher gewesen waren, nach dem Stillen waren sie gewöhnlich „wie ausgewechselt". Durch das Stillen konnten sie sich für einen Augenblick den Umweltreizen entziehen und an einem friedlichen Ort Geborgenheit erfahren und neue Kraft schöpfen. Als sie Kleinkinder waren und anfingen, spielerisch ihre Umwelt zu erforschen, kamen sie zwischendurch immer wieder zu mir zurück, um durch das Stillen buchstäblich „aufzutanken". Zu diesem Zeitpunkt aßen sie schon viele verschiedene Dinge, und beim Stillen ging es eigentlich nicht mehr um die physische Nahrung, sondern um die Erneuerung ihrer psychischen und geistigen Ressourcen.

Ein weiterer wichtiger Aspekt des Stillens ist, daß das Kind eine gewisse konzentrierte Bemühung entwickeln muß, um Milch aus der Brust zu saugen. Die Milch fließt nicht einfach so in Strömen in den Mund des Kindes, sondern es muß sich anstrengen, damit es sie bekommt. Am Anfang fließt die Milch sogar nur sehr spärlich. Doch wenn Sie genau beobachten, werden Sie merken, daß die Schlucke des Kindes von einem bestimmten Moment an länger werden – ein Zeichen dafür, daß nun mehr Milch fließt. Das Kind ist konzentriert aktiv, entspannt sich aber gleichzeitig in einen befriedigenden Rhythmus. Wenn die Brust leer ist, saugen Kinder oft trotzdem weiter, um ihre Bedürfnisse nach Geborgenheit, Entspannung und Zentrierung zu erfüllen.

Vor einigen Jahren habe ich an einer Konferenz teilgenommen, die von der *La Leche Liga* gesponsert wurde, einer Organisation, die Frauen über das Stillen informiert und ihnen Unterstützung anbietet. Die Konferenz fand in einem riesigen Saal statt, in dem lauter Frauen mit Babys und Kleinkindern saßen und den Vorträgen zuhörten, während sie ihre Kinder stillten oder diese sich einfach an sie schmiegten. Es war bemerkenswert wie all diese Babys auf ihre Mütter eingestimmt waren. Die Bedeutung dieser direkten körperlichen Beziehung hat die Soziologin Robbie Pfeufer Kahn in ihrem sehr aufschlußreichen Buch *Bearing Meaning. The Language of Birth* beschrieben.

Babys und Kleinkinder, die von ihren Müttern gestillt worden sind, sehen diese als die „Quelle" an. Sie kehren von den Abenteuern, die sie bei der Erforschung ihrer Umwelt erleben, immer wieder zur Quelle ihrer Zufriedenheit, ihrer Erfüllung und ihrer Sicherheit zurück. So halten sie das Gefühl wach, daß immer jemand für sie da ist und daß sie geschützt sind. Dieses Für-das-Kind-da-Sein hat nichts mit Kontrolle oder mit Zurückhalten zu tun. Die Kinder bleiben in der Nähe der Mutter, weil sie eine intensive Verbindung zu ihr haben. Weil sie sich der Beziehung zwischen sich und ihrer Mutter sicher sind, sind sie in der Lage, frei zu kommen und zu gehen.

Bei jener Konferenz waren viele kleine Kinder im Saal anwesend und ich war wirklich verblüfft über die Atmosphäre der Ruhe und über das Gefühl der Zufriedenheit, das diese Kinder ausstrahlten – offensichtlich weil sie gestillt und von der Aura ihrer Mutter umhüllt wurden.

Nahrung für die Seele

Als unsere Kinder noch sehr klein waren, wiesen uns Freunde und Bekannte häufig auf ihre rosigen Wangen hin. Ich (mkz) lächelte dann still, denn ich wußte, woher die rosigen Bäckchen kamen. Sie kamen vom Stillen.
   Nach den manchmal schmerzhaften und frustrierenden ersten Wochen des Stillens, in denen mein Körper versuchte, einen Mittelweg zwischen zuwenig und zuviel Milch zu finden, stellte ich fest, daß das Stillen mich entspannte und mich ruhiger machte. Wenn ich spürte, wie die Milch zu fließen begann, überkam mich eine wundervolle Benommenheit, und alles andere wurde unwichtiger. Meine Pläne und Vorhaben traten in den Hintergrund, und statt dessen ließ ich mich völlig auf den gegenwärtigen Augenblick, auf das Zusammensein mit meinem Baby ein. Dieses Zusammensein war für uns beide sehr meditativ.
   Das Stillen war für mich ein wesentlicher Eckstein in dem Prozeß, wirklich Mutter zu werden. Es brachte mir zu Bewußtsein, daß ich jederzeit und überall alles hatte, was ich brauchte, um meinem Baby Nahrung und Geborgenheit zu geben. Oft wirkten meine Kinder fast verzückt, wenn ich sie an die Brust legte. Zuerst ging es ihnen um die Milch. Wenn die Brust dann leer war, saugten sie weiter, um das Wohlbehagen zu genießen, das sie dabei empfanden, und schließlich versanken sie in einen völlig entspannten Zustand. Wenn sie müde waren, schliefen sie gewöhnlich ein. Wenn ich das Gefühl hatte, sie bräuchten ein Nickerchen, konnte ich sie ohne großes Gezeter zum Schlafen bringen, indem ich ihnen einfach die Brust anbot und sie dann, an mich gekuschelt, einschlafen ließ. Wenn sie in der Nacht aufwachten, lagen sie entweder sowieso schon neben mir, oder ich holte sie in unser Bett und stillte sie, wobei wir beide meist nicht völlig wach wurden, sondern gleich wieder in Schlaf versanken.
   Als sie größer wurden und schon vieles aßen, blieb das Stillen für sie weiterhin eine Erfahrung tiefer Geborgenheit. Wenn ein Tag für sie sehr anstrengend gewesen war oder sie überreizt waren, beruhigte es sie wieder. Sie konnten in jeder Umgebung auf meinen Schoß klettern, sich

in meine Arme schmiegen und sich so einen Ort der Ruhe schaffen. Ihre Spannungen lösten sich durch die ruhige Konzentration des Saugens, durch die Wärme meines Körpers und durch den Rhythmus meines Atems auf. Die unablässige Verbindung zu mir durch das Stillen gab ihnen tiefe Sicherheit und Selbstvertrauen, was ich an ihrem ganzen Wesen spüren konnte. Wie sie die Welt erfuhren, war körperlich verwurzelt – in ihrer Beziehung zu mir und zu meinem Körper und in ihrer Erfahrung ihres eigenen Körpers sowie des Saugens und des Gehaltenwerdens. Sie kannten die Quelle ihrer Befriedigung und Erneuerung. Sie war sichtbar, berührbar und verläßlich. Dieses Gefühl der Verwurzelung half ihnen, der Welt neugierig und selbstsicher zu begegnen. Beim Stillen wurden sie genährt, liebkost und für kurze Augenblicke im Laufe des Tages und während der Nacht wie „Babys" behandelt.

Als sie zu sprechen anfingen, versetzte das Stillen sie in eine schelmische, spielerische und humorvolle Stimmung. Mit eineinhalb Jahren machte mein Sohn das erste Mal einen Witz. Er warf mir einen schelmischen Blick zu, blies auf meine Brust, als wollte er sie kühlen, sagte dann: „Heiß!" und lachte. Als er zweieinhalb Jahre alt war, stillte ich ihn eines Morgens. Irgendwann sagte ich: „Komm, laß uns hinuntergehen und frühstücken." Er antwortete: „Mehr!" Jedesmal wenn ich versuchte, zu gehen, sagte er: „Mehr!" Irgendwann sagte ich: „Du bist eine Nuß!" Er schaute mich an und erwiderte: „Nein, ich bin eine Rosine!" Wir lachten und umarmten uns, und dann gingen wir zum Frühstück hinunter.

Mein Körper war ein wesentlicher und völlig vertrauter Teil der Welt meiner Kinder. Sie alle haben spezielle Wörter für das Stillen, die Brüste und die Muttermilch erfunden. „Nuk" und „Noonie" waren ihre Lieblingswörter. Als ich einmal eine Pilz-Infektion an einer Brust hatte und die Haut deshalb spröde war, bezeichnete mein Sohn dies ganz praktisch als „die Bubu-Seite" und nannte die andere die „Mag-ich-Seite".

Meine jüngste Tochter reimte gerne, und das Stillen schien ihre Kreativität ganz besonders anzuregen. Eines Morgens begrüßte sie mich mit dem Satz, „Ohhh Noonie is my best kind of juice, Myla Moose!" („Ohhh, Muttermilch ist mein Lieblingssaft, Myla-Elch!")

Sie erfand immer wieder neue Möglichkeiten auszudrücken, wie sehr sie die „Noonies" schätzte. Dabei konnte sie in ihrer Wortwahl und Intonation sehr dramatisch werden. Als sie eines Morgens aus der Dusche kam, hielt sie ein Handtuch eng um sich geschlungen und sagte: „Ich werde das Gold nicht aus meinen Noonies fallen lassen." Ein anderes Mal sagte sie mit einer tragischen Stimme, die Shakespeare Ehre gemacht hätte: „Meine Noonie ist geraubt worden!"

Auch als die Kinder älter wurden und in der Entwöhnungsphase waren, behielten sie ihre humorvolle Einstellung zum Stillen. Ich sagte meiner jüngsten Tochter irgendwann, sie könnte „dann und wann" die Brust bekommen. Weil sie in diesem Augenblick gestillt werden wollte, erwiderte sie: „Gestern abend war dann, und jetzt ist wann!" Das war die erste in einer langen Reihe von Verhandlungen. Je älter sie wurde, um so größere Mühe hatte ich, mich gegen ihre Verhandlungskünste zu wehren.

Das Stillen hatte einen so starken Einfluß auf meine Kinder, daß es seine magische Wirkung manchmal auch entfaltete, wenn ich gar nicht physisch anwesend war. Als meine Tochter zwei Jahre alt war, war ich einmal den ganzen Tag unterwegs, um bei einer Geburt zu assistieren. Am Nachmittag rief ich zu Hause an, und Jon sagte, sie wolle unbedingt mit mir sprechen. Ich erschrak, weil ich fürchtete, wenn sie meine Stimme hören würde, würde sie traurig werden und sagen, sie wolle bei mir sein und von mir gestillt werden. Sobald sie am Telefon war, weinte sie und sagte, ich solle sofort nach Hause kommen. Ich anwortete, daß ich so bald wie möglich kommen würde. Ihre Antwort war ein wehmütiges „Nukky me!" Ich antwortete: „Ich werde dich stillen, wenn ich nach Hause komme." Ihre Stimme wurde nachdrücklich. „Nein, *ich möchte jetzt!*" Weil ich sie gern trösten wollte, sagte ich sehr sanft: „Also gut. Ich fange jetzt an. Ist es gut?" Sie wurde still, und Jon sagte später, sie hätte mit geschlossenen Augen dagesessen, ganz entspannt und meditativ, und hätte sich über das Telefon „stillen" lassen.

Ob meine Kinder wütend, frustriert oder einfach „fertig" waren, das Stillen wirkte immer harmonisierend auf sie und machte sie zufrieden. Wenn sie in dieser Form Liebe empfingen, zeigten auch sie sich von ihrer liebevollsten Seite. Als ich eines nachts meine Jüngste stille, schaute sie zu mir auf und sagte mit liebevoller Stimme: „Mami, du bist so süß." Wir badeten beide in diesem wunderbaren Gefühl.

Auch als ich meine Kinder nicht mehr stillte, war mein Körper für sie ein Ort der Geborgenheit und des Wohlbehagens. Manchmal, wenn sie einschlummerten und dabei ihre Hand auf meiner Brust ruhen ließen, tauchte auf ihrem Gesicht ein wunderschöner friedlicher Ausdruck auf. Dies allein genügte, um sie in einen Zustand der Glückseligkeit zu versetzen, der sie zutiefst nährte. Man könnte es „Seelennahrung" nennen.

Das Familienbett

Wir haben in unserer Gesellschaft einige merkwürdige Vorstellungen über das Schlafen. Vielleicht ist das so, weil wir so wohlhabend sind, daß unsere Kinder eigene Zimmer haben können. Sogar Babys lassen wir schon in ihrem eigenen Zimmer schlafen, und dadurch trennen wir sie von uns. Hingegen schlafen die meisten Familien auf der Welt und schliefen früher auch die meisten Familien in unserem Land gemeinsam in einem Raum. Vielleicht ist die vermeintlich fortschrittliche Sitte in unserer Gesellschaft, schon kleine Kinder in separaten Räumen schlafen zu lassen, doch eher ein Verlust, unter dem Eltern und Kinder letztlich gleichermaßen leiden.

Bei unserem ersten Kind gab uns unser Kinderarzt den Rat, wir sollten es in seinem eigenen Bett im Kinderzimmer schlafen lassen, um ihm von Anfang an klarzumachen, daß es sich unseren Regeln unterordnen müsse und uns nicht stören dürfe. Doch wir hatten gar nichts dagegen, von unserem Baby gestört zu werden. Wir hielten es sogar für wichtig, daß es uns seine Bedürfnisse signalisierte. Wir waren der Meinung, daß unser Baby zu uns gehörte und deshalb auch bei uns sein sollte. Wenn es neben uns schlief, half ihm die Sicherheit und Geborgenheit, die es in unserer Gegenwart empfand, sich zu entspannen. Wenn es zwischen uns schlief, gewöhnlich an einen von uns oder an uns beide gekuschelt, war für das Kind und auch für uns die Welt in Ordnung.

Die tiefe Zufriedenheit, die wir verspürten, wenn unser Baby neben uns lag und wir uns keine Sorgen darüber zu machen brauchten, daß wir es vielleicht nicht hören würden, läßt sich gar nicht in adäquaten Worten beschreiben. Wir brauchten uns nicht ständig zu fragen: „Ist er auch gut zugedeckt? Ist ihm kalt? Hören wir sein Schreien trotz des lauten Windes oder Regens?" Uns war jederzeit klar, wie es ihm ging, weil er direkt bei uns war.

Mehrere Jahre lang schliefen und atmeten wir so zusammen. Selbst als unser Sohn schon im eigenen Bett schlief, legten wir ihn zum Einschlafen in unser Bett, oder er kam morgens zu uns. Wenn wir allein sein wollten, trugen wir ihn nach dem Einschlafen in sein Zimmer. Je älter er wurde, um so häufiger wollte er im eigenen Zimmer und im eigenen Bett schlafen. Als die beiden Mädchen geboren wurden – sie kamen kurz nacheinander –, hatten wir sie eine Zeitlang beide bei uns im Bett. Damit das möglich war, kauften wir uns irgendwann ein größeres Bett.

Während jener Jahre haben wir nicht allzuviel Schlaf bekommen. Unsere Kinder weckten uns oft während der Nacht auf, nicht nur, um gestillt zu werden, sondern auch, weil sie einfach so waren. Manche Kinder schlafen schon früh die ganze Nacht durch, viele andere hingegen nicht.

Natürlich haben wir uns gelegentlich gefragt, ob wir sie vielleicht geradezu zum nächtlichen Aufwachen ermutigt haben, indem wir zu bereitwillig für sie da waren und weil sie gestillt wurden, wann immer sie wollten? Manchmal hatten wir das Gefühl, daß das so war. Dennoch haben wir auch weiterhin mit unseren Kleinen das Bett geteilt. Die damit verbundenen Schwierigkeiten haben wir genauso zu bewältigen versucht wie alle anderen Probleme: indem wir uns bemühten, die Bedürfnisse der Kinder und unsere eigenen zu berücksichtigen. Sicherlich wurden wir manchmal zu häufig geweckt und waren dann tagsüber erschöpft und frustriert. In solchen Zeiten haben wir versucht, es für die Kinder uninteressanter zu machen, uns aufzuwecken, indem beispielsweise Jon mit ihnen ruhig umherging, statt daß sie an meine Brust durften.

Der Grund für unser Verhalten war etwas, das wir weitaus höher schätzten als unseren Schlaf. Wir spürten intuitiv, daß unsere körperliche Gegenwart unseren Kindern eine Sicherheit und einen Frieden vermittelte, die offensichtlich ihr ganzes Sein nährte. Wir konnten das an ihrem offenen, neugierigen, lebendigen und liebevollen Gesichtsausdruck erkennen. Unsere nächtliche Anwesenheit erdete sie in ihrem Körper und in der Welt, und diese Erdung war an der Ruhe zu spüren, mit der sie ihrer Umwelt gegenübertraten. Sie waren neugierig, jedoch nicht übermäßig aufgedreht, und aktiv, ohne außer Rand und Band zu geraten. Ein geradezu ansteckendes Gefühl des Wohlbehagens und der Freude ging von ihnen aus. Sie waren völlig präsent – in ihrem Lachen ebenso wie in ihrem Weinen, in einem Wutschrei ebenso wie in einer liebevollen Umarmung. Die Reinheit ihrer Lebendigkeit wirkte auch auf uns belebend. Das war ein mehr als gerechter Ausgleich für den verlorenen Schlaf.

Wir haben viele Jahre lang unter Schlafmangel gelitten. Es gab immer wieder Zeiten, in denen unsere Versuche, zu einer ununterbrochenen Nachtruhe zu kommen, zunichte gemacht wurden – beispielsweise weil ein Kind Zähne bekam, erkältet war oder Magenbeschwerden hatte. Manchmal war es fast so, als würden wir Reise nach Jerusalem spielen: Einer von uns Erwachsenen schlief dann in einem Kinderbett, um etwas mehr Schlaf zu bekommen. Trotzdem schafften wir es immer, unsere Alltagspflichten zu erfüllen. Im Laufe der Zeit sahen wir uns gezwungen, für uns persönlich neu festzulegen, wieviel Schlaf wir als unbedingt notwendig und normal ansahen.

All das ließen wir aus der Überzeugung heraus zu, daß auf diese Weise auch tiefe Bedürfnisse von uns selbst befriedigt würden, die uns wichtiger waren als unsere Bedürfnisse nach ungestörtem Schlaf oder nach ungestörter Zeit für uns allein – wofür wir kreative Lösungen fanden, wenn wir dies wollten. Wir waren uns sicher, daß die Kinder durchschlafen würden, sobald sie dazu in der Lage wären, und daß sie in ihrem eigenen Bett schlafen würden, sobald sie innerlich dazu bereit waren. Und so war es auch tatsächlich.

Wir möchten unsere persönlichen Erfahrungen mit Schlafensregelungen und die grundsätzlichen Erwägungen, die unseren Entscheidungen zugrunde liegen, hier mitteilen, weil wir es für wesentlich halten, daß die seelischen Bedürfnisse von Kindern, wenn sie noch klein sind, auf diese Weise berücksichtigt und erfüllt werden. Außerdem ist uns diese gesamte Thematik auch deshalb sehr wichtig, weil die Schlafgewohnheiten in den meisten amerikanischen und generell westlichen Familien völlig anders aussehen, obwohl die von uns bevorzugte Praxis in vielen asiatischen Ländern einschließlich Japans immer noch die Norm ist. Wir möchten einfach junge Paare darüber informieren, daß diese Möglichkeit ebenfalls existiert, daß sie durchaus praktikabel ist und daß sie die Bemühungen um einen engagierten, von Achtsamkeit geleiteten Umgang mit Kindern sehr unterstützen kann. Natürlich hat es seinen Preis, wenn kleine Kinder im Elternbett schlafen, aber es kann auch sehr konkrete positive Auswirkungen haben: Beispielsweise kann es sowohl den Eltern als auch den Kindern ein Gefühl der Geborgenheit vermitteln, was gerade in schwierigen Zeiten für beide Seiten sehr hilfreich sein kann.

*

Wenn wir selbst in unserer Kindheit nicht in ausreichendem Maße die Erfahrung intimer, nicht-sexueller Berührung gemacht haben oder unsere Grenzen durch ungeeignete Berührungen verletzt wurden und unser Vertrauen gebrochen worden ist, ist es nur zu verständlich, daß wir starke Vorbehalte bezüglich eines gemeinsamen Familienbetts haben oder daß wir sogar konkrete Befürchtungen hegen.

Jeder Mensch hat eine ganz individuelle persönliche Geschichte, die sich natürlich auch auswirkt, wenn wir Eltern werden. Bei manchen Menschen beschwört die Vorstellung, mit der ganzen Familie zusammen zu schlafen, unangenehme Gefühle herauf. Vielleicht bereitet uns der bloße Gedanke daran körperliches Unbehagen, oder wir müssen unsere Grenzen auf eine ganz bestimmte Weise definieren, oder wir befürchten, Wärme und Liebe könnten mit sexuellen Gefühlen verwechselt werden. Wenn wir Empfindungen dieser Art bei uns bemerken, können wir ihrer gewahr sein, ohne sie zu beurteilen, und dann versuchen, auf achtsame Weise an ihnen zu arbeiten, statt uns unbewußt in unseren elterlichen Entscheidungen von ihnen beeinflussen zu lassen.

Wenn wir den Bedürfnissen unserer Babys und Kinder auf eine Weise gerecht werden wollen, bei der auch wir selbst uns wohlfühlen, müssen wir zu Offenheit und Flexibilität fähig sein, das größtmögliche Maß an Aufmerksamkeit mobilisieren und bereit sein, unsere oft ungeprüften Ansichten zu revidieren. Aber das ist alles andere als leicht, ebenso wie es generell nicht einfach ist, im Zusammenleben mit Kindern achtsam zu sein. Es konfrontiert uns ständig mit den Grenzen, die wir zu haben glauben, und hält uns unablässig vor Augen, von welchem Punkt ab wir uns unsicher und bedroht fühlen. Natürlich erschwert es das Ausprobieren neuer Ansätze im Zusammenleben mit Kindern, wenn beide Eltern unterschiedliche Ansichten über Kindererziehung oder nicht die gleichen Wertvorstellungen haben. In solchen Fällen ist achtsame Kommunikation besonders wichtig, um den Kindern ebenso wie den Erwachsenen ein gewisses Maß an Harmonie zu garantieren.

Es gibt viele Möglichkeiten, im Zusammenleben mit Kindern Gewahrsein zu entwickeln. Keinesfalls müssen Sie, um einfühlsame Eltern zu sein, mit Ihren Babys in einem Bett schlafen. Und Sie brauchen Ihre Babys auch nicht unbedingt jahrelang zu stillen. Im Umgang mit unseren Kindern achtsam zu sein bedeutet nur, daß wir aufmerksam verfolgen, was wir tun und welche Entscheidungen wir treffen, und daß wir unablässig prüfen, wie sich unsere Entscheidungen auf unsere Kinder auswirken. Wir versuchen, uns ständig dessen bewußt zu sein, was wir gerade tun und warum wir es tun.

Wir glauben, daß Entscheidungen darüber, wie wir unseren Kindern Wärme und Geborgenheit vermitteln, wie wir sie ernähren und welche Grenzen wir ihnen setzen wollen, um Gesundheit und Wohlergehen unserer Familie optimal zu gewährleisten, ungeheuer wichtig sind. Damit die sich ständig wandelnden Bedürfnisse aller Familienmitglieder erfüllt werden können, sollten diese Entscheidungen im Geiste der Achtsamkeit getroffen werden. Es gibt allerdings keine „einzig richtige Art", das zu tun.

Außerdem können Entscheidungen zum Thema Schlaf in einer Familie immer nur für eine Weile gut funktionieren, doch dann verändert sich plötzlich irgend etwas und neue Regelungen müssen gefunden werden. Wenn wir tagsüber nicht viel Zeit für unser Baby oder unser kleines Kind haben, so kann das Schlafen im gemeinsamen Bett eine gute Möglichkeit sein, die Verbindung zu ihm wiederherzustellen. Doch vielleicht funktioniert das bei einem Kind besser als bei einem anderen, das ziemlich unruhig schläft. Und vielleicht sind wir im letzteren Fall tagsüber schlecht gelaunt und haben deshalb Schwierigkeiten, unsere Pflichten zu erfüllen. In einem solchen Fall müssen wir uns natürlich eine andere Lösung überlegen.

Glücklicherweise gibt es viele Möglichkeiten. Wenn sich herausstellt, daß es für Sie, für Ihren Ehepartner oder für das Kind nicht möglich ist, in einem Bett gemeinsamen zu schlafen, dann können Sie ein Bett neben das Elternbett stellen, oder das Kind im Raum neben dem Elternschlafzimmer schlafen lassen. Sie können sich mit dem Kind zusammen hinlegen, oder bei ihm sitzen bleiben, bis es schläft. Viel wichtiger als die konkrete Schlafensregelung ist, daß Sie eine individuelle Lösung finden, die auch bei Ihrem Kind das Gefühl des Vertrauens und der Verbundenheit stärkt.

Letztlich müssen Sie tun, was Sie für richtig halten. Auch wenn etwas für Ihre Kinder theoretisch noch so „gut" sein mag, nützt Ihnen das nichts, wenn Sie sich dabei angespannt und unwohl fühlen. Es ist wichtig, daß beide Eltern sich selbst und einander immer wieder fragen, was nach ihrer persönlichen Meinung für das Kind am besten ist, und dann gemeinsam nach Lösungen suchen. Wenn Sie Ihre Ansichten mit Ihrem Partner besprechen, emotional angespannte Situationen untersuchen und versuchen, die Situation auch aus der Sicht des Kindes zu sehen, so hilft Ihnen all das dabei, eine neue, unvorbelastete Einstellung zu jener Aktivität zu finden, mit der wir alle einen Großteil unseres Lebens verbringen – dem Schlafen.

Teil Sechs

Resonanzen, Sich einstimmen und Gegenwärtigkeit

Resonanzen

Wenn eine Stimmgabel schwingt, versetzt sie andere Stimmgabeln in ihrer Umgebung ebenfalls in Schwingung, wenn diese auf die gleiche Tonhöhe gestimmt sind. Dieses Phänomen, das auftritt, wenn die Aktivität eines schwingenden Körpers einen anderen ebenfalls in Schwingungen versetzt, wird Resonanz genannt. Wenn auf einer Geige ein A gespielt wird, werden die A-Saiten eines Pianos, das sich auf der anderen Seite des gleichen Raums befindet, ebenfalls in Schwingung versetzt.

Eltern und Kinder beeinflussen einander auf ähnliche Weise, und zwar ständig. Die Kraftfelder von Eltern und ihren Kindern überschneiden sich auf der physischen, emotionalen und psychischen Ebene, und wir interagieren und beeinflussen einander unablässig auf subtile oder weniger subtile Weise, wobei uns das manchmal bewußt ist und manchmal völlig unbewußt.

Das Atmen ist ein Grundrhythmus des Lebens, der in uns allen pulsiert. Sich auf diesen Rhythmus einzustimmen ist eine wundervolle Möglichkeit, mit unserem Baby in Resonanz zu treten. Ich (jkz) habe oft synchron mit unseren Babys geatmet und dies zu einem Teil meiner Meditationspraxis gemacht. Manchmal habe ich mich auf den Atemrhythmus eines Babys eingestellt, während es in meinen Armen schlief und wir zusammen in einer Hängematte lagen oder wenn ich mit ihm spät in der Nacht auf und ab ging. Während des Hin-und-Herschwingens in der Hängematte oder während des Gehens und gleichzeitigen gemeinsamen Atmens – wobei ich manchmal außerdem leise vor mich hin sang – befanden wir uns in einem Zustand der Resonanz.

Wenn wir uns der Resonanz zwischen uns und unserem Baby bewußt werden, kann diese Beziehung zu einem ständigen Tanz werden, zu einem Austausch von Energien aller Art, harmonischen und anderen. Die Beziehung wird nie reicher sein als in diesem Augenblick, selbst wenn wir in einer halben Stunde Essen kochen oder Wäsche waschen müssen oder wenn wir durch das Telefon unterbrochen werden.

Solche Phänomene von Resonanz gibt es in Familien auf vielen verschiedenen Ebenen, doch sind wir uns dessen oft nicht bewußt, und es kann sein, daß wir durch sie mit Dingen konfrontiert werden, mit denen wir nichts zu tun haben wollen, ohne daß wir begreifen, wie es dazu gekommen ist. Wenn wir der Energie des Augenblicks nicht gewahr sind, erfaßt und umgarnt sie uns. Oft zieht sie uns nach unten und führt dazu, daß wir enger werden – beispielsweise wenn wir nach einem Zusammensein mit einer bestimmten Person depressiv, wütend oder ängstlich sind oder in einen anderen Gefühlszustand verfallen. In einer Familie befinden wir uns mit allen Mitgliedern in einem Tanz der Energie, der sich ständig verändert. Durch diesen Tanz entstehen Schwingungen von unterschiedlicher Frequenz, und unsere Energien interagieren mit denen der übrigen Familienmitglieder; das kann in Form von Gedanken, Gefühlen und deren verbalem oder non-verbalem Ausdruck geschehen, durch unseren Körper, unsere Handlungen und unsere Reaktionen auf Ereignisse und Handlungen anderer Menschen, selbst wenn die Anlässe dafür im Grunde geringfügig sind. Sobald uns bewußt ist, daß wir mit äußeren Kräften schwingen, können wir lernen, geschickt mit diesen Rhythmen zu tanzen.

Die starken Energiezustände, in die Kinder zuweilen hineingeraten, können uns auf unterschiedliche Weisen beeinflussen. Wenn wir ihre jeweilige Schwingung wahrnehmen, können wir unser Verhalten bewußter wählen. Wir brauchen dann nicht automatisch auf der gleichen Frequenz mitzuschwingen, die sie angesprochen haben, so daß wir uns in Verhaltensweisen verfangen, die weder für uns noch für sie von Nutzen sind.

*

Es ist Sommer, und ich (jkz) befinde mich in einem Gartenrestaurant. In der Nähe sitzt ein junges Paar mit zwei Kindern, von denen das eine etwa drei Jahre, das andere etwa vier Monate alt ist. Die Mutter stillt das Baby, das sich an sie kuschelt. Die meiste Zeit ist das Gesicht des Babys durch die Brust und durch die Bluse der Mutter verdeckt. Doch seine Hand spielt mit der Hand der Mutter. Später kommt der Kopf zum Vorschein. Das Kind sitzt nun auf dem Schoß der Mutter und schaut sie an. Die Mutter bringt zärtliche Laute hervor und legt ihren Kopf leicht auf die Seite. Das Baby formt die Lippen zu einem perfekten Kreis. Auch seine blauen Augen sind weit geöffnet; sie scheinen das Gesicht der Mutter geradezu zu trinken. Seine Augen sind offen, sein Mund ist offen, sein ganzes Gesicht ist offen – in diesem Augenblick ist das Kind der Inbegriff reinen Gegenwärtigseins. Die Augen strahlen Präsenz aus. Der Mund bebt vor Präsenz.

Die Mutter neigt ihren Kopf hinab und berührt damit die Stirn des Babys; anschließend hebt sie ihn wieder. Das Baby lächelt. Das Baby befindet sich in diesem Augenblick im Kraftfeld seiner Mutter, und die beiden sprechen auf tausenderlei Arten miteinander, auf tausend verschiedenen Wellenlängen, über die Verbindung der einander berührenden Körper und durch die Luft zwischen ihnen. Später hält der Vater das Baby so, daß es über seine Schulter schauen kann. Das Kind ruht an seinem Körper. Es fühlt sich sichtlich wohl in seinem Kraftfeld. Seine Augen sind immer noch weit geöffnet und voll aufnahmebereit. Es sieht mein Gesicht, und sein Blick bleibt darauf haften. Ich lächle. Ich merke, daß sein Gesicht dies auf irgendeine Weise registriert. Es beginnt ebenfalls zu lächeln. Dieses Lächeln ist wie ein Segen aus einer reineren Welt. Als ich seine ältere Schwester anschaue, die am Tisch sitzt, merke ich, daß auch sie in ihrem Körper und im Kraftfeld ihrer Familie zu Hause ist. Sie interagieren nicht einmal besonders viel, doch sie bilden ein untrennbares Ganzes, in dem sie völlig zu Hause ist. Auch an ihrer Präsenz ist das zu erkennen. Bevor die Familie aufbricht, erzählt uns die Mutter, sie seien soeben viele Stunden im Auto gefahren, und die Kinder hätten dringend frische Luft gebraucht.

Ein ganz gewöhnliches Essen. Doch diese Kinder erleben in der Beziehung zu ihren Eltern ein ständiges Geben und Nehmen, den Stoff, aus dem die Bande der Liebe bestehen. Auf diese Weise wird jungen Lebewesen vermittelt, daß die Welt wohlwollend und offen für sie ist. Das würdigt ihre Unschuld und nährt ihr Sein und Werden.

Sich einstimmen

Sich einzustimmen bedeutet, Einklang oder Harmonie mit etwas herzustellen. Uns auf unsere Kinder einzustimmen bedeutet, uns der Botschaften bewußt zu werden, die sie uns nicht nur verbal, sondern durch jeden Aspekt ihres Seins übermitteln, und uns selbst in Harmonie mit ihnen zu bringen.

In dem Café in der Gegend, wo wir wohnen, sehe ich (mkz) meine Nachbarin an einem Tisch sitzen. Sie wartet auf eine Freundin und stillt unterdessen ihr neun Monate altes Baby. Als ich sie begrüße, hört das Baby auf zu saugen, schaut neugierig, lächelt mich strahlend an und wendet sich dann wieder der Mutterbrust zu. Während ich in der Schlange vor der Kasse stehe und warte, beginnt das Kind über die Distanz, die uns voneinander trennt, ein Spiel mit mir. Es saugt einen Moment an der Brust und läßt dann den Kopf nach unten hängen, so daß es mich auf dem Kopf stehend sieht. Es lächelt und beginnt dann wieder zu saugen. Dann läßt es den Kopf wieder hängen und schaut mich an. Die Mutter reagiert auf die Signale des Kindes und läßt zu, daß es sich bewegt, wie es möchte. Sie lacht über das Vergnügen, das ihre kleine Tochter hat. Heute morgen befindet sich in unserem Café ein Baby im Zustand der Glückseligkeit.

*

Ich (mkz) kümmere mich um den zehn Monate alten Sohn meiner Freundin und denke an die Zeit zurück, als unsere eigenen Kinder noch Babys waren. Ich halte den Jungen in meinen Armen, gehe mit ihm umher, probiere verschiedene Dinge aus und beobachte, wie er darauf reagiert, bis ich schließlich die richtige Kombination von sanften Auf- und Abbewegungen gefunden haben und gleichzeitig leise rhythmisch summe. Ich verlangsame meinen Atem. Ich spüre, wie sein Körper weicher wird und sich an meinem Körper entspannt. Es fällt diesem kleinen Jungen nicht schwer, mir ohne Worte zu vermitteln, was er will. Als ich mich hinsetzen will, gibt er mir mit seinem ganzen Körper zu verstehen: „Nein, setz dich nicht, geh weiter mit mir herum." Dann gibt er leise Geräusche von sich, ich nehme das auf, und wir beginnen einen Dialog mit Geräuschen. Sein Kopf liegt auf meiner Schulter. Ich spüre, wie er sich entspannt und immer schwerer wird, bis er fest schläft. Langsam lege ich mich auf die Couch. Ich spüre seine Wärme und Zartheit und genieße den süßen Duft seiner Haut. Auch für mich ist dies ein wundervolles Geschenk. Offenbar hat er mit seinen Eltern viele Male ähnliches erlebt, und durch jedes dieser Erlebnisse wächst sein Vertrauen.

An diesem regnerischen Frühlingstag macht er ein weiteres Mal die Erfahrung, daß er sich auf einen anderen Menschen verlassen kann. Er spürt, daß ich liebevoll auf ihn eingehe, und das bestätigt ihm, daß das, was er möchte und braucht, wichtig ist und respektiert wird. Wenn er bekommt, was er braucht, erfährt er seine eigene Kompetenz; er fühlt sich zufrieden, sicher und friedlich. All das ist in einer so kleinen Begegnung enthalten.

*

Eine Mutter hat das Gefühl, daß der Kontakt zwischen ihr und ihrem Kind unterbrochen ist. Das Kind wird immer unruhiger und gerät völlig außer Kontrolle. Sie legt sich auf den Teppich und läßt das Kind auf sich klettern und mit ihrem Haar spielen. Auf diese Weise gibt sie ihm die Möglichkeit, buchstäblich den Kontakt zu ihr wiederherzustellen. Allmählich wird der kleine Junge ruhiger, und schließlich legt er sich der Länge nach auf sie und läßt den beruhigenden Rhythmus ihres Atems auf sich einwirken. Die Mutter erkennt das Bedürfnis des Kindes nach Unabhängigkeit und Getrenntsein und sein gleichzeitiges Bedürfnis, sich an sie zu klammern, ihr nahe zu sein, mit ihr verbunden zu sein. All dies kommt in der Szene auf dem Boden des Wohnzimmers zum Ausdruck.

*

Wenn Kinder älter werden, wird das Sich-Einstimmen zwischen ihnen und ihren Eltern schwieriger. Meine (mkz) zwölfjährige Tochter kommt aus der Schule nach Hause. Als sie in der Tür auftaucht, ist ihr der Ärger deutlich anzusehen. „Ich habe Hunger!" sagte sie schroff. Mit einem Blick sehe ich, daß die Schule für sie sehr anstrengend war. Sie ist völlig fertig.

Den ganzen Tag über ist sie mit Menschen zusammengewesen. Ihr Blutzuckerspiegel ist sehr niedrig. Sie hat keine Kraft mehr. Ich habe mir im Laufe der Zeit angewöhnt, einen Snack für sie bereitzuhalten, wenn sie nach Hause kommt. Ich habe auch gelernt, ihr keine Fragen zu stellen, sondern ihr Raum zu geben. Das ist nicht der richtige Zeitpunkt, um den Ton zu kritisieren, in dem sie mit mir redet, oder ihr einen Vortrag über gutes Benehmen zu halten. Nachdem sie ein wenig gegessen hat, schaut sie mich gewöhnlich etwas freundlicher an, und entweder kommt sie dann zu mir, um mich zu umarmen, oder sie geht in ihr Zimmer und hört Musik.

Bei einem noch älteren Kind kann Sich-Einstimmen bedeuten, daß man das Bedürfnis des Kindes, allein zu sein und sich auf irgendeine Aktivität zu konzentrieren, akzeptiert. Manchmal kann es allerdings auch besser sein, auf das Kind zuzugehen und ihm durch kleine, unaufdringliche Gesten Zuwendung zu geben.

Ich sitze in der Küche meiner Freundin. Ihre sechzehnjährige Tochter kommt in den Raum und klagt über Schmerzen im Nackenbereich. Ihre Mutter bittet sie, ihr die Stelle zu zeigen, wo sie Schmerzen hat. Dann massiert sie die Stellen, während wir uns weiter unterhalten. Hin und wieder unterbricht sie die Unterhaltung, um der Tochter wortlos zu signalisieren, daß sie spürt, wie sich durch die Berührung Knoten auflösen. Nach etwa fünfzehn Minuten verläßt die Tochter die Küche. Meine Freundin erzählt mir, solche gemeinsamen Augenblicke zwischen ihnen seien mittlerweile sehr selten geworden. Wahrscheinlich war es in diesem Fall günstig, daß eine andere Erwachsene anwesend war, denn dadurch war die Distanz ein wenig größer. Es ist wundervoll, die Sensibilität dieser Mutter zu spüren, ihre Bereitschaft, sich auf die unerwartete Kontaktaufnahme ihrer Tochter einzulassen, und ihr Gewahrsein der Kostbarkeit dieses Augenblicks.

Mit unseren Kindern in Harmonie zu sein bedeutet nicht, daß zwischen uns und ihnen ständig alles harmonisch verlaufen muß. Uns in Augenblicken stärkster Disharmonie und bei Konflikten auf unsere Kinder einzustimmen, erfordert von uns, alle unsere Ressourcen zu mobilisieren, jeden Funken Energie und Einsicht, über die wir verfügen, einzusetzen, so daß wir sogar inmitten eines Streites dafür wach bleiben, wer unsere Kinder wirklich sind und was sie in diesem Augenblick von uns brauchen.

Berührung

Der berühmte Anthropologe Ashley Montague schreibt in seinem Buch *Körperkontakt,* er habe festgestellt, daß der bei weitem längste Eintrag im *Oxford English Dictionary* dem Wort „Berührung" (engl.: *touch*) gewidmet sei. Zweifellos ist das so, weil Berührung ein so grundlegender Faktor der menschlichen Erfahrung ist und weil sie so wichtig für unsere Gesundheit und unser Gefühl der Verbundenheit mit anderen Menschen ist. Affenbabys entwickeln sich nur dann gut, wenn sie viel Wärme und sanfte Berührung bekommen. Und warum sollte es bei uns Menschen anders sein? Berührung ist für unser Leben von grundlegender Bedeutung. Berührung bedeutet, in Kontakt zu sein. Berührung kann zur Erfahrung der Verbundenheit und der Einheit führen. Wir können niemanden berühren, ohne auch selbst berührt zu werden. Durch Berührung merken wir, daß wir nicht allein sind. Je nachdem, wie wir berührt werden, kann uns dies das Gefühl vermitteln, geliebt, akzeptiert und wertgeschätzt oder ignoriert, mißachtet und beleidigt zu werden.

Berührung erzeugt Gewahrsein und bringt uns mit der Welt in Kontakt. Wir erfahren sie mit Hilfe aller unserer Sinne: durch das Sehen, Hören, Riechen und Schmecken und durch die Berührungsempfindung unserer Haut. Wenn ein anderer Mensch uns einfühlsam berührt, so stärkt das unseren Kontakt zu unserem eigenen Körper, und es erzeugt ein Gefühl der Verbundenheit mit der anderen Person. Es weckt unser Selbst-Gewahrsein und unser Gewahrsein des anderen. Das ganze Sein eines Kindes wird angesprochen, wenn es mit Gewahrsein, Einfühlsamkeit und Respekt berührt wird. Indem wir als Kinder die Erfahrung machen, daß für uns gesorgt wird, lernen wir schon früh, mit unseren Empfindungen in Kontakt (das heißt in Berührung) zu sein. Durch In-den Arm-Nehmen und In-den-Arm-genommen-Werden, Umarmen, Wiegen, Kuscheln, Riechen, Schaukeln, Summen, Singen und Anschauen erfahren Eltern wie Kinder die Fülle des Lebendigseins.

Ich (mkz) warte in der Zulassungsstelle für Kraftfahrzeuge und beobachte, wie eine große, sanfte Frau sich um ihren dreijährigen Jungen kümmert. Sie sitzt auf einer Bank und wartet darauf, daß sie die Zulassung für ihr Fahrzeug bekommt. Der Junge benutzt den Körper der Mutter gleichzeitig als Bett, als Kissen und zum Klettern. Er drückt sich immer wieder gegen sie. Wenn er nach ihren Fingern greift, um damit zu spielen, tippt sie mit ihren langen Fingernägeln auf seine Hand, wovon er jedesmal völlig begeistert ist. Sie akzeptiert alles, was er tut, ermahnt ihn nie, sich ruhig zu verhalten, sich richtig hinzusetzen oder mit irgend etwas, das er tut, aufzuhören. Die ganze Szene strahlt Innigkeit und Frieden aus. Die Frau hat einen Akzent, und ich frage mich, wo sie wohl aufgewachsen ist, wie ihre eigene Kindheit gewesen sein mag und aufgrund welcher Einflüsse sie so geduldig ist, so vieles zu akzeptieren vermag und so unbefangen mit Berührungen umgeht.

Solche Szenen beobachte ich nicht oft. Gewöhnlich sehe ich Eltern, die ihre Kinder ständig dazu ermahnen, sich in der Öffentlichkeit zu „benehmen", und die wütend werden, wenn sich die Kinder wie die Zwei-, Drei-, Vier- oder Fünfjährigen verhalten, die sie ja tatsächlich sind. Ich sehe immer wieder müde kleine Kinder, die weinend hinter ihren Eltern herstolpern, ohne daß den Eltern die simple Lösung einfällt, das Kind einfach zu tragen. Und nur sehr selten sehe ich Menschen, die ihre Kinder zärtlich berühren und die der überschäumenden Energie der Kleinen gegenüber tolerant sind.

Es scheint, als würden wir uns zu einer Gesellschaft entwickeln, die generell unter Berührungsmangel leidet. Nur selten sieht man heute, daß Menschen einander ihre Zuneigung durch physischen Kontakt zeigen, daß Freunde einander die Hände halten oder daß Liebende sich umarmen. Dieser Mangel ist für uns alle ein ungeheurer Verlust, und Eltern müssen heute sehr darauf achten, daß diese wichtige Form des Genährtwerdens und der Kommunikation ihren Kindern nicht vorenthalten bleibt.

Berührung findet immer an einer Grenze statt, derer wir uns stets bewußt sein sollten. Andernfalls sind unsere Berührungen unbewußt, und das kann zur Folge haben, daß wir respektlos werden. Die Grenzen zwischen uns und anderen Menschen verändern sich von Augenblick zu Augenblick. Wir können sie nicht als feste Gegebenheiten oder als selbstverständlich ansehen. Auch wenn unsere Tochter im Teenager-Alter laut „Nein!" schreit, wenn wir sie fragen, ob sie einen Gute-Nacht-Kuß haben möchte, kann es sein, daß sie in einer anderen Situation durch eine Umarmung getröstet werden möchte. Wenn wir in Kontakt mit unseren Kindern sind, wenn wir uns ihrer Energie und ihres Gefühlszustandes bewußt sind, spüren wir besser, wann sie eine liebevolle Berührung brauchen, wann sie gehalten werden möchten und wann wir sie besser in Ruhe lassen sollten.

Manchmal ist es hilfreich, wenn wir uns fragen, wer von der Berührung profitiert, denn das kann uns helfen, unseren eigenen unbedachten und zudringlichen Impulsen auf die Spur zu kommen. Ich erinnere mich noch lebhaft daran, wie ich als Kind von Erwachsenen gegen meinen Willen in die Wange gekniffen und geküßt worden bin. Diese Menschen haben sich gar keine Gedanken darüber gemacht, wie ich mich dabei fühlen könnte. Wie oft werden Kinder von Erwachsenen zu Umarmungen und Küssen aufgefordert, durch die die Bedürfnisse der Erwachsenen nach Wärme und Nähe erfüllt werden, ohne die Gefühle und Grenzen des Kindes zu respektieren?

Wenn Kinder immer wieder die Erfahrung machen, daß ihre Gefühle respektiert werden, entwickeln sie das Gefühl, selbst über ihren Körper bestimmen zu können. Sie sind dann mit ihren Gefühlen in Kontakt und erkennen besser, ob ein anderer Mensch sich ihnen gegenüber unangemessen verhält. Eltern können diese Unterscheidungsfähigkeit ihres Kindes stärken, indem sie es auf solch unangemessenes Verhalten aufmerksam machen, wenn sie es bemerken.

*

Es rührt mich (mkz) an und erstaunt mich auch immer wieder ein wenig, wenn meine Kinder zu mir kommen und mich umarmen. Ich bin nicht überrascht darüber, *daß* sie mich umarmen, sondern über *die Art, wie* sie es tun: Es sind langsame, tiefe, entspannte, ruhige und liebevolle Berührungen. Wenn meine Kinder mich umarmen, genieße ich, was sie mir in solchen Augenblicken so völlig natürlich geben. Es ist, als würde dadurch ein Kreis der Liebe geschlossen.

Kleinkinder

Jedes Alter und jede Entwicklungsstufe, jedes Kind und jeder Augenblick liefern uns unendlich viele Gelegenheiten, in mitfühlende Resonanz zu treten und diese zu erforschen. Wenn wir im Zusammensein mit einem Kind wirklich präsent sind, befinden wir uns in einem besonderen Zustand, der weitaus mehr beinhaltet, als er äußerlich zu sein scheint. Innerlich entfaltet sich für die Eltern ein ganzes Universum des geistigen und physiologischen Einklangs, der Resonanz und der Verbundenheit, wobei häufig auch die Intuition oder eine Art sechster Sinn ins Spiel kommt.

Es ist wichtig, mit Kleinkindern in Kontakt zu bleiben und diesen Kontakt schnell wiederherzustellen, wenn er unterbrochen worden ist. Wir erhalten diese Chance immer wieder, weil die emotionalen Zustände eines Kindes sich so schnell verändern. In einem Augenblick ist das Kind so, im nächsten völlig anders. Wenn wir uns dieser plötzlichen Veränderungen und Übergänge bewußt werden – wenn sich das Kind beispielsweise plötzlich müde oder hungrig oder frustriert fühlt – hilft uns das einerseits, unser eigenes Gleichgewicht aufrechtzuerhalten, und es ermöglicht uns gleichzeitig, ihm zu helfen, besser mit schwierigen Augenblicken fertig zu werden.

Dazu müssen wir uns jedoch unserer eigenen Gefühle bewußt sein, die sich fast ebenso schnell verändern wie die des Kindes. Häufig werden sie durch die Stimmung des Kindes ausgelöst, zum Beispiel wenn wir mit Frustration auf seine Frustration reagieren. Statt uns in solchen Augenblicken zu verhärten und uns von der Situation einfangen zu lassen, könnten wir versuchen, eine akzeptierendere Haltung zu entwickeln, eine Haltung offenen Gegenwärtigseins.

Ich (jkz) habe einmal einen jungen Vater in einem Restaurant beobachtet, der versuchte, zusammen mit seiner vierjährigen Tochter etwas zu essen. Es dauerte ziemlich lange, bis das Essen endlich kam, und mittlerweile war das kleine Mädchen nicht mehr in der Lage, still zu sitzen. Sie war frustriert, müde und quengelig. Der Vater kam einfach nicht zum essen. Sie war völlig überdreht und ließ ihn keinen Augenblick in Ruhe. In dieser Situation hätte er ihr gegenüber sehr leicht ungehalten werden können. Er hätte ihr Verhalten übelnehmen oder wütend darüber sein können, daß das Essen erst so spät kam, oder darüber, daß er es nun nicht essen konnte, obwohl er hungrig war; und wahrscheinlich war er auch selbst müde. Doch er behielt die Fassung und fand einen Weg, mit dieser Situation umzugehen. Nach ein oder zwei vergeblichen Versuchen, das Essen doch noch zu verzehren, ließ er es sich einpacken, bezahlte die Rechnung, während das Kind auf seinen Schultern saß und ihm das Haar wuschelte, und verließ das Lokal.

Als er an unserem Tisch vorbeikam, lächelte ich ihm zu, und wir sprachen kurz über seine Bemühungen, mit der Situation fertig zu werden. Ich selbst saß mit meinen beiden Töchtern da, die schon alt genug waren, um geduldig auf das Essen zu warten. Wehmütig dachte ich an die Zeit zurück, in der ich genau auf meine kleinen Kinder eingestimmt war und meine Entscheidungen sich Augenblick für Augenblick an ihre sich wandelnden Bedürfnisse anpaßten. In dieser Zeit hat man oft das Gefühl, daß dieser Zustand nie enden wird. Es ist jedoch sehr hilfreich, sich vor Augen zu führen, daß diese Zeit tatsächlich sehr schnell vorübergeht und daß es lohnend ist, sie anzunehmen und sich auf sie einzulassen – so schwierig es uns manchmal auch erscheinen mag. Wenn wir sie akzeptieren und uns dementsprechend verhalten, machen wir damit unserem Kind und auch uns selbst ein großes Geschenk.

Jedes Alter und jede Entwicklungsstufe bringt spezielle Dramen mit sich. Es hat mich sehr ermutigt zu sehen, wie dieser Vater so angemessen und großzügig auf seine Tochter einging. Die Situation war nur ein Augenblick. Doch solche Augenblicke sind ungeheuer wichtig, denn in ihrer Summe machen sie eine Kindheit und letztendlich ein Leben aus.

*

Wann immer ich (jkz) konnte, habe ich versucht, meine beruflichen Verpflichtungen so früh wie möglich zum Abschluß zu bringen, so daß ich noch Zeit hatte, mich jeweils um eines meiner kleinen Kinder zu kümmern. Wir gingen dann zusammen zum Spielplatz oder zum Schlittenfahren oder am Fluß spazieren, oder wir fuhren ins Stadtzentrum, um uns die Menschen, die Autos und das ganze Stadtleben anzuschauen. An den Wochenenden machten wir mit unseren Kindern und ihren kleinen Freunden Ausflüge zu Jahrmärkten, Bauernhöfen und Seen. Jede Gelegenheit, mit einem Kleinkind zusammenzu-sein, selbst wenn wir nur ein paar Minuten mit ihm spielen oder auf dem Boden herumrollen oder Spielzeugautos oder einen Ball hin- und herrollen lassen können, stärkt unsere Verbindung zu dem Kind.

Sonntag morgens spielten die Kinder oft mit mir auf dem Boden des Wohnzimmers „Yoga", wobei sie mich in die verschiedensten Haltungen brachten. Wir machten auch viel „Akrobatik". Beispielsweise saßen die Kinder oft auf mir und schaukelten, so daß mein Körper zu einem Schaukelstuhl wurde, oder sie kletterten über mich und unter mir hindurch, wobei ich meinen Körper zu einer Brücke machte.

Als die Kinder älter wurden, wurde es manchmal schwieriger, Möglichkeiten zu gemeinsamer konzentrierter Aktivität zu finden und zu jener Stille, die durch solche Aktivitäten entsteht. Trotzdem fanden wir solche Möglichkeiten, indem wir beispielsweise Fangen spielten oder gemeinsam liefen und ganz selten sogar tanzten. Die Resonanz bleibt gleich, doch die Formen verändern sich.

Zeit

Als Eltern können wir leicht das Gefühl bekommen, daß wir nie genug Zeit haben. Wir stehen ständig unter Zeitdruck und fühlen uns durch Zeitmangel getrieben. Eines morgens hörte ich (jkz), wie ich zu einer meiner Töchter, die ungefähr vier Jahre alt war, sagte: „Beeil dich. Ich hab keine Zeit", als sie gerade überlegte, welches von drei Kleidungsstücken sie an diesem Tag anziehen wollte. Was für eine Botschaft!

Es gibt Möglichkeiten, wie wir unsere Zeit „vermehren" können, indem wir die Zeit, die wir zur Verfügung haben, besser nutzen. Wir können früh genug aufstehen und unsere Kinder früh genug wecken, so daß sie und wir morgens alles Notwendige ohne Hast erledigen können. Beispielsweise entschärft es die Zeitnot am Morgen, wenn alle Familienmitglieder schon abends ihre Kleider für den nächsten Tag zurechtlegen. Wir können uns auch darum bemühen, daß unser Zeitdruck nicht auf alles abfärbt, was wir tun. Beispielsweise hilft es, wenn wir uns immer wieder auf unseren Atem besinnen und uns vergegenwärtigen, daß unsere Ängste wegen Dingen, die in der Zukunft liegen, nichts weiter als Gedanken sind und es sinnvoller ist, sich der kostbaren Möglichkeiten bewußt zu werden, die die Gegenwart uns eröffnet. Wir können uns beispielsweise bemühen, beim Abschiednehmen Augenkontakt herzustellen, und wir können uns hin und wieder einen Moment Zeit für eine achtsame Umarmung nehmen.

Wenn wir merken, daß wir wahrscheinlich zu spät dran sind, ist es hilfreich, bewußt auf den Klang unserer Stimme zu achten. Indem wir versuchen, unsere Stimme nicht in die Höhe schießen zu lassen, können wir vielleicht auch tiefer ins Hier und Jetzt einsinken, in unseren Körper, in diesen Atemzug.

Wir empfinden es zudem als sehr wichtig, darauf zu achten, daß der Terminplan unserer Kinder nicht so voll wird, daß sie ständig unterwegs sind. Sie brauchen auch Zeit, einfach nur herumzuliegen, ohne Fernsehen oder andere Ablenkungen – Zeit, einfach nur zu sein. Dieser Freiraum ohne jede Verpflichtung und ohne jede Zielgerichtetheit ermöglicht phantasievolle

Spiele, allein und mit Freunden. Unsere Kinder brauchen Zeit, um sich zu langweilen und um herauszufinden, wie sie mit Langeweile umgehen können – manchmal mit unserer Unterstützung, manchmal ohne.

Wenn wir uns dessen nicht bewußt sind, wie sich Zeitdruck auf unsere Familie auswirken kann, besteht die Gefahr, daß unser Leben immer schnellebiger wird, weil wir unablässig beschäftigt sind, und daß diese Atmosphäre auf unsere Kinder abfärbt. Das ist in unserer heutigen Welt der allgemeine Trend. Es ist ungeheuer wichtig, daß wir hin und wieder bewußt innehalten, Stille ermöglichen und diese in unser Leben integrieren, um das Gleichgewicht wiederherzustellen und jene Aspekte des Seins zu nähren, die am meisten von Nicht-Tun profitieren.

Viele, die an den Programmen der *Stress-Reduction-Clinic* teilnehmen, sagen, daß es den ganzen Tagesverlauf beeinflußt, wenn sie etwas früher aufstehen und meditieren. Das sei weitaus wertvoller, als wenn sie während dieser Zeit weiterschlafen würden. Die Meditation macht sie ruhiger und ermöglicht ihnen, zielgerichteter an ihre alltäglichen Verpflichtungen heranzugehen. Immer wieder hören wir, daß auch die übrigen Familienmitglieder Veränderungen wahrnehmen, wenn ein Familienmitglied regelmäßig meditiert. Bemüht sich ein Familienmitglied darum, Achtsamkeit zu entwickeln, so kann dadurch der Streß in der gesamten Familie verringert werden.

Es kann sich manchmal sehr positiv auf Familien auswirken, wenn die Eltern die Möglichkeit schaffen, mehr Zeit zusammen mit ihren Kindern zu verbringen, statt diese Zeit darauf zu verwenden, mehr Geld zu verdienen. Es ist ein Balance-Akt, den wir stets im Auge behalten sollten. Natürlich ist es nicht immer möglich, sich für mehr freie Zeit zu entscheiden, aber manchmal sind die Möglichkeiten zumindest größer, als wir wahrhaben wollen. Wenn wir uns nicht mit diesem Problem auseinandersetzen, kann es sein, daß wir das Wichtigste im Leben versäumen, weil wir so darauf fixiert sind, unseren „Lebensunterhalt" zu verdienen, daß wir uns gar nicht mehr bewußt sind, worin denn dieses „Leben", das wir zu erhalten versuchen, überhaupt noch besteht.

*

Läppisch die wüste, trübe Zeit,
Die sich vor- und rückwärts ausdehnt.

T. S. ELIOT
„Burnt Norton", *Vier Quartette*

Gegenwärtigkeit

„Mami, du hörst mir gar nicht zu!"
Obwohl ich körperlich anwesend war, bin ich im Zustand der Geistesabwesenheit erwischt worden. Ich werde wieder in die Gegenwart zurückgeholt, verliere mich aber gleich darauf erneut in meinen phantastischen geistigen Abenteuern oder in zwanghafte und meist bedeutungslosen Gedanken über die Details zukünftiger Geschehnisse.

Wenn ein Kind in den Raum kommt, nehmen wir uns dann einen Augenblick Zeit, um seine Gegenwart wirklich zur Kenntnis zu nehmen und ihm das zu zeigen? Bei Verwandten oder Bekannten tun wir das gewöhnlich, doch bei unseren Kindern, die uns doch am nächsten stehen, versäumen wir es oft.

Wie präsent wir im Zusammensein mit unseren Kindern zu sein vermögen, ist für unsere Beziehung zu ihnen von zentraler Bedeutung. Wie wir gesehen haben, ist Präsenz das Herz der Achtsamkeit. Sie zu kultivieren erfordert bewußte und kontinuierliche Bemühungen, Aufmerksamkeit und die Bereitschaft, authentisch und wach zu sein und sich auf die Kinder einzustimmen.

Wenn wir im Kontakt mit einem anderen Menschen authentisch sind, verbergen wir nichts und spielen nichts vor. Wir versuchen dann nicht, Gefühle, die wir selbst oder unsere Kinder haben, zu unterdrücken. Doch wenn wir in unserer eigenen Kindheit gezwungen worden sind, unsere Gefühle zu verbergen oder zu vertuschen, um uns des Wohlwollens unserer Eltern zu versichern, kann authentisches Verhalten für uns extrem beängstigend sein und uns ungeheuer schwerfallen. Es ist unbekanntes Neuland.

Wir müssen uns immer wieder besinnen, zur Realität unserer Sinneserfahrung zurückzukehren. Wir besinnen uns darauf, *in* den gegenwärtigen Augenblick zurückzukehren, uns bewußtzumachen, wie wir uns fühlen. Der Atem kann dabei ein wichtiger Verbündeter sein. Die bewußte Konzentration auf die Empfindungen des Atmens ermöglicht es uns, uns wieder in unseren Körper hineinzuversetzen. Je stärker wir uns dessen bewußt sind, wie wir uns wirklich in jedem Augenblick fühlen, ohne daß wir uns gleichzeitig beurteilen, um so stärker verkörpern wir authentische Präsenz. Je mehr wir uns bemühen, auf diese Weise zu leben, um so stärker spüren und wissen unsere Kinder das und um so stärker verkörpern sie selbst authentische Präsenz.

Jack und die Bohnenstange

Kinder beanspruchen manchmal die volle Aufmerksamkeit und das volle Engagement von Erwachsenen, während es ihnen in anderen Situationen lieber ist, daß wir sie mit ihrem Spielzeug oder mit ihren Freunden allein lassen.

Erwachsenen fällt es gewöhnlich schwer, irgend etwas volle Aufmerksamkeit zu widmen, insbesondere wenn das über eine längere Zeitspanne geschehen soll. Wir haben diese Fähigkeit verloren. Meist ist der Geist von Erwachsenen angefüllt mit einander widersprechenden Impulsen und Gedanken, die sogar untereinander um unsere Aufmerksamkeit wetteifern. Wir alle sind für eine Fülle verschiedener Dinge verantwortlich. Wir alle sind sehr beschäftigt. Wenn ein Kind uns bittet, mit ihm zu spielen oder ihm etwas vorzulesen, tun wir das vielleicht, doch sind wir oft nur mit einem Bruchteil unserer Aufmerksamkeit bei dieser Aktivität, und Kinder spüren dies sehr schnell. Ich (jkz) habe mich schon oft dabei ertappt, wie ich einem meiner Kinder etwas vorlas, aber gleichzeitig schon an das nächste Telefongespräch dachte, das ich führen mußte, wenn das Kind eingeschlafen war. Oder ich las eine Geschichte vor und merkte plötzlich, daß ich den Text zwar schon fast ganz gelesen hatte, aber nicht die geringste Ahnung hatte, worum es darin eigentlich ging. Zwischen jeder Zeile, ja sogar jedem Wort, das ich las, tauchten in meinem Geist Unmengen von Gedanken auf.

Als ich einmal so müde war, daß ich kaum noch die Augen offen halten konnte, erzählte ich meiner Tochter eine improvisierte Geschichte über einen Löwen. Weil ich so müde war, war nach fünf Minuten aus dem Löwen plötzlich ein Kaninchen geworden. Meine Tochter bemerkte den Fehler, und wir lachten lange über dieses Mißgeschick.

Als unser Sohn etwa vier Jahre alt war, war *Jack und die Bohnenstange* eine seiner Lieblingsgeschichten. Es reichte nicht, daß ich sie ihm einmal oder zweimal vorlas, sondern er wollte sie immer und immer wieder hören, und zwar an ein und demselben Tag. Mir gefiel die Geschichte zwar auch, aber sie sieben- oder achtmal hintereinander vorzulesen fiel mir doch schwer. Dann wurde mir klar, daß er sie jedesmal so hörte, als wäre es das erste Mal. Die Geschichte, in der es darum ging, daß die Kuh keine Milch mehr gab und Jack sie deshalb verkaufen mußte, daß er sich völlig verängstigt vor einem Riesen in dessen Schloß verstecken mußte und Zeuge von dessen Habsucht wurde, daß er das Gold des Riesen, sein Zauberhuhn und seine Harfe stehlen wollte und daß er schließlich die Bohnenstange hinunterjagte und gerade noch rechtzeitig von seiner Mutter eine Axt bekam, mit der er den Riesen erschlug – alle diese Ereignisse waren für ihn jedesmal wieder von neuem real. Wenn der Riese kam, spannte sich sein Körper an, und er lächelte glücklich, wenn es Jack wieder einmal gelungen war, den Riesen zu überrumpeln.

Indem ich die Geschichte durch die Augen meines Sohnes zu sehen versuchte, wurde mir klar, daß auch ich versuchen konnte, jedesmal wenn ich sie las, wieder völlig präsent zu sein, obgleich ein Teil meines Erwachsenengeistes sich vehement dagegen wehrte. Nachdem ich diesen Widerstand losgelassen hatte, wurde die Geschichte für mich einem Musikstück ähnlich, das man immer wieder spielt, um mit seiner Essenz in Kontakt zu treten. Zwar ist es jedesmal die gleiche Geschichte, aber gleichzeitig ist sie auch immer wieder anders. Diese Erkenntnis erweiterte meine Weltsicht beträchtlich. *Jack und die Bohnenstange* wurde eine Zeitlang zu einem festen Bestandteil meiner Meditationspraxis und lehrte mich, präsent zu sein, wenn ich nicht mehr präsent sein wollte. Wieder einmal wurde hier das Kind zum Lehrer seiner Eltern.

Schlafenszeit

Es ist wichtig, daß wir im häuslichen Leben Raum für Augenblicke der Stille schaffen, für Augenblicke, in denen „nichts" geschieht. In solchen Augenblicken, die sich oft unmittelbar vor dem Zubettgehen der Kinder ergeben oder wenn sie schon im Bett liegen und kurz davor sind einzuschlafen, kann es zu Wachstumsschüben, wichtigen Durchbrüchen, außergewöhnlicher Kreativität, tiefem Kontakt und unvermuteten Mitteilungen kommen. In solchen Augenblicken steht die Welt still. In dieser Stille greift meine (mkz) Tochter zum Zeichenblock, sitzt friedlich und konzentriert da und geht völlig in ihrem kreativen Tun auf. Oder ich lese ihr eine einfache Geschichte vor, die ihre Phantasie fesselt und schaue ihr in die Augen, wenn ich merke, daß die Geschichte uns anrührt oder uns ein Lächeln entlockt. Manchmal sitze ich einfach bei ihr, und nach einer Weile fängt sie an, über etwas zu sprechen, das in der Schule passiert ist, oder über etwas, das ihr Sorgen macht. In der abendlichen Stille besteht die Chance, daß auch schwierigere Themen angesprochen werden.

Als unsere Kinder noch klein waren, habe ich sie gestillt, bis sie einschliefen. Als sie dann älter wurden, wollten sie vor dem Einschlafen eine Flasche mit warmer Milch haben. Wir sangen ihnen dann etwas vor, erzählten ihnen eine Geschichte oder lasen sie ihnen vor. Selbst als Teenager hatten es unsere Kinder hin und wieder gerne, wenn wir ihnen etwas vorlasen. Manchmal hörten sie sich auch Musik an, bevor sie in den Schlaf hinüberglitten. Am Abend, zur Schlafenszeit, wird vieles, was tagsüber geschehen ist, abgerundet.

Jedes Kind ist anders. Manchen Kindern fällt es leicht einzuschlafen; für andere ist das sehr schwer. Manchmal erwiesen sich alle unsere Versuche, die Schlafenszeit zu einem friedlichen Abschluß des Tages zu machen, als vergeblich. Besonders wenn wir selbst sehr müde waren, wollte oft einfach kein Friede einkehren, so sehr wir uns auch bemühten, ihn herbeizuführen.

Es gibt immer wieder Dinge, die verhindern, daß die abendliche Ruhe einkehrt. Irgendwelche Arbeiten müssen dringend erledigt werden, wir müssen Telefongespräche führen, um Vorbereitungen für den nächsten Tag zu treffen, mehrere Kinder brauchen uns gleichzeitig, oder Kinder verschiedenen Alters äußern unterschiedliche Bedürfnisse, so daß wir das Gefühl haben, wir würden in verschiedene Richtungen gleichzeitig gezogen. Die Bedürfnisse älterer Kinder kommen gegenüber den Bedürfnissen der jüngeren oft zu kurz. Es erfordert ständiges Bemühen, allen Beteiligten gerecht zu werden. Und manchmal geht eine friedliche Zeit vor dem Einschlafen in all dem verloren. Doch an Abenden, wo es mir gelingt, den physischen und psychischen Raum zu schaffen, in dem ich in der Lage bin, völlig präsent zu sein, und wo ich für das Kind und das, was es beschäftigt, da bin oder wo ich spüre, wie es, an meiner Brust ruhend, einschläft, werde ich daran erinnert, wie kostbar diese Zeit sein kann.

*

Nun, neben dem kleinen Körper meines schlafenden Sohnes,
fließt der verborgene Fluß in meiner Brust zusammen mit dem seinen,
und ich passe mein Sprechen dem Rhythmus seines Atems an.

Indem ich meine Nacht mit der seinen verbinde, sein Nachtlied singe,
als ob jene untergründigen Gewässer
geheime Flüsse wären, die durch die Seele fließen

und jenes unbekannte Leben zum Vorschein bringen,
das der Fluß ist, mit dem er sich vereinigen wird, wenn er alt wird.
In stillen Stunden, wenn seine Selbstsicherheit zurückweicht,

wird er die Pause zwischen den langen Tönen finden,
die den Wert des Liedes ausmacht.

DAVID WHYTE
aus: „Looking Back at Night",
Where Many Rivers Meet

Gathas und Segnungen

Manchmal werden im Laufe von Meditationsretreats oder während der täglichen Meditationsübung kurze Gedichte und Sprichwörter benutzt, die uns an das erinnern können, was wir bereits wissen, aber leicht vergessen oder für selbstverständlich halten. Diese Gedichte oder Sprüche werden in der buddhistischen Tradition „Gathas" genannt. Es gibt Gathas für das Aufwachen am Morgen, für den Segensspruch bei einer Mahlzeit, für die Teepause und solche, die uns helfen können, dieses Einatmen und dieses Ausatmen zu würdigen. Es gibt Gathas für fast alle Situationen im Alltagsleben. Diese kurzen Sinnsprüche können uns helfen, mit dem in Kontakt zu bleiben, was wirklich ist, und uns nicht in Gedanken zu verlieren.

Wenn solche Verse oder Sprüche unachtsam und rein gewohnheitsmäßig wiederholt werden, sind sie ohne jeden praktischen Wert. Doch wenn sie wie kostbare Vögel gehalten und gestreichelt werden, wenn wir sie einladen, uns zu besuchen, und wenn wir sie weise und bewußt benutzen, können sie eine ungeheure Kraft entfalten. Sie sind sehr einfach, bloße Erinnerungshilfen, doch sie haben eine wundervolle richtungsgebende Energie. Sie wirken heilend und beruhigend. Außerdem machen sie uns auf Dinge aufmerksam, die wir nie vergessen sollten. Unsere Kinder haben die folgende kleine „Gatha" im Kindergarten gelernt:

Die Sonne ist in meinem Herzen,
sie wärmt mich mit ihrer Kraft
und weckt Leben und Liebe
in Vogel,
Tier
und Blume.

Diese Zeilen sprachen die Kinder im Kindergarten und während der ersten Klassen der Grundschule jeden Morgen und führten gleichzeitig eine

Reihe von Armbewegungen aus: zuerst einen Kreis über dem Kopf, der die Sonne symbolisierte; dann zeichneten sie mit den Händen Linien, die von über dem Kopf bis zum Herzen verliefen, wobei die Handflächen zum Himmel hin geöffnet und die Arme ausgebreitet waren; und schließlich wurden die Hände zur Brust zurückgeführt, umeinander geschlossen und bei „Leben und die Liebe in Vogel, Tier und Blume" wieder geöffnet, so daß sie die geöffneten Blütenblätter einer Blume darstellten.

Es gefiel uns sehr, daß unsere Kinder regelmäßig Kontakt mit dieser kleinen Gatha des Herzens hatten. Uns schien, daß dies gute Nahrung für ihren Geist und für ihren Körper war und daß sie ebenso wichtig – wenn nicht sogar noch wichtiger – war wie alles andere, was sie in der Schule lernten. Die tägliche Wiederholung dieser Verse schien etwas Kostbares in ihnen zu nähren und zu schützen und sie jeden Tag an die Kraft und die Kostbarkeit des Lebens zu erinnern sowie an die zentrale Energie des Herzens, die wir Liebe nennen. Eine kleine Morgenmeditation, die das Herz erweckte und die Kinder an ihre Verbundenheit mit der gesamten Existenz und mit allen Wesen erinnerte ... in Liebe mit Sonne, Leben, Vögeln, Tieren, Blumen und anderen Kindern, die alle zusammen ein untrennbares Ganzes bilden.

Wir lernten viele solche Gathas von unseren Kindern. Eine davon, die sie in der Schule vor dem Mittagessen sprachen, wurde auch für uns zu Hause in der Familie zum Übergang von den Geschäftigkeit des Tages zu einem Augenblick schweigender Verbundenheit, wenn wir uns zum Abendessen hinsetzen. Wir hielten uns dann bei den Händen und sprachen:

Erde, die uns dies gebracht,
Sonne, die es reif gemacht,
Liebe Sonne, liebe Erde,
Euer nie vergessen werde.

Dann blieben wir einen Moment still sitzen, schauten alle Anwesenden an, schauten auf das Essen und über den ganzen Tisch und sagten dann: „Segne unser Mahl, und segne unsere Familie." Wenn Gäste anwesend waren und wir uns trauten, diese ganze Zeremonie in ihrer Anwesenheit durchzuführen, fügten wir noch hinzu: „Segne unsere Gäste."

Als ich (jkz) in meiner Familie aufwuchs, haben wir nie irgendwelche Segenssprüche gesprochen, und ich fühlte mich gewöhnlich unwohl, wenn ich mich plötzlich in einer Situation befand, wo Dankgebete und Segenssprüche offenbar üblich waren. Doch je älter ich werde, um so mehr verstehe ich, welchen Sinn es hat, bewußt und achtsam das zu segnen, was gut ist, so daß es wahrgenommen und anerkannt wird.

Vielleicht gefielen mir diese Gathas des Gewahrseins und des Dankens deshalb so gut, weil unsere Kinder sie mit nach Hause brachten und wir sie von ihnen lernten. Es waren Segenssprüche im Geiste der Achtsamkeit. Sie schlossen alles ein, würdigten und umarmten alles. Mir scheint, daß diese kleinen Verse all die Jahre, in denen wir sie sprachen und uns die Zeit nahmen, den Gefühlen nachzuspüren, die sie hervorriefen, Samen in unserem Herzen wässerten, die noch heute in unserer Familie und in unseren Kindern erblühen, wohin sie auch gehen. Es ist gut zu *wissen*, daß die Sonne in unserem Herzen ist.

Und vielleicht haben diese Gathas in den Herzen der Kinder auch den Samen ausgesät, das zu lieben, was sich hinter dem Schleier der Erscheinungen verbirgt, was große Dichter wissen und so unbefangen mit Worten preisen ...

So great a sweetness flows into the breast
We must laugh and we must sing,
We are blest by every thing,
Every thing we look upon is blest.

WILLIAM BUTLER YEATS
aus: „A Dialogue of Self and Soul"

Teil Sieben

Entscheidungen

Heilende Augenblicke

Das meiste von dem, was ich (mkz) in meinem Leben gelernt habe, habe ich gelernt, weil ich Mutter bin. Ich habe es *nicht* im Kindergarten oder in der Schule gelernt. Meine Kinder lehren mich ständig, was ich lernen muß, und genau dann, wenn ich es brauche. Ich habe im Laufe der Jahre immer wieder versucht, die Dinge aus der Perspektive meiner Kinder zu sehen, und das hat mir alte einschränkende und schädliche Muster des In-Beziehung-Tretens bewußtgemacht, die ich in meiner eigenen Kindheit entwickelt habe.

Wenn uns etwas über unsere eigenen Kindheitserfahrungen klar wird, so kann uns dies bei der Erfüllung unserer Aufgaben als Eltern sehr helfen. Wenn wir die Wirkung irgendeines alten, destruktiven Einflusses bemerken – ob es der Unterton in unserer Stimme ist, der die Gefühle unserer Kinder als unerheblich erscheinen läßt, oder daß wir das, was ihnen wichtig ist, als völlig unwichtig und nebensächlich hinstellen, ob wir sie geringschätzig oder verächtlich anschauen, sie barsch anfahren: „Was ist denn eigentlich los mit dir!" oder sie mit einem Schimpfnamen rufen –, so eröffnet uns das immer eine kostbare Gelegenheit, eine wichtige Entscheidung zu treffen. Wir können mit den automatischen und manchmal grausamen Verhaltensweisen fortfahren, die uns in mancherlei Hinsicht als vertraut und angenehm erscheinen, weil wir damit aufgewachsen sind. Oder wir können diese Verhaltensweisen aufgeben und versuchen, unsere heftige Reaktion in einem solchen Augenblick zu durchschauen. Wir können trotz unserer eingefleischten Gewohnheiten versuchen, die Situation unvorbelastet zu sehen und uns zu fragen: „Was tue ich in diesem Augenblick? Warum reagiere ich in dieser Situation so heftig? Wohin komme ich, wenn ich weiter in diese Richtung gehe? Was braucht mein Kind in diesem Augenblick wirklich von mir? Welche Entscheidungsmöglichkeiten stehen mir offen?"

Natürlich ist es ziemlich viel verlangt, in solchen Augenblicken über die Möglichkeit, *hier und jetzt* unser Herz zu öffnen, nachzudenken. Und das gilt insbesondere, wenn wir uns bereits von der Situation und von unseren tief verwurzelten lebenslangen Gewohnheiten haben mitreißen lassen. Sind wir in der Lage, in solchen Momenten innezuhalten und unsere Impulse wahrzunehmen, ohne sie automatisch ausleben zu müssen?

Während unsere Kinder verschiedene Entwicklungsphasen durchleben, können die Dämonen, die uns in ähnlichen Zeiten in unserem eigenen Leben gequält haben, wieder auftauchen. Sie können sich durch ein plötzliches schockartiges Gewahrwerden bemerkbar machen oder wie Wolken oder Nebelschwaden in der Situation präsent sein und nur am Rande unseres Bewußtseins auftauchen. Gewisse Situationen, die uns bereits bekannt sind, können starke Reaktionen bei uns auslösen, die mehr mit uns selbst als mit unseren Kindern zu tun haben. Vielleicht reagieren wir dann mit Härte auf etwas, das ein Kind tut, oder wir ziehen uns aus einer Situation einem bestimmten Verhaltensmuster entsprechend zurück; oder wir empfinden ganz einfach Unbehagen und Angst.

Wenn wir beim Auftauchen solcher beunruhigenden Gefühle auch nur einen einzigen Moment innehalten können und genau darauf lauschen, so kann das sehr hilfreich sein. Je stärker uns der betreffende Gefühlszustand erregt, um so schwerer fällt es uns, ihn genau zu untersuchen. Wie sehr uns ein bestimmtes Gefühl aufwühlt, können wir an der Heftigkeit erkennen, mit der wir es beiseite zu schieben versuchen. Zu Anfang ist es manchmal sehr schwer, solche Augenblicke mit Gewahrsein zu erfassen, besonders wenn unsere Ursprungsfamilie unseren eigenen Gefühlen in unserer Kindheit nicht viel Bedeutung beigemessen hat. Vielleicht haben wir dort gelernt, unsere Gefühle unter den sprichwörtlichen „Teppich" zu kehren.

Machen wir uns ein solches Gefühl wieder bewußt, so wird es für uns zu einem Hinweis, der uns auf etwas Tieferliegendes aufmerksam macht. Vielleicht wird uns diese Bedeutung erst später klar werden, vielleicht erst, nachdem wir wiederholt Erfahrungen gemacht haben, die ähnliche Gefühle zutage fördern. Wenn wir uns die Zeit nehmen, innezuhalten, zu atmen und zu fühlen, eröffnet uns das zumindest die Chance zu erkennen, daß wir auf irgendeine Weise noch immer unter einem alten Zauber stehen, und vielleicht können wir durch eine achtsamere und kreativere Antwort aus diesem Zauberbann erwachen.

In Augenblicken, in denen wir erkennen, was wir tun, in denen es uns gelingt, unsere Reaktion zu verändern, in denen wir uns für ein Verhalten entscheiden, dessen Orientierungsmaßstab das Wohl des Kindes ist, kommt es in uns zu einer Transformation und zu einer Heilung. Wenn wir die Bedürfnisse unserer Kinder ernst nehmen, so bringen wir dadurch gleichzeitig zum Ausdruck, daß wir unsere eigenen unerfüllten Kindheitsbedürfnisse ernst nehmen. Wenn wir versuchen, gütig statt grausam zu sein, erfahren wir Güte. Sie wird dann für uns real. Wenn wir als Kinder geschlagen worden sind, erfüllt es uns mit tiefer Befriedigung, uns für eine bessere Art des Umgangs mit Konflikten zu entscheiden, als unsere Kinder zu schlagen, wenn uns dieser Impuls überkommt. Wenn wir selbst als Kinder nicht den Schutz und die Fürsorge unserer Eltern genossen haben, fühlen wir uns vielleicht, wenn wir unsere eigenen Kinder schützen und umsorgen, auch selbst geborgener und geschützter.

Wir können in jedem Augenblick neu beschließen, die Panzerung abzulegen, die uns geschützt hat, und uns mit unseren Kindern zu verbünden, indem wir ihnen das Geschenk machen, ihnen gegenüber offenere, mitfühlendere und verständnisvollere Eltern zu sein. Wenn wir uns darum bemühen, werden wir allmählich eine Ahnung davon entwickeln, wie es auch in unserer eigenen Kindheit hätte sein können. Und, was noch wichtiger ist: Wir können in diesem Augenblick die unserem Wesen eigene Freiheit und Verbundenheit nicht nur mit unserem Kind teilen, sondern sie auch in uns selbst erfahren. Wenn wir beschließen, aus einem Teufelskreis auszubrechen, berührt die Kraft der nicht an Bedingungen geknüpften Liebe auch uns selbst. Jedesmal wenn uns das gelingt, kommen wir unserer Ganzheit und unserer Befreiung einen Schritt näher.

*

Eine junge Mutter erzählte folgende Geschichte:

> Ich erinnere mich an einen Augenblick intensiver Klarheit und Erkenntnis nach der Geburt meines zweiten Kindes. Meine Eltern kamen zu Besuch, und mein älteres Kind hatte Schwierigkeiten und war ziemlich anstrengend, weil das Neugeborene soviel Aufmerksamkeit erhielt. Ich erinnere mich noch gut daran, daß meine Eltern meine ältere Tochter zurechtwiesen, ihr Mißfallen zum Ausdruck brachten und sie ermahnten, sich besser zu benehmen. In diesem Augenblick wurde mir klar, daß meine Eltern mich und meine

> Kinder, solange wir uns ihren Maßstäben entsprechend „nett" oder „anständig" verhielten, akzeptierten, daß sie uns aber verurteilten, sobald wir uns wie wirkliche Menschen verhielten. Als mir das klar wurde, ergriff ich ihnen gegenüber offen Partei für meine Tochter. Das war für mich selbst und für meine Tochter ein heilender Augenblick, denn ich stellte mich offen auf ihre Seite und brachte so meine Empathie zum Ausdruck, statt sie zu verraten. Welchen äußeren Eindruck das, was ich in diesem Augenblick tat, hinterließ, ob alles weiterhin „nett" blieb, war mir weniger wichtig, als daß meine Tochter sich verstanden fühlte.

Eltern und Großeltern können ihr Kind oder Enkelkind trotz bester Absichten regelrecht verraten. An wie viele Augenblicke aus Ihrer eigenen Kindheit können Sie sich erinnern, in denen Ihre Gefühle von Erwachsenen abgetan, mißachtet, lächerlich gemacht, herabgewürdigt oder sogar bestraft wurden? Jede derartige Interaktion mag für sich genommen als trivial und unbedeutend erscheinen („Ach, mach' doch aus 'ner Mücke keinen Elefanten!" – „Warum bist du nur so empfindlich?"). Doch sie sind ganz und gar nicht unbedeutend, und wenn sie sich ständig wiederholen, können sie auf das Selbstvertrauen, das Selbstwertgefühl und die Fähigkeit des Kindes zu vertrauen eine katastrophale Wirkung haben.

Ein Beispiel für eine solche Situation ist die folgende Begebenheit: Eine Mutter fuhr ihren neunjährigen Sohn zusammen mit seinem Freund von der Schule nach Hause. Während der Freund ununterbrochen redete, war ihr Sohn ungewöhnlich still und gab nur hin und wieder eine mürrische, wortkarge Antwort. Sie tadelte ihren Sohn wegen seiner Unfreundlichkeit und sagte, er solle sich doch darüber freuen, daß sein Freund mit ihm nach Hause käme. Nachdem die beiden ungefähr eine Stunde miteinander gespielt hatten, bekam ihr Sohn einen ungewöhnlich starken Wutanfall. Er brüllte, schrie und trat um sich. Daraufhin wurde die Mutter auf ihren Sohn wütend. Erst als sie später noch einmal über die Situation nachdachte, wurde ihr klar, daß es in ihrer eigenen Ursprungsfamilie für außerordentlich wichtig gehalten worden war, sich anderen gegenüber „gut" zu benehmen und immer höflich zu bleiben. Als sie ihren Sohn wegen seiner Unfreundlichkeit getadelt hatte, hatte sie ihn damit praktisch aufgefordert, seine Gefühle zu unterdrücken und seinem Freund gegenüber freundlich zu sein. Dadurch hatte sie zum Ausdruck gebracht, daß ihr ihre eigenen Gefühle und die Gefühle des Gastes wichtiger waren als die ihres Sohnes.

Auch wurde ihr klar, daß sie auf den Gefühlszustand Ihres Sohnes auf viele verschiedene Weisen hätte eingehen können. Sie hätten dem Freund sagen können, ihr Sohn sei müde und brauche deshalb während der Autofahrt und nach der Ankunft zu Hause ein wenig Ruhe. Sie hätte die Zeit des gemeinsamen Spielens ein wenig verkürzen und den Freund früher nach Hause fahren können, oder sie hätte ihren Sohn vielleicht sogar darin unterstützen können, selbst zu einer Lösung zu kommen, wenn sie seinen Zustand wahr- und angenommen hätte. Statt dessen war sie in ein altvertrautes Verhaltensmuster verfallen, das sie in ihrer eigenen Familie erlernt hatte: Gefühle zu verleugnen, wenn diese nicht „positiv", höflich und freundlich waren.

In einer anderen Situation hatte sie ihren Sohn zu einem Besuch bei ihrer Mutter mitgenommen, die ihn bisher höchstens zwei- oder dreimal in seinem Leben gesehen hatte. Die Großmutter hatte gleichzeitig eine ihrer Freundinnen eingeladen. Sie beachtete ihren Enkel überhaupt nicht und unterhielt sich statt dessen angeregt mit ihrer Freundin. Da es in der fremden Umgebung wenig gab, was den Jungen interessierte, langweilte er sich und wurde unruhig. Deshalb lief er im Zimmer umher und stieß immer wieder gegen die Möbel. Der Mutter war es peinlich, daß sie ihren Sohn nicht zur Ruhe bringen konnte. Deshalb packte sie ihn schließlich ungehalten und ging mit ihm nach Hause. Sie war wütend und tadelte ihn wegen seines schlechten Benehmens und weil er auch auf ihre Aufforderung hin nicht damit aufgehört hatte. Er schaute sie entrüstet an und sagte: „Aber Mami, die Omi hat nicht einmal mit mir geredet!"

Plötzlich fiel es der Mutter wie Schuppen von den Augen, denn ihr wurde klar, daß sie ihren Sohn in die gleiche Situation gebracht hatte, in der sie selbst als Kind immer wieder gewesen war. Ihre Mutter hatte ihre Gefühle und Bedürfnisse immer wieder ignoriert und von ihr erwartet, daß sie höflich, freundlich und „vernünftig" bliebe. Ihre Mutter hatte sich keinerlei Mühe gegeben, Kontakt zu ihrem Enkelkind aufzunehmen, sich mit ihm zu beschäftigen, sich Gedanken darüber zu machen, was ihm wohl Spaß machen würde. Als der Junge dann auf eine für ein aktives, lebhaftes Kind völlig normale Weise reagierte, wurde er mit Vorwürfen überhäuft. Doch die Mutter des Jungen war nicht auf die Großmutter, ihre eigene Mutter, wütend geworden, sondern auf ihren Sohn, und so hatte sie die Familiensituation wiederholt, unter der sie selbst in ihrer Kindheit gelitten hatte. Ihr Sohn hatte bemerkt, daß seine Großmutter ihn ignorierte. Der Mutter hingegen war das entgangen, bis ihr Sohn sie darauf hingewiesen hatte. Auch dieses Beispiel zeigt, daß unsere Kinder uns wichtige Dinge lehren können, wenn wir bereit sind, ihnen zuzuhören und von ihnen zu lernen.

Als die Frau über all das später nachdachte, wurde ihr klar, daß es wohl unrealistisch wäre, zu erwarten, daß sich ihre Mutter noch ändern werde. Deshalb beschloß sie, beim nächsten Besuch für den Sohn ein paar Spielsachen mitzunehmen oder sich mit der alten Dame in einem Park zu treffen oder darauf zu bestehen, daß ihre Mutter zu *ihr* zu Besuch käme. Außerdem tat sie etwas, das sehr wichtig war, um das Vertrauensverhältnis zu ihrem Kind wiederherzustellen. Sie gestand sich ein, daß sie Unrecht gehabt hatte, und entschuldigte sich bei ihrem Sohn dafür, daß sie wütend auf ihn geworden war und ihm so in einer für ihn ohnehin schwierigen Situation das Leben noch schwerer gemacht hatte. Indem sie ihm zu verstehen gab, daß sie wußte, wie schrecklich die Situation für ihn gewesen war, schuf sie die Voraussetzung dafür, daß er wieder Vertrauen zu ihr entwickeln konnte, und außerdem bestärkte sie ihn darin, seinen eigenen Gefühlen zu vertrauen. Hätte sie seine Gefühle weiterhin geleugnet oder heruntergespielt, so hätte sie ihrem Sohn dadurch vermittelt, daß irgend etwas mit ihm nicht stimmt, wenn er sich so fühlt – ein Verhalten, das Menschen verrückt machen kann.

So sehr wir uns auch bemühen mögen, achtsam und präsent zu sein, wir werden immer wieder in automatische, unbewußte Verhaltensweisen verfallen. Wenn das geschieht, sollten wir uns bei unserem Kind entschuldigen und ihm zu verstehen geben, daß uns klar ist, wie schmerzhaft diese Erfahrung war. Allerdings werden diese Entschuldigungen manchmal zu häufig, und sie kommen uns zu leicht über die Lippen. Hin und wieder ist es vielleicht besser, daß wir uns das Geschehene schweigend bewußtmachen und uns dann innerlich fest vornehmen, in Zukunft achtsamer zu sein. Oder wir sagen, wenn wir uns auf frischer Tat ertappen, zu unserem Kind etwas wie: „Laß uns noch einmal von vorn anfangen" oder „Versuchen wir es noch einmal", und dann tun wir das. Auf diese Weise können wir eine Vertrauensbeziehung stärken oder wieder aufbauen.

Wenn wir uns der einschränkenden und destruktiven Verhaltensmuster bewußt werden, die wir als Kinder in unserer Ursprungsfamilie erlebt und erlernt haben, jener Erfahrungen der Trauer, Wut und Entfremdung, die wir in unserer Kindheit gemacht haben, so kann das zwar sehr schmerzhaft sein, aber es ist andererseits auch sehr nützlich, denn wir können dieses neu gewonnene Gewahrsein nutzen, um im Umgang mit unseren eigenen Kindern weisere Entscheidungen zu treffen.

Wer sind die Eltern,
wer ist das Kind?

Die Anforderungen der Zeit, in der wir leben, ihr Zeitdruck, der ökonomische Druck, der soziale Druck – all das zusammen raubt unseren Kindern eines der kostbarsten Merkmale der Kindheit. Der Kindheit ist eine Verträumtheit eigen, eine langsame Bewegung von einem Ding zum nächsten, die ihr durch Zeitdruck genommen wird. Kinder werden heute vielfach zu früh dazu gedrängt, selbständig zu werden, weil das für ihre Eltern wichtig ist. Sie wachsen zunehmend in einem physischen und emotionalen Vakuum auf, und der Einfluß des Fernsehens und ihrer Freunde spielt für sie eine wichtigere Rolle als das Vorbild und die Unterstützung erwachsener Männer und Frauen. Die Umstände, in die Familien geraten können, beispielsweise durch Unfälle, Krankheiten und das Alter, können schmerzhaft genug sein; wir brauchen diesen Schmerz nicht noch zu vermehren, indem wir die Menschen, die uns am nächsten stehen, durch unsere automatisierten Verhaltensmuster und um unsere emotionalen Bedürfnisse zu befriedigen unnötigen emotionalen Belastungen aussetzen und Gefängnisse kreieren, in die wir sie einsperren. Um diese ganze Problematik in einem umfassenderen Zusammenhang zu betrachten, könnten wir uns fragen, welche ungeschriebenen und unausgesprochenen emotionalen Regeln und Gesetze in unserer Ursprungsfamilie gültig waren.

Eine Freundin von uns hat einmal gesagt, ihr Vater habe ihr nur dann echte Aufmerksamkeit geschenkt, wenn sie mit ihm über seine Arbeit als Wissenschaftler gesprochen hätte. Erst als sie die Abschlußprüfung der Vorbereitungskurse für das Medizinstudium nicht bestanden hatte, wurde ihr klar, daß sie einen Weg eingeschlagen hatte, der nicht der ihre war. Daraufhin konzentrierte sie sich ausschließlich auf ihre künstlerische Arbeit, was ihr Vater absolut mißbilligte. Die unausgesprochene Regel, die er aufgestellt hatte, lautete: „Ich akzeptiere dich, solange du tust, was ich will."

Solche stillschweigenden Abkommen sind natürlich in jeder Familie anders. Manchmal bestimmen die emotionalen Bedürfnisse der Eltern, was geschieht. In anderen Familien werden emotionale Bedürfnisse generell ignoriert. Ohne daß darüber gesprochen wird, entwickeln sich Verhaltensmuster, die den Interessen der Familienmitglieder, die am mächtigsten sind, dienen, gewöhnlich dem Vater oder der Mutter oder beiden. Appelle an Schuld- Scham-, Pflicht- und Verantwortungsgefühle und an die unterwürfige Dankbarkeit können Kinder dazu bringen, solche stillschweigend als verbindlich hingestellten Verhaltensmuster anzunehmen, wodurch dem Kind nur wenig Raum bleibt, seine eigenen Gefühle und Bedürfnisse zum Ausdruck zu bringen.

Manche Eltern sind nur in der Lage, Nähe und Verbundenheit zu empfinden, wenn andere sich um ihre Verletztheit und ihren Schmerz kümmern. Sie versuchen deshalb unbewußt, ihre Kinder dazu zu bringen, daß diese ihren Schmerz mit ihnen teilen, und manchmal sogar dazu, ihn für sie zu tragen. Ohne daß sich solche Eltern ihrer Intention bewußt sind, versuchen sie, ihrem Kind beizubringen, sich auf ihre emotionalen Bedürfnisse einzustellen. Dies geschieht oft, ohne daß darüber gesprochen wird. Das Kind übernimmt also eine Rolle, die eigentlich die der Eltern ist, und versucht, empathisch und mitfühlend auf ihre emotionalen Probleme, ihre Schwierigkeiten und ihren Streß einzugehen. Indem ein solches Kind als Vertrauensperson eines Elternteils oder beider Eltern, als mitfühlender Zuhörer fungiert, lernt es, sich auf die Bedürfnisse anderer zu konzentrieren und seine eigenen Gefühle, Bedürfnisse und Wünsche zu vernachlässigen. Der Sohn wird dann zu einem „guten Jungen" und die Tochter zu einem „guten Mädchen" – auf Kosten ihrer eigenen Gefühle, ihrer eigenen inneren Wirklichkeit. Um sich selbst nicht ganz aufgeben zu müssen, haben Kinder oft keine andere Wahl, als in sehr extreme Reaktionen zu verfallen, indem sie beispielsweise ihre Eltern völlig ablehnen, sich selbstzerstörerisch verhalten, weglaufen oder sich isolieren und sich völlig in sich selbst zurückzuziehen.

Kinder müssen ein gesundes Selbstwertgefühl entwickeln, bevor sie sich auf eine Weise um andere kümmern können, die ihnen selbst nicht schadet. Sie müssen zunächst spüren, wie *sie* sich fühlen, was *sie* brauchen und was *sie* wollen. Ebenso müssen sie lernen, das auf angemessene Weise zu kommunizieren, wozu ein mitfühlendes Verständnis der Menschen in ihrer Umgebung unerläßlich ist. Die Aufgabe der Eltern ist es, sich wirklich wie Erwachsene zu verhalten und auf die Bedürfnisse ihrer Kinder adäquat einzugehen. Wenn Eltern das tun, lernen ihre Kinder allmählich und ganz natürlich, sich anderen Menschen gegenüber bewußter zu verhalten. Sie erfahren, was es bedeutet, einen Dialog zu führen und ein Gespür für den Umgang mit anderen Menschen zu entwickeln. Sie sprechen – die anderen hören zu; die anderen sprechen – sie hören zu. Auf diese Weise erfahren sie die Wechselseitigkeit von Beziehungen. Da ihre Gefühle und Bedürfnisse angehört und beantwortet werden und da sie auf diese Weise allmählich Vertrauen zu anderen Menschen bekommen, entwickeln sie die Fähigkeit, selbst Beziehungen aufzubauen, die für beide Seiten befriedigend sind. Gewöhnlich dauert das einige Zeit. Bei manchen Kindern zieht sich dieser Prozeß über viele Jahre hin. Bei anderen ist er schon sehr früh abgeschlossen.

Wenn Kinder das Gefühl haben, daß sie über genügend Bewegungsfreiheit und Sicherheit verfügen, um sagen zu können, wie sie sich wirklich fühlen und wie sie die Dinge sehen, dann ist es nur natürlich, daß sie ihre Eltern immer wieder herausfordern. Es war für uns eine äußerst frustrierende Erfahrung, daß unsere Kinder in einem bestimmten Alter eine unglaubliche Begabung hatten, jede Situation so darzustellen, daß wir Eltern als die Bösewichte dastanden. Sie schoben einfach alles uns in die Schuhe. Es dauert lange, bis Kinder dazu fähig sind, sich einzugestehen, daß auch sie Anteil am Geschehen haben und daß auch sie Verantwortung tragen, was von den Eltern häufig sehr viel Geduld erfordert.

Ein Mann schreibt seinem Vater, was ihm an ihrer gemeinsamen Beziehung Schmerz und Kummer bereitet hat. Der Vater antwortet: „Ich vergebe dir diese schrecklichen Briefe." – Damit leugnet er, daß auch nur irgend etwas an dem, was sein Sohn ihm geschrieben hat, wahr sein könnte. Statt seinen Sohn um Vergebung zu bitten, gewährt er ihm gnädigst Vergebung, als ob es ein Verbrechen wäre, daß der Sohn ihm seine wahren Gefühle gestanden hat. Wieviel weniger verletzend oder sogar wie heilend wäre es dagegen gewesen, wenn er den Schmerz seines Sohnes gehört und ein gewisses Verständnis ihm gegenüber gezeigt hätte, selbst wenn ihm das, was der Sohn ihm geschrieben hatte, letztlich unbegreiflich gewesen wäre. Er hätte dann beispielsweise antworten können: „Ich fühle mich dir zutiefst verbunden, und wenn ich dir Schmerzen zugefügt haben sollte, so tut mir das sehr leid. Wenn du möchtest, können wir uns zusammensetzen, und ich werde mich bemühen zu verstehen, was damals geschehen ist."

Eine Frau, die eine „perfekte Ehe" beendete und zur Lesbierin wurde, sagte: „Ich wollte meine Mutter nicht verlieren, doch stand ich vor der Entscheidung, entweder sie oder mich selbst zu verlieren, und zu letzterem war ich einfach nicht in der Lage."

*

Zwei erwachsene Schwestern sprachen über ihre Mutter. Die eine sagte: „Wir sehen sie nicht als unsere *wirkliche* Mutter an, weil sie sich nicht wie eine Mutter verhält. Wir haben eher das Gefühl, daß wir *ihre* Mutter sind. Sie gibt uns ständig zu verstehen, daß wir nicht genug tun, daß wir sie nicht lieben und sie nicht genügend wertschätzen."

*

Was haben Ihre Eltern von Ihnen erwartet? Wofür waren Sie emotional in Ihrer Familie verantwortlich? In welcher Weise haben Ihre Eltern die Bedürfnisse ihrer Kinder vorrangig behandelt? Welche grundlegenden Bedürfnisse der Kinder haben sie erfüllt und wie? Wieviel Raum hatten Sie, verschiedene Verhaltensweisen auszuprobieren? Wer in der Familie war für die Qualität der Beziehungen zwischen den Familienmitgliedern verantwortlich? Wer mußte dafür sorgen, daß Situationen sich verbesserten? Wer nährte wen?

Manchmal tragen wir als Erwachsene eine schwere emotionale Last. Dieses emotionale Gepäck enthält alle möglichen Dinge, die eigentlich nicht zu uns gehören, doch haben wir uns im Laufe der Jahre angewöhnt, sie mit uns herumzuschleppen – den Schmerz unserer Eltern, ihre Erwartungen, ihre Enttäuschungen, ihre Geheimnisse, ihren Zorn und ihre Verletzungen. Manchmal kann es uns schon mit Unzulänglichkeits- und Schuldgefühlen erfüllen, wenn wir nur darüber nachdenken, diese Last abzulegen. Wir sind dann emotional wie gelähmt und nicht in der Lage, uns zu bewegen. Wenn wir die Last ablegen würden, wären wir ein „schlechter" Sohn oder eine „schlechte" Tochter. „Wie konnten wir das nur tun!"

Wenn wir dann schließlich doch versuchen, die Last abzulegen und uns aus der Rolle zu befreien, die uns vor langer Zeit auferlegt wurde und die wir hauptsächlich aus Gewohnheit, Schuldgefühlen und Angst so lange gespielt haben, wenn wir uns weigern, uns weiterhin an die alten, stillschweigend vorausgesetzten emotionalen Regeln unserer Ursprungsfamilie zu halten, dann kann der Teufel los sein.

Uns aus den alten und bequemen familiären Beziehungsmustern zu lösen und eine größere emotionale Unabhängigkeit zu entwickeln kann als beispielloser Verrat aufgefaßt werden. Oft rufen wir dadurch heftigen Widerstand und Kritik hervor. Es erfordert ungeheuren Mut und ebenso große Ausdauer, wenn wir in unserem Leben neue emotionale Muster entwickeln wollen.

Es ist nie zu spät, die Last, die wir tragen, abzulegen und neue Beziehungsmuster zu entwickeln, die unserer Situation angemessener sind. Dieser Prozeß wiederum kann uns helfen, unsere Erwartungen unseren eigenen Kindern gegenüber klarer zu sehen, wodurch wir unsere Kinder und uns selbst von unnötigen emotionalen Belastungen befreien. Dann wird das Leben aller Beteiligten leichter, authentischer und emotional gesünder, und alle erhalten mehr Raum für sich.

Vielleicht können wir uns deshalb von Zeit zu Zeit die Frage stellen, ob unsere Kinder hier sind, um unsere Bedürfnisse zu erfüllen, oder ob es umgekehrt ist. Und von welchem Zeitpunkt in ihrem Leben ab akzeptieren wir, daß es nun in zunehmendem Maße *ihre* Sache ist, ihre Bedürfnisse zu erkennen und ihr Leben in die Hand zu nehmen?

Selbst erwachsene Kinder brauchen zuweilen unsere Unterstützung, unser Verständnis und, soweit wir dazu in der Lage sind, auch unsere Hilfe. Wenn eine Zwistigkeit oder eine Kluft zwischen uns und unseren Kindern besteht, ist es unsere Verantwortung, daß wir als Eltern den Mut finden, über den Abgrund der Zeit und unseres Schmerzes hinweg auf unsere erwachsenen Kinder zuzugehen und Möglichkeiten zur Heilung und Wiederherstellung der Verbindung zu finden. Das ist vielleicht nicht immer möglich, doch ein wirklich offenes Herz vermag Verletztheit zu heilen und Wut zu besänftigen. Wir können das nur versuchen, doch sollten wir nie die Bereitschaft zur Wiederherstellung eines positiven Kontaktes aufgeben. Dabei müssen wir manchmal warten, bis unsere Kinder ihrerseits bereit sein, den Kontakt wieder aufzunehmen.

Die psychologische Forschung hat mittlerweile herausgefunden, daß es Menschen sehr schwerfallen kann, ihren Kinder oder sich selbst etwas zu geben, wenn ihre eigenen Eltern ihre emotionalen Bedürfnisse nicht erfüllt haben. Dieser Zyklus kann sich von Generation zu Generation wiederholen. Wir haben die Möglichkeit, diesen schrecklichen Teufelskreis zu durchbrechen, so daß Eltern zu Eltern werden und unsere Kinder die Möglichkeit haben, wirklich Kinder zu sein. Auf diese Weise entsteht ein Prozeß des fortlaufenden Gebens. Wir geben unseren Kindern etwas mit auf den Weg, und sie wiederum geben ihren Kindern etwas.

Das erfordert ein gewisses Maß an Selbstlosigkeit, und es kann schwer sein, diese aufzubringen, wenn wir uns zutiefst verletzt und unfertig fühlen. Doch Selbstlosigkeit muß kein großes Opfer sein, denn indem wir die Bedürfnisse unserer Kinder auf adäquate Weise zu erfüllen versuchen, gelangen wir merkwürdigerweise oft selbst zu Erfüllung und Ganzheit, und unsere emotionalen Wunden werden geheilt.

Auch wenn unsere Kinder älter werden, brauchen sie in mancherlei Hinsicht weiterhin unsere Unterstützung. Und wenn *wir* älter werden, wird es Situationen geben, in denen *wir* ihre Unterstützung brauchen. Ein Lebenskreis, ein unablässiges Geben und Empfangen, das sich im Laufe der Zeit verändert, kann uns alle nähren.

*

Meine Hände greifen zitternd vor Wut nach dem quengelnden Kind. Doch statt es rauh zu packen, schließen sie sich sanft wie ein Flüstern um seinen Körper. Ich nehme es auf und atme dabei tief. Die Spannung fällt von mir ab. In diesem Augenblick bin ich nicht von meiner eigenen Dünnhäutigkeit und meinem Gefühl, überstrapaziert zu sein, erfüllt, sondern von der Geduld meiner eigenen Mutter. Dies ist ein Geschenk, das sie mir vor langer Zeit gemacht hat. Ihre Hände haben es in mich hineingegossen. Die vielen Stunden, in denen sie mich besänftigte, und die tiefe Ruhe, die ich bei ihr sah, wenn sie meine jüngeren Brüder und Schwestern in ihren Armen wiegte, sie stillte und ihnen Trost und Geborgenheit vermittelte, haben mich geprägt, ohne daß ich es gemerkt habe. Dieses Geschenk hat mein ganzes Leben lang in mir geschlummert, wie ein Vogel im Nest. Es hat auf den Augenblick gewartet, in dem meine Hände die sanfte Stärke von Flügeln brauchten.

LOUISE ERDRICH
The Blue Jay's Dance

Werte

Was wir in unserer Familie am meisten schätzen, ist ein Gefühl der Verbundenheit, das Gefühl, Teil eines größeren, liebevollen Ganzen zu sein, das uns alle schützt und nährt, innerhalb dessen wir so gesehen und angenommen werden, wie wir wirklich sind. Diese Situation entsteht nicht auf magische Weise von heute auf morgen, sondern es erfordert eine bestimmte Art innerer Arbeit, eine solche Familienkultur aufzubauen und zu erhalten. Die Form verändert sich ständig, so wie sich ja auch die Größe der Familie verändert, die Kinder wachsen, wie auch wir als Eltern wachsen und reifen, und in der Gesellschaft finden permanent Veränderungen statt, die eine tiefe Wirkung auf uns haben. An einem bestimmten Punkt müssen die Kinder sich von der Familienkultur ihrer Ursprungsfamilie entfernen und ihre eigene Familie aufbauen.

Jede Familie entwickelt eine einzigartige Familienkultur, ob sie sich dessen bewußt ist oder nicht. Die besondere Herausforderung, die das Bemühen um Achtsamkeit in der Familie beinhaltet, besteht teilweise darin, daß wir uns die Eigenarten dieser speziellen Familienkultur zu Bewußtsein bringen und bewußt Entscheidungen treffen, die unsere Wertvorstellungen als Eltern widerspiegeln und zum Ausdruck bringen.

Von den „Familienwerten" ist in unserem Land in letzter Zeit viel Aufhebens gemacht worden, oft aus einer sehr moralistischen Perspektive, einer sehr engstirnigen Ansicht darüber, was eine „gute" Familie ausmacht. Die Anhänger dieser Sichtweise sehen alles, was vom Schema der Standardfamilie mit zwei leiblichen Eltern abweicht, als suspekt an. Wie Eltern ihre Aufgabe erfüllen oder welche Wertvorstellungen sie haben, scheint weniger wichtig zu sein als die Frage, ob sie die korrekte „Form" wahren.

Der Begriff „Wert" bezeichnet die Dinge, denen aufgrund ihrer Qualität und ihrer Wesensmerkmale eine besondere Bedeutung zugeschrieben wird. Was als besonders wertvoll angesehen wird, läßt sich anhand der Prioritäten feststellen, die in der betreffenden Familie gültig sind. Wenn in einer Familie die Bedürfnisse der Eltern an erster Stelle stehen, so kommt darin eine bestimmte Art von Wertvorstellung zum Ausdruck. Und wenn den Kindern Souveränität und ihren Bedürfnissen eine besondere Bedeutung zugemessen wird, so basiert das offensichtlich auf anderen Wertprioritäten. Welche Prioritäten wir auch setzen mögen, immer wird dadurch die gesamte Familienkultur einschließlich ihrer Werte geprägt. „Familienwerte" sind also kein rein theoretisches Konzept. Es spielt keine Rolle, was wir denken oder glauben oder welche Prinzipien wir haben, wenn es nicht in der Art, wie wir leben, zum Ausdruck kommt.

Unsere individuellen und kollektiven Werte schlagen sich deutlich erkennbar in unserem Alltagsleben nieder. Wir verkörpern unsere Prioritäten, ob es uns gefällt oder nicht und ob wir es wissen oder nicht. Deshalb kann es sehr hilfreich sein, wenn wir uns mit dem beschäftigen, was wir verkörpern. Wir können all das mit Gewahrsein betrachten und es im Geiste interessierten Forschens und verständnisvoll tun, nicht aus einer verurteilenden Haltung heraus. Wenn uns bestimmte Aspekte unseres eigenen Verhaltens oder der Prioritäten, die innerhalb unserer Familie gültig sind, nicht gefallen, könnten wir uns in der Achtsamkeitsübung, in der formellen ebenso wie in unserem Alltag, mit der Frage beschäftigen, was geschehen würde, wenn wir andere Prioritäten entwickeln würden, in denen das, was uns wirklich wichtig ist, eher zum Ausdruck kommt. Wir könnten uns fragen: „Was ist uns *wirklich* am wichtigsten? Welchen Aspekten messen wir als Eltern den größten Wert bei? Gibt es Prinzipien, die die Prioritäten unserer Familie spiegeln und die maßgeblichen Einfluß auf unsere Entscheidungen und Handlungen haben?"

In unserer eigenen Familie messen wir Souveränität, Empathie, Verständnis und Gewahrsein besonders großen Wert bei, weil wir diese Werte für Grundvoraussetzungen halten, um Liebe und Fürsorglichkeit ausdrücken zu können. Als Eltern versuchen wir, im Einklang mit diesen Werten zu leben, und sie haben für uns in jedem Augenblick die höchste Priorität. Aus ihnen ergeben sich weitere Werte, die uns wichtig sind, beispielsweise Respekt, Wahrhaftigkeit, Verantwortlichkeit, Flexibilität, Autonomie und das Recht jedes Familienmitglieds auf eine Privatsphäre. Natürlich sind uns auch Friede und Harmonie wichtig, doch halten wir es nicht für sinnvoll, sie um jeden Preis und auf Kosten von Werten wie Souveränität, Wahrhaftigkeit und Autonomie durchzusetzen. Deshalb geht es in unserer Familie manchmal alles andere als friedlich zu. Wir sind davon überzeugt, daß sich Friede und Harmonie nicht erzwingen lassen, so wie man auch niemanden zwingen kann, bestimmten Werten entsprechend zu leben. Vielmehr muß sich die Bereitschaft, Werte zu beherzigen, durch Beispiel, Vertrauen und Geduld und durch die gesamte Atmosphäre innerhalb der Familie entwickeln.

In vielen Familien ist das äußere Erscheinungsbild wichtiger als alles andere. Brüllen und Schreien sind in solchen Familien absolut tabu, und die wichtigsten Orientierungsmaßstäbe sind „gutes Benehmen", ein „ansehnliches Äußeres" und „geschliffene Umgangsformen" sowie „gesellschaftlicher Erfolg". In diesen Familien sind nur ganz bestimmte Emotionen akzeptabel.

Wenn wir uns bemühen, uns der Bedeutung dessen bewußt zu bleiben, was unter der oberflächlichen Erscheinung liegt, nämlich im Bereich des Fühlens, im Bereich der Seele, und wenn wir bereit sind, ehrlich zu kommunizieren und auch unsere Kinder zu dieser Art der Kommunikation zu ermutigen, so bringen wir dadurch zum Ausdruck, daß wir das, was im Inneren eines Menschen vor sich geht, für wichtiger halten als die äußere Erscheinung des Betreffenden.

Die emotionale und auch die äußere Atmosphäre, die Eltern in ihrer Familie erzeugen, hat entscheidenden Einfluß auf die Entstehung und Entwicklung spezifischer Familienwerte. Je stärker diese Dimension des Familienlebens von Achtsamkeit beeinflußt wird, um so wahrscheinlicher ist, daß die tiefen inneren Werte der Familie den einzelnen Mitgliedern bewußt bleiben und daß ihnen bei Entscheidungen Priorität eingeräumt wird.

Ein Aspekt der Familienkultur und der Atmosphäre innerhalb unserer Familie, der uns besonders wichtig ist, ist das Gefühl, daß unser Zuhause ein sicherer Hafen ist, eine Zuflucht, die uns vor dem Ansturm äußerer Stimuli Schutz bietet, ein Ort, an dem unsere eigenen Werte den Ton angeben und an dem sie eine ausgleichende, bereichernde und vertiefende Wirkung auf Dinge haben können, die von den in unseren Augen oft oberflächlichen, geistlosen und materialistischen Einflüssen der herrschenden Kultur geprägt sind.

Familienrituale können ein wichtiger Bestandteil dieser Familienkultur sein. Rituale erzeugen eine Atmosphäre der Geborgenheit, die die Familienmitglieder in Raum und Zeit lokalisiert und die Gefühlsbindungen zwischen Eltern und Kindern und der Kinder untereinander stärkt. Die Qualität unserer Absicht und die Präsenz, mit der wir unsere Familienrituale Augenblick für Augenblick ausführen, geben ihnen ihren Sinn.

Alles kann zu einem Familienritual werden: das Aufwecken der Kinder am Morgen, das Schuhe-Zubinden, das Bürsten und Flechten des Haars, das Baden, das gemeinsame Essen – so oft, wie es uns möglich ist –, das Anzünden der Kerzen am Eßtisch, der gemeinsame Segensspruch oder das gemeinsame Singen oder im Winter das Zusammensitzen am Kaminfeuer oder das Geschichtenerzählen vor dem Zubettgehen. All das kann das Familienleben bereichern.

Es ist auch wichtig, ein gewisses Gewahrsein für die häusliche Umgebung zu entwickeln. Zwar braucht das nicht die höchste Priorität zu haben, doch wenn das ganze Haus oder die ganze Wohnung schmutzig und ein einziges Chaos ist, so wirkt sich dies auf alle Bewohner aus. Das hat nichts mit zwanghaftem Ordnunghalten zu tun, das nur darauf schielt, welchen Eindruck die Familie nach außen hin macht.

Achtsamkeit kann auf verschiedene Art und Weise dazu benutzt werden, die Ordnung im Hause wiederherzustellen. Die einfachsten Aktivitäten, angefangen vom Abräumen des Tischs über das Staubsaugen und das Wäschewaschen, können zu Gelegenheiten werden, ein Gewahrsein jedes einzelnen Augenblicks zu entwickeln. Wenn die Kinder älter werden, können auch die notwendigen Organisations- und Reinigungsarbeiten zu einem Familienritual werden, wobei diese Arbeit vielleicht sogar von allen gemeinsam erledigt werden kann. Auf diese Weise wird das Haus für Neues bereit gemacht.

Innerhalb unserer Familie versuchen wir als Eltern gemeinsam, die Familie als Ganzes im Blick zu behalten. Die ganze Familie profitiert davon, daß wir ihrer gewahr bleiben und die Bedürfnisse der Gemeinschaft ebenso im Blick behalten, wie wir uns um die Bedürfnisse der einzelnen Kinder kümmern. Manchmal ist es auch wichtig, sich um die Familie als Ganzes zu kümmern. Manchmal müssen alle Familienmitglieder zusammenkommen, um bestimmte Probleme zu analysieren und zu lösen. In anderen Fällen geht es bei solchen Treffen nur darum, wieder Kontakt zueinander aufzunehmen oder den Kontakt zu verstärken oder ganz einfach das Zusammensein zu genießen. Wenn die Kinder älter werden, entwickelt sich in ihnen allmählich das Gefühl, daß sie einem größeren Ganzen angehören, und sie fangen an, ihren Teil zum dauerhaften Wohl der Familie beizutragen. Das kann in verschiedenen Lebensaltern und sogar bei verschiedenen Kindern unterschiedliche Formen annehmen.

Wir glauben, daß Kinder ihre eigenen umfassenderen gesellschaftlichen Wertvorstellungen entwickeln – aufgrund der Atmosphäre und Familienkultur innerhalb ihrer Ursprungsfamilie und aufgrund ihrer allmählich umfassender werdenden Kontakte zur Welt. So wie wir unserer Familie nicht Frieden und Harmonie aufzwingen können, können wir auch Werte wie Großzügigkeit, Mitgefühl, Nicht-Schaden, Gleichberechtigung und Würdigung der Vielfalt nicht mit Hilfe von Moralpredigten und Zwang durchsetzen. Natürlich können wir für diese Werte eintreten, doch letztlich lernen unsere Kinder sie nur durch eigene direkte Erfahrung wirklich zu schätzen, und sie werden sie nur dann in ihr Selbstbild und in ihre Weltsicht integrieren, wenn wir Eltern diese Werte in unserem Leben tatsächlich umsetzen.

Eine positive Familienkultur kann Kindern einen stabilen Rahmen geben, mit dessen Hilfe sie sich in die Welt hinauswagen und ihren eigenen Weg finden können. Unsere Aufgabe als Eltern ist es, herauszufinden, was uns selbst am wichtigsten ist, und das so gut wir können in unserem Leben und insbesondere im Umgang mit unseren Kindern zum Ausdruck zu bringen.

*

Mein Sohn ist in den Außenbezirken von New York City aufgewachsen. Sein Vater und ich haben uns getrennt, als er noch sehr jung war. Ich hielt es für meine Aufgabe, ihm die Werte zu vermitteln, die mir in meinem eigenen Leben immer wichtig waren. Dazu gehört Respekt allen Menschen gegenüber, ungeachtet ihrer Herkunft und ihrer Lebensumstände.

Seit seiner Kindheit hat sich in New York City viel verändert. In vielen Gebieten, auch in dem Stadtteil, in dem er mittlerweile wohnt, gibt es nun obdachlose Männer und Frauen, die manchmal aggressiv betteln und manchmal eher passiv in Hauseingängen sitzen oder schlafen.

Eines kalten Winterabends freute ich mich darauf, meinen mittlerweile dreiundzwanzigjährigen Sohn in seinem Apartment abzuholen und mit ihm in seinem neuen Stadtteil zum Essen zu gehen. Meine Besuche bei ihm waren für mich kostbare Augenblicke. Für mein Gefühl trafen wir uns viel zu selten, doch es war so oft,

wie es für ihn gut war. Mir war klar, daß es so sein mußte, damit er lernen konnte, sein Leben nach seinen eigenen Vorstellungen zu gestalten.
Als ich mich dem Haus näherte, in dem er wohnte, bemerkte ich auf dem Gehsteig direkt rechts neben dem Hauseingang eine Frau, die dort saß und bettelte. Ich spürte, wie sich mein Körper zusammenzog und verspannte, als ich meine Augen von ihr abwendete und so tat, als würde ich sie nicht sehen, während ich in das Gebäude eintrat. Ich wollte nicht, daß ein Gewahrsein menschlichen Leidens meine Absicht, einen schönen Abend mit meinem Sohn zu verbringen, behinderte.
Wir brachen bald auf, fuhren mit dem Aufzug zur Haustür, um eines der vielen Restaurants in der Gegend aufzusuchen und dort bei gutem Essen unser Zusammensein zu genießen.
Als wir das Haus verließen, ging mein Sohn zu der Frau, die immer noch auf dem Bürgersteig saß – genau dort, wo ich sie kurz zuvor noch so beflissentlich übersehen hatte. Er gab ihr das Kleingeld aus seiner Geldbörse und sagte zu meiner Überraschung zu ihr: „Das ist meine Mutter." Die Frau schaute mich mit einem warmherzigen und offenen Lächeln an, und dann begrüßten wir uns mit einem freundlichen „Hallo".
Mein Sohn wußte, daß es okay war, diese Frau als einen ganz normalen Menschen in einer schrecklichen Situation zu sehen – dem gegenüber er sich gütig verhielt.
Ich hatte versucht, ihm beizubringen, daß Menschlichkeit allen Menschen ohne Ausnahme gemeinsam ist – und offenbar hatte er es gelernt. Ich war zutiefst bewegt, als mir klar wurde, daß er nun mir einen Wert neu vermittelte, den ich an jenem Abend aus dem Blick verloren hatte, einen Wert, den ich selbst ihm vor so vielen Jahren zu vermitteln versucht hatte.

Kindgerechte Produkte?

In unserer heutigen, vom Konsum dominierten Kultur werden Eltern leicht zu einem Lebensstil verleitet, der bewirkt, daß ihre Kinder die Welt schon als Babys stärker durch Objekte als durch dauerhafte Kontakte zu anderen Menschen erfahren. Die riesige Menge „kinderfreundlicher" Produkte, die das Elternsein erleichtern und die Beziehung zwischen Eltern und Kindern stärken sollen, können nur zu leicht zum Ersatz für jene essentiell *menschlichen* Interaktionen werden, die ein Kind dringend benötigt.

Beispielsweise kann es vorkommen, daß ein Baby eine Minute lang getragen wird, dann in einen Kindersitz im Auto gesetzt wird, dann vom Auto in seinem Autositz in einen Laden getragen wird, dann wieder zurück nach Hause gefahren wird, dort in eine Wiege oder in einen Babystuhl gesetzt und später in einem Kinderwagen spazierengefahren wird. Es kann sein, daß das Kind auf diese Weise den größten Teil des Tages kaum die Möglichkeit hat, aktiv mit seiner Umwelt in Kontakt zu treten, und fast auschließlich mit leblosen Objekten in Berührung ist. Die Geräusche, die es in dieser Zeit hört, stammen möglicherweise hauptsächlich aus dem Fernsehen oder aus dem Radio, und auch während des Mittagsschlafs und abends beim Einschlafen wird es vielleicht wieder alleingelassen und nicht von Menschen berührt.

Wenn die Eltern sich nicht darum kümmern, wie ihr Baby die Welt erfährt, schaffen sie für das Kind oft eine Umgebung, die eher ihren eigenen Bedürfnissen als seinen entspricht, weil sie nach Zweckmäßigkeitserwägungen organisiert, für das Kind chaotisch und zusammenhanglos ist und die Dimension der direkten menschlichen Kontakte nicht berücksichtigt. Ob die Objekte, die das Baby berührt, aus Kunststoff oder aus natürlichen Materialien hergestellt sind, sie sind und bleiben Objekte – kalt, unbeweglich und nicht zu jener Wärme, Stimulation und Feinfühligkeit in der Lage, die Körper, Seele und Geist einer Mutter oder eines Vaters ihm bieten können.

Wenn wir unsere Kinder zuwenig beachten, uns überwiegend anderen Dingen zuwenden, und sie mit Hilfe von Objekten beschäftigt halten – indem wir beispielsweise die Schaukel möglichst stark in Bewegung setzen, damit wir eine Weile Ruhe haben, eine Tonbandkassette auflegen, um ihnen nicht selbst eine Geschichte erzählen zu müssen, oder das Fernsehen einschalten und sie dadurch ruhigstellen –, so erziehen wir sie dadurch, ohne uns dessen bewußt zu sein, zu Passivität und Abhängigkeit, statt ihnen die aktive Teilnahme an einer lebendigen Welt zu ermöglichen, die auf wechselseitigen Beziehungen basiert.

Wegen des Zeitdrucks, dem wir als Eltern ständig ausgesetzt sind, weil wir unsere beruflichen Verpflichtungen erfüllen müssen, für den Unterhalt unserer Familie sorgen und generell den an uns gestellten Anforderungen nachkommen müssen, drängen wir unsere Kinder immer früher in eine immer größere Selbständigkeit hinein. In Amerika gibt es sogar eine Methode des Umgangs mit Babys, die *Selbsttröstung* (*self-soothing*) genannt wird. William Sears hat sie in seinem *Baby Book* beschrieben. Ziel dieser Methode ist es, „dem Baby beizubringen, sich selbst zu trösten – indem man es einfach allein läßt oder ihm hilft, Möglichkeiten der Selbsttröstung zu finden –, statt daß es sich auf die Geborgenheit verlassen kann, die seine Mutter und sein Vater ihm geben können." Der Autor weist darauf hin, daß diese Methode sehr negative Auswirkungen haben kann: „Dieser Denkansatz ignoriert ein wichtiges Grundprinzip kindlicher Entwicklung: Ein Bedürfnis, das in der frühen Kindheit erfüllt wird, verschwindet; ein Bedürfnis, das nicht erfüllt wird, verschwindet nie vollständig, sondern kehrt später in Form von verschiedenen Störungen zurück – Aggressionen, Wut, Distanzierung oder Rückzug und Disziplinprobleme." Eine Folge dieser Tendenz ist, daß wir uns durch scheinbar geringfügige und harmlose Veränderungen unserer Lebensweise allmählich die Möglichkeit zu wichtigen Interaktionen mit unseren Kindern nehmen und sie dadurch eine gewisse Art von Nahrung nicht mehr von uns erhalten. Statt uns nur noch dafür zu interessieren, was „das beste Produkt" auf dem Markt ist, könnten wir einen Teil unserer Energie darauf verwenden, uns mit der Frage zu beschäftigen, wie diese Produkte die Welterfahrung unseres Kindes und seine Beziehung zu uns beeinflussen könnten.

Beispielsweise setzen wir einen Säugling häufig schon in einen Buggy, ohne uns etwas dabei zu denken. Würden wir versuchen nachzuempfinden, wie er sich wohl darin fühlt, würde uns vielleicht klar, daß das Kind in einem solchen Wagen völlig ohne jeden Schutz mit der Welt konfrontiert wird, denn andere Menschen, Lärm und Energie von außen kommen direkt auf das Baby zu. Vielleicht sehen wir dann auch, daß das Baby, während all diese unvorhersehbaren Stimuli auf es einstürmen, von dem, was es am besten kennt und was ihm am besten hilft, sich in der Welt geborgen zu fühlen, getrennt ist: von den eigenen Eltern.

Wenn uns das klar geworden ist, werden wir es vielleicht vorziehen, das Kind bei Einkäufen oder Ausflügen auf dem Arm oder in einem Tuch an unserem Körper zu tragen, denn dann kann es am Geschehen in der Welt teilnehmen und ist gleichzeitig vor der Welt geschützt.

Wenn ein Kind eine bestimmte Größe und ein bestimmtes Gewicht erreicht hat, ist ein Buggy sehr nützlich, und dann ist es auch bereit für diese Art des Kontakts mit der Welt. Hingegen hat ein eineinhalbjähriges Kind viel mehr von einem Ausflug in die Welt, wenn die Eltern es in einem Tragegestell auf dem Rücken tragen, denn dann spürt es die Bewegungen und die Wärme des mütterlichen oder väterlichen Körpers und kann deren Gesicht und Haare berühren. Wenn es so getragen wird, befindet es sich genau in Augenhöhe der Gesichter der Erwachsenen, so daß es mit diesen über die Schulter seiner Eltern hinweg kommunizieren oder sich an deren Körper kuscheln kann, wenn es sich zurückziehen möchte. Unterdessen stehen die Füße des Kindes fest auf dem Fußhalter des Tragegestells und drücken gegen dieses, wobei sich sein ganzer Körper auf und ab bewegt und sich dehnt und streckt. Dieses Getragenwerden vermittelt ein Gefühl der Sicherheit und eröffnet ein ganzes Universum sensorischer Stimulation und Reaktion.

Wenn wir uns für eine solche Art des Umgangs mit unseren Kindern entscheiden, erfordert das kurzfristig etwas mehr Engagement von uns. Doch der Lohn dafür ist, daß wir unseren Kindern näher sind, daß wir intensiver mit ihnen in Kontakt sind. Wenn wir ihre Gegenwart unmittelbar physisch spüren, fühlen auch wir uns sicherer, und die Gefahr, daß wir subtile Signale des Kindes nicht bemerken, ist geringer – ob das nun ein Lächeln ist oder ein Geräusch, das es von sich gibt, oder die leichte Berührung einer Hand.

*

Während ich (mkz) mit einer Freundin und meinem Hund zusammen auf einem Fahrradweg spazierengehe, überholt uns eilig eine Frau mit einem Walkman, die einen Kinderwagen schiebt. Als sie schon ca. zehn Schritte vor uns ist, höre ich sie in lautem Kommandoton sagen: „Hund!" Die Musik aus dem Walkman hat sie in eine andere Welt versetzt, und dadurch ist ihr Zeitgefühl offensichtlich ziemlich gestört. In dem Moment, in dem sie ihr Kind auf den „Hund" aufmerksam macht, befinden wir uns schon weit hinter den beiden, so daß „Hund" für das Kind nur etwas völlig Abstraktes und aus dem Zusammenhang Gerissenes sein kann, also keinen Bezug zur Realität hat.

*

Produkte suggerieren, sie würden uns „freier machen", so daß wir in der gewonnenen Zeit andere Dinge tun könnten. Wir erwerben sie in der Erwartung, daß sie uns das Leben erleichtern oder uns unterhalten werden. Doch oft sind wir derartigen Versprechungen gegenüber zu leichtgläubig und stellen dann fest, daß sie zu Barrieren und zu einem Ersatz für menschliche Interaktion und Präsenz werden. Es kann sein, daß sie unsere Kinder in die Isolation treiben oder daß sie ihr Nervensystem überlasten. Oft stellt sich am Ende heraus, daß wir für den vermeintlichen Zeitgewinn mit einem Vielfachen an Zeit bezahlen müssen, denn unsere Kinder drehen plötzlich durch, weil sie zuwenig Aufmerksamkeit, physischen Kontakt und menschliche Wärme erhalten haben oder weil sie sich an die ständige Überschwemmung mit immer neuen Reizen schon so gewöhnt haben, daß sie diese nicht mehr missen mögen. Kinder, die sich in diesem Zustand befinden, sind ungeheuer anstrengend, und das ist auch nicht weiter verwunderlich. Den so entstandenen Schaden zu beseitigen ist weitaus schwieriger und weniger zufriedenstellend, als ihre echten Bedürfnisse gleich zu berücksichtigen.

Als unser Sohn im Kindergarten war, verblüffte er eines Morgens seine Erzieherin. Sie erzählte uns die folgende Geschichte. Die Kinder hatten auf dem Boden im Kreis gesessen, und sie hatte jedes Kind gefragt, was sie abends beim Einschlafen gern in der Hand halten würden. Einige Kinder nannten Stofftiere, andere ihre Babydecke und dergleichen. Als unser Sohn an der Reihe war, schaute er sie an und sagte ohne die geringste Spur von Verlegenheit: „Meine Mami."

Sicherlich gibt es Situationen, in denen Objekte, die Bequemlichkeit versprechen, sowohl für die Eltern als auch für die Kinder nützlich sind. Doch als Eltern müssen wir stets die Gesamtheit der Alltagserfahrung unserer Kinder im Blick behalten. Entscheidend ist, das richtige Gleichgewicht zu finden. Natürlich können wir gelegentlich einen Kinderwagen benutzen. Trotzdem können wir unser Baby oder Kleinkind so oft wie möglich im Arm halten oder auf dem Rücken tragen. Wir können im Auto eine Tonbandkassette mit einer Geschichte laufen lassen, unseren Kinder aber beim Zubettgehen selbst Geschichten vorlesen oder erzählen. Stofftiere und Babydecken können wunderbar tröstend sein, aber sie sollten nicht die wichtigste oder einzige Quelle der Geborgenheit im Leben unserer Kinder werden.

Wir könnten uns fragen, ob eine Bindung an ein Objekt oder eine Bindung an einen Menschen für unser Kind gesünder ist, ob es, wenn es ihm nicht gutgeht, besser nach der Babydecke und nach Stofftieren greift oder ob sich in solchen Situationen Menschen zuwenden kann. Jedes Objekt, das an die Stelle einer menschlichen Interaktion tritt, kann uns und unseren Kindern etwas wichtiges nehmen. Beziehungen basieren auf Augenblicken gemeinsamen Erlebens. Wenn wir nicht wachsam sind, kann ein Kind, das scheinbar „alles" hat, zu einem Kind werden, dem alles, was wirklich wichtig ist, fehlt.

Körperkult und die Sehnsucht nach Nähe

Manchmal vermitteln wir unseren Kindern, ohne daß wir es merken, negative Botschaften über ihren Körper – nicht nur durch das, was wir sagen, sondern auch durch den Tonfall unserer Stimme, durch unsere Blicke und durch Spannungen, die sich in unserem eigenen Körper manifestieren. Negative Botschaften über etwas so Grundlegendes wie den eigenen Körper können das Selbstwertgefühl eines Kindes zutiefst verletzen und seine natürliche Lebendigkeit und seine Freude am eigenen Körper und an sich selbst untergraben.

Eine Freundin von uns beobachtete die folgende Szene: In der Toilette eines großen Kaufhauses wechselte eine Frau ihrem zweijährigen Jungen die Windel. Dabei sagte sie unablässig in deutlich mißbilligendem und angewidertem Ton: „Du stinkst! Pfui! Pfui Teufel, wie du stinkst!" Der kleine Junge protestierte und sagte: *„Nein,* ich stinke gar nicht!" Die Mutter ignorierte diese Reaktion und fuhr fort mit ihren abfälligen Bemerkungen über den Gestank. Irgendwann hatte der Kleine genug von dieser unablässigen Beschämung und sagte: „Die Katze hat das gemacht!"

Dieser kleine Junge mußte sich von seinem Körper dissoziieren, um sein positives Selbstbild gegen seine übermächtige Mutter zu verteidigen. Das alltägliche Wechseln der Windel war zu einem Akt der emotionalen Grausamkeit und Entwürdigung geworden. Wenn der Junge weiter auf diese Weise beschämt wird, wie wird er dann sich selbst und seinen Körper sehen, wenn er älter wird?

Wie anders wäre diese Situation gewesen, wenn die Mutter, nach einem Blick in das lebhafte und interessierte Gesicht ihres Zweijährigen, ihr Gefühl des Abscheus erkannt und akzeptiert und sie dann Empathie für ihren Sohn empfunden hätte, der in der ungewohnten, lauten Umgebung der öffentlichen Toilette still daliegen mußte, während sie ihn säuberte und ihm die Windel wechselte. Wäre diese Frau sich ihrer eigenen Gefühle bewußter gewesen, so hätte sie vielleicht gemerkt, daß sie durchaus gleichzeitig von dem Geruch angewidert *und* ihrem Sohn gegenüber mitfühlend sein könnte.

*

In unserer zunehmend unter Berührungsmangel leidenden Gesellschaft verbringen wir einen großen Teil unserer Zeit mit Aktivitäten, bei denen unser Körper keine Rolle spielt und bei denen wir nicht mit anderen Menschen zu interagieren brauchen. Es prägt unsere gesamte zeitgenössische Kultur, daß wir immer weniger mit anderen Menschen zusammenkommen, um miteinander zu reden, zu musizieren, zu singen, zu tanzen, zu fischen oder Basketball, Karten oder Schach zu spielen, schweigend zusammenzusitzen, ins Feuer zu schauen, die Sterne zu betrachten, zuzuhören und angehört zu werden oder einen geliebten Menschen anzuschauen. Alle diese Aktivitäten sind in Gefahr, in Vergessenheit zu geraten.

Gleichzeitig erleben wir auch immer weniger echtes Alleinsein. Wir alle werden unablässig von Lärm, Menschen, Dingen, Aktivitäten, Telefonanrufen, Post und einer wahren Lavine elektronischer Bilder und Informationen bombardiert. Wir haben immer weniger Zeit, um uns im Zusammensein mit unserer Familie und mit anderen zu regenerieren, und auch immer weniger Zeit, um allein die Stille zu genießen oder still zu meditieren. Die Zeit, die uns für das Familienleben bleibt, wird heute in zunehmendem Maße durch das Fernsehen geschmälert. Sogar das Abendessen nehmen viele Familien vor dem Fernseher ein. Auch am Computer oder mit Videospielen verbringen Eltern und Kinder viele Stunden, die von der für die Familie verfügbaren Zeit abgehen.

Diese in den westlichen Industrieländern immer stärkere Beeinflussung des Alltags durch die moderne Technik und die Medien droht die Beziehungen in den Familien und in der Gesellschaft zu zerstören und uns die Zeit und den Raum zu rauben, die wir benötigen, um uns mit uns selbst auseinanderzusetzen. Die Gefahr, daß wir unsere Kinder an die verlockende Welt der Jugendkultur und der Medien verlieren, wird immer größer.

Da Gewalttätigkeit, Alkoholismus, Drogenkonsum und Geschlechtskrankheiten unter Jugendlichen rapide zunehmen, sollten wir uns vielleicht fragen, ob die heutige epidemieartige Ausbreitung von Süchten in irgendeiner Weise durch die in unserer Kultur stattfindenden ungeheuren Veränderungen stimuliert wird und ob sie vielleicht auch etwas mit der zunehmenden Tendenz unserer Gesellschaft zu tun hat, die Erziehung zugunsten der starken kommerziellen Einflüsse aus der Hand zu geben und dadurch einer allgemeinen Beziehungslosigkeit den Weg zu ebnen.

Da Kinder heute in so vielen grundlegenden Aspekten ihres Lebens einen Mangel an Verbundenheit und Zugehörigkeit erfahren, ist es eigentlich nicht verwunderlich, daß so viele Teenager schwanger werden oder zu Drogen, Alkohol und Zigaretten greifen, um sich einen Ersatz für die Gefühle der Geborgenheit und Verbundenheit zu verschaffen. Wenn die Bedürfnisse von Kindern auf jeder Entwicklungsstufe innerhalb der Familie adäquat erfüllt werden, können sie innere Ressourcen entwickeln, die sie gegenüber den destruktiven „schnellen Lösungen" weniger anfällig machen, mit denen sie mit zunehmendem Alter immer stärker konfrontiert werden.

Weil Kinder in ihren Familien immer weniger Wärme und Nähe erleben, suchen sie früh Intimität in Form von Sex. Das Wort „intim" bedeutet: den innersten Charakter von etwas betreffend; besonders privat oder persönlich; eng verwandt; sehr vertraut, sehr nah. Obwohl die Verwendung dieses Wortes im sexuellen Sinne ursprünglich von eher untergeordneter Bedeutung war, fällt uns diese Bedeutungsvariante heute gewöhnlich als erste ein. Statt emotionale Nähe zu erfahren, die Erfahrung zu machen, daß man einen anderen Menschen um eine Umarmung bitten oder liebevoll von einem anderen Menschen umarmt werden kann, glauben heute viele Teenager, Sex sei die einzige Möglichkeit, ihr ungeheures Bedürfnis nach Liebe und Nähe zu erfüllen.

Erwachsene und Kinder ertrinken in unserer Zeit geradezu in einem Meer sexueller Bilder, denn mit diesen werden wir nicht nur auf den Titelblättern von Illustrierten und in Zeitungen konfrontiert, sondern auch auf Plakatwänden, in Filmen und im Fernsehen. Vielleicht basiert die insbesondere für die amerikanische Gesellschaft so charakteristische zwanghafte Leidenschaft für möglichst große Frauenbrüste (die im Grunde Brüsten ähneln, die prall mit Milch gefüllt sind) teilweise auf einem Bedürfnis nach Nähe und Geborgenheit, das in der Kindheit nicht in ausreichendem Maße erfüllt wurde. Pervers erscheint uns, daß es in unserer Kultur zwar als völlig normal angesehen wird, daß Menschen von

Brüsten sexuell angezogen sind, es hingegen als „unanständig" hingestellt wird, wenn kleine Kinder in der Öffentlichkeit die Brüste ihrer Mütter anfassen – obwohl sie das offensichtlich auf eine sehr liebevolle Weise tun, die ganz sicher nichts mit Sexualität zu tun hat. In einigen Staaten der USA werden Frauen mit Hilfe von Gesetzen gegen Nacktheit daran gehindert, ihre Kinder in der Öffentlichkeit zu stillen. Das ist ein geradezu himmelschreiender Widerspruch zur angeblichen Wichtigkeit der „Familienwerte" in unserer Gesellschaft.

Da die Prioritäten unserer Gesellschaft nun einmal so widersprüchlich sind, ist es um so wichtiger, daß Kinder gesund und ausgeglichen aufwachsen, daß sie ein starkes positives Körperempfinden entwickeln und ein starkes inneres Gefühl der Selbstachtung und des Wertes der eigenen Person. Sie müssen Gelegenheit erhalten, sich als Menschen in ihrer Ganzheit zu erfahren, weder nur als körperlose intellektuelle Wesen noch als Sexualobjekte. Sie benötigen ungeheuer viel bedingungslose Liebe und nicht-sexuellen physischen Kontakt innerhalb der Familie.

Wenn Kinder in einer Umgebung aufwachsen, in der ihre emotionalen Bedürfnisse berücksichtigt und auf angemessene Weise befriedigt werden, werden sie sich allmählich ihrer eigenen Gefühle bewußter, ganz gleich, welche es sein mögen, und sie lernen, selbst zu erkennen, was sie wirklich brauchen. Wenn sie ihre eigenen Bedürfnisse besser erkennen können und anfangen, diese auf eine ihrer gesamten Existenz förderliche Weise zu befriedigen – ob durch Umarmungen, indem sie Zeit für sich allein verbringen, ein heißes Bad nehmen, ihre Energie in irgendeiner Art von Sport einsetzen, indem sie tanzen, Musik hören, ihre Gefühle durch Malen oder Schreiben zum Ausdruck bringen oder mit engen Freunden oder einem Erwachsenen, dem sie vertrauen, darüber sprechen –, sind sie weniger anfällig für die Verlockungen von Süchten. Denn diese beinhalten nichts weiter als das falsche Versprechen, ihre natürlichen Sehnsüchte nach Nähe und Verbundenheit, nach einer Erfahrung der eigenen Ganzheit und nach Zugehörigkeit befriedigen zu können.

Medienkult

Wir leben in einer Zeit, in der sich Dinge wesentlich schneller verändern als jemals zuvor in der Geschichte. Uns stehen heute mehr Informationen zur Verfügung als zu jeder anderen Zeit, doch ist ein großer Teil dieser Informationsflut nicht das, was wir am dringendsten brauchen. Die heutige Informa-tionsrevolution ermöglicht unseren Kindern den Zugang zu ganzen Erfahrungswelten, die über die Möglichkeiten des mittlerweile allgegenwärtigen Fernsehens weit hinausgehen – das allein schon abstumpfend genug ist. Im heutigen Zeitalter der immer kleiner und leistungsfähiger werdenden Notebooks, des Internet, der Computerspiele, des Kabel- und Satellitenfernsehens und der Videos kann es passieren, daß unsere Kinder überwiegend mit Hilfe von Maschinen zur Welt in Beziehung treten und daß sie mehr Zeit in „anderen Wirklichkeiten" verbringen als in der physischen Wirklichkeit, in der sie leben und atmen.

Es steht völlig außer Frage, daß sich die Welt, in der wir leben, vor unseren Augen rapide verändert. Die bereits existierenden technologischen Neuerungen und alle, die im Bereich der Hard- und Software noch folgen werden, kreieren eine absolut neue Welt. Und wenn unsere Kinder erwachsen sind, werden sie sich mit diesen Neuerungen auseinandersetzen und sie aktiv in ihr Leben einbeziehen müssen – was immer das bedeuten mag. Deshalb ist es um so wichtiger, daß sie ihre Verbindung zur realen Welt nicht verlieren und daß ihr Körper, ihr Geist, ihr Herz und ihre Seele gut und ausgewogen entwickelt sind.

Menschen, die sich bemühen, ganzheitlich zu leben, erhalten ihre innere Nahrung nicht durch die Technologie, so intelligent und nützlich diese auch sein mag, sondern durch die direkte seelische Zuwendung fühlender menschlicher Wesen. Technologische Mittel, ob in Form elektronischer Babysitter, in Form von Geräten, mit denen die Kinder sich die Langeweile vertreiben können, können nur zu leicht zum Ersatz für wichtige Kindheitserfahrungen und für die direkte zwischenmenschliche Kommunikation werden.

Als Eltern werden wir heutzutage mit immer schwierigeren Fragen konfrontiert, die wir kaum kompetent beantworten können, weil wir im Gegensatz zu unseren Kindern meist nur wenig über die Details dieser ganzen elektronischen Welt wissen, die sich mit unglaublichem Tempo weiterentwickelt. Es ist fast, als würden wir unsere Kinder auffordern, einen anderen Planeten zu besuchen, ohne daß wir sie auf dieser Reise beleiten könnten, allein im Vertrauen darauf, daß es ihnen schon gut ergehen wird und daß sich jene fremde Welt, die sie besuchen, als gutartig erweisen wird. Vielleicht ist das ein wenig naiv. Sollten wir unseren Kindern wirklich den uneingeschränkten Zugang zu dieser neuen Welt gestatten, einfach nur, weil sie existiert? Machen wir uns Gedanken über die potentiell positiven und negativen Aspekte und untersuchen wir diese? Wie lassen sich die positiven Aspekte maximieren und wie die negativen vermeiden? Oft haben wir weitaus mehr Fragen als Antworten zu Themen dieser Art. Doch sind Fragen und die generelle Haltung des Fragens sehr wichtig, denn sie helfen uns, eine kritische Einstellung zur Wirkung dieser neuen Technologien auf das Leben unserer Kinder zu entwickeln.

Wenn Kinder sich mit Video- oder Computerspielen beschäftigen, könnten sich ihre Eltern beispielsweise fragen, wie sich das auf den kindlichen Organismus auswirkt. Welche Teile ihres Körpers werden bei dieser Aktivität beansprucht? Welche Arten von Bewegungen machen sie dabei? Welche Bilder nehmen sie auf? Spielen Gewaltdarstellungen dabei eine Rolle? Welche kognitiven, emotionalen und sozialen Wirkungen könnte es auf Kinder haben, wenn sie diese Spiele ständig wiederholen und sie praktisch in dieser virtuellen Welt leben? Welche Botschaften und Werte verinnerlichen sie auf diese Weise?

Die Fragen, die wir uns in Hinblick auf Video- und Computerspiele stellen sollten, betreffen natürlich auch den Fernsehkonsum. Es gibt Untersuchungen, nach denen amerikanische Kinder heutzutage durchschnittlich 25 000 Stunden vor dem Fernsehen sitzen, bevor sie 18 Jahre alt werden. Im Laufe dieser Sendezeit werden sie zu Zeugen von mehr als 200 000 Gewaltakten, darunter 16 000 Morden. Schon Vorschulkinder sollen mittlerweile 28 Stunden pro Woche vor dem Fernsehen verbringen. Die *American Medical Association* berichtet in ihrem Report „Physician's Guide to Media Violence" (1996), daß die vor dem Fernsehen oder Videobildschirm verbrachte Zeit „der größte Zeitanteil im Leben eines amerikanischen Kindes ist". In der amerikanischen Durchschnittsfamilie läuft das

Fernsehen sieben Stunden täglich, und in 60 Prozent aller amerikanischen Familien wird es auch während der Mahlzeiten nicht abgeschaltet.

Als Eltern sollten wir uns der Auswirkungen dieser Einflüsse auf unsere eigenen Kinder bewußt sein und sorgfältig beobachten, wie sich diese in unserer Gesellschaft dominierende Kraft auf unsere Familie auswirkt. Wir könnten uns beispielsweise fragen: „Was geschieht im Körper und im Geist unserer Kinder, wenn sie fernsehen beziehungsweise danach? Welche Botschaften verinnerlichen sie dabei? Wie passiv sind sie? Befinden sie sich in einer hypnotischen Trance, oder sind sie bewußt anwesend? Wie viele Stunden verbringen sie täglich oder wöchentlich vor dem Fernsehen? Was tun sie dadurch nicht? Kommt es zu Streitigkeiten, wenn das Fernsehen aus ist? Wieviel Gewalt und Grausamkeit sehen sie? Welchen Einfluß hat das Fernsehen auf ihre Einstellungen, ihre Verhaltensweisen und ihre Ansichten über sich selbst und über die Gesellschaft?" Wenn wir uns Fragen wie diese stellen und sorgfältig das Geschehen beobachten, so hilft uns das, Entscheidungen zu treffen, die sich sowohl auf unser Familienleben als auch auf das Seelenleben unserer Kinder sehr positiv auswirken könnten.

Ebenso können wir uns mit anderen Einflußfaktoren beschäftigen, die unsere Kinder durch die Medien beeinflussen und mit denen sie durch die Unterhaltungsindustrie konfrontiert werden. Was bedeutet es, daß Kinder sich (ob allein oder in Begleitung von Erwachsenen) Filme anschauen, in denen sie mit phantastischen, entsetzlichen und erschreckenden Bildern konfrontiert werden, die sich in ihren Geist und in ihre Erinnerung einbrennen, ohne daß sie die Möglichkeit haben, diese Bilder zu filtern, sie zu relativieren oder sie zu verstehen? Schon für Erwachsene ist es schwer genug, zu solch intensiven Bildern, die den Geist betäuben, Distanz zu gewinnen. Amerikanische Eltern nehmen ihre Kinder manchmal schon im Alter von einem oder zwei Jahren mit in Filme, bei denen schon allein die Filmmusik, die eigens die Funktion hat, intensive physiologische Reaktionen hervorzurufen, ein Sturmangriff auf das Nervensystem ist. Viele Bilder in gewaltverherrlichenden Filmen sind unvorstellbar grausam, und ebenso unvorstellbar ist es, daß Kinder sich solche Dinge anschauen dürfen. Trotzdem ist dieses Unvorstellbare mittlerweile zur Norm geworden, und unsere gesamte Kultur hat sich daran gewöhnt, daß das nun einmal so ist.

Sowohl Kinofilme als auch das Fernsehen können das Entstehen von Paranoia und Mißtrauen in ungeheurem Maße fördern. Sie können Kindern den Eindruck vermitteln, daß die Welt voller Verrückter ist, die nur darauf aus sind, sie fertigzumachen. Insofern ist es kaum verwunderlich, daß die Selbstmordrate in den USA epidemische Ausmaße erreicht hat und zwei- bis dreimal so hoch ist wie im Land mit der nächsthöchsten Selbstmordziffer und daß die Zahl der Selbstmörder unter 24 Jahren in Amerika achtmal so hoch ist wie im Land mit der laut Statistik zweithöchsten Zahl. Immer wieder haben Untersuchungen gezeigt, daß die alarmierende Zunahme von Gewaltausübung aller Art in direkter Relation zur Zunahme der Gewaltdarstellungen in den Medien steht.

Wir halten es für wichtig, unseren Kindern und auch uns selbst immer wieder zu Bewußtsein zu bringen, daß trotz aller Gewalttätigkeit in unserer Gesellschaft der Prozentsatz der Menschen, die gewalttätig und gefährlich sind, immer noch relativ gering ist. Unsere Kinder sollten in dem Bewußtsein leben, daß es selbst in den gefährlichsten Vierteln auch viele gute Menschen gibt. Unseren Kindern ein Gefühl der persönlichen Sicherheit zu vermitteln und gleichzeitig dafür Sorge zu tragen, daß sie die Welt auf eine realistische Weise sehen und einschätzen, ist eine schwierige Aufgabe, die kein Ende nimmt. Aber nur wenn das gelingt, können sie, ohne sich etwas vorzumachen, eine positive Einstellung zu der Welt, in der wir alle leben, entwickeln. Je stärker sie jedoch in den Medien mit Gewaltdarstellungen konfrontiert werden, um so schwieriger wird diese Aufgabe für uns.

In vielen Haushalten läuft das Fernsehen fast den ganzen Tag. Durch die Bilder der Nachrichtensendungen werden schon sehr kleine Kinder tagtäglich mit all den schrecklichen Dingen, die jeden Tag in der Welt geschehen, bombardiert. Ob sich diese jungen Menschen die Nachrichten bewußt anschauen oder nicht, sie wachsen unter dem Einfluß einer äußerst verzerrten Sicht der Realität auf, die sich aus dem zusammensetzt, was irgendwelche Fernsehredakteure für sendenswert halten. Die Auswahl, die auf diese Weise zustande kommt, konzentriert sich auf die gewaltsamsten und schrecklichsten Ereignisse in der näheren Umgebung und in der ganzen Welt. Hingegen werden riesige Bereiche menschlicher Aktivität und Kreativität, die mindestens ebenso wichtig oder sogar noch wichtiger sind, praktisch völlig ignoriert.

Wir sind der Meinung, daß wir als Eltern angesichts dieses überwältigenden und immer größer werdenden Einflusses der Medien und der Technologie auf unser Leben, der kommerziellen Ausbeutung von allem und jedem bewußt darauf hinarbeiten müssen, daß das Heim der Familie für unsere Kinder in stärkerem Maße zu einer Insel der Gesundheit und der bewußten Wendung nach innen wird.

Es ist wesentlich leichter, Kinder völlig ohne Fernseher zu erziehen, als die Benutzung des Fernsehens zu dosieren, wenn es erst einmal im Haus steht. Wenn kein Fernseher vorhanden ist, ersparen Sie sich eine Menge Kämpfe mit Ihren Kindern, solange sie noch klein sind. Und was noch wichtiger ist: Sie schützen Ihr Heim vor dem Eindringen einer mächtigen negativen Kraft, die zu kontrollieren eine ungeheure Menge Energie kostet, wenn sie sich erst einmal etabliert hat. Kinder können sehr gut leben, ohne ständig mit Cartoons und Fernsehserien gefüttert zu werden, ganz gleich, wie engagiert oder gut gemacht sie sein mögen. Das Vorhandensein eines Fernsehers verändert die Atmosphäre in einem Haushalt dramatisch. Der Fernseher wirkt wie ein ständiges verführerisches Angebot, an dem die Kinder alles andere messen, womit sie sich beschäftigen könnten. Dadurch kann das Fernsehen auf subtile und weniger subtile Weise ihre eigenen Rhythmen im Laufe des Tages beeinflussen.

Kinder fühlen sich den bekannten Figuren aus Fernsehserien oft näher als realen Menschen, und es kann sogar soweit kommen, daß sie sich regelrecht an diese Gestalten klammern. Sie unterbrechen dann völlig selbstverständlich reale Lebenserfahrungen, um ja keine Folge mit ihren Fernseh-Freunden zu verpassen. Zugunsten des Fernsehens geraten viele wichtige Aspekte ihres Lebens ins Hintertreffen: phantasievolle Spiele, Kontakt zur Natur, Spiele im Freien, Sport, Zeit zum Nachsinnen und zur Beschäftigung mit sich selbst, Zeit für kreative Aktivitäten, Zeit für das Zusammensein mit der Familie, Zeit um Kontakt zum sozialen Umfeld zu pflegen, in dem sie leben.

Es ist wichtig und auch möglich, Kindern Erfahrungen zu vermitteln, die nicht an die zweidimensionale Welt des Fernsehens gebunden sind. Als unser Sohn fünf Jahre alt war, bewahrte er eine Raupe von einem Monarch-Schmetterling in einem Glas, einem selbstgemachten Herbarium, auf. Er fütterte die Raupe und beobachtete Tag für Tag, wie sie Blätter aß, sich dann verpuppte und wie schließlich, nach einer langen Ruhezeit, ein Schmetterling schlüpfte, den er dann frei ließ. Durch solche ganzheitlichen Erfahrungen, an denen Kinder persönlich teilhaben, lernen sie etwas über die Welt. Erfahrungen dieser Art sind gleichzeitig lebendige Metaphern, die auf die Bedeutung, Ordnung und Verbundenheit der Welt und aller lebenden Wesen miteinander verweisen. Solche Erfahrungen regen die Vorstellungskraft an und bereiten Kindern große Freude.

Wenn unsere Kinder mit einer kreativen Tätigkeit beschäftigt waren – beispielsweise mit Zeichnen oder Singen – oder wenn wir ihnen aus Büchern vorgelesen hatten, deren wundervolle Sprache und eindrucksvolle Charaktere in ihrem Geist ganze Welten entstehen ließen – Bücher wie *Ronja, Räubertochter, Die Abenteuer des Huckleberry Finn, Der kleine Hobbit* oder die Legenden um König Arthur sowie Märchen und Mythen aus verschiedenen Ländern und Kulturen –, so leuchteten ihre Augen, und ihre Gesichter strahlten vor Freude.

Diesen Eindruck erwecken ihre Gesichter nicht, wenn sie vor dem Fernseher gesessen oder im Kino einen Film gesehen haben, denn das bloße passive Zuschauen stellt keine Anforderungen an die Phantasie. Alle Bilder werden fix und fertig geliefert, und durch das permanente Bestreben, ihre Aufmerksamkeit zu fesseln, wird das Nervensystem abgestumpft, denn es bleibt keine Zeit zum Nachdenken, um innezuhalten, um die Geschichte mit anderen wichtigen Dingen in ihrem Leben in Verbindung zu bringen oder um Momente, die sie besonders tief anrühren, mit anderen zu teilen.

Angesichts der fortschreitenden technologischen Revolution, die gleichzeitig ständige Veränderungen mit sich bringt, denen wir uns nicht entziehen können, und angesichts der vielfältigen Auswirkungen dieses Prozesses auf die häusliche Situation und auf unsere Kinder müssen wir als Eltern die positiven und negativen Implikationen und Folgen dieser Entwicklung so gut wie möglich untersuchen und uns bemühen, ein Gleichgewicht zu finden, das eine gesunde Familienatmosphäre und die ganzheitliche Entwicklung unserer Kinder gewährleistet. Manche Kinder werden dadurch in bestimmten Lebensphasen zu einem permanenten Kampf und zu immer neuen Verhandlungen mit ihren Eltern veranlaßt. Beispielsweise sollten wir uns genau überlegen, wieviel Zeit unsere Kinder maximal vor dem Fernseher verbringen dürfen und ernsthaft mit ihnen darüber verhandeln, *wann* sie das dürfen, was sie vorher vielleicht erledigt haben sollten, welche Programme sie sich anschauen dürfen und welche nicht. Und natürlich müssen wir uns auch Gedanken darüber machen, was sie statt des Fernsehens tun können – Dinge, die ihr Interesse und ihre Imagination wecken.

Wir haben festgestellt, daß es eine ausgezeichnete Entscheidung und durchaus möglich ist, Fernsehen und Videorecorder völlig aus dem

Haus zu verbannen. Erst wenn sie ganz aus dem Haus sind, werden ihre heimtückischen Auswirkungen auf das Familienleben erkennbar, denn plötzlich kehrt ein ungewohnter Frieden ein, und es ist ungeheuer viel Zeit für kreative Aktivitäten vorhanden. Was Kindern und Eltern durch das Fehlen des Fernsehers an Unterhaltung verlorengeht, wird durch das Wiederaufleben der Bedeutung von Beziehungen und Phantasie innerhalb der Familie mehr als aufgewogen.

*

*Dies ist nicht
das Zeitalter der Information.
Dies ist nicht
das Zeitalter der Information.*

*Vergiß die Nachrichten
und das Radio
und den verschwommenen Bildschirm.*

*Dies ist die Zeit
der Brote
und Fische.*

*Die Menschen sind hungrig,
und ein gutes Wort ist Brot
für Tausende.*

DAVID WHYTE
Loaves and Fishes

Gleichgewicht

Ein großer Teil unserer Bemühungen als Eltern besteht darin, einen Zustand des Geichgewichts herzustellen. Was das beinhaltet, ist eine Frage subjektiver Beurteilung. Was wir für ausgewogen halten, mag Ihnen als völlig unausgewogen erscheinen, und umgekehrt, und was in Ihren Augen richtig ist, mag jemand anderem als völlig falsch erscheinen. Es kann sogar sein, daß wir etwas, das uns im Augenblick als richtig erscheint, irgendwann später völlig anders beurteilen. Abzuwägen, wann ein Zustand des Gleichgewichts erreicht ist, ist ein fortlaufender Prozeß, weil sich die Kräfte, die ins Gleichgewicht gebracht werden sollen, ständig verschieben. Jeder von uns muß für sich selbst definieren, was ein Zustand des Gleichgewichts oder der Ausgewogenheit beinhaltet, und dann besteht die Kunst darin, dieses Gleichgewicht für uns, unsere Kinder und unsere Familie als Ganzes in jedem Augenblick neu zu kreieren, so gut wir können.

Als unsere Kinder noch Babys waren, bestand der Kampf um das Gleichgewicht für uns darin, daß wir ständig auf unsere inneren und äußeren Ressourcen zurückgreifen mußten, denn diese Zeit ist für die Eltern eine Zeit intensiven Gebens. Da wir so viel physische und emotionale Energie abgaben, brauchten wir Energie und Unterstützung aus dem weiteren Kreis unserer Familien und unserer Freunde.

Das innere Gleichgewicht unserer Kinder hing damals von unserer Fähigkeit ab, ihre Bedürfnisse zu erkennen und darauf einzugehen. Wenn sie unruhig wurden oder weinten oder wenn es ihnen nicht gutzugehen schien, wurde durch unser Auf-sie-Eingehen ihr Gleichgewicht früher oder später wiederhergestellt. Wenn eines der Kinder eine Kolik hatte, schlugen manchmal alle unsere Versuche, ihm zu helfen, fehl. Trotzdem übten wir uns weiter darin, auch in solch schwierigen Situationen präsent zu sein.

Als unsere Kinder älter wurden, halfen wir ihnen, ihr inneres Gleichgewicht aufrechtzuerhalten, indem wir ihre Erkundungen mit wachsamem Auge begleiteten. Wenn sie in großen Schwierigkeiten waren, versuchten wir, ihnen bei der Wiederherstellung ihres Gleichgewichts zu helfen, indem wir auf ihre Hinweise reagierten – beispielsweise darauf, ob sie hungrig, müde oder überreizt waren. Manchmal konnten wir ihnen helfen, ihr Gleichgewicht wiederzufinden, indem wir ihnen die Möglichkeit gaben, ihre Energie durch aktives, lautes Spiel zum Ausdruck zu bringen, wohingegen es sich in anderen Fällen als hilfreicher erwies, sie zur Ruhe kommen zu lassen.

Wenn wir spüren, daß unsere Kinder in irgendeiner Hinsicht aus dem Gleichgewicht geraten sind, ist es sinnvoll, einmal ruhig über ihren Tagesablauf nachzudenken. Sind darin Zeiten der Aktivität und Zeiten der Ruhe gleichermaßen berücksichtigt? Was essen die Kinder? Wieviel schlafen sie? Kleineren Kindern tut es gut, wenn sie tagtäglich bestimmte Rhythmen und Rituale wiederholen; sie brauchen viel Zeit, um Dinge zu tun, und außerdem auch genügend Zeit für den Wechsel von einer Aktivität zur nächsten. Wenn wir uns dessen bewußt sind, können wir Entscheidungen so treffen, daß das Gleichgewicht im Alltag des Kindes besser gewährleistet werden kann.

Manchmal ist es besonders bei kleineren Kindern hilfreich, sich an dem Prinzip „Weniger ist mehr" zu orientieren. Ihren Tagesablauf so weit wie möglich zu vereinfachen, so daß eine gewisse Regelmäßigkeit einkehrt, und hin und wieder ein wenig Zeit mit ihnen allein zu verbringen ist vielleicht genau das, was sie brauchen. In der Geschäftigkeit unseres weitgehend von Terminplänen bestimmten Lebens können Augenblicke, die die Seele nähren, leicht zu kurz kommen, ohne daß wir dies auch nur bemerken.

Augenblicke der Ruhe und Regeneration können viele Formen annehmen. Das kann eine ruhige, verträumte Zeit im Bad sein, oder wir können mit einem Kind ein Spiel spielen und versuchen, dabei völlig gegenwärtig zu sein. Wir können dem Kind aber auch eine Geschichte erzählen oder ihm ein Lied vorsingen oder irgend etwas anderes mit dem Kind gemeinsam tun, beispielsweise Malen oder Kuchen backen oder Steine über das Wasser hüpfen lassen. Regenerierend kann es auch wirken, wenn wir das Kind einfach ruhig im Arm halten oder wenn es auf unserem Schoß sitzt und die Sicherheit spürt, die ihm das gibt. Wenn wir unsere Terminpläne für einen Augenblick beiseite lassen, können wir unser Gewahrsein auf den Atem richten, ihn langsam und tief werden lassen, und spüren, wie auch das Kind sich entspannt, wie auch sein Atem ganz natürlich langsamer wird, wie es seinen Rhythmus findet, im Einklang mit unserem.

> *Wir können unseren Geist*
> *stillem Wasser ähnlich machen,*
> *so daß Wesen sich über uns sammeln*
> *und vielleicht*
> *ihr eigenes Bild sehen*
> *und dadurch aufgrund unserer Ruhe*
> *einen Augenblick lang*
> *ein klareres oder vielleicht sogar*
> *ein kraftvolleres Leben leben.*
>
> ANONYMUS
> (W. B. Yeats zugeschrieben)

Jede Situation, in der wir uns befinden, ist anders. Jeder Augenblick ist neu. Was gestern notwendig war, muß heute nicht mehr hilfreich sein. Wenn wir herausfinden wollen, was unsere Kinder brauchen, müssen wir ihnen gegenüber sensibel sein. Wir dürfen ihnen nicht unseren Willen aufzwingen, sondern können versuchen, ihre Signale zu erkennen und in jedem Augenblick intuitiv und kreativ auf die Erfordernisse der Situation zu antworten. Unsere innere Ruhe und unsere Geduld klären den Spiegel, in dem solche Reflektionen gesehen werden können.

*

Kinder im Schulalter erfahren ihre Autonomie und ihre Individualität durch ihre Freunde, durch ihre Aktivitäten und durch die Art, wie sie sich kleiden. Sie erfahren ihre Kompetenz, indem sie ihre Interessen und Talente entdecken. Sie brauchen eine Privatsphäre und viel psychischen Raum, doch sie benötigen auf ihrem Weg in die Welt immer noch Unterstützung und Begleitung. Sie sind schon eher in der Lage, ihr inneres Gleichgewicht selbst aufrechtzuerhalten, doch müssen wir ihnen manchmal helfen, es wiederzufinden, indem wir Grenzen setzen – entweder für sie oder mit ihnen zusammen. Wenn wir ihnen in dieser Zeit, in der sie nach Freiheit und Eigenständigkeit streben, helfen wollen, ihr Gleichgewicht zu finden, ist es notwendig, daß wir eine tiefe Verbindung zu ihnen aufrechterhalten.

Insbesondere wenn sie in die Pubertät kommen, kann die Verbindung zu ihnen verglichen mit früheren Zeiten sehr schwach werden. Diesen dünnen

Faden nicht abreißen zu lassen, zu tun, was wir können, um ihn zu stärken, selbst wenn wir manchmal nichts weiter tun können, als präsent zu bleiben, ist schon an sich ungeheuer schwierig und eine Aufgabe, die im Herzen der Achtsamkeitsübung liegt. Die Verbindung wird zu bestimmten Zeiten nur dann stärker werden, wenn wir bereit sind, unseren Kindern die Freiheit zu geben, ihren eigenen einzigartigen Weg zu finden – trotz unserer Bedenken und Zweifel, unseres Mißfallens und sogar unserer Trauer über das Ende einer idyllischeren Zeit.

Gleichzeitig müssen wir, um ein gewisses Gleichgewicht aufrechtzuerhalten, in Situationen, in denen es uns notwendig scheint, Grenzen setzen, – Grenzen, in denen sich unsere Werte spiegeln und unsere Anteilnahme am Weg unserer Kinder ins Leben. Die Frage, wieviel Freiheit wir heranwachsenden Kindern zugestehen sollten, was für sie schädlich und was harmlos ist, müssen wir uns ständig neu stellen, wenn wir versuchen ein angemessenes Gleichgewicht zwischen Freiheit und Grenzen zu finden.

Wenn wir das Gefühl haben, daß ein Kind im Teenager-Alter in Schwierigkeiten ist, so können wir zunächst versuchen, es zu ermuntern, sich selbst Gedanken darüber zu machen, wie es um sein Leben steht, was gut daran ist und was nicht, um dann selbst kreative Lösungen zu finden. Manchmal müssen wir allerdings aktiv eingreifen und mehr oder weniger gravierende Veränderungen einleiten. Beispielsweise könnten wir Veränderungen des schulischen Stundenplans empfehlen, wir könnten unseren Sohn oder unserer Tochter darin unterstützen, außerhalb der Schule Möglichkeiten zum Ausdruck ihrer Energie und Kreativität zu finden und Möglichkeiten zu sozialen Kontakten zu suchen, so daß sie vielleicht ein stärkeres Gefühl der Zugehörigkeit und der Verbundenheit mit anderen Menschen entwickeln können. Veränderungen auf eine Weise nahezulegen oder einzuleiten, durch die das Vertrauen der Heranwachsenden in ihre eigenen inneren Ressourcen nicht geschwächt wird, erfordert viel Fingerspitzengefühl und große Umsicht, damit wir unsere Impulse, sie zu lenken, zu dominieren oder besserwisserisch aufzutreten, beiseite lassen können. Natürlich gibt es auch Situationen, in denen wir uns eingestehen müssen, daß wir keinerlei Möglichkeit haben, die Situation zu verbessern.

Wenn die Kinder älter werden, fühlen sich Eltern aufgrund des veränderten Umgangs mit ihnen manchmal sehr einsam und leer. In dieser Phase kann es schwer für uns sein, unser eigenes Gleichgewicht aufrechtzuerhalten, insbesondere wenn wir nicht durch unseren Partner oder durch

Freunde in unseren Bemühungen unterstützt werden. Doch selbst wenn wir unterstützt werden, haben wir in manchen schwierigen Situationen keine andere Möglichkeit, als „in" den Gefühlen der Einsamkeit und der Besorgtheit zu bleiben, uns ihnen achtsam und mit Gewahrsein zu stellen und sie einfach anzunehmen, ohne zu versuchen, sie in irgendeiner Weise zu ändern. Wenn wir diese Gefühle annehmen und uns ihrer bewußt sind, können sie sich in ein positives Zurückgezogensein und in ein Bewußtsein des Nicht-Wissens verwandeln. Diese Empfindungen, die sich von Einsamkeit und Besorgnis stark unterscheiden, können uns in schwierigen Zeiten Kraft geben, und uns manchmal sogar neue Perspektiven eröffnen.

Wir werden feststellen, daß unsere Tendenz, negative gesellschaftliche Einflüsse auf unsere Familie ausgleichen zu wollen, um so stärker wird, je älter unsere Kinder werden. Im Interesse dieses Ziels müssen wir oft Entscheidungen treffen, die im Widerspruch zu dem stehen, was unsere Kinder wollen und was ihre gleichaltrigen Freunde dürfen. Kinder im Schulalter profitieren davon, wenn ihre Eltern ihnen klare Grenzen setzen, die sie von den schädlichen Einflüssen unserer Kultur und Gesellschaft, vom Einfluß der Kinos und der Konsumgesellschaft im allgemeinen fernhalten. Vielleicht sind sie anfangs wütend über unsere Einmischung, doch vermittelt es ihnen andererseits auch ein Gefühl der Sicherheit, zu wissen, daß ihre Eltern sich um sie kümmern, daß sie an unpopulären Entscheidungen, die sie aufgrund ihrer Wertvorstellungen treffen, selbst auf die Gefahr hin festhalten, zeitweise von ihren Kindern „gehaßt" zu werden. Als Erwachsene müssen wir in der Lage sein, der Wut unserer Kinder standzuhalten, ohne uns verletzt zu fühlen oder selbst wütend zu werden und ihre negativen Gefühle zu erwidern.

Solche Entscheidungen zu treffen und unseren Kindern zu helfen, in den betreffenden Situationen andere Möglichkeiten zum Ausdruck ihrer Energie zu finden, erfordert von uns viel Zeit und Mühe. Es ist schwer, Lösungen zu finden, mit denen wir einerseits selbst leben können und die andererseits für die Kinder nicht zu einschränkend sind. Wir müssen uns dabei ständig mit dem starken Druck der Jugendkultur und ihres Konformitätszwangs auseinandersetzen. Es ist wichtig, wann immer möglich *mit* diesen Kräften, statt gegen sie zu arbeiten. Wir sollten das Bedürfnis unserer Kinder, einer Gruppe anzugehören und „wie alle anderen" zu sein, akzeptieren und sie gleichzeitig darin zu unterstützen, Möglichkeiten zum Ausdruck ihrer Individualität zu finden. Wir können ihnen bei ihren Versuchen, sich selbst zu definieren, einen unterstützenden Rahmen bieten. Wir sollten einerseits versuchen, sinnvolle Grenzen zu setzen, auf diesen aber andererseits auch nicht so starr bestehen, daß dadurch die „verbotenen Früchte" um so begehrenswerter werden und wir unsere Kinder gleichzeitig von uns wegstoßen.

Freunde erzählten uns die folgende Geschichte: Ihre elfjährige Tochter wurde zu einer Geburtstagsparty eingeladen, wo die Kinder Kuchen und Eis bekamen und dann gemeinsam einen Film besuchen wollten. Unsere Freunde fanden heraus, daß der betreffende Film Gewaltszenen enthielt, und sie wollten deshalb nicht, daß ihre Tochter diesen Film sah. Natürlich lief das auf ein Drama hinaus. „*Alle* gehen doch hin, warum darf *ich* denn nicht?" Weil die Eltern sich ganz sicher waren, daß ihr Kind diesen Film nicht sehen sollte, blieben sie bei ihrer Entscheidung. Nachdem sie mit einigen anderen Eltern gesprochen hatten, stellte sich heraus, daß eine Familie ihre Tochter nicht nach der Kinovorstellung abholen konnte. Daraufhin entwickelten die beiden Elternpaare gemeinsam den Plan, daß die beiden Töchter zu der Party gehen, aber dann statt sich den Film anzuschauen den Abend gemeinsam verbringen und zusammen übernachten könnten. Diese Lösung gefiel den Mädchen und den Eltern, doch um sie zu realisieren, waren zuvor harte Arbeit und geschickte Verhandlungen notwendig.

„Alle meine Freunde dürfen so lange fernsehen, wie sie wollen!" – „Warum müssen wir eigentlich immer so gesund essen?" – „Laura darf so lange aufbleiben und so lange telefonieren, wie sie will. Warum darf *ich* das nicht?" – „Alle meine Freunde haben einen eigenen Fernseher." Es erfordert viel innere Stärke, solch unablässigem Druck standzuhalten. Doch dient es nicht immer dem Wohl unserer Kinder, wenn wir ihnen alles gestatten, was sie tun wollen, oder wenn wir ihnen alles geben, was sie haben wollen, um sie „glücklich" zu machen.

Besitz ist in unserer Gesellschaft gleichbedeutend mit Macht. Ein Kind, das sich einsam oder machtlos fühlt, wendet sich oft Objekten zu, weil es meint, daß es sich dann besser fühlen würde. Die innere Entwicklung eines Kindes, sein Selbstgefühl und sein eigenes, einzigartiges Sein brauchen jedoch eine bessere Nahrung als die neuesten „coolen" Turnschuhe. Um den scheinbaren schnellen Lösungen unserer konsumorientierten Kultur etwas entgegenzusetzen, müssen wir unseren Kindern helfen, sich Aktivitätsfelder zu erschließen, die ihre seelische Entwicklung wirklich unterstützen – das können Kampfsportarten, Tanz, Sport, das Erlernen eines Musikinstruments, Wandern, Zeichnen, handwerkliche Arbeiten, Tagebuchschreiben, Singen oder „Rappen" sein oder was immer sonst sie anspricht. Dabei ist es wichtig, daß der Tagesablauf unserer Kinder einerseits nicht mit zu vielen Aktivitäten überfrachtet ist, wir sie aber andererseits auch nicht vernachlässigen, indem wir ihnen nicht die Zeit und Energie widmen, die sie brauchen, um geeignete Ausdrucksformen für ihre Kreativität und ihre speziellen Interessen zu finden. Auch eine Überhäufung mit Freizeitangeboten kann eine Form der Vernachlässigung sein, nämlich dann, wenn wir auf diese Weise darum herumzukommen hoffen, selbst in ausreichendem Maße Zeit mit ihnen zu verbringen, oder wenn das umfangreiche Freizeitprogramm ihr Leben aus einem anderen Grunde aus dem Gleichgewicht zu bringen droht.

Manche Kinder finden ihr inneres Gleichgewicht leicht und ohne fremde Hilfe, weil sie sich Aktivitäten suchen, die sie interessieren, und weil sie sich immer wieder Zeit nehmen, um allein zu sein und über Dinge nachzusinnen. Andere Kinder brauchen einen Anstoß, manchmal sogar einen sehr starken, um überhaupt aktiv zu werden und neue Dinge auszuprobieren. Manche brauchen Hilfe, um ihre Energie von Zeit zu Zeit auf ruhigere Aktivitäten zu lenken und wieder zur Ruhe zu kommen. Es kann von uns Eltern viel fordern, wenn wir unsere Kinder dabei unterstützen wollen, in ihrem Leben dieses Gleichgewicht von Aktivität und Zur-Ruhe-Kommen zu finden. Dieses Ziel ohne Zwang und ohne Bevormundung zu erreichen ist noch schwieriger. Aus unserer eigenen Erfahrung und aus unserer Bereitschaft, achtsam mit den verschiedensten Situationen umzugehen, können wir kreative Möglichkeiten entwickeln, die ihnen helfen, ihr inneres Gleichgewicht wiederzufinden.

*

Unsere jüngste Tochter, elf Jahre alt, kommt mit einer Skizze vom Gesicht eines Modells aus dem Kunstunterricht zurück. Das Bild zeigt eine reale Person in den Dreißigern. Sie hat die Einzigartigkeit eines Menschen eingefangen, und um dem Gesicht Form zu geben, hat sie Farben benutzt, die ich (mkz) niemals benutzen würde – gelb, blau, olivgrün. Sie hat ihre Fähigkeiten im Zeichnen immer sehr nüchtern gesehen, doch sie ist offensichtlich stolz auf diese Skizze, und das hat sie mir auch gesagt.

Später bemerke ich ihren Blick, während sie vorüberging: Sie ist nicht mehr in dem Zustand des Nicht-Denkens und des reinen Sehens und Skizzierens, sondern betrachtet das Resultat aus größerem Abstand. Plötzlich fällt ihr auf, daß die beiden Augen der skizzierten Figur sehr unterschiedlich sind, und sie fragt mich, was ich dazu meine. Ich teile ihr mein Gefühl mit, daß gerade dadurch das Bild besonders echt und interessant wirke. Menschliche Gesichter sind nur selten völlig symmetrisch. Alle Stürme und Zwistigkeiten, alle Kämpfe und Probleme, die ich in den letzten Tagen und Wochen mit meiner Tochter gehabt habe, sind plötzlich nicht mehr da. Ich spüre, daß sie ein natürliches Gleichgewicht gefunden hat und sich gut fühlt und daß auch der Kontakt zwischen uns plötzlich wiederhergestellt ist. Wie eine Pflanze wächst sie dem Licht entgegen und bringt ihr inneres Wesen zum Ausdruck.

*

Es ist spät am Abend, als ich (mkz) unsere ältere Tochter von der Schule abhole. Sie ist fast fünfzehn und hat den ganzen Tag über Unterricht gehabt, ist mit ihrer Bootsmannschaft gerudert und hat dann auch noch mit dem Englisch-Kurs in Boston die Vorführung eines Schauspiels besucht, mit dem sich die Gruppe kürzlich beschäftigt hatte. Sie wacht früh auf und ist gewöhnlich gegen zehn Uhr abends müde und mürrisch. Heute jedoch ist sie voller Energie und guter Dinge. Die dunklen Tage der Leere und Langeweile scheinen vergessen. Sie wirkt ungeheuer engagiert: Sie hat vom Rudern Blasen an den Händen, hat die gute Schauspielvorstellung genossen, plant die Erledigungen für den nächsten Tag, fragt mich wegen der Kursauswahl für das nächste Jahr um Rat.

Während wir über die Kurse sprechen, freue ich mich über das Gefühl des Gleichgewichts, das sie in diesem Augenblick ausstrahlt. Nach den schwierigen Zeiten, die ich mit ihr erlebt habe, kann ich das ruhige Geben und Nehmen zwischen uns an diesem späten Frühlingsabend richtig genießen.

*

Ein anderer schwieriger Bereich, in dem wir uns um eine ausgewogene Stellungnahme bemühen, ist, unseren Kindern den Unterschied zwischen Vertrauen zu anderen Menschen und einem gesunden Mißtrauen gegenüber Menschen unter bestimmten Umständen nahezubringen. Wir ermutigen unsere Kinder, ihren Gefühlen und ihrer Intuition zu vertrauen, damit sie Situationen so klar wie möglich sehen. Das ist einer der Bereiche, in denen wir versuchen, unseren Kindern die Kunst der Unterscheidungsfähigkeit zu vermitteln.

Während die Kindheit eine Zeit der Unschuld und Naitivät ist und diese Unschuld geschützt werden muß und niemals verraten werden darf, müssen die Kinder, wenn sie älter werden, lernen, daß man auch *zu* naiv sein kann. Wenn sie ein bestimmtes Alter erreicht haben, können wir ihnen empfehlen, darauf zu achten, wie andere Menschen sich ihnen gegenüber verhalten. Wir können ihnen das durch unser eigenes Verhalten veranschaulichen, indem wir ihnen zu verstehen geben, wann wir der Ansicht sind, daß sich Menschen rücksichtslos, arglistig oder merkwürdig verhalten, oder indem wir sie fragen, wie sie sich in bestimmten Situationen gefühlt haben, und indem wir sie darin unterstützen, bei ihren Gefühlen zu bleiben und sie ernst zu nehmen. Es ist für unsere Kinder wichtig, daß wir ihnen vermitteln, wie wir selbst bestimmte Verhaltensweisen beurteilen. Ebenso wichtig ist, daß sie selbst zu erkennen und zu beurteilen lernen, wie andere sich uns und ihnen gegenüber verhalten. Wenn unsere Kinder realistischer werden, so sind sie in kritischen Situationen vorsichtiger, wachsamer oder sogar mißtrauisch. Dies wird mehr als aufgewogen durch die liebevollen Beziehungen, die sie hoffentlich zu ihrer Familie und ihren Freunden unterhalten – Bindungen, die sich im Laufe der Zeit auf einem Fundament aus Vertrauen, Ehrlichkeit und Verständnis entwickelt haben.

*

Vor allem für Mütter ist es eine ständige Herausforderung, ein Gleichgewicht zwischen einer nährenden, gebenden Haltung ihren Kindern gegenüber und einer angemessenen Festigkeit, wenn diese angebracht und notwendig ist, zu entwickeln. Dazu müssen sie in der Lage sein, nein zu sagen. Wie das auf liebevolle Weise geschehen kann, sollen die folgenden Beispiele veranschaulichen: „Darum mußt du dich selbst kümmern." – „Ich kann dir später dabei helfen, aber ich muß zuerst noch etwas anderes fertig machen." – „Ich muß mich jetzt erst einmal eine Viertelstunde hinlegen. Dann kann ich mit dir darüber reden." Das Schwierigste ist wohl, solche

Botschaften klar zu übermitteln, ohne feindselig oder ablehnend zu wirken. Nicht weniger schwierig ist es, zu beurteilen, wann es angemessen ist, unsere Kinder zu unterstützen oder ihnen zu helfen, und wann es für das Kind wichtiger ist, das Problem selbst zu lösen.

Schwierig ist es für die meisten Eltern auch, Möglichkeiten zu finden, sich um sich selbst zu kümmern, ohne daß ihre Kinder darunter leiden. Insbesondere wenn unsere Kinder noch klein sind, müssen wir unser Möglichstes tun, um ihnen Energie und Aufmerksamkeit zu schenken, sie zu nähren und für sie zu sorgen. Wenn sie älter werden, muß neben die gebende, immer bereit stehende Mutter allmählich das treten, was Clarissa Pinkola Esté die „Mond-Mutter" nennt. Ich stelle mir vor, daß die Mond-Mutter ihr Kind mitfühlend begleitet und unterstützt, ihm aber gleichzeitig genügend Raum gibt, so daß es seine eigene Kraft entwickeln und sich seine Freiheit erobern kann.

Eltern werden immer mit dem Problem kämpfen, daß sie einen Kompromiß zwischen der Notwendigkeit, die materielle Existenz der Familie zu sichern, und den Bedürfnissen und Wünschen der Kinder, daß Eltern zu Hause und für sie da sind, finden müssen. Das Streben nach innerem und äußerem Gleichgewicht ist ein nie endender Prozeß, in dessen Verlauf wir immer wieder neu verschiedene Möglichkeiten prüfen und Entscheidungen treffen, die Auswirkungen unserer Entscheidungen auf unsere Kinder beobachten und dann, so gut wir können, sinnvolle Korrekturen vornehmen müssen.

Wenn wir selbst uns im Gleichgewicht befinden, können wir uns engagiert um unsere Kinder kümmern, ohne daß sich das zu einer Besessenheit entwickelt. Es besteht ein großer Unterschied zwischen übertriebener Fürsorge und dem Bemühen, die einzigartigen Qualitäten unseres Kindes anzuerkennen. Wenn wir selbst ausgeglichen sind, sehen wir die positiven Aspekte unserer Kinder, ohne daß diese uns ständig beweisen müssen, daß sie tatsächlich so sind, wie wir sie gern hätten. Wir treten dann aus unserem eigenen starken Zentrum heraus zu unseren Kindern in Beziehung, sind mit unserer eigenen Ganzheit in Kontakt, auf unsere eigene Weise mit der Welt verbunden, und wir erfahren unsere eigenen Freuden und bedeutsamen Beziehungen.

Wir staunen immer, wenn wir Eltern kennenlernen, denen es gelungen ist, die Begrenztheit ihrer eigenen Kindheit und die Atmosphäre und die Sitten der Zeit, in der sie selbst aufgewachsen sind, zu überwinden und –

manchmal ohne jede Hilfe von außen – ein anderes Modell des Umgangs mit Kindern zu entwickeln. Irgendwie haben es diese Eltern geschafft, in ihrem Umgang mit ihren Kindern ein besseres Gleichgewicht zu kreieren, das sie selbst nie genossen haben, sanft zu sein, wo sie selbst Härte erlebt haben, vernünftige Grenzen zu setzen, obwohl sie selbst unter Grenzenlosigkeit oder autoritärem Verhalten gelitten haben, und Unterstützung und Ermutigung zu geben, obwohl sie selbst als Kinder vernachlässigt und ignoriert worden sind. Das zu sehen weckt in uns die Hoffnung, daß eine neue Art des Umgangs mit Kindern, ein ausgewogenerer und ganzheitlicherer Umgang, möglich ist, wenn wir lernen, aufmerksamer zu sein und die Möglichkeiten zu erkennen, die wir tatsächlich in jedem Augenblick haben.

Als Eltern bewegen wir uns ständig zwischen Freiheit und Grenzen, zwischen Vertrauen und Mißtrauen, zwischen Verbundenheit und Getrenntheit, zwischen Aktivität und Stille, zwischen „Junk" und Substantiellem. Das ist ein Balance-Akt, den zu meistern der Mühe Wert ist – eine Übung so wie jede Gleichgewichts-Haltung im Yoga, nur wesentlich schwieriger.

Teil Acht

Realitäten

Jungen

Die sprühende Vitalität von Jungen, ihre unermüdliche Faszination, ihr Staunen über die Welt und die unzähligen Ausdrucksformen dieser Energie im Spiel und in Zeiten der Ruhe und Stille bieten uns als Vätern zahllose Gelegenheiten, den Kontakt zur gleichen elementaren Energie in uns selbst wiederherzustellen, während wir unsere Söhne in die Welt erwachsener Männer begleiten und ihnen dabei als Modelle dienen.

Als Vater erinnere ich mich mit einer besonderen Art von Freude an gemeinsame Erlebnisse mit meinem Sohn – an gemeinsame Unternehmungen und die Freude, ihn Tag für Tag wachsen und die Welt erforschen zu sehen. Sein Überschwang und Enthusiasmus machte alles zu einem Abenteuer.

Eine Zeitlang war er von Dinosauriern fasziniert. Deshalb besuchten wir gemeinsam das Naturwissenschaftliche Museum und schauten dem riesigen, wild blickenden Tyrannosaurus Rex in die Augen, zuerst vom zweiten Stock des Gebäudes aus auf Augenhöhe und später vom Parterre aus, so daß wir zu ihm aufschauen mußten. Erst nachdem wir dieses Monstrum lange genug auf uns hatten wirken lassen, schauten wir uns den Rest des Museums an. Als mein Sohn noch klein war, nahm ich ihn manchmal zum Joggen mit. Ich hielt dann die Führungsstange des Spielzeugmotorrads, auf dem er saß, und so umrundeten wir den großen See, an dem viele Menschen spazierengingen, joggten oder ihre Hunde ausführten. Später joggten wir manchmal gemeinsam. Abends und auf unseren gemeinsamen Camping-Ausflügen las ich ihm gern etwas vor, und manchmal erzählte ich ihm selbsterfundene Geschichten, in denen auch er eine Rolle spielte.

Wir haben oft miteinander gekämpft oder wie Löwen auf dem Wohnzimmerboden gerauft, bis wir völlig erschöpft waren. Damit hörten wir erst auf, als mein Sohn in der Highschool mit Ringen anfing und die Gefahr bestand, daß er mir unabsichtlich eine Verletzung hätte zufügen können.

Als mein Sohn noch sehr jung war, übte ich mich regelmäßig im Zen-Schwertkampf (*Shim Gum Do* – dem „Geist-Schwert-Pfad "), und er kam manchmal mit mir zum *Dojo*, um uns beim Training zuzuschauen. Später hörte ich mit diesem Training auf, doch viele Jahre lang übten wir hin und wieder mit Holzschwertern stilisierte Kampfformen, wobei wir uns vor und nach jedem Kampf verbeugten. Er hatte ein kurzes Schwert, das er leicht führen konnte. Es machte uns Spaß, mit unseren Schwertern die gegnerischen Schläge aus verschiedenen Richtungen abzuwehren, zu spüren, daß wir uns selbst schützen konnten und trotz der schnellen Bewegungen ruhig und geerdet zu bleiben und den Rhythmus und die Geräusche der aufeinanderkrachenden Holzschwerter zu erleben.

Ganz selten gab es zwischen uns Zornausbrüche, bei denen nicht unsere Schwerter, sondern unsere starken Willen aufeinanderprallten. Allmählich lernte ich, mein hitziges Temperament zu beherrschen und meinem Sohn mehr Raum zu geben. Dies zu lernen ist mir sehr schwer gefallen, weil ich mich dazu von den Prägungen meiner eigenen Kindheit befreien mußte. Ich arbeitete hart daran, so weit wie möglich in der Gegenwart zu sein, wenn ich mit ihm zusammen war. Doch wurde das durch unsere vielen ähnlichen Vorlieben begünstigt. Mit zunehmendem Alter zog mein Sohn es dann mehr und mehr vor, mit seinen Freunden zusammenzusein und mit ihnen Dinge zu unternehmen.

Jeder Junge hat ein anderes Temperament und Interesse, und deshalb benötigt auch jeder unterschiedliche Dinge, während er heranwächst. Generell brauchen sie vor allem Raum, um Selbständigkeit entwickeln zu können und um unabhängig von ihren Eltern ihre Entdeckungsreisen zu unternehmen. Ich selbst bin auf den Straßen von New York City aufgewachsen und habe dort unvergleichliche Lektionen erhalten, indem ich beispielsweise stundenlang auf den Straßen mit dem Ball spielte oder einfach herumlungerte und die zwielichtigen Seiten des Stadtlebens beobachtete, was wir damals zu einer hohen Kunst entwickelten. Dadurch lernte ich Dinge, die ich von meinen Eltern nie hätte lernen können. Trotzdem kam ich jeden Abend zum Essen nach Hause und lernte dort von meinen Eltern wiederum andere Dinge.

Zusätzlich zu all den Aktivitäten und Interessen, denen Jungen sich gemeinsam mit ihren Freunden widmen, haben sie auch ein starkes Bedürfnis nach Kontakt zu ihren Vätern, zu ihren Großvätern und zu anderen Männern. Sie möchten, daß diese Erwachsenen für sie da sind, sich für sie interessieren und Zeit mit ihnen verbringen, daß sie ihnen Geschichten erzählen, und auch sie möchten den Älteren von ihren Erlebnissen erzählen. Wenn ich Schulen oder Spielgruppen besuche, klammern sich oft kleine Jungen, die aus irgendwelchen Gründen ihre Väter nicht oft sehen, wie die Kletten an mich. Ganz offensichtlich haben sie ein starkes Bedürfnis, sich die Aufmerksamkeit männlicher Erwachsener zu sichern. Sie klettern auf mich und halten mich am Arm oder am Bein fest. Sie möchten mit mir spielen oder einfach in der Nähe eines Mannes sein.

Jungen benötigen die Unterstützung von Männern sowohl um ihre eigenen Kräfte und ihre Grenzen zu erforschen, als auch um herauszufinden, wie sie ihre Kräfte zu ihrem eigenen Nutzen und zum Nutzen anderer anwenden können. Jungen müssen lernen, ihre Kraft zu erkennen und sich ihrer bewußt zu sein, statt sie zu überschätzen oder mit ihr zu protzen. Sie müssen lernen, der Welt zuzuhören, ihre Macht zu erkennen und sich über ihre eigenen Grenzen klar zu werden. Sie müssen auch lernen, ihre eigenen Gefühle zu achten und auszudrücken, ihre eigenen Ansichten zu formulieren und zu ihnen zu stehen, und sie müssen begreifen, daß es wichtig ist, ehrlich zu sein und Versprechen zu halten. Sie müssen lernen, die Gefühle anderer zu erkennen und zu respektieren, und sie müssen sich der Heiligkeit allen Lebens und der Verbundenheit aller Dinge und Wesen bewußt werden.

Diese Lektionen lernen sie im Laufe der Zeit, indem sie experimentieren und beispielhaftes Verhalten erleben, wenn wir mit ihnen zusammen Dinge unternehmen oder auch Zeiten des Nicht-Tuns verbringen, indem wir etwa mit ihnen Fischen, Fangen spielen oder auf einer Wiese liegen und die Wolken anschauen. Fast nie jedoch findet dieses Lernen in Form von Vorträgen oder Predigten statt. Solche Lektionen zu lernen erfordert Zeit, und sie können nur von Vätern oder anderen Männern vermittelt werden, die selbst wirklich erwachsen sind und denen es wichtig ist, in ihrer Nähe zu sein.

Sind wir als Väter in der Lage, uns für unsere Söhne zu engagieren, so unfähig wir uns dabei auch manchmal fühlen mögen und so sehr wir auch durch unsere Arbeit und durch finanzielle und berufliche Verpflichtungen gebunden sind? Unterstützen wir sie bei der Erforschung ihrer eigenen Kraft? Helfen wir ihnen, sinnvolle Ausdrucksmöglichkeiten für ihr Bedürfnis nach Kompetenz und Meisterschaft zu finden? Und bemühen wir uns, eine Atmosphäre zu schaffen, in der tiefe Gefühle nicht nur toleriert, sondern als wichtig erkannt und geachtet werden? Natürlich unterscheidet sich diese innere Orientierung nicht grundsätzlich von der, wenn wir mit Mädchen zusammen sind.

Darüber, wie Männer sein sollten, gibt es heute viele unterschiedliche Ansichten, und mit der daraus resultierenden Unsicherheit fertig zu werden, ist für Väter ebenso schwierig wie für Söhne. In der Werbung taucht immer wieder das Klischee des harten Macho auf, der Bier trinkt, seinen Spaß haben will und Frauen „um den Finger wickelt" – ein sich selbst entfremdeter und vermutlich frauenfeindlicher Mann. Eine andere Stereotype ist der sensible Mann, der sich seiner Gefühle bewußt und rücksichtsvoll ist und der sich Frauen gegenüber unbeholfen verhält. Väter müssen ihre Söhne dabei unterstützen, sich der in unserer Kultur kursierenden Botschaften, die Frauen und Mädchen auf subtile und weniger subtile Weise diskriminieren, bewußt zu werden, damit sie solchen stereotypen Ansichten und entsprechenden Verhaltensweisen nicht so leicht verfallen und damit sie ihre eigene Art, sich selbst und andere Menschen zu sehen, entwickeln können.

Viele dieser Bilder von Männern und Frauen sind Produkte dessen, was Robert Bly in seinem Werk *Die kindliche Gesellschaft* die „Geschwistergesellschaft" nennt, einer Welt, in der der Vater physisch oder spirituell abwesend ist und wo die vorherrschenden Vorbilder aus den Medien stammen. In dieser Welt erhalten junge Menschen nur sehr selten Rat von Älteren, und es findet kaum jemals eine Initiation in die Welt der Erwachsenen und in das kollektive Wissen und die Weisheit der Vorfahren statt. Es ist eine Welt, in der die Vergangenheit abgelehnt und verdammt wird, ohne sie überhaupt zu kennen. Diese allgegenwärtige tiefe Entfremdung zwingt Jugendliche dazu, sich selbst zu erziehen und zu sozialisieren. Der Charakter der heute tonangebenden Kultur ist überwiegend ausbeuterisch, obgleich die Bemühungen zum Schutz der Rechte von Kindern und Frauen zweifellos gewisse Fortschritte erzielt haben.

Wir müssen uns fragen, was Jungen und Mädchen in der heutigen Welt an der Schwelle der Jahrtausendwende brauchen, um überleben zu können, denn es geht tatsächlich um das Überleben – um das Überleben der Seele ebenso wie um das Überleben des Körpers. Da unsere Kultur es versäumt, Kinder wirklich ernst zu nehmen und die kollektive Verantwortung für ihr inneres Wachstum und ihren Eintritt in die Erwachsenenwelt zu übernehmen, müssen die Eltern ihre Kinder allein in diese Welt begleiten.

Als Väter müssen wir selbst stark sein – aber auch weise und in der Gegenwart zentriert. Vielleicht müssen wir tief in unserem Inneren nach unserer Stärke und Souveränität suchen sowie nach den besten Elementen unseres eigenen Erbes, ob wir nun indianischen, afrikanischen, asiatischen, europäischen, christlichen, jüdischen, muslimischen, buddhistischen, hinduistischen oder „anderweitigen" Ursprungs sind. Die Alternative hierzu ist der geistige Tod, unser eigener und der unserer Kinder, ein Tod, der darin besteht, daß wir nicht wissen, wer wir sind, und daß uns dies vielleicht sogar völlig gleichgültig ist – ein Tod, der darin besteht, daß wir kein „Volk", keinen „Stamm", keine Wurzeln haben, keine Gemeinschaft, in der man uns kennt und in der wir unseren Platz haben.

Für Jungen ist es wichtig, Kontakt zu kompetenten, reifen Männern zu haben, die wissen, wer sie sind, die keine Angst vor ihren Gefühlen haben und die ihren Gefühlen gegenüber auch nicht abgestumpft sind, Männer, die empathisch und verständnisvoll sind, spielerisch, wild und gefühlvoll, die nicht zulassen, daß sie zu Sklaven ihrer Arbeit werden, und die Frauen weder fürchten noch hassen. Die Gegenwart eines starken, mitfühlenden Mannes in der Rolle des Vaters, Großvaters oder Mentors ist wichtig für alle Jungen, und noch wichtiger wird es, wenn sie in die Pubertät kommen. Die Verwandlung vom Jungen zum Mann erfordert eine Vision, eine neue Art zu sehen und eine neuartige Beziehung zum Körper.

Jungen brauchen ältere Männer, die ihnen vielleicht auch durch Rituale helfen, den Übergang zum Leben eines erwachsenen Mannes zu bewältigen. Jungen sehnen sich nach Kontakt zu ihren Vätern und zu anderen vertrauenswürdigen Männern, die sie als Lehrer und Vorbilder akzeptieren können. Jungen sehnen sich zutiefst danach, von Männern geschätzt und geliebt zu werden. Sie möchten verstehen, wie jene Männer die Welt sehen, denn das hilft ihnen, ihre eigenen kreativen Energien zu aktivieren und ihre eigene Kraft zu kanalisieren und sinnvoll zu nutzen. Sie müssen das Geheimnisvolle und Unbekannte schätzen lernen, einschließlich anderer Völker und Sitten, und sie dürfen sich nicht von einer Stammesmentalität einfangen lassen, die zuerst die absolute Trennung zwischen „uns" und „den anderen" festschreibt und dann aus Ängsten und Vorurteilen heraus Kriege vom Zaun bricht, um „die anderen" zu unterwerfen, ohne sich darüber im klaren zu sein, daß wir selbst uns von den vermeintlich anderen in Wirklichkeit nicht grundlegend unterscheiden.

Eine wichtige Unterstützung erhalten Jungen durch eine liebevolle Beziehung zu ihrer Mutter. Von der Aura mütterlicher Liebe umfangen zu werden, ohne daß sie dadurch eingeschränkt werden und ohne daß sie die emotionalen Bedürfnisse der Mutter befriedigen müssen, gibt Jungen die innere Sicherheit und die emotionale Basis, die sie für die Trennungen und Abenteuer benötigen, mit denen sie, wenn sie älter werden, in der Welt konfrontiert werden. Aber sie brauchen auch von frühester Kindheit an Väter – natürlich gilt das auch für Mädchen. Und die Väter brauchen ihre Söhne. Wenn wir an den entscheidenden Situationen im Leben unserer Söhne nicht teilhaben, so kennen wir sie nicht. Wenn wir sehen, wie sie geboren werden, wenn wir sie als Babys immer wieder in unseren Armen halten, wenn wir mit ihnen träumen, während sie auf unserer Schulter schlafen, wenn wir mit ihnen zusammen die Welt erleben und uns mit ihnen über das unterhalten, was sie sehen, wenn wir ihnen Werkzeuge erklären und sie auf Möglichkeiten hinweisen, ihre Muskeln und ihren Geist einzusetzen, wenn wir uns mit ihnen auf den Boden setzen und mit ihnen spielen, wenn wir mit ihnen dem Sonnenuntergang und dem Regen zuschauen, wenn wir mit ihnen am Strand im Schlamm wühlen und Sandburgen bauen, wenn wir mit ihnen Steine ins Wasser schleudern und Stöcke schnitzen, Berge besteigen und an Wasserfällen sitzen, in Ruderbooten und Kanus mit ihnen fahren, Lieder singen, mit ihnen an Gruppenaktivitäten teilnehmen, wenn wir sie im Schlaf beobachten und sie sanft aufwecken – dann lernt unsere Seele ihre Seele kennen, und unser Geist erkennt den ihren.

Väter und Söhne können einander helfen, zu wachsen und Schönheit und Sinn zu entdecken. Wenn die Söhne älter werden, lernen sie andere Söhne kennen, die ihre Leidenschaften mit ihnen teilen, und sie schließen dauerhafte Freundschaften mit ihnen, um gemeinsam das Leben zu genießen: Musik und Trommeln, Wildnis, Wälder und Felder, das Leben in der Stadt, Sport, Literatur und Künste – all dies begleitet uns durch Zeiten des Lichts und der Dunkelheit; es eröffnet Welten des Sinns und dient als Spiegel, in dem sich Jungen und Männer selbst betrachten können. Sie wachsen, indem sie Augenblick für Augenblick aus vollem Herzen leben, indem sie, in ihrem Körper ruhend, ihrer eigenen Kraft vertrauen. So werden sie zu voll entwickelten Erwachsenen, haben teil am Mysterium der Generationen und finden ihren eigenen Weg und ihren Platz in der Welt.

Als sie vier oder fünf Jahre alt waren, gingen wir zu Fuß über den Bald Mountain, und wenn wir dann zurückschauten, sahen wir unser Haus. Als sie sieben und acht Jahre alt waren, gingen wir bis Grouse Ridge hinauf zu Fuß. Von dort sahen wir den Bald Mountain, von dem aus man unser Haus sehen kann. Ein paar Jahre später gingen wir bis zur High Sierra hinauf, auf den 8 000 Fuß hohen English Mountain, von dem aus man Grouse Ridge sehen kann. Und schließlich schafften wir es auch hinauf zum Castle Peak, der mit seinen 10 000 Fuß der höchste Gipfel in jener Gebirgskette ist. Von ihm aus kann man den English Mountain sehen. Dann gingen wir nach Norden und bestiegen Sierra Buttes und Mount Lassen. Mount Lassen ist der entfernteste Punkt, den wir jemals erreicht haben. Von dort aus kann man Castle Peak, English Peak, Grouse Ridge, Bald Mountain und unser Haus sehen. So sollten Kinder die Welt kennenlernen. Diese intensive Form von Geographie kann uns niemand jemals nehmen, weil sie mit unserem Körper verbunden ist.

GARY SNYDER

Eishockey auf dem Teich

Wenn im Winter die Temperatur ein oder zwei Tage lang steigt und es dann wieder friert, ohne daß ein Schneesturm folgt, verlocken die Teiche in New England dazu, Eishockey zu spielen. Wenn solche Wetterverhältnisse mit einem Wochenende oder mit den Ferien zusammenfielen, zogen mein Sohn und ich (jkz) uns sehr warm an, nahmen unsere Schlittschuhe, Hockeystöcke und Pucks und gingen zum Teich unten am Fuß des Berges. Dort zogen wir uns die Schlittschuhe an, banden uns trotz der von der Kälte starren Finger mühsam die langen Schnürsenkel fest zu und gingen durch den Schnee zum Rand des Teiches, um dort unsere neue Freiheit zu genießen.

Wir fuhren eine Weile auf dem Eis herum und untersuchten, ob es überall dick und tragfähig genug war, und gleichzeitig gewöhnten wir uns wieder daran, auf Schlittschuhen zu stehen. Dann suchten wir uns eine Stelle aus, wo wir mit einem Paar Stiefeln ein Tor markierten.

Beim Spielen hütete jeweils einer das Tor, während der andere versuchte, dieses mit dem Puck zu treffen. Der Verteidiger konnte weit vor das Tor kommen, um seinem Gegner den Puck abzunehmen. So fuhren wir in großem Tempo über den ganzen Teich, unsere Schläger krachten zusammen und wir veranstalteten Wettrennen, wer als erster den Puck erreichte. Während des Spiels gab es Finten und unzählige Schüsse, atemberaubende Verfolgungsjagden und gefährliche Zusammenstöße. Natürlich wurden auch Punkte verteilt, und wenn der Puck auf manchmal höchst ungewöhnlichen Flugbahnen am Verteidiger vorbei ins Tor sauste, versetzte uns das in Hochstimmung und ließ uns oft lauthals lachen.

Durch das Spiel wurde uns natürlich heiß. So kalt es auch sein mochte und so beißend der Wind auch war, regelmäßig zogen wir zuerst die Mützen aus, dann die Handschuhe und schließlich Mäntel und Pullover. Manchmal trugen wir nach einer Weile nur noch ein T-Shirt am Oberkörper. Solange wir auf dem Eis umherfuhren, war uns warm. So spielten wir oft viele

Stunden lang. Jeder Augenblick war reines Jetzt, jenseits des Denkens. Wir gingen völlig auf in der Freude, diese besondere Art männlicher Energie zu genießen, trafen immer wieder zu Kämpfen zusammen, eroberten den Puck, jagten einander, stoppten Schüsse und verteidigten das Tor.

Manchmal spielten wir abends im orangefarbenen Schein eines großen Flutlichtes, das die Stadt hatte aufbauen lassen, obwohl man den Puck wegen der Schatten kaum erkennen konnte. Meist spielten wir jedoch nachmittags, während die Wintersonne zum Horizont hinabsank. Zwischendurch hielten wir inne, um wieder zu Atem zu kommen. Dann lagen wir am Rande des Teiches auf unseren Mänteln im Schnee und schauten zu, wie die Wolken am tiefblauen Himmel dahinzogen oder wie im Westen allmählich rosa- und goldfarbene Streifen auftauchten. Über uns verlor sich der Dampf unseres Atems in der Luft, und wir genossen die Stille und Vollkommenheit der Situation.

Ich wäre froh, wenn ich sagen könnte, daß wir das viele Jahre lang an jedem Wochenende getan hätten, doch leider waren es jedes Jahr nur wenige Male, und das ist nun auch schon lange her. Ebenso froh wäre ich, wenn ich sagen könnte, daß meine Töchter und ich beim Eishockey auf dem Teich ähnliche Gefühle gehabt hätten. Doch verbrachte ich mit den beiden Mädchen nur sehr selten Nachmittage auf dem Eis, weil andere Dinge sie stärker interessierten. Sie fuhren zwar gerne Schlittschuh und konnten es auch wesentlich besser als wir, aber für das Spiel mit Puck und Tor interessierten sie sich nicht.

Meist war der Teich mit Schnee oder sprödem Eis bedeckt, so daß man nicht darauf fahren konnte. In manchem Winter war das Eis dann, wenn wir es gern gehabt hätten, nicht hart genug zum Fahren. Und es gab natürlich auch andere Dinge, die uns interessierten, und wir hatten andere Möglichkeiten, Zeit miteinander zu verbringen. Doch keine von ihnen hat mir je besser gefallen, als im Winter auf dem Teich Hockey zu spielen.

Camping in der Wildnis

Wir haben in unserer Familie versucht, so oft wie möglich jeweils einem unserer Kinder die Möglichkeit zu geben, mit einem Elternteil etwas zu unternehmen, statt ständig alles mit der ganzen Familie zusammen zu machen. Kinder brauchen hin und wieder die ungeteilte Aufmerksamkeit eines Elternteils. Es ist wichtig, daß sie mit ihren Eltern zusammen Dinge unternehmen, die ihren ganz individuellen Interessen entsprechen, ohne daß sie dabei mit Geschwistern oder mit dem anderen Elternteil um die Aufmerksamkeit des Vaters oder der Mutter wetteifern müssen. Solche Ausflüge sind besondere Abenteuer, ob sie ein paar Stunden oder ein paar Tage dauern, ob sie in freier Natur oder in der Stadt stattfinden, ob wir dabei nur zu zweit oder mit anderen Menschen zusammen sind – sie bieten die Gelegenheit, Nähe zu erleben und einander in einem neuen Licht zu sehen.

*

Besonders gern habe ich (jkz) immer jeweils mit einem meiner Kinder allein in freier Natur gezeltet. Die Erfahrungen, die wir bei solchen Anlässen innerhalb von ein oder zwei Tagen machen, können unserer Beziehung eine völlig neue Note verleihen, die unser ganzes weiteres Leben lang andauern kann. Nichts erinnert uns so nachdrücklich an die Grundlagen des Lebens und des Überlebens, an das, was wirklich wichtig ist, wie ein paar Tage in freier Natur.

Als die eine meiner beiden Töchter neun Jahre alt war, machte ich mit ihr einmal einen Ausflug zum Wild River in den White Mountains. Wir parkten das Auto am Ausgangspunkt eines Wanderweges und gingen dann etwa fünf Meilen am Fluß entlang. Von Anfang an vermißte meine Tochter ihre Mutter, und die drückende Hitze machte das Gehen auch nicht gerade leichter. Weil ich sah, wie unglücklich sie sich fühlte, schlug ich irgendwann vor, wir könnten unsere Badekleidung anziehen und uns im Fluß abkühlen.

Das kühle Bad im Fluß gefiel ihr gut, doch als wir uns wieder auf den Weg machten, begann sie bald wieder zu weinen. Ich nahm zusätzlich zu meinem Rucksack auch noch ihren auf die Schulter. Sie wollte abwechselnd nach Hause oder schon an unserem Ziel sein, und dann wieder wußte sie nicht, was sie nun eigentlich wollte. Sie fühlte sich ganz einfach elend.

Plötzlich begegneten wir völlig unerwartet einer Herde Lamas, die in die entgegengesetzte Richtung zogen. Das gab unserem kleinen Abenteuer kurzzeitig einen exotischen Touch.

Es war die übliche Geschichte: Wir mußten zügig weitergehen, um den Platz zu erreichen, wo wir unser Zelt aufstellen wollten, bevor die Sonne hinter den Bergen verschwand. Natürlich leuchtete ihr einfach nicht ein, warum dieser Platz besser sein sollte als irgendein anderer. Doch ich wollte unbedingt diesen Platz erreichen, ein großes flaches Gelände, ideal um ein Zelt aufzustellen und ganz in der Nähe eines kleinen Wasserfalls, der ihr sicherlich gefallen würde.

Trotz des Heimwehs nach der Mutter und unter vielen Tränen ging sie weiter. Unterdessen versuchte ich die Haltung zu bewahren, kämpfte innerlich mit meinem Gefühl der Unzulänglichkeit und machte mir Sorgen, daß das Ganze vielleicht in einem Desaster enden würde. Ich fühlte mich wie ein Versager, weil ich mich nicht in der Lage sah, ihr ihre Ängste zu nehmen oder sie glücklich zu „machen".

Schließlich erreichten wir den Platz, an dem ich ein paar Jahre früher schon einmal mit ihrem Bruder gezeltet hatte. Die Schatten waren schon recht lang. Sobald wir angekommen waren, veränderte sich ihre Stimmung. Es machte ihr sichtlich Spaß, das Zelt aufzubauen, unsere Schlafsäcke darin zu verstauen, ein Feuer zu machen und etwas zu kochen. Der kleine Wasserfall sang uns etwas vor, während wir das Zelt aufbauten, kochten und dann, auf Baumstämmen am Feuer sitzend, aßen. Der Himmel war übersät von Sternen, wie man sie in der Stadt oder in der Nähe einer Stadt niemals sieht. Ihr glitzerndes Licht fiel durch die dunklen Lücken in den Wipfeln der Bäume, die unsere heimelige Lichtung umgaben.

Wir verkrochen uns schon früh in unseren Schlafsäcken und schlummerten beim Gesang des Flusses ein. Sie schlief schon, während ich noch draußen auf dem Rücken lag und zum Himmel aufschaute. Mein ganzer Körper atmete. Ich war glücklich, mit meiner Tochter hier zu sein, sie neben mir atmen zu hören und dieses kleine Abenteuer mit ihr zusammen zu erleben.

Wir wachten im klaren blauen Morgenlicht auf, als die Berggipfel sich gerade golden färbten. Wir ließen das Feuer auflodern, frühstückten und schmiedeten dann Pläne für den kommenden Tag. Ich hatte vorgehabt, auf den Berggipfel zu wandern. Doch sie hatte völlig andere Vorstellungen. Sie wollte bleiben, wo wir waren, hatte keinerlei Interesse daran, auf irgendeinen Gipfel zu steigen, schöne Aussicht oder nicht. Sie wollte weder gehen noch wandern noch klettern und schon gar nicht mit einem Rucksack. Sie hatte jetzt ihr neues Heim. Also blieben wir, und ich verabschiedete mich von meinen eigenen Erwartungen und Wünschen, denn mir war klar geworden, daß es für sie wichtig war, ihren Weg selbst zu wählen.

Wir untersuchten das Flußufer, und als es wärmer wurde und das Sonnenlicht ins Tal fiel, erforschten wir den Fluß auch von innen. Mittags saßen wir auf einem hohen Felsen mitten im Wasser, das um uns toste und schäumte. Ich las ihr dort aus *Ronja, Räubertochter* vor, Astrid Lindgrens wunderschöner Geschichte über ein starkes Mädchen in alter Zeit, das mit ihrem Freund im Wald lebt. Beide versuchen, die Fehde zwischen ihren verfeindeten Familien zu schlichten. Diese kurze gemeinsame Zeit des Alleinseins in den Wäldern, weit ab von der Zivilisation, hat uns beiden gut getan. Wir waren in diesem Augenblick mit sehr Wenigem glücklich: mit der Sonne, dem Wasser, dem Wald und uns selbst.

Softball durchbricht den Trübsinn

Es ist Sonntag eines dreitägigen Wochenendes, der Anfang der Schulferien. Ich (jkz) bin in letzter Zeit so viel von zu Hause weg gewesen, daß ich mich nun wie ein Fremder fühle. Myla und die Mädchen haben in meiner Abwesenheit ihre eigenen Rhythmen entwickelt. Um den Kontakt wiederherzustellen, stelle ich manchmal dumme Fragen wie: „Worüber sprecht ihr da gerade?", wenn sie miteinander reden.

Das mögen sie nicht. Es kommt ihnen aufdringlich vor. Ich stehe in der Tür zum Zimmer meiner Tochter, während Myla sich mit ihr unterhält. Ich suche ihre Nähe, aber sie fühlen sich unwohl, so als würde ich ständig darauf warten, daß etwas geschieht, und voll mit unausgesprochenen Erwartungen, wie ich bin. In solchen Momenten fühle ich mich wie ein Fremder in meinem eigenen Haus.

Meine Übung besteht in solchen Augenblicken darin, gegenwärtig zu bleiben, ohne mich und meine Bedürfnisse aufzudrängen. Das ist gar nicht so leicht. Einfach nur gegenwärtig zu sein, zu tun, was ich tun muß, aber nicht in Groll zu verfallen oder mich noch stärker zu isolieren, indem ich den Frühstückstisch vorzeitig verlasse oder arbeite oder telefoniere – das sind die Herausforderungen, denen ich mich stellen muß. In solchen Momenten fühlt es sich so an, als wäre ich immer noch auf Reisen, obwohl mein Körper anwesend ist.

*

Es war ein trüber Morgen. Die Wolken hingen niedrig. Ein kühler Tag Mitte April. Ich hatte mit entfernten Verwandten gesprochen und versucht, mit meiner Arbeit weiterzukommen. Doch statt mich in mein Arbeitszimmer zurückzuziehen, kam ich immer wieder in die Küche, um mich nicht abzukapseln, und gab auch dem Impuls nicht nach, mich in die Sonntagszeitung zu vertiefen.

Mit meiner Tochter etwas außerhalb des Hauses zu unternehmen ist nicht so leicht, doch ich versuche es heute am späten Nachmittag wieder einmal. In diesem Alter (mit elf Jahren) lehnt sie gewöhnlich alles, was ich ihr vorschlage gemeinsam zu unternehmen ab. Doch hatte ihr Softball-Trainer sie ein paar Tage vorher angerufen und ihr gesagt, sie solle sich auf das erste Training des Teams vorbereiten und vor allem das Fangen üben. Nach dem Abendessen ist sie einverstanden, im Garten mit mir zu spielen. Wir gehen nach draußen. Die untergehende Sonne taucht hinter den Wolken auf, die den ganzen Tag – passend zu meiner Stimmung – so grau und düster gemacht hatten. Nun überflutet das Licht der tief am Horizont stehenden Abendsonne von Westen her den Garten.

Wir fangen an, den Ball hin und herzuwerfen. Da wir keinen linken Handschuh für sie finden, spielt sie rechtshändig und behauptet, sie könne mit beiden Händen gleich gut werfen. Und tatsächlich kann sie das. Sie wirft mit der rechten Hand genausogut wie mit der linken, und sie kann mit der linken Hand ausgezeichnet fangen. Wir spielen mit großer Intensität. Ich lenke meine Würfe zuerst zur einen Seite und dann zur anderen, so daß sie eine gewisse Anzahl von Bällen mit Rückhand parieren muß. Dann vergrößern wir die Entfernung zwischen uns, um Hochbälle und niedrige Würfe einzubeziehen und alles miteinander zu kombinieren.

Sie fängt etwa neunzig Prozent aller Bälle, die ich werfe, obwohl sie ein Jahr lang überhaupt nicht gespielt hat. Wir befinden uns in einem Zustand der Harmonie. Ich spüre ihre Freude darüber wie auch über ihr eigenes Geschick. Sie spielt gut, eine Naturbegabung. Doch ich bin der Meinung, daß sie den Handschuh für die linke Hand anziehen sollte, den wir irgendwo verlegt haben. Wir machen eine Pause, und ich suche den Handschuh an der einzigen Stelle, wo ich noch nicht nachgeschaut habe. Tatsächlich ist er dort.

Nun wird ihr Fangen eine Weile unsicherer, weil sie sich an den Handschuh und an die veränderte Spielrichtung gewöhnen muß. Doch ihr Wurf, der schon mit dem rechten Arm sehr gut war, ist mit dem linken noch dreimal kraftvoller und genauer. Hin und her, hin und her, hoch, niedrig, Fangen mit der Rückhand, Fangen auf der ungeschützten Seite. Ich habe das schon seit vielen Jahren nicht mehr gemacht und erlebe in kurzer Zeit uralte Rhythmen wieder, die ich aus meiner eigenen Kindheit kenne. Das Muster hat sich in den vergangenen vierzig Jahren noch nicht völlig aufgelöst. Es ist wirklich erstaunlich, daß der Handschuh so oft weiß, wo der Ball sich befindet.

Allmählich verfällt sie dem Feuer der Begeisterung. Ihre Wangen werden rot. Sie fühlt sich ohne Mantel wohl in der kühlen Luft. Und sie wird auch mir gegenüber offener. Ich spüre es. Endlich, endlich tun wir etwas gemeinsam außerhalb des Hauses, etwas, das eine gewisse Anstrengung erfordert, etwas, woran wir beide unsere Freude haben und worüber wir ungezwungen reden können.

Ich habe monatelang auf einen solchen Augenblick gewartet. Ich hatte ihr einen gemeinsamen Ausflug mit dem Rad vorgeschlagen. „Nein." Oder Inline-Skates-Fahren. „Nein." Ein Spaziergang. „Bist du *verrückt?*" Einen Ausflug an einen schönen Teich. „Auf keinen Fall!" Doch nun plötzlich ist es da, und ich spüre, daß die Folgen meiner Abwesenheit wie weggewaschen werden. Im Augenblick sind wir wirklich zusammen und tun etwas, das wir nur selten tun und das wir den ganzen Frühling lang wiederholen können, wenn sie möchte. Weil es jetzt während der Sommerzeit so lange hell ist, können wir noch spielen, wenn ich von der Arbeit zurück bin.

Wir entdecken neu, daß wir immer noch gemeinsam Freude erleben können. Während der Ball hin- und herfliegt, spüre ich ihre Kraft, und ich sehe, wie auch sie ihre Kraft auf ganz natürliche Weise erfährt. Dieses Ballspiel macht mir ungeheuren Spaß, und ich spüre, daß es ihr genauso geht. Diese Freude ist um so größer, als sie Vater und Tochter einander wieder näherbringt. Wir bewegen uns gewöhnlich so weit entfernt voneinander, in so unterschiedlichen Welten, daß wir uns sehr leicht entfremden können. Doch das hier ist eine Möglichkeit, zumindest in diesem Augenblick zu spüren, daß wir immer noch zutiefst miteinander verbunden sind und daß wir gemeinsam an etwas Freude haben können. Während wir den Ball hin- und herwerfen und das Aufprallen auf den Handschuhen hören und den lauten Knall, wenn der Ball über meinen Kopf hinwegfliegt und den Holzzaun hinter mir trifft, haben wir das Gefühl, daß wir das schon seit einer Ewigkeit tun. Zeit hat aufgehört zu existieren.

Ich versuche, diese Augenblicke durch nichts zu unterbrechen. Mir ist klar, daß sie nicht ewig andauern werden. Es wird allmählich dunkler. Sie erwartet einen Telefonanruf von einer Freundin, um zu erfahren, wann die Freundin und ihre Mutter sie zum Übernachten zu sich nach Hause abholen. Das Telefon läutet. Sie muß sich zum Aufbruch fertig machen.

Doch wir sind einander wieder begegnet, sie und ich, und das ist uns beiden sehr wichtig.

Später sitzen wir zusammen und warten auf das Klingeln der Türglocke. Wir sind allein im Haus. Plötzlich fragt sie mich, ob ich wissen möchte, wie sie im Kunstunterricht die über-lebensgroße Skizze von sich selbst angefertigt hat. So etwas hat sie mir noch nie erzählt, und ich kann kaum glauben, daß sie es jetzt tut. Sie erklärt, die Aufgabe sei gewesen, die ganze Zeichnung mit einem einzigen Strich anzufertigen, also ohne den Stift vom Papier zu nehmen, und beim Zeichnen hätten sie möglichst nur in den Spiegel schauen sollen. Ich hätte ihr Hunderte von Fragen stellen können und sie doch niemals dazu gebracht, über so etwas mit mir zu sprechen. Sie beantwortet solche ausforschenden Fragen grundsätzlich nicht. Aber sie reagiert auf Präsenz. Ich erkenne, daß es meine Aufgabe ist, das anzunehmen und mich einfach offen bereitzuhalten, auch wenn Lichtjahre zwischen uns zu liegen scheinen.

Mädchen

Als unsere Mädchen noch klein waren, machte es mir (mkz) viel Freude, die große Vielfalt von Eigenschaften zu beobachten, die sie im Laufe der Zeit entwickelten. Die einfachsten Aktivitäten konnten sie mit Enthusiasmus und Freude erfüllen: Sie pflückten Erdbeeren und naschten vorsichtig an jeder reifen Beere, bevor sie sie in ihren Korb legten; sie zogen alte Kleider und Stoffreste von mir an und verwandelten sich in Königinnen und Prinzessinnen; sie stellten sich vor, sie wären Delphinbabys und schwammen im „Meer" um mich herum. Wenn sie mir plötzliche tiefe Einsichten mitteilten oder wenn sie auf irgendeine Weise ihre Freundlichkeit und ihr Mitgefühl zum Ausdruck brachten, freute ich mich an diesen warmherzigen Aspekten ihres Wesens. Manchmal waren sie allerdings auch wütend und völlig verstockt. Doch selbst wenn ich unter ihrem unbeugbaren Willen zu leiden hatte, gefiel mir ihre Stärke, ihre Kraft und ihre Entschlossenheit.

In jenen Jahren waren für sie sowohl die Familie als auch die Schule in erster Linie Häfen, die ihnen einen gewissen Schutz boten. Ihre Welt war einfach. Es gab darin nur wenig Druck und kaum Erwartungen oder äußere Ablenkungen. Als sie älter wurden, änderte sich das natürlich. Allmählich bemerkte ich die vielfältigen Botschaften, die die herrschende Kultur ihnen vermittelte, allgegenwärtige Botschaften, die sie, nur weil sie Mädchen waren, einschränkten und sie mit einer Vielzahl von Erwartungen und starkem Druck konfrontierten.

*

Wohin auch immer Mädchen schauen, an jeder Straßenecke, in Zeitungen und Magazinen, im Fernsehen und in Filmen werden sie mit sexualisierten Bildern von Frauen konfrontiert, die ihr Selbstbild zutiefst beeinflussen können. Diese Bilder suggerieren ihnen mehr oder auch weniger subtil, daß die größte Macht, über die sie als Frauen verfügen, ihre Macht als

Sexualobjekt ist. Diese Botschaft wirkt auf Mädchen insbesondere während der Pubertät ungeheuer einschränkend und schädlich.

Solche Bilder werden benutzt, um alle möglichen Produkte zu verkaufen. Der Schwerpunkt liegt dabei nicht nur auf Kaufen und Konsumieren: Ganze Industrien versuchen heute Frauen und Mädchen davon zu überzeugen, daß sie ihren Körper immer schöner, „vollkommener" und makelloser machen sollten. Dabei sind auf den meisten Bildern Körper zu sehen, die nur wenige Frauen von Natur aus haben beziehungsweise die sie nur sehr kurze Zeit in ihrem Leben haben. Dieses „ideale" Aussehen, das die Werbung künstlich hochstilisiert, kann bewirken, daß Mädchen sehr unzufrieden mit ihrem Körper, mit ihrem Haar, mit ihren Kleidern und mit ihrer Haut werden – praktisch mit jedem Aspekt ihrer physischen Existenz.

Der äußeren Erscheinung wird heute höchste Bedeutung zugemessen. Es erscheint ungeheuer wichtig, eine äußere Wirkung hervorzurufen, eine Oberfläche zu gestalten. Deshalb verwenden viele Mädchen ständig ungeheuer viel Zeit und Energie darauf, ihr Aussehen zu überprüfen und es entsprechend zu gestalten. Das geschieht meist auf Kosten der Entwicklung wirklicher Fähigkeiten, ihrer Kreativität und ihres Inneren. Wegen der Verführungskraft des unablässigen Bombardements der Medien müssen Eltern dafür sorgen, daß ihre Töchter immer wieder mit einer authentischen, unterstützenden und ausgewogenen Darstellung dessen in Berührung kommen, was es bedeutet, ein Mädchen oder eine junge Frau zu sein. So schwierig es auch manchmal sein mag, äußeren Einflüssen etwas entgegenzusetzen, es ist durchaus möglich.

Wir könnten zunächst anfangen, uns des allgegenwärtigen Einflusses dieser Industrie bewußt zu werden – das heißt aufhören, ihn zu übersehen oder ihn als unvermeidliche Begleiterscheinung unserer Zeit anzusehen. Sich dieser Kräfte bewußt zu werden ist der erste Schritt. Sobald wir anfangen, die potentiell negative Wirkung auf unsere Töchter zu beachten, können wir auch die Konsequenzen, die sie vielleicht für ihr Selbstbild, ihre Selbstachtung und ihre Interessen und Ziele haben, erkennen. Statt uns damit zu begnügen, die bereits verursachten Schäden zu beseitigen, können wir auch weiteren Schaden zu verhindern versuchen, indem wir den Einfluß des Konsumterrors auf unsere Kinder bewußt einschränken. Außerdem können wir mit ihnen über die schädlichen Einflüsse, die wir sehen, diskutieren, wobei wir uns allerdings hüten sollten, in einen allzu gewichtigen und moralisierenden Ton zu verfallen, denn nur dann besteht die Chance, daß unsere Töchter allmählich selbst erkennen, was es mit diesen Frauendarstellungen auf sich hat. Dann werden sie sich vielleicht allmählich der implizit darin enthaltenen Botschaften bewußt werden und dessen, wie diese Darstellungen das Kaufbegehren beim Betrachter, Leser und Konsumenten wecken und anfachen.

Ein Mädchen, das in seiner Kindheit und Jugend von alldem überflutet wird, was das Fernsehen zu bieten hat, verinnerlicht im Gegensatz zu einer Altersgenossin, deren Eltern den Fernsehkonsum ihrer Tochter eingeschränkt haben, eine Unmenge borniertet und erniedrigender Vorstellungen über Frauen. Eingeschränkter Fernsehkonsum hat außerdem den Vorteil, daß die Kinder dadurch mehr Zeit und Raum für wirkliche Lebenserfahrungen gewinnen, die mit hoher Wahrscheinlichkeit ihre Sicht von sich selbst als eine Person mit wertvollen Stärken und Fähigkeiten und vielen einzigartigen Qualitäten erweitern. Mädchen machen solche Erfahrungen häufig beim Sport oder wenn sie sich für künstlerische, intellektuelle und soziale Projekte engagieren, durch die sie ihre Kreativität entwickeln.

Neben dem Versuch, einen vor der herrschenden Kultur geschützten Raum zu schaffen und das Gewahrsein der Medienmacht zu fördern, müssen wir – wenn wir über Einschränkungen nachdenken oder auch einfach nur darüber, wie wir unsere Meinung zum Ausdruck bringen könnten – sehr genau abwägen, ob wir dadurch nicht vielleicht eine Kluft zwischen uns und unseren Kindern schaffen. Schließlich fühlen sie sich nicht nur von der oberflächlichen Welt der Werbung, des Fernsehens, der Filme und der Musik-Videos angezogen, sondern auch von der künstlerischen und unternehmerischen Kreativität dieser Bereiche.

Das ist einer der Gründe, weshalb die Praxis der Achtsamkeit in der Familie so schwierig ist. Als Eltern müssen wir uns unablässig mit unseren Ängsten, mit unseren eigenen Grenzen und mit unseren zeitweiligen Gefühlen der Machtlosigkeit auseinandersetzen, während wir versuchen, im Leben unserer Kinder einen gewissen Gleichgewichtszustand herzustellen. In unserer Familie bemühen wir uns in dieser Hinsicht um eine Gratwanderung: Wir versuchen unsere Kinder einerseits zu schützen und ihnen Grenzen zu setzen und andererseits doch offen und flexibel zu bleiben. Je älter Töchter werden, um so mehr Verhandlungsgeschick und Kompromißbereitschaft erfordert dies, und letztlich auch, daß wir sie dazu ermutigen, selbst wohldurchdachte Entscheidungen zu treffen.

Kinder möchten nichts sehnlicher, als sich bei dem, was sie tun und wie sie die Dinge sehen, „normal" fühlen, und natürlich vergleichen sie sich mit dem, was ihre Freunde dürfen und wie sie sich benehmen. Doch was in unserer Gesellschaft als „normal" hingestellt wird, ist oft gewalttätig und grausam und insbesondere für Frauen entwürdigend. Diese Tendenz ist so allgegenwärtig, daß wir uns möglicherweise an sie gewöhnt haben und sie kaum noch wahrnehmen. Angesichts dieser Bilderflut, die Sex unablässig mit Gewalt verbindet, Mädchen zu Objekten macht und generell ältere Frauen, große Frauen, starke Frauen und dunkelhäutige Frauen ausblendet – alle Frauen, die nicht dem klassischen Körperideal der hellhäutigen, schutzbedürftigen und schlanken Frau entsprechen –, wäre Wut eine angemessene Reaktion. Doch wird uns Frauen natürlich nicht zugestanden, wütend zu werden. Werden wir dennoch wütend, so müssen wir uns alle möglichen unangenehmen und herabsetzenden Bemerkungen anhören. Beispielsweise: „Was ist denn mit *dir* los?" – „Warum nimmst du denn alles immer gleich so schrecklich ernst?" – „Wo ist denn dein Humor geblieben?" – „Hast du schon wieder deine Tage?"

Bei der Erziehung von Mädchen müssen wir uns ständig mit dieser engstirnigen Sichtweise von Frauen auseinandersetzen. Wenn wir die herrschende Sichtweise stillschweigend akzeptieren, schließen wir uns damit praktisch der Herabsetzung der Frau in unserer Gesellschaft an. Wir müssen als Frauen und als Mütter zunächst unsere eigene Stimme finden, wenn wir unsere Töchter so unterstützen wollen, daß sie ihre Stimme nicht verlieren. Als ihre Mütter müssen wir ihnen eine Alternative vorleben, eine andere Art zu sein, eine andere Art, die Kultur zu sehen, in der sie leben. In einer Kultur, in der ihre Art, Dinge zu sehen – und das, was für sie am wichtigsten ist – oft nicht gewürdigt oder auch nur anerkannt wird, brauchen unsere Mädchen uns dringend als Verbündete.

Während unsere Töchter all die vielen verschiedenen und manchmal schwierigen körperlichen und emotionalen Veränderungen der Teenagerzeit durchleben, müssen Väter besonders sorgfältig darauf achten, nicht in unbewußte oder gewohnheitsmäßige Verhaltensweisen Frauen gegenüber zu verfallen, die einen Einfluß auf ihre Beziehung zu ihren Töchtern haben könnten. Das kann in Form von Respektlosigkeit oder Flirten geschehen oder durch ständige Bevorzugung der eigenen Bedürfnisse. Das Bedürfnis eines Vaters, von seiner Tochter geliebt und verehrt zu werden, kann ihn daran hindern zu sehen, was sie tatsächlich von ihm braucht.

Da uns das Wohlergehen unserer Töchter sehr am Herzen liegt, sind wir beide der Meinung, daß wir ihre Stärken, ihre Lebendigkeit und ihrem Sinn für ihre wahre Natur auf jede uns mögliche Weise schützen müssen. Andererseits dürfen wir auch nicht vergessen zu untersuchen, wie unsere eigenen Vorstellungen ihre Ausdrucksmöglichkeiten und ihre Autonomie einschränken, ohne daß wir uns dessen bewußt sind. Wir müssen uns immer wieder neu die Frage stellen, ob wir immer noch erwarten, daß sie sich auf eine ganz bestimmte Weise verhalten müssen, um sich unserer Wertschätzung sicher sein zu können. Müssen unsere Mädchen nett, nachdenklich, sensibel, freundlich und ruhig sein? Erwarten wir von ihnen, daß sie oft lächeln? Wissen wir, welches Temperament sie von Natur aus haben, und sind wir auch bereit zu akzeptieren, daß sich dieses Temperament verändern kann? Ist vielleicht aus unserer freundlichen und eher scheuen Tochter plötzlich ein hitziger, extrovertierter und lauter Teenager geworden? Gestatten wir es unseren Töchtern, wütend, laut und rebellisch zu sein, so wie wir es von Jungen manchmal sogar *erwarten*? Gestatten wir ihnen, eigene Interessen zu entwickeln, ob es sich dabei nun um die Quantenphysik, um Technik, um die Mode oder um Filmstars handelt? Unterstützen wir sie darin, Möglichkeiten zum Ausdruck ihrer einzigartigen Fähigkeiten, ihrer Kreativität und ihrer Stärken zu finden?

Es mag sein, daß sich unsere Antworten auf diese und andere, ähnliche Fragen von Tag zu Tag und manchmal sogar von Augenblick zu Augenblick verändern. Doch sie zu stellen ist ein wesentlicher Teil unserer Aufgabe als Eltern.

Die Auseinandersetzung mit dieser Problematik besteht zu einem großen Teil darin, daß wir uns mit den Erwartungen beschäftigen, die andere Menschen an unsere Töchter richten. Wenn wir oder unsere Töchter unangemessener, einschränkender oder herabsetzender Botschaften von Autoritätspersonen oder Gleichaltrigen gewahr werden – einschließlich sexuell anzüglicher und von sexuellen Stereotypen geprägten Ansichten –, können wir sie darin unterstützen, sich dieser Einstellungen und Verhaltensweisen bewußt zu werden und sie als das zu bezeichnen, was sie sind, und wir können sie in ihren Gefühlen bestärken. Wenn wir das betreffende Problem nicht herunterspielen und ihren Gefühlen nicht die Berechtigung absprechen, geben wir ihnen zu verstehen, daß wir ihre Verbündeten sind und daß es nicht nur okay, sondern eine gesunde Reaktion ist, ärgerlich zu werden oder sich verletzt zu fühlen, wenn sie ungerecht behandelt oder auf subtile Weise herabgesetzt werden. Nur zu oft wird Mädchen das Gefühl vermittelt, daß es *ihr* Problem ist und daß irgend etwas mit *ihnen* nicht in Ordnung ist, weil sie solche Gefühle haben. Wir können sie jedoch darin unterstützen, zu lernen, für sich selbst einzutreten und Selbstvertrauen zu entwickeln, klare und selbstsichere Aussagen zu machen, in denen sie ihre Grenzen definieren und unakzeptable Verhaltensweisen anderer beim Namen nennen.

*

Meinen Mund geschlossen halten. Mein Gesicht abwenden. Durch das Seitenschiff zurückgehen. Dem Bischof einen Schlag zurückgeben, nachdem er mich während der Konfirmation geschlagen hat. Das Wort *Nein* wie eine goldene Münze in meinem Mund halten, wie etwas Wertvolles, etwas, das möglich ist. Unseren Töchtern beibringen, *Nein* zu sagen. Ihr *Nein* höher schätzen als ihr bereitwilliges Ja. Das Wort *nein* mit der Faust umklammern und sich weigern, es aufzugeben. Den Jungen unterstützen, der *nein* zur Gewalt sagt, das Mädchen, das nicht verletzt werden will, die Frau, die „*Nein, nein, ich will nicht!*" sagt. Das *Nein* lieben, das *Nein* in Ehren halten, das so oft unser erstes Wort ist. *Nein* – das Werkzeug der Transformation.

LOUISE ERDRICH
The Blue Jay's Dance

Als eine meiner Töchter elf Jahre alt war, erzählte sie mir monatelang immer wieder von Situationen, in denen sie das Gefühl hatte, daß ein Lehrer ihr oder ihren Klassenkameradinnen gegenüber respektlos gewesen sei. Eines Tages erzählte sie mir die folgende Geschichte: Sie war mit ihren Freundinnen und Freunden bei einer abendlichen Schulveranstaltung, und es wurde viel geredet und ausgelassen gelacht. Plötzlich kam ihr Lehrer auf sie zu, nannte ihren Namen und sagte mit tadelnder Stimme: „Sei eine *Dame!*" Daraufhin schaute sie dem Lehrer direkt in die Augen und sagte: „Ich *bin* eine Dame, nur eine *starke!*"

*

Wenn Mädchen die Erfahrung machen, daß ihre Gefühle respektiert werden, können sie allmählich lernen, die Einstellungen und Verhaltensweisen besser zu erkennen und zu benennen, die ihnen Probleme bereiten. Sie können dann einen besseren Kontakt zu ihren Gefühlen entwickeln, lernen, diesen Gefühlen zu vertrauen und sie auf effektive Weise zum Ausdruck zu bringen. Dadurch aktivieren sie allmählich ihre eigene Kraft und entwickeln ein Repertoire emotionaler Fähigkeiten, das für ihre weitere Entwicklung von großer Bedeutung ist. Diese Kraft ist besonders wichtig, wenn sie allein in einer Gesellschaft leben, die ihnen ihre innere Kraft rauben kann und sie auszubeuten versucht.

*

Ich war mit meiner damals elfjährigen Tochter in einem kleinen Laden für Orientteppiche. Der Ladeninhaber stammte aus einem anderen Land, und er begrüßte uns mit übertriebener Freundlichkeit. Ich fühlte mich nicht besonders wohl dabei, aber ich ging schnell darüber hinweg und schaute mir ein paar Teppiche an. Als wir den Laden wieder verließen, sagte meine Tochter zu mir, daß sie sich dort sehr unwohl gefühlt habe, weil der Mann ihr jedesmal, wenn ich ihn nicht angeschaut hätte, seltsame Blicke zugeworfen hätte. Ich versuchte ihr daraufhin zu erklären, daß in anderen Kulturen andere Sitten herrschten. Später wurde mir klar, wie fehl am Platze meine Reaktion gewesen war und daß ich im Grunde versucht hatte, das Verhalten dieses Mannes „wegzuerklären" und zu entschuldigen, statt meine Tochter darin zu bestärken, daß ihr Gefühl des Unbehagens berechtigt war.

Als ich ihr am Abend des gleichen Tages „Gute Nacht!" sagte, erklärte ich ihr, ich hätte über die Situation in dem Teppichladen noch einmal nachgedacht, und ich wollte nicht, daß so etwas noch einmal passiere. Deshalb wolle ich mit ihr ein Zeichen vereinbaren, durch das sie mir in einer solchen Situation zu verstehen geben könne, wenn sie sich aus irgendeinem Grund unwohl fühle. Ich schlug vor, sie solle meine Hand nehmen und sie drücken; dann wüßte ich, daß irgend etwas nicht stimme, und wir würden dann sofort gehen. Die Augen meiner Tochter leuchteten auf, und sie lächelte, während sie über diesen Vorschlag nachdachte.

Es gab eine Zeit, da war eine meiner Töchter von einer Frauen-Rap-Gruppe mit Namen *Salt N Pepa* begeistert. Als ich die Gruppe zum ersten Mal hörte, war ich schockiert über die ganz direkten sexuellen Bilder in den Texten der Sängerinnen. Nachdem ich sie mir dann jedoch etwas länger angehört hatte, merkte ich, daß diese Frauen sich als hemmungslos stark, selbstsicher, frech *und* sexuell darstellten. Ihre Energie fühlte sich gesund und lebensbejahend an, war also alles andere als schwach, passiv, ängstlich und leidvoll. Hinter dem Label der „Rap-Gruppe" verbargen sich moderne Amazonen, die auf ihre völlig eigene Weise als Vorbilder fungierten.

Wir müssen uns heute immer mehr darum kümmern, daß unsere Töchter mit den stärksten und lebendigsten Aspekten ihres Seins in Kontakt bleiben. Wir müssen verhindern, daß sie sozialisiert werden, daß sie ihre Individualität und Souveränität aufopfern und ihre besten Seiten unterdrücken sollen – was oft im Alter zwischen neun und vierzehn Jahren geschieht. Im nächsten Kapitel möchten wir Ihnen eine norwegische Geschichte über ein Mädchen nach-erzählen, das seinem Wesen treu geblieben ist.

Zottelhaube oder „Ich gehe so, wie ich bin!"

Es waren einmal ein König und eine Königin, die hatten keine Kinder, und darüber war die Königin sehr traurig. Immer wieder beklagte sie sich, daß sie keine Familie habe und daß es im Palast so einsam sei ohne Kinder um sie herum.

Der König sagte, wenn sie gern Kinder um sich hätte, könne sie doch die Kinder ihrer Verwandten ins Schloß einladen. Dieser Vorschlag gefiel der Königin außerordentlich, und schon bald tollten zwei ihrer kleinen Nichten durch den Palast und den Park.

Eines Tages, als die Königin den beiden Mädchen aus dem Fenster zuschaute, sah sie, daß die beiden mit einem kleinen fremden Mädchen in Lumpen Ball spielten. Sofort eilte die Königin die Treppe hinab in den Garten, um nach dem Rechten zu sehen.

„Kleines Mädchen, das hier ist der Park des Palastes", sagte sie mit scharfer Stimme. „Du darfst hier nicht spielen!"

„Wir haben sie gefragt, ob sie mit uns spielen will", riefen die beiden Nichten und liefen dann zu dem kleinen Mädchen in Lumpen und nahmen es bei der Hand.

„Du würdest mich nicht fortjagen, wenn du wüßtest, welche Macht meine Mutter hat", erwiderte das merkwürdige kleine Mädchen.

„Wer ist deine Mutter?" fragte die Königin, „und welche Macht hat sie?"

Das Kind deutete auf eine Frau, die auf dem Markt vor den Palasttoren Eier verkaufte. „Wenn sie will, kann sie Menschen verraten, wie sie Kinder bekommen können, wenn alle anderen Mittel erfolglos geblieben sind."

Das interessierte die Königin natürlich sehr. Sie sagte: „Sag deiner Mutter, ich möchte mit ihr im Palast sprechen."

Das kleine Mädchen lief zum Markt, und es dauerte nicht lange, bis eine große, kräftige Marktfrau das Zimmer der Königin betrat.

„Deine Tochter hat gesagt, du verfügtest über außergewöhnliche Macht und könntest mir sagen, wie ich Kinder bekommen könne", sagte die Königin.

„Die Königin sollte nicht auf das Geplapper eines Kindes hören", antwortete die Frau.

„Setze dich", sagte die Königin und ließ feine Speisen und Getränke auftischen. Dann sagte sie der Eierfrau, es sei ihr sehnlichster Herzenswunsch, selbst Kinder zu bekommen. Nachdem die Frau ihr Bier getrunken hatte, sagte sie leise, vielleicht wisse sie einen Zauber, und es könne ja nicht schaden, es einmal damit zu versuchen.

„Stellt Euer Bett heute nacht draußen auf das Gras. Laßt Euch nach Anbruch der Dunkelheit zwei Eimer mit Wasser bringen. Wascht Euch in beiden, und gießt das Wasser anschließend unter das Bett. Wenn Ihr am Morgen aufwacht, werden zwei Blumen aufgegangen sein, eine schöne und eine seltsame. Die schöne müßt Ihr essen, die seltsame jedoch stehen lassen. Vergeßt dies nicht!"

Die Königin befolgte den Rat und fand am nächsten Morgen unter ihrem Bett zwei Blumen. Die eine war grün und von merkwürdiger Form, die andere war rosa und duftete köstlich. Sogleich aß sie die rosafarbene, die so süß schmeckte, daß sie prompt auch die andere aß, wobei sie sich sagte: „Ich glaube sowieso nicht, daß das helfen oder schaden kann!"

Kurze Zeit später merkte die Königin, daß sie schwanger war, und nach einer Weile gebar sie, und zwar zuerst ein Mädchen, das einen Holzlöffel in der Hand hielt und auf einem Ziegenbock ritt, eine merkwürdige kleine Kreatur, die in dem Augenblick, als sie auf die Welt kam, „Mama!" rief.

„Wenn ich deine Mama bin, dann gnade mir Gott und helfe mir, mich zu bessern", antwortete die Königin.

„Mach dir keine Sorgen", sagte das Mädchen, das immer noch auf dem Ziegenbock umherritt. „Die nächste, die geboren wird, sieht viel schöner aus als ich." Und so war es tatsächlich. Die Zwillingsschwester war tatsächlich wunderschön und lieblich anzusehen, was der Königin sehr gefiel.

Die beiden Schwestern waren so verschieden, wie sie nur sein konnten, doch sie liebten einander über alles. Wo die eine war, mußte auch die andere sein. Doch wurde die ältere der beiden schon bald „Zottelhaube" gerufen, denn sie war stark, eigenwillig und unerschrocken und ritt ständig auf ihrem Ziegenbock umher. Sie trug stets zerrissene und verschmutzte Kleider, und auch ihre Haube war zerfetzt. Niemand konnte sie dazu bringen, sich saubere und hübsche Kleider anzuziehen; sie wollte einfach nur alte. Schließlich gab die Königin es auf, sie ändern zu wollen, und ließ sie sich so kleiden, wie es ihr gefiel.

An einem Weihnachtsabend, als die beiden Zwillingsschwestern schon fast erwachsen waren, erhob sich plötzlich in der Galerie vor dem Zimmer der Königin ein schreckliches Lärmen und Klappern. Zottelhaube fragte, was da wohl los sei. Die Königin erklärte, Trolle seien in den Palast eingedrungen. Das passiere alle sieben Jahre. Man könne nichts gegen die üblen Geschöpfe tun, man dürfe sie nicht beachten und müsse das Unheil, das sie anrichten würden, hinnehmen.

Zottelhaube erwiderte: „Unsinn! Ich werde hinausgehen und sie vertreiben!"

Alle protestierten und sagten, sie solle sich vor den Trollen hüten; sie seien zu gefährlich. Doch Zottelhaube beteuerte, sie habe keine Angst vor den Trollen. Sie könne und wolle sie vertreiben. Sie schärfte der Königin ein, alle Türen fest verschlossen zu halten. Dann ging sie in die Galerie, um die Trolle zu jagen. Sie schlug mit ihrem hölzernen Löffel um sich, traf die Trolle am Kopf und an den Schultern und trieb sie zusammen, um sie hinauszujagen. Der ganze Palast erbebte unter dem Krachen und Brüllen, bis das ganze Gebäude einzustürzen drohte.

Doch da öffnete die Zwillingsschwester, die sich um Zottelhaube sorgte, eine Tür und lugte mit dem Kopf daraus hervor, um nach dem Rechten zu sehen. Da kam ein Troll und *Popp!* schlug er ihr den Kopf ab und setzte statt dessen einen Kalbskopf auf ihre Schultern. Die arme Prinzessin lief auf allen Vieren zurück in den Raum und muhte dabei wie ein Kalb.

Als Zottelhaube zurückkam und ihre Schwester sah, war sie sehr wütend darüber, daß die Diener der Königin nicht aufgepaßt hatten. Sie schimpfte sie fürchterlich aus und fragte sie, was sie denn jetzt über ihre Unvorsichtigkeit dächten, wo ihre Schwester nun einen Kalbskopf hätte.

„Ich werde versuchen, sie vom Zauber der Trolle zu befreien", sagte Lumpenhäubchen. „Aber dazu brauche ich ein gutes Schiff in bestem Zustand und mit genügend Vorräten."

Nun wurde dem König klar, daß seine Tochter Zottelhaube trotz ihrer Wildheit über außergewöhnliche Fähigkeiten verfügte. Deshalb gab er seine Einwilligung, stellte jedoch die Bedingung, daß sie einen Kapitän und eine Mannschaft mitnehmen müsse. Doch Zottelhaube blieb standhaft und sagte, sie brauche keinen Kapitän und keine Mannschaft und werde nur allein mit dem Schiff lossegeln. Schließlich ließen sie ihr ihren Willen, und sie segelte mit ihrer Schwester davon.

Die beiden hatten guten Wind und segelten direkt in das Land der Trolle, wo sie im Hafen vor Anker gingen. Zottelhaube trug ihrer Schwester auf, an Bord des Schiffs zu bleiben und sich ruhig zu verhalten, während sie selbst auf ihrem Ziegenbock zum Haus der Trolle ritt. Durch ein offenes Fenster sah sie den Kopf ihrer Schwester an einer Wand hängen. Im Nu war sie auf dem Ziegenbock durch das Fenster und ins Haus gesprungen, packte den Kopf, ließ das Tier sofort wieder ins Freie springen und jagte davon, verfolgt von den Trollen, die brüllten und sie wie wütende Bienen umschwirrten. Doch der Ziegenbock schnaubte und stieß mit seinen Hörnern zu, und Zottelhaube schlug mit dem magischen Holzlöffel nach ihnen, bis sie aufgaben und sie in Frieden davonziehen ließen.

Als Zottelhaube wieder sicher auf ihrem Schiff angekommen war, nahm sie ihrer Schwester den Kalbskopf ab und setzte ihr ihren hübschen Menschenkopf auf. Nun war sie wieder ein richtiger Mensch.

„Jetzt wollen wir uns ein wenig die Welt anschauen", sagte Zottelhaube daraufhin zu ihrer Schwester. Diese war begeistert über den Vorschlag, und so segelten sie an der Küste entlang und gingen an einigen Stellen an Land, um sich umzuschauen, bis sie schließlich in ein fernes Königreich kamen.

Im Hafen ging Zottelhaube mit ihrem Schiff vor Anker. Als die Bewohner des Schlosses die merkwürdig fremdartigen Segel sahen, schickten sie den Schwestern Botschafter entgegen, um festzustellen, wer da gekommen war und von wo. Als die Botschafter das Schiff betraten, waren sie sehr verblüfft, daß sie außer Lumpenhäubchen, die auf ihrem Ziegenbock an Deck umherritt, niemanden an Bord fanden.

Als sie fragten, ob sonst noch jemand auf dem Schiff sei, bejahte Zottelhaube dies und erklärte, auch ihre Schwester sei auf dem Schiff. Die Botschafter baten darum, sie sehen zu dürfen, doch Zottelhaube lehnte das ab. Dann fragten sie, ob die beiden Schwestern bereit seien, zu einer Audienz beim König und seinen beiden Söhnen auf das Schloß zu kommen.

„Nein", erwiderte Lumpenhäubchen. „Wenn sie uns sehen wollen, können sie zum Schiff kommen." Dann fing sie an, auf ihrem Bock umherzugaloppieren, bis das Deck bebte.

Der ältere der beiden Prinzen wurde neugierig auf die Fremden und eilte gleich am nächsten Tag zum Schiff. Als er die schöne Jüngere der beiden Zwillingsschwestern sah, verliebte er sich sogleich in sie und wollte sie heiraten.

„Nein, das geht auf keinen Fall", erklärte sie. „Ich werde meine Schwester niemals verlassen. Ich werde nicht heiraten, bis auch sie verheiratet ist."

Mißmutig kehrte der Prinz zum Schloß zurück, denn er konnte sich nicht vorstellen, daß irgend jemand bereit wäre, das merkwürdige Geschöpf auf dem Ziegenbock zu heiraten, das wie eine zerlumpte Bettlerin wirkte. Doch da es sich geziemte, Fremden gegenüber Gastfreundschaft zu zeigen, wurden die beiden Schwestern erneut ins Schloß eingeladen, und der Prinz bat seinen jüngeren Bruder, Zottelhaube an jenem Abend Gesellschaft zu leisten.

Die jüngere Schwester kämmte sich ihr Haar und legte für den Abend ihr feinstes Kleid an; Zottelhaube hingegen wollte sich nicht festlich kleiden.

„Du könntest doch statt dieser Lumpen eines meiner Kleider anziehen", schlug die Schwester ihr vor. Doch Zottelhaube lachte nur.

„Du könntest dieses zerlumpte Häubchen ausziehen und dir die Rußstreifen vom Gesicht abwaschen", fuhr die Schwester, nun schon etwas verärgert, fort, denn sie wollte, daß ihr geliebtes Zottelhaube einen möglichst guten Eindruck machte.

„Nein", sagte Zottelhaube bestimmt. „Ich werde so gehen, wie ich bin."

Alle Bewohner der Stadt schauten den beiden fremden Frauen nach, als sie zum Schloß ritten. Es war eine außergewöhnliche Prozession. An der Spitze ritten der Prinz und Zottelhaubes schöne Schwester auf wundervollen weißen Pferden, die mit einer Golddecke geschmückt waren. Dann folgte der Bruder des Prinzen auf einem wunderschönen Pferd mit silbernem Geschirr, und neben ihm ritt Zottelhaube auf dem Ziegenbock.

„Du bist ja nicht gerade gesprächig", sagte Zottelhaube zu ihrem Begleiter.

„Was gibt es denn schon zu reden?" erwiderte dieser. Dann ritten sie eine Weile schweigend nebeneinander her, bis er schließlich herausplatzte: „Warum reitest du auf einem Bock statt auf einem Pferd?"

„Da du mich schon danach fragst", antwortete Zottelhaube, „ich kann auch auf einem Pferd reiten, wenn ich das möchte." Im gleichen Augenblick verwandelte sich der Bock in einen wunderschönen Hengst.

Verblüfft riß der junge Mann die Augen weit auf und wandte sich Zottelhaube nun mit sichtlich größerem Interesse zu.

„Warum versteckts du deinen Kopf unter einer zerlumpten Haube?" fragte er weiter.

„Ist es eine zerlumpte Haube? Das kann ich ändern, wenn ich will", antwortete sie. Und im gleichen Augenblick erschien auf ihrem langen dunklen Haar ein Diadem aus Gold und mit winzigen Perlen darauf.

„Was für ein ungewöhnliches Mädchen bist du!" rief der Prinz aus. „Aber warum trägst du diesen hölzernen Löffel ständig bei dir?"

„Ist es ein Löffel?" sagte sie, und im gleichen Augenblick verwandelte sich der Löffel in ihrer Hand in einen Stab aus Eberreschenholz mit goldener Spitze.

„Nun verstehe ich!" rief der Prinz erfreut aus. Während sie weiterritten, lächelte er und summte ein Lied.

Schließlich sagte Zottelhaube: „Willst du mich nicht fragen, warum ich diese zerlumpten Kleider trage?"

„Nein", antwortete der Prinz. „Es ist klar, daß du sie trägst, weil du es so willst, und wenn du es ändern willst, dann wirst du es tun." In diesem Augenblick verschwand Zottelhaubes zerlumptes Gewand, und sie trug plötzlich einen Mantel und einen Rock aus grünem Samt. Der Prinz lächelte und sagte: „Die Farbe steht dir sehr gut."

Als das Schloß vor ihnen auftauchte, sagte Zottelhaube zu ihm: „Und willst du mich nicht bitten, ob du mein Gesicht unter den Rußstreifen sehen darfst?"

„Auch das soll so geschehen, wie du es willst."

Während sie durch das Tor des Schlosses ritten, berührte Zottelhaube mit dem Stab aus Eberreschenholz ihr Gesicht, und die Rußstreifen verschwanden. Ob das Gesicht, das nun zum Vorschein kam, wunderschön oder schlicht war, werden wir nie erfahren, weil es weder den Prinzen noch Zottelhaube im Geringsten interessierte.

Sicher ist jedoch, daß das Fest im Schloß sehr glücklich war, denn das Singen, Spielen und Tanzen dauerte viele Tage lang.

*

Souveränität und Authentizität sind der Schlüssel zu Lumpenhäubchens Lebensenergie wie auch zu allem, was sie tat oder sagte, so merkwürdig oder sogar abstoßend es bei oberflächlicher Betrachtung auch gewirkt haben mochte. Zottelhaube hat keine Angst, sie selbst zu sein. Von ihrer Geburt an war sie wild und seltsam gewesen, nach den Maßstäben des konventionellen Denkens könnte man sogar sagen „häßlich". Sie ist laut, schmutzig, furchtlos und stark. Sie weiß, was sie will, und geht ihren eigenen Weg, ohne sich darum zu kümmern, was andere über sie denken könnten. In ihrem Körper gibt es nicht einen Funken Passivität. Sie erfüllt auf ihrem Schiff die Aufgaben des Kapitäns ebenso wie die der Mannschaft; sie holt den Kopf ihrer Schwester zurück, und sie bereist mit ihrem Schiff die Welt. Sie ist eine wilde Frau, die aber gleichzeitig auch ihre „vollkommene" Schwester liebt und alles für sie tut – eine Schwester, die über all die äußeren Eigenschaften verfügt, die die Gesellschaft bei Frauen so hoch schätzt. Zottelhaube ist so dunkel, wie ihre Schwester hell ist. Ihre äußere Erscheinung ist vielleicht bei oberflächlicher Betrachtung nicht so angenehm wie die ihrer Schwester, doch muß sie mit ihren eigenen Maßstäben gemessen werden, und ihre Essenz ist wunderschön – diese bleibt jedoch all denen verborgen, die nicht zu sehen vermögen.

Die schöne Schwester versucht, Zottelhaube zu überreden, ihre zerlumpten Kleider abzulegen und ihr verschmutztes Gesicht zu waschen. Sie möchte, daß Zottelhaube den bestmöglichen Eindruck macht. Wie viele von uns Eltern versuchen, ihren Kindern die Kritik anderer zu ersparen, weil sie möchten, daß andere sie als ebenso schön empfinden, wie sie selbst es tun? Doch Zottelhaube ist standhaft: „Nein, ich werde so gehen, wie ich bin."

Als der Prinz neben Zottelhaube herreitet, schweigt er. Schließlich bricht sie das Schweigen; er vertut die Zeit aber nicht mit Small talk, sondern stellt ihr eine ehrliche und direkte Frage: „Warum reitest du auf diesem Bock statt auf einem Pferd?" Als die Ziege sich in ein Pferd verwandelt, merkt der Prinz auf. Er wird aufmerksamer. So fährt er fort Fragen zu stellen, hört jedoch damit auf, bevor er zu ihren zerlumpten Kleidern kommt. Er überläßt es ihr, ihm zu erklären, was es damit auf sich hat. Durch sein Schweigen zeigt er, daß er sie akzeptiert. Sie sagt zu ihm: „Willst du mich nicht fragen, warum ich diese zerlumpten Kleider trage?" Er verneint dies und sagt, ihm sei klar, daß es ihre Entscheidung sei, sich so zu kleiden, und wenn sie es ändern wolle, so werde sie es wohl tun. Im gleichen Augenblick, in dem der junge Prinz die Souveränität der jungen Frau anerkennt – „Auch das soll so geschehen, wie du es willst" –, wird sie transformiert, und im Laufe dieses Prozesses lernt er von ihr, was das Wichtigste an der Liebe ist.

Für alle Kinder ist es wichtig, daß wir ihre Souveränität völlig annehmen und respektieren, doch von ganz besonderer Bedeutung ist dies für den Umgang mit Mädchen. Denn damit sie in einer Gesellschaft, die sie ständig mit einengenden Erwartungen konfrontiert, gesund aufwachsen können, müssen sie in der Lage sein, ihren eigenen Weg zu finden und ihre eigene, einzigartige Natur zum Ausdruck zu bringen.

Die Entwicklung von Selbstbewußtsein und Verantwortlichkeit

Gemeinsam mit einer Freundin, wurde ich (mkz) einmal in die Schule bestellt, um einen Vorfall mit unseren Töchtern zu besprechen. Es ging in beiden Fällen um das gleiche Thema: Die „eigenwilligen" Mädchen hatten ihren Lehrern gesagt, wie sie etwas, das diese getan hatten, empfanden, und waren deshalb als „respektlos" bezeichnet worden.

Eines Nachmittags rief mich die Direktorin der Grundschule, eine Frau Anfang sechzig, in ihr Büro. Sie sagte, eine Aufsicht führende Lehrerin habe meiner Tochter und einer Gruppe von Mädchen aus der fünften Klasse verboten, weiter mit den Jungen Fußball zu spielen. Daraufhin hatte meine Tochter der Aufsichtsperson gesagt, sie sei sexistisch, und Mädchen hätten das gleiche Recht, Fußball zu spielen, wie Jungen. Die Direktorin versuchte während des Gesprächs mit mir, die wütende, herausfordernde Körpersprache meiner Tochter zu imitieren, wie sie ihre Arme verschränkt und ihren Kopf abgewendet hatte. Sie schien fest davon überzeugt zu sein, daß ich mich ihrer Meinung anschließen und das Verhalten meiner Tochter ebenfalls verurteilen würde. Sie sagte, sie habe ein Treffen meiner Tochter mit den beiden Lehrern der Pausenaufsicht arrangiert und dem Mädchen verboten, sich weiterhin so respektlos zu verhalten, denn die aufsichtführenden Lehrer seien schließlich für die Sicherheit der Kinder verantwortlich. Deshalb müßten die Kinder auf sie hören und ihnen gehorchen. Die Direktorin versicherte mir, sie habe meiner Tochter die Möglichkeit gegeben, den Vorfall aus ihrer Sicht zu schildern, und sie habe sie aufgefordert, sich schriftlich bei den beiden aufsichtsführenden Lehrern zu entschuldigen.

Ich konnte mich der Meinung dieser Frau insofern anschließen, daß meine Tochter lernen muß, ihre Gefühle auf eine respektvollere Weise zu äußern. Aber ich habe ihr auch gesagt, ich hätte den Eindruck, meine Tochter sei über eine aus ihrer Perspektive ungerechte Intervention wütend gewesen und sie habe versucht, den Aufsichtspersonen ihre Gefühle mitzuteilen. Außerdem schiene mir, daß ihre Einwände und ihre Sicht der Situation ignoriert worden seien und daß sie als „schlecht" etikettiert wurde, nur weil sie ihre Gefühle zum Ausdruck gebracht hatte. Ich fragte die Direktorin, ob sie glaube, daß es wohl als ebenso negativ angesehen worden wäre, wenn ein Junge seine Arme verschränkt und auf die gleiche Weise seine Meinung geäußert hätte.

Später habe ich meiner Tochter zu vermitteln versucht, daß es vielleicht sinnvoll wäre, zu lernen, ihre Ansichten zu äußern, ohne respektlos zu sein. Menschen, die nicht wüßten, was sie mit dem Ausdruck „sexistisch" meine, könne es so vorkommen, als gebrauche sie ihn als Schimpfwort. Auch habe ich sie darauf hingewiesen, daß es sehr hilfreich sei, wenn sie sich dessen bewußt sei, wie sie spreche – daß sie ihre Körpersprache ebenso wie den Klang ihrer Stimme wahrnimmt. Denn nicht nur, *was* sie sage, sei wichtig, sondern auch *wie* sie es sage. Ich versuchte ihr aufzuzeigen, daß ihre Handlungen auf andere Menschen eine Wirkung und somit auch Konsequenzen hätten, und eine davon ist, daß sie sich auf die Fähigkeit und Bereitschaft jener anderen auswirken könnten, sich anzuhören, was sie sage.

Es ist für uns alle nicht leicht, auf respektvolle Weise zu sagen, wie wir uns fühlen und wie wir Dinge sehen. Wir müssen Kindern den Raum geben, dies zu lernen, und das können sie nur, indem sie es ausprobieren, Fehler machen und es anschließend erneut ausprobieren.

Daß es meine Tochter einiges an Mut kostete, ihre Meinung zu äußern, hat die Lehrerschaft gar nicht anerkannt. Statt dessen wurde sie aufgefordert, still zu sein und sich zu fügen. Wenn meine Tochter bei ihren Versuchen, für ihre eigenen Interessen und für die Interessen anderer einzutreten, immer wieder diese Botschaft hören würde und wenn sie keine Eltern hätte, die ihre Wut akzeptieren und die ihre Ansichten zu verstehen versuchen, dann hätte sie es wahrscheinlich irgendwann aufgegeben, ihre Meinung zu äußern, und vielleicht hätte sie sich sogar schlecht gefühlt und wie so viele Mädchen ihr Selbstvertrauen verloren – mit neun Jahren sind sie vital und selbstbewußt, aber mit vierzehn scheint diese Stärke irgendwie wieder verborgen zu sein, scheu, schwer zu erkennen oder sogar ganz verschwunden.

*

Die Freundin meiner Tochter ist eine sehr begabte Schülerin, eine Perfektionistin, die sehr hohe Ansprüche an sich selbst stellt. Außerdem hat sie sehr klare Vorstellungen über alle möglichen Dinge. Ihre Lehrerin der fünften Klasse hatte ihr gesagt, sie solle die Dinge, an denen die Schüler gerade im Rahmen eines Projekts arbeiteten (Puppen, die sie selbst gemacht hatten, und Bücher aus der Stadtbücherei) während des Wochenendes in der Schule lassen. Sie hatte aber das Gefühl, daß es nicht sicher genug war, diese Dinge über das Wochenende in der Schule zu lassen, sagte zur Lehrerin aber nur: „Nein, ich möchte die Sachen wieder mit nach Hause nehmen." Die Lehrerin empfand das als respektlos und bestellte die Eltern der Schülerin zu einem Gespräch in die Schule. Obgleich dieses Mädchen sich in der Schule nie „danebenbenimmt", sah die Lehrerin ihr Verhalten in einem sehr begrenzten Rahmen und interpretierte es als Respektlosigkeit ihr gegenüber, statt als Anzeichen für die Entscheidungskompetenz und Selbstsicherheit der Schülerin.

Natürlich hätte sie der Lehrerin ihre Bedenken erklären können und wäre dann vermutlich verstanden worden und als respektvoller erschienen. Doch erfordert die hohe Kunst der Kommunikation eben Übung und Erfahrung. Und andererseits hätte auch die Lehrerin als Erwachsene respektvoller gegenüber der Schülerin sein und sie fragen können, *weshalb* sie denn das Material mit nach Hause nehmen wolle.

Als Eltern müssen wir unseren Kindern helfen, sich über ihre Anliegen klar zu werden, diese auf selbstsichere *und* respektvolle Weise zum Ausdruck zu bringen und für das einzustehen, was sie für richtig halten, selbst wenn sie nicht verstanden werden oder wenn ihre Gefühle übergangen werden. Wenn wir unsere Kinder in dieser Hinsicht unterstützen wollen, müssen wir bereit sein, für sie Partei zu ergreifen und ihnen zu helfen, die schwierigen Situationen, in die sie manchmal geraten, zu verstehen.

Wenn Kinder spüren würden, daß ihre Gefühle ernst genommen werden, daß Erwachsene versuchen, ihren Standpunkt zu verstehen, daß Lehrer aufgeschlossen und verständnisvoll sind, statt sie zu verurteilen und sich ihnen gegenüber zu verschließen, könnten sie in der Schule weitaus mehr wesentliche Fähigkeiten für ihr Leben lernen.

Achtsamkeit im Klassenzimmer

In South Jordan im Bundesstaat Utah an der Welby-Grundschule hat Cherry Hamrick, eine Lehrerin der fünften Klasse, versucht, die Praxis der Achtsamkeit in ihre Lehrtätigkeit einzubeziehen, um die Schüler darin zu unterstützen, sie selbst zu sein und sich beim Lernen besser kennenzulernen. Diese Lehrerin sorgt dafür, daß Kinder täglich Zeit haben, ihre Aufmerksamkeit nach innen zu richten. Sie sagt, diese Zeit diene dazu, „sich mit sich selbst vertraut zu machen".

Jeden Tag zeigt ein anderes Kind mit einer Glocke den Anfang und das Ende dieser Zeit der Stille an. Das betreffende Kind entscheidet auch darüber, wie lange die Schüler still sitzen und ihrem Atem folgen können, wobei zehn Minuten die Obergrenze sind. Die Kinder entscheiden also darüber, wie lange und wie sie üben. Außer der stillen Sitzmeditation praktizieren sie manchmal eine Form von Körperbewußtsein (*Body-Scan*) und achtsames Stretching, außerdem Geh-Meditation auf dem Schulhof und eine Meditation im Stehen in einer Reihe, bevor sie das Klassenzimmer betreten. Anfangs fanden die Schüler diese Übungen zur Streßminderung „verrückt" und „seltsam", doch mittlerweile sind sie für die Klasse zu einem wichtigen Bestandteil des schulischen Alltags geworden. Viele Schüler schätzen die Übungen sehr und bringen sie auch ihren Eltern und Geschwistern bei.

Indem sie sich auf ihre Atmung konzentrieren und das Kommen und Gehen ihrer Gedanken wahrnehmen, lernen sie, daß sie nicht auf jeden Gedanken, der ihnen in den Sinn kommt, zu reagieren brauchen und daß sie sich nicht von ihrem erregten und ständig herumspringenden Geist mitreißen zu lassen brauchen. Mit zunehmender Übung wird ihnen die Stille und das Stillsitzen vertrauter. Einer der Jungen, der unter Hyperaktivität litt, lernte nach großen Problemen in den ersten Klassen innerhalb eines Jahres, ruhig zu sitzen und sich dabei sogar recht wohl zu fühlen. Er war schließlich in der Lage, sich bis zu zehn Minuten lang auf den Fluß seines Atems zu konzentrieren. Seine Konzentrationsfähigkeit im Unterricht wurde deutlich besser, und er wurde zum ersten Mal von seinen Mitschülern und von den Lehrern akzeptiert. Das erzählte mir seine Mutter eines Tages, als ich (jkz) die Klasse besuchte. Dieser Junge leitete eine zehnminütige Sitzmeditation für die ganze Klasse und einige Eltern, die anwesend waren, wobei er die Anweisungen gab, während wir schweigend dasaßen.

Es kann sehr hilfreich sein, wenn Kinder schon in jungen Jahren lernen, Kontakt zur Stille in ihrem Inneren aufzunehmen, insbesondere wenn sie das in der Schule auf freiwilliger Basis lernen, ohne in diese Art der Meditationsübung hineinmanipuliert worden zu sein. Das kann zu einem wichtigen Ausgleich zu der starken Stimulation und Außenorientierung des schulischen Alltags werden. Unter anderem können Kinder durch diese Übung lernen, in Zustände tiefer Konzentration zu kommen und diese Fähigkeit für die Aufgabe zu nutzen, mit der sie es gerade zu tun haben.

Eine von Mrs. Hamricks Schülerinnen, ein elfjähriges Mädchen, schrieb mir folgendes:

Ich meditiere mittlerweile auch zu Hause, und ich werde es wohl mein ganzes Leben lang tun. Als ich damit anfing, sagte ich, wenn ich ein Jucken spürte, innerlich zu mir: „Fühlen, fühlen", aber nach spätestens einer Minute kratzte ich mich dann doch. Mittlerweile kratze ich mich in solchen Fällen nicht mehr, weil ich das Jucken jetzt so lange aushalten kann, bis es von selbst wieder verschwindet. Ich habe in der Meditation bemerkt, daß mein Atem tiefer wird und daß ich besser dabeibleiben kann. Außerdem ist mir aufgefallen, daß ich nach Yoga-Übungen mehr Energie habe als vorher. Ich glaube, das ist so, weil ich intensiver darauf achte, was ich tue. Weil ich meditiere und Yoga übe, haste ich nicht mehr in alles so hinein, wie ich das früher getan habe.

Mrs. Hamrick hat nicht nur Übungen zur Streßreduzierung in ihren Unterricht integriert, die auf der Entwicklung von Achtsamkeit basieren, sondern sie hat die Übung der Achtsamkeit auf einfallsreiche Weise in praktisch jeden Bereich des Lernens einbezogen, unter anderem im Mathematik-, Englisch-, Naturwissenschafts- und Geographieunterricht. Sie versucht den Schülern zu vermitteln, daß es wichtig ist, beim Lernen die ganze Person einzubeziehen. Sie nähern sich neuen Themen stets so, daß nicht nur ihre kognitiven Fähigkeiten und ihre Fähigkeiten zur Informati-

onsverarbeitung genutzt werden, sondern auch ihre Intuition, ihre Gefühle und ihr Körper. Dadurch erlernen sie die Grundlagen dessen, was heute *emotionale Intelligenz* genannt wird, und außerdem entwickeln sie mehr Enthusiasmus für das Lernen.
Ein Lehrer der gleichen Schule beschreibt seine Erfahrungen bei einer gemeinsamen Unterrichtsveranstaltung mit Mrs. Hamrick wie folgt:

> Die ganze Einstellung und das Klima in ihrer Klasse waren für mich sehr beeindruckend, und ich hatte bis zu diesem Zeitpunkt noch nichts Vergleichbares kennengelernt. Mir fiel auf, daß sie ein bestimmtes Vokabular benutzte, um Dinge zu beschreiben ... Sie nannte das, was sie zu erreichen versuchte, ein „funktionelles Klassenzimmer".
> Mir fiel die friedliche Atmosphäre in ihrer Klasse auf. Ihre Schüler gingen sehr kooperativ miteinander um und diskutierten gemeinsam über ihre Arbeit. Sie durften während des Unterrichts miteinander sprechen, allerdings nur, wenn es mit dem gerade behandelten Thema zu tun hatte oder über die Gefühle, die dieses bei ihnen auslöste. Auffallend war das echte Interesse der Schüler und die wirkliche Beziehung zwischen ihnen und der Lehrerin. Sie hatten jeden Tag die Gelegenheit, über ihre Gefühle zu sprechen und sie zu verarbeiten.
> Mir fiel auch auf, daß die Schüler ihrer Klasse ein ungewöhnliches Selbstwertgefühl entwickelten und daß sie das menschliche Leben und generell alles Leben sehr respektierten.
> Die Schüler wirkten in dieser Atmosphäre wesentlich glücklicher und zufriedener, als ich es je zuvor beobachtet oder erlebt hatte. Sie brachten ihre Zuneigung durch sehr natürlich wirkende Umarmungen zum Ausdruck, und sie lösten Konflikte und Probleme auf liebevolle und fürsorgliche Weise, statt sich in Feindseligkeiten zu ergehen und einander zu beschimpfen.
> Mrs. Hamrick vermittelte den Schülern auch die Fähigkeit, Kontakt zu ihrem Atem herzustellen, bei ihm zu verweilen und mit Hilfe dieser Methode die Kontrolle über ihr eigenes Leben zu gewinnen. Nach einer kurzen meditativen Vorbereitung am Morgen schienen sie besser für den Unterricht gerüstet zu sein. Der Unterricht fand in der informellen Atmosphäre eines offenen Klassenzimmers statt, und die Fähigkeit der Schüler, sich zu konzentrieren und sich nicht

von dem Lärm ablenken zu lassen, der in einer solchen Situation gewöhnlich entsteht, ist sicherlich Mrs. Hamricks exzellenten Fähigkeiten und ihrem Engagement zuzuschreiben.

Mrs. Hamrick selbst beschreibt in einem Brief an mich eine für die Klasse schwierige Situation. Weil das Klassenzimmer während des laufenden Schuljahrs renoviert werden mußte, mußten die Schüler in einen anderen Raum umziehen.

Alle Lehrer der Klassen des fünften Schuljahrs klagten über die Störung, die dieser Umzug mit sich brachte, und über starke negative Auswirkungen auf das Verhalten ihrer Schüler. Tatsächlich sind Kommentare über schlechtes Benehmen in der ganzen Schule zu hören. Der erste Tag nach dem Umzug war für die meisten Lehrer chaotisch. Uns hingegen hat unsere tägliche gemeinsame Achtsamkeitsübung einige wunderschöne Tage in der neuen Umgebung beschert …
Am ersten Tag nach dem Umzug war es friedlich. Alle Schüler versuchten sich darauf zu konzentrieren, als Klasse zusammenzuarbeiten … Während die ganze Schule mitsamt allen Lehrern und Schülern fast verrückt wurde, weil in der neuen Umgebung niemand die für den Unterricht erforderlichen Lehrmittel fand, wollten die *Rainbow Riders* einfach mit dem in ihrem Klassenzimmer beginnen, was sie als „ihr Gefühl" bezeichnen. Sie wollten mit dem „Gefühl" zusammensitzen, das sie beim gemeinsamen Meditieren haben. Sie genießen die Atmosphäre gelöster Heiterkeit, die sie bei der gemeinsamen Meditation erleben. Auf die Frage, was sie da eigentlich tun, antworten sie gewöhnlich, das sei schwer zu erklären. Sie beharren darauf, daß es sich nicht mit „Worten" erklären lasse, was die meisten Erwachsenen, die eine Erklärung erwarten, als frustrierend empfinden. Die Schüler sagen, man müsse das, worum es dabei gehe, fühlen, und daß es manchmal recht schwierig sei, aber am stärksten sei es beim gemeinsamen Meditieren.
Am ersten Tag nach dem Umzug hielt ich mich völlig aus dem Geschehen heraus und ließ die Schüler ihren Weg finden. Das tue ich oft, weil ich dann besser spüre, wo sie innerlich sind und wie sie eine Situation sehen. Es interessierte sie gar nicht, wo in der neuen

Umgebung das Unterrichtsmaterial zu finden war. Für sie waren die Ruheräume und der Trinkbrunnen das Wichtigste. Sie wollten einfach Kontakt zueinander aufnehmen und sich an ihren neuen Klassenraum gewöhnen. Ich wartete bis 11.00 Uhr. Dann sagte ich, sie sollten mir sagen, wann sie eine Besichtigungstour durch die neue Schule machen wollten. Sie grinsten nur und sagten, alles sei okay. Sie sagten, ich könnte ihnen mittags die Cafeteria zeigen, aber bis dahin war noch etwas Zeit. Die Schüler wiesen mich höflich darauf hin, daß ich wieder einmal meine „Voraussagefähigkeiten" benutze, und momentan sei es wohl besser, im gegenwärtigen Augenblick zu bleiben. Ich sagte: „Ach so, okay" und fragte mich, was sie über mich denken mochten. Ein Junge (derjenige, der unter Hyperaktivität gelitten hatte) war über die Erklärung seiner Kameraden aufgebracht und sagte: „Ihr braucht ihr nicht das Denken zu ersparen! Sie wird es schon selbst herausfinden." ...

Mittlerweile sind wir schon seit zwei Wochen in dem neuen Gebäude, und die Kinder sind immer noch damit zufrieden, daß sie nur das Allernotwendigste kennen: die Räume, die sie zur Zeit benutzen. Mir gefallen die Ergebnisse unserer Praxis. Ich habe sie noch mehrmals darauf hingewiesen, daß sie mir sagen könnten, wenn sie doch noch eine Besichtigungstour durch das Gebäude machen wollten, und irgendwann sagten sie, vielleicht sei eine solche Besichtigung ein schöner Abschluß unserer Zeit hier. Sie meinten, die anderen Klassen würden sich den Kopf mit allen möglichen Dingen vollstopfen, die sie eigentlich nicht bräuchten, statt sich darum zu kümmern, sie selbst zu sein und an sich selbst oder miteinander zu arbeiten. P. sagte: „Sie laufen ständig umher und versuchen, irgend etwas zu bekommen, und das hört nie auf."

Diese Kinder lernen unter der Anleitung einer hochbegabten, stark motivierten, phantasievollen und mutigen Lehrerin, sich nach innen zu wenden, sich besser kennenzulernen und auf eine sehr sinnvolle und zutiefst authentische Weise zusammenzuarbeiten.

*

Mit dieser Geschichte will ich keinesfalls den Eindruck erwecken, daß wir unseren Kinder beibringen sollten, formell zu meditieren, obwohl die Anwendung meditativer Methoden manchmal sicher nützlich sein kann. In solchen Situationen können wir uns auf unsere eigene Erfahrung und Praxis besinnen und unseren kleinen Kindern beispielsweise, wenn sie sich verletzt haben, vorschlagen, sich einmal ganz genau anzuschauen, von welcher „Farbe" ihr Schmerz ist und wie sich diese Farbe von Augenblick zu Augenblick verändert. Oder wir können ihnen, wenn sie Schwierigkeiten haben, sich zu entspannen oder einzuschlafen, zeigen, wie sie sich auf den Wellen ihres Atems wie in einem kleinen Boot „treiben lassen" können, oder sie schauen, ob sie sich an Situationen erinnern können, in denen ihr Geist einmal „hohe Wellen aufgewühlt" hat, weil andere Menschen etwas getan oder gesagt hatten, wodurch sie sich verletzt fühlten.

Es ist sehr lohnend, Signale unserer Kinder und die Art, wie sie in verschiedenen Lebensaltern ihre Interessen ausdrücken, bewußt zur Kenntnis zu nehmen. Letztlich können wir sie am besten durch unser eigenes Beispiel lehren, durch unser Bemühen, in der Gegenwart anwesend zu sein, und durch unsere Sensibilität unseren Kindern gegenüber. Wenn wir selbst uns der formellen Meditationsübung widmen, ob im Sitzen oder im Liegen, verkörpern wir Stille und innere Ruhe. Unsere Kinder erleben uns dann in einem Zustand starker Präsenz, und werden so mit dieser Art zu sein vertraut. Viele Einsichten und Einstellungen, die sich aus unserer Achtsamkeitspraxis entwickeln, fließen allmählich ganz natürlich in unsere Familienkultur ein und prägen unsere Kinder auf eine Art und Weise, deren Sinn und Wert sie zu gegebener Zeit in ihrem eigenen Leben erkennen werden.

Teil Neun

Grenzen und Öffnungen

Erwartungen

Erwartungen können leicht unsere Sicht der Dinge und unser Verhalten bestimmen, ohne daß wir uns dessen bewußt sind. Sie können nützlich und positiv sein und uns wichtige neue Möglichkeiten eröffnen, sie können aber auch sehr einschränkend wirken und Eltern wie Kindern viel Leid bringen. Aus diesem Grunde ist es von entscheidender Bedeutung, daß wir unsere Erwartungen und ihre Folgen mit Achtsamkeit anschauen.

Wir alle haben Erwartungen uns selbst und anderen Menschen und insbesondere unseren Kindern gegenüber. Gewöhnlich beginnen wir mit keiner Tätigkeit, ohne Erwartungen bezüglich des Ergebnisses unserer Bemühungen zu entwickeln, bezüglich dessen, was für uns dabei herauskommen sollte und welchen Wert das Ergebnis für uns haben wird. Unsere Erwartungen helfen uns sogar oft, tatsächlich zu den Ergebnissen zu gelangen, die wir erreichen wollen. Andererseits können sie aber auch unsere Fähigkeit, irgend etwas unvoreingenommen zu erleben, behindern, weil wir das Ergebnis unseres Tuns ständig an dem messen, was wir uns davon versprochen haben. Erwartungen können uns in schwierige Situationen bringen, wenn wir starr an ihnen festhalten, sie nicht überprüfen oder uns ihrer nicht bewußt sind.

Wenn wir anfangen, unsere Erwartungen näher anzuschauen, werden wir erst einmal feststellen, daß wir viele verschiedene Arten davon hegen und daß wir es uns gewöhnlich sehr verübeln, wenn wir ihnen nicht entsprechen. Eine sehr verbreitete Erwartung ist beispielsweise, daß wir alle Dinge, die wir tun, „gut" oder „richtig" machen sollten. Wir erwarten von uns, daß wir in der Schule gute Leistungen erbringen, daß wir im Beruf erfolgreich sind, daß wir gute Eltern, ein guter Sohn oder eine gute Tochter sind und daß andere Menschen uns mögen.

Wenn wir uns selbst verurteilen, weil wir das Gefühl haben, wir würden den an uns gestellten Erwartungen nicht gerecht, so kann das viele verschiedene Gefühle erzeugen: Wir können uns schämen, uns dumm fühlen, enttäuscht sein, das Ergebnis kann uns peinlich sein, wir können ärgerlich sein und uns gedemütigt oder unzulänglich fühlen. Die gleichen Gefühle haben unsere Kinder, wenn sie entweder unseren oder ihren eigenen Erwartungen nicht gerecht werden. Deshalb ist es wichtig, daß wir uns unsere Erwartungen bewußt machen und daß wir über ihren Wert, die Zwecke, denen sie dienen, und über die Art, wie sie sich auf unsere Kinder auswirken, nachdenken.

Oft führen unsere Erwartungen dazu, daß wir etwas von unseren Kindern bekommen wollen, das wir nicht bekommen haben oder gewohnt sind von ihnen zu bekommen. Bestimmte Verhaltensweisen zu erwarten kann eine versteckte Form der Kontrolle sein oder eine Taktik, durch die wir unsere Kinder dazu zu bringen versuchen, etwas Bestimmtes zu tun. Wenn wir unsere Erwartungen untersuchen und klar formulieren, kann das für alle Familienmitglieder sehr hilfreich sein, um sich darüber klar zu werden, was sie wollen oder nicht wollen und was für uns und für sie völlig unakzeptabel ist. Jede Familie hat ihre eigenen Erwartungen, und diese basieren auf ihren Werten. Wir sind der Meinung, daß die Erwartungen, die wir als Eltern an unsere Kinder haben, ihrem Wachstum und ihrem Wohl dienen sollten.

Natürlich unterscheiden sich unsere Erwartungen von Kind zu Kind und je nach Alter. Auch bei Jungen und Mädchen können sie jeweils unterschiedlich sein. Wir haben Erwartungen, die mit unserem familiären Alltag zusammenhängen, beispielsweise, wer in der Familie wofür verantwortlich ist, und wir haben problematischere, konfliktbeladenere und oft unbewußte und unausgesprochene Erwartungen, etwa daß ein bestimmtes Kind in jedem Fall gehorcht und daß ein anderes Kind immer trotzig ist. Manche Eltern teilen mit ihren Kindern nicht deren Freude, wenn sie etwas gut gemacht haben, weil sie es für selbstverständlich halten, daß sich Kinder darum bemühen. Sie erwarten das einfach von ihnen. Warum also sollten sie es besonders anerkennen? Nur wenn die Kinder ihren Erwartungen *nicht* gerecht werden, sagen sie etwas.

Um uns unserer Erwartungen bewußter zu werden, so daß wir sie nicht mehr unbewußt auf unsere Kinder projizieren, können wir uns die folgenden Fragen stellen: Sind unsere Erwartungen unseren Kindern gegenüber realistisch und ihrem Alter angemessen? Dienen sie ihrer harmonischen Entwicklung? Erwarten wir zuviel oder zuwenig von ihnen? Bringen wir unsere Kinder durch unsere Erwartungen in eine Situation, in der sie unnötigen Streß und Fehlschläge erleben? Stärken unsere Erwartungen das Selbstwertgefühl unseres Kindes, oder schwächen sie es, machen wir unsere Kinder lächerlich und untergraben es auf diese Weise? Tragen unsere Erwartungen zum Wohl des Kindes bei, zu seinem Gefühl, geliebt, umsorgt und akzeptiert zu werden? Fördern sie wichtige menschliche Werte wie Ehrlichkeit, Respekt anderen gegenüber und Verantwortung für das eigene Handeln?

Wir müssen untersuchen, ob unsere Erwartungen den vielen Facetten des Wesens unserer Kinder gerecht werden und ob sie ihnen die Möglichkeit zugestehen, unterschiedliche Verhaltensweisen zu erproben. Sind wir beispielsweise, wenn wir Gewaltlosigkeit wertschätzen, in der Lage, unseren Kindern trotzdem zu gestatten, daß sie ihre Wut- und Aggressionsgefühle ausdrücken, solange sie andere nicht verletzen? Ist uns klar, daß die Erwartung, daß ein Kind immer mitfühlend und liebevoll sein sollte, und der Ausdruck der Enttäuschung, wenn es wütend wird oder sich egoistisch verhält, das Kind verletzen kann und weder mitfühlend noch liebevoll ist? Wenn wir nicht wach sind, fangen wir plötzlich an, mit zweierlei Maß zu messen, weil wir von unseren Kindern etwas erwarten, woran wir uns selbst nicht gebunden fühlen.

Achtsamkeit im Umgang mit unseren Kindern beinhaltet auch, daß wir das, woran wir glauben, in unserem Leben so gut zu verwirklichen versuchen, wie wir können, daß wir uns jedoch andererseits nicht verurteilen, wenn wir unseren eigenen Erwartungen nicht gerecht werden, und daß wir nicht in Selbstgerechtigkeit verfallen, wenn es uns gelingt. Wenn wir so leben, können unsere Kinder von unserer Art zu sein lernen.

Manche Erwartungen, die wir Kindern gegenüber haben, sind grundlegend für eine gesunde Beziehung zwischen Menschen. Eine davon ist die Erwartung, daß sie grundsätzlich respektvoll sein sollten. Doch was bedeutet das? Heißt das, daß sie höflich sein und ständig „bitte" und „danke" sagen sollen? Geht es uns darum, daß sie immer, manchmal oder meist so sein sollen? Was erwarten wir auf der alltäglichen physischen Ebene von ihnen, beispielsweise was die Mitarbeit im Haushalt betrifft? Was erwarten wir, das sie für sich selbst und für andere tun sollen? Erwarten wir von ihnen, daß sie ihre Zuneigung und Fürsorge zum Ausdruck bringen? Erwarten wir, daß sie unseren Schmerz mittragen, unser Unglücklichsein, daß sie die emotionale Leere in unserem Leben ausfüllen? Gestehen wir unseren Kindern zu, daß sie Kinder sind und daß sie ein eigenes inneres Leben haben?

Um unsere Unterscheidungsfähigkeit zu entwickeln, könnten wir versuchen festzustellen, ob wir unsere Kinder in jedem Augenblick klar sehen und ob wir unsere Erwartungen an die jeweiligen Umstände anpassen. Wir könnten uns fragen, ob wir beispielsweise Erwartungen in Form von Glaubenssätzen hegen, die unsere Eltern uns eingeimpft haben und die wir automatisch auf unsere Kinder projizieren. Wir sollten uns auch fragen, ob manche Erwartungen vielleicht nichts weiter sind als verschleierte Versuche, unseren Willen durchzusetzen und die Kontrolle über die Situation zu behalten.

Wir könnten uns außerdem fragen, ob unsere Erwartungen das Ausdrucksspektrum unserer Töchter und Söhne einschränken – ob wir erwarten, daß Jungen laut, selbstsicher und egozentrisch sind und daß Mädchen sensibel, fürsorglich, altruistisch und „nett" sind.

Bei einem Gespräch mit einem Lehrer einer unserer Töchter, einem sehr mitfühlenden und engagierten Mann, fragte uns dieser: „Was ist aus dem lächelnden, glücklichen, gefälligen Mädchen geworden, das Anfang des Jahres zur Schule kam?" Bei einer anderen Gelegenheit fragte er unsere Tochter im Flur der Schule, warum sie so ernst wirke. Offenbar erwartete er von ihr ein ganz bestimmtes Verhalten, und er nahm an, wenn sie nicht lächele, sei irgend etwas mit ihr nicht in Ordnung.

Unsere Tochter *möchte* nicht immer lächeln müssen. Wir erwarten von ihr, daß sie anderen gegenüber respektvoll ist, aber wir finden nicht, daß sie ständig auf eine ganz bestimmte Weise schauen muß oder daß sie ständig lächeln muß oder „gefällig" sein muß. Nach außen orientierte und „gefällige" Kinder sind in vielen Situationen labiler. Sie können nicht nein sagen und tun oft Dinge, die sie gar nicht wirklich tun wollen. Wenn sie mit Erwartungen anderer Menschen konfrontiert werden, setzen sie oft ein Gesicht auf, das nicht ihrem Wesen oder ihren tatsächlichen Gefühlen entspricht, eine Maske des Lächelns, hinter der sie sich verbergen. Wenn dieses Verhalten allmählich zu ihrer üblichen Art des Kontakts mit der Welt wird, können sie dadurch den Kontakt zu ihrer eigenen wahren Natur verlieren, weil sie das Gefühl haben, daß diese von anderen Menschen nicht akzeptiert werden würde. Nicht lächeln zu müssen, wenn man es nicht will, ist wahre Souveränität.

Wir können unsere Kinder darin unterstützen, daß sie sich selbst gegenüber Erwartungen entwickeln, die sowohl realistisch als auch ihrer Entwicklung und ihrer Gesundheit förderlich sind, die also keinesfalls nur die Erwartungen ihrer Eltern und anderer Erwachsener an sie spiegeln. Manchmal erfordert es jahrzehntelange Therapie, Schäden zu beseitigen, die entstehen, wenn Kinder auf ihrem Weg ins Leben von Erwartungen getrieben werden, die sie übernehmen, ohne sie zu hinterfragen, die aber im Grunde nicht ihre eigenen sind.

*

Ich (mkz) erinnere mich noch sehr gut daran, daß sich meine Erwartungen unserem ersten Kind gegenüber veränderten, als das zweite Kind kam. Plötzlich erwartete ich von dem älteren Kind, daß es sich verantwortlicher und unabhängiger verhielt, als das vorher der Fall war. Nach der Ankunft der Neugeborenen sahen wir das Kind, daß bis dahin unser „Kleiner" gewesen war, in einem völlig anderen Licht. Wir entwickelten eine Vielzahl von Erwartungen dem älteren Kind gegenüber – bis wir bemerkten, was wir taten. Dieses Phänomen ist in Familien, in denen ein zweites Kind geboren wird, sehr verbreitet, und einer der Gründe dafür ist vielleicht, daß es uns erleichtert, uns auf die wesentlich umfassenderen Bedürfnisse des Neugeborenen einzustellen. Vielleicht ist diese Veränderung eine Begleiterscheinung einer Art von biologischem Artenschutz: Wir verlieben uns in das Neugeborene, und das ältere Kind verliert seine magische Aura, weil es uns nicht mehr in dem Maße zum Überleben braucht wie das Baby.

Wenn ich beobachte, daß andere Eltern ähnliche Erwartungen an ihre „älteren" Kinder entwickeln, wünsche ich mir, ich könnte sie daran erinnern, daß ihr Zweijähriges immer noch in vielerlei Hinsicht ein „Baby" ist, daß ihr Vierjähriges eben nur ein Vierjähriges ist, daß ihr Sechsjähriges immer noch von ihnen umsorgt werden und ihre Zuwendung und liebevolle Energie spüren möchte, und daß auch ihr Achtjähriges noch ihre Umarmungen braucht und Zeit mit ihnen allein verbringen und nicht ständig Verantwortung übernehmen möchte, sondern die Möglichkeit haben muß, Kind zu sein.

Unsere Kinder richten auch Erwartungen an uns, und es ist sehr hilfreich, uns dieser bewußt zu werden. Beispielsweise können Kinder erwarten, daß wir immer pünktlich sind oder daß wir immer zu spät kommen, daß wir zuverlässig oder unzuverlässig sind, daß wir Zeit für sie haben oder daß wir nie Zeit für sie haben, daß wir schnell wütend werden oder daß wir verständnisvoll sind. Ihre Erwartungen basieren darauf, wie wir uns ihnen gegenüber bisher verhalten haben. Unsere Kinder können uns unser eigenes Verhalten bewußtmachen, dem gegenüber wir selbst oft blind sind. Dadurch erhalten wir die Möglichkeit, uns zu ihrem und zu unserem eigenen Besten zu ändern.

Wenn ein Kind beispielsweise etwas kaputt macht, könnte es erwarten, daß seine Eltern darüber wütend werden, weil sie vielleicht früher in ähnlichen Situationen wütend geworden sind. Nun könnten die Eltern jedoch in diesem Fall verständnisvoll reagieren, weil sie sich vorgenommen haben, sich ihrem Kind gegenüber bewußter zu verhalten und die Auswirkungen ihres Verhaltens auf ihr Kind bewußter zu beobachten – und weil sie sich außerdem an dem zu orientieren versuchen, was ihnen am wichtigsten ist. Indem sie sich auf diese Weise um eine Veränderung ihres Verhaltens bemühen, begegnen sie ihrem Kind mit Güte und Respekt, und indem sie versuchen, den einschränkenden Einfluß der Erwartungen, die sie an ihr Kind haben, zu durchbrechen, haben sie den Weg zur Veränderung und Erweiterung ihrer Erwartungen geebnet.

Es ist allerdings nicht immer nötig, unser Verhalten zu verändern. Manchmal ist es auch wichtig, etwas einfach einzugestehen. Wenn wir plötzlich mürrisch oder jähzornig werden und unser Kind scharf zurechtweisen, so kann das für das Kind verwirrend und beunruhigend sein. Wenn wir in einem solchen Augenblick einfach eingestehen, daß wir müde sind und einen anstrengenden Tag hinter uns haben, ohne dem Kind irgendwelche Vorwürfe zu machen, so geben wir ihm einen Rahmen, innerhalb dessen es unser Verhalten verstehen kann. Wenn wir gelegentlich unerwartet reagieren und wir dieses unerwartete Verhalten als das zu benennen vermögen, was es ist, bringen wir eine gewisse Ordnung in ein zunächst verwirrend anmutendes Universum. Die Situation wird dadurch für unsere Kinder verständlicher, und die Gefahr, daß sie sich selbst schuldig oder angespannt und ängstlich fühlen, wenn die Stimmung ihrer Eltern sich plötzlich verändert, wird geringer. Außerdem lernen sie auf diese Weise etwas Wichtiges über Menschen im allgemeinen, und vielleicht hilft es ihnen auch, wenn sie selbst älter geworden sind, Aspekte ihres eigenen Verhaltens klarer zu erkennen.

Unsere Erwartungen unseren Kindern gegenüber verändern sich teilweise auch je nach dem Druck, unter dem wir stehen, und je nachdem, wie sehr wir in einer bestimmten Situation das Gefühl haben, über ausreichende Ressourcen zu verfügen. Wir können von unseren Kindern nicht *erwarten*, daß sie Mitgefühl und Verständnis für unsere Situation haben, obwohl sie solche Empfindungen uns gegenüber sicherlich zuweilen haben werden. Kinder können manchmal ungeheuer gütig und mitfühlend sein, doch gewöhnlich wollen sie ganz einfach, was sie wollen, und sind nicht an den Problemen ihrer Eltern interessiert. An langen, wortreichen Erklärungen haben sie gewöhnlich auch kein Interesse. Doch ist es für sie wichtig zu sehen, daß das, was wir tun, in einer Beziehung zu dem steht, wie wir uns fühlen, so wie auch ihr Verhalten mit dem verbunden ist, wie sie sich fühlen.

Wir alle haben bestimmte grundsätzliche Erwartungen. Beispielsweise: „Du sollst die Straße niemals ohne Begleitung eines Erwachsenen überqueren." Oder: „Egal, wie wütend du bist, du darfst niemals andere Menschen schlagen." Wenn wir unseren Kindern klarmachen, welche Verhaltensweisen für uns völlig unakzeptabel sind und was wir statt dessen von ihnen erwarten, so ist auch das eine wichtige Art der Zuwendung. Insbesondere kleine Kinder fühlen sich geborgen und geradezu erleichtert, wenn ihre Eltern ihnen klare Grenzen setzen.

Wenn Kinder älter werden, übernehmen sie allmählich mehr Verantwortung – sowohl für das, was sie konkret tun, als auch für ihr generelles Verhalten. Es hilft ihnen, daß wir sie für das, was sie tun, verantwortlich machen und daß wir auf eine Weise mit ihnen umgehen, die sowohl ihre Souveränität respektiert und gleichzeitig natürliche und angemessene Konsequenzen für das beinhaltet, was sie tun. Auch ist es unerläßlich, ständig neu zu überprüfen, welche Erwartungen ihnen gegenüber angemessen sind und was nicht mehr stimmig ist, wenn sie älter werden.

Vielleicht machen wir auch die Erfahrung, daß wir in Situationen, in denen wir es am wenigsten vermutet hätten, mit unseren eigenen Erwartungen zu kämpfen haben. Als eines unserer Kinder einmal nicht wollte, daß wir an einer Veranstaltung in der Schule teilnahmen, waren wir schockiert und enttäuscht. Wir wären so gern dabei gewesen, doch unsere Tochter wollte die Veranstaltung allein besuchen. Es sollte *ihre* Erfahrung sein.

Als unser Sohn das erste Mal zum College fuhr, wollte ich (mkz) ihn dort hinfahren. Ich hatte ganz selbstverständlich *erwartet*, daß ich es tun würde. Ich wollte sein neues Zuhause sehen und so an diesem wichtigen Schritt in ein neues Leben teilhaben. Doch er wollte etwas anderes. Sein Freund, mit dem er eine lange Reise gemacht hatte, sollte ihn hinfahren. Er wollte als unabhängiger Mensch im College ankommen, nicht als

Sohn, der von seinen Eltern gebracht wurde. Nachdem er uns das gesagt hatte, schwankte ich einige Augenblick zwischen einem starken Gefühl der Enttäuschung und dem Bemühen, die Situation aus seiner Perspektive zu sehen. Nachdem ich verstanden hatte, warum es für ihn so wichtig war, allein zu fahren, war ich in der Lage, meine eigene Erwartung loszulassen und aufrichtig zu sagen: „Ich kann verstehen, daß du mit deinem Freund fahren willst, und es ist für mich in Ordnung."

In solchen Situationen bitten Kinder ihre Eltern darum, die Dinge aus ihrer Perspektive zu sehen. Sie bitten darum, verstanden und akzeptiert zu werden. Oft handeln Eltern aus der Perspektive ihrer eigenen Bedürfnisse und Wünsche, ohne die Bedürfnisse und Wünsche ihrer Kinder zu berücksichtigen. Unsere Aufgabe als Eltern ist es, zu erkennen, was im Rahmen des Möglichen für unsere Kinder das Beste ist, und, wenn es nötig ist, uns von unserer eigenen Fixierung darauf, wie wir die Dinge gern hätten, zu lösen. Dies erfordert ein gewisses Maß an Selbstlosigkeit von uns.

Wir machen unseren Kindern ein großes, wenn auch oft unbemerktes Geschenk, wenn wir uns mit unseren eigenen Erwartungen auseinandersetzen und wenn es uns gelingt, diejenigen darunter loszulassen, die eine destruktive Wirkung auf sie haben könnten. Das ist die innere Arbeit, die Eltern und ganz generell Erwachsene zu leisten haben. Wenn wir dies tun, wird die Atmosphäre innerhalb unserer Familie leichter, und es entsteht mehr Raum und ein ausgewogener Zustand, in dem alle die Möglichkeit haben zu wachsen.

Hingabe

Ausgerechnet als ich (mkz) einige sehr anstrengende und mit Terminen voll gepackte Wochen hinter mir habe, wird meine jüngste Tochter krank. Ihr Gesicht ist gerötet, und sie hat Kopfschmerzen. Ich sehne mich danach, endlich frei zu sein, und plötzlich sehe ich mich einer noch forderneren Aufgabe gegenüber.

Ich bin wütend und frustriert und habe das Gefühl, die Grenze meiner Kraft erreicht zu haben. Ich will einfach nicht, daß jetzt so etwas passiert. Ich möchte meine Ruhe haben, mich in mein Bett verkriechen und die Tür hinter mir abschließen. Doch meiner Tochter geht es nicht gut, und sie braucht mich. Mein Herz wendet sich ihr zu. Sie ist nicht krank geworden, weil sie mich peinigen will. Sie kann nichts dafür, daß sie krank ist. Ich spüre, daß ich tief durchatme. Ich spüre, wie ich mich in das ergebe, was getan werden muß und mich von meinen eigenen Erwartungen und der Liste der Dinge, die zu tun ich mir vorgenommen hatte, löse.

Das Fieber intensiviert ihre gesamte Erfahrung. Ihre Augen vertragen das Tageslicht nicht; deshalb ziehe ich die Vorhänge in ihrem Zimmer zu. Es ist dunkel und eine friedvolle Atmosphäre entsteht. Von ihren gewohnten Zerstreuungen wie Musikhören, Telefonieren und so weiter will sie nichts wissen. Ab und zu schläft sie. Wenn sie wach ist, möchte sie nicht allein sein. Ich sitze bei ihr. Ich lege ihr ein kaltes Tuch auf die Stirn. Ich bringe ihr Tee und Toast, lese ihr vor. Und während ich all das tue, fühle ich mich wohl dabei, zu tun, was ich kann, damit sie sich besser fühlt. Die Augenblicke, in denen ich ihr vorlese oder in denen ich einfach bei ihr sitze und ihre Hand halte, enthalten einen stillen Reichtum. Während ich ihr vorlese, schaut sie mich mit sichtlicher Freude an, oder sie sagt: „Ich bin froh, daß wir zusammen sind." Ihre Augen leuchten ungewöhnlich hell, und ihr Gesicht wirkt fast transparent. Ich denke darüber nach, wie anders ihr Tageslauf aussehen würde, wenn sie in der Schule wäre, und ich bin erstaunt, daß Kranksein so nährend sein kann. Ich habe oft beobachtet, daß meine Kinder aus einer Krankheit mit tiefgehenden Veränderungen hervorgehen, als ob sie irgendwie gewachsen wären, als ob sie sich durch die sengende Hitze des Fiebers und durch ihren Rückzug in die Stille verwandelt hätten.

Natürlich gibt es auch Momente, wo meine Tochter gereizt, fordernd oder wütend ist. Diese Augenblicke sind für mich immer wieder ein besonderes Übungsfeld. Nehme ich sie persönlich und werde selbst wütend auf sie, oder vergegenwärtige ich mir, wie es ist, krank zu sein, so daß ich mich ihr gegenüber mitfühlend und verständnisvoll verhalten kann? Kann ich zulassen, daß sie ihre Frustration und ihr Elend zum Ausdruck bringt, ohne daß ich sie verurteile oder kritisiere? Vermag ich mich von meinen eigenen Erwartungen an den betreffenden Tag zu lösen und mich auf die Notwendigkeiten und die Schönheit der unerwarteten Situation einzulassen?

Grenzen und Öffnungen

Es gibt Untersuchungen, aus denen hervorgeht, daß Kinder, deren Eltern entweder sehr nachgiebig sind und kaum Grenzen setzen oder aber sehr autoritär, streng und dominant sind, unter einem schwachen Selbstwertgefühl leiden. Wenn Kinder respektvoll behandelt werden und ihnen innerhalb eines klar abgesteckten Rahmens ein großer Bewegungsspielraum zugestanden wird – wobei die Grenzen durchaus flexibel sein können und manchmal, je nach Alter, sogar mit den Kindern darüber verhandelt werden kann –, entwickeln sie ein gesundes Selbstvertrauen und Selbstwertgefühl. Im Rahmen einer fürsorglichen und engagierten Beziehung kann das Abstecken klarer Grenzen für unsere Kinder als ein Definieren von Öffnungen, von Möglichkeiten gesehen werden, also nicht nur als Barrieren, die wir ihnen in den Weg stellen.

Wir setzen in unserer Familie Grenzen nicht, um unsere elterliche Macht zu spüren. Wir versuchen, uns nicht autoritär zu verhalten und bedingungslosen Gehorsam zu erwarten. Wenn wir Grenzen definieren, so betreffen sie gewöhnlich Dinge, von denen wir das Gefühl haben, daß sie sich auf das Wohl eines Kindes negativ auswirken, beispielsweise das späte Zubettgehen, Fernsehen, Junkfood, Filme, Videospiele und negative Verhaltensweisen anderen gegenüber wie Respektlosigkeit, körperliche Gewalt und der Gebrauch von Schimpfwörtern.

Wenn wir Grenzen setzen, sollte das in einer Weise geschehen, die sich für uns richtig und für unsere Kinder fair anfühlt. Was das beinhaltet, verändert sich natürlich mit zunehmendem Alter der Kinder. Wenn sie noch sehr jung sind, können zu starre Regelungen zur Folge haben, daß sie sich auf das fixieren, was sie nicht bekommen, beispielsweise Spielzeugwaffen oder Süßigkeiten. Mit zunehmendem Alter werden auch die Anforderungen an sie höher. Wenn wir zu streng sind, kann es sein, daß sie ihr Vertrauen in uns verlieren, uns belügen oder sich völlig zurückziehen.

Sind wir hingegen zu nachgiebig ihnen gegenüber – und das gilt für jedes Alter –, können wir schon bald die negativen Auswirkungen bei ihnen beobachten, daß sie etwa erschöpft, angespannt, überreizt, ängstlich oder aggressiv wirken, daß sie ein schlechtes Urteilsvermögen entwickeln oder sich respektlos verhalten.

Als unsere Kinder noch klein waren, haben wir versucht, ihnen die Freiheit zu geben, ihre Umwelt zu erforschen, sich mit Dingen zu beschäftigen, die sie interessierten, und ganz generell unterschiedliche Verhaltensweisen auszuprobieren. Wenn sie Dinge taten, die schädlich oder gefährlich waren, versuchten wir, unser Eingreifen auf die spezifischen Verhaltensweisen zu beschränken, von denen wir das Gefühl hatten, daß sie nicht in Ordnung sind. Gleichzeitig bemühten wir uns jedoch, ihnen das Gefühl zu vermitteln, daß *sie selbst* „okay" waren und daß sie sich unserer Liebe und unseres Verständnisses nach wie vor sicher sein konnten.

Manchmal resultierte unser Grenzenziehen aus Wut, aus dem Gefühl: „Das ist der letzte Strohhalm!" Doch meist basierten diese Entscheidungen auf dem gesunden Menschenverstand, beispielsweise aus unserer Sorge darum, daß sie genug Schlaf bekämen, sich gut ernährten oder nicht in Gefahr gerieten. Im Laufe der Zeit lernten sie durch das Erfahren solcher Grenzen allmählich, für sich selbst zu sorgen und zunehmend auch selbst angemessenere Entscheidungen zu treffen.

Bei älteren Kindern, die unter dem starken Einfluß ihres Freundeskreises oder der herrschenden gesellschaftlichen Vorstellungen stehen, müssen wir manchmal einschreiten und bestimmte Aktivitäten einschränken. Das erfordert große Ausdauer und viel Verhandlungsgeschick, und es kann sehr anstrengend sein. Doch ist diese Mühe ebenso notwendig wie das nächtliche Aufstehen in der Zeit, in der die Kinder noch Babys sind.

Je älter unsere Kinder werden, um so stärker spüren wir als Eltern in Situationen, in denen zwischen unseren Erwartungen und dem Verhalten unserer Kinder Welten klaffen, das Bedürfnis, einfach zu sagen: „Das werde ich nicht dulden!" Wenn wir in solchen Fällen unseren Protest in selbstgerechtem Ton hervorbringen, verschärfen wir dadurch nur die Probleme. Andererseits steckt oft dahinter, daß wir uns absolut hilflos und nicht in der Lage fühlen, die Situation zu beeinflussen. Denn was können wir noch tun, nachdem wir vehement zum Ausdruck gebracht haben, daß wir ein bestimmtes Verhalten nicht länger dulden werden? All die relativ einfachen Strategien, auf die wir zurückgreifen konnten, als unsere Kinder noch klein waren, beispielsweise zu versuchen, sie abzulenken oder sie ganz einfach physisch von wo auch immer zu entfernen, werden bei älteren Kindern unbrauchbar.

Bei Heranwachsenden müssen wir in problematischen Situationen oft warten, bis sich ihre Wut gelegt hat und sie wieder ansprechbar sind, bevor wir mit ihnen zusammen Lösungen und Kompromisse finden können. Zu diesen gelangen wir, wenn wir gleichzeitig ihren gesunden Menschenverstand ansprechen, ihrer Rücksichtnahme unseren Gefühlen und Sorgen gegenüber vertrauen und sie mit konkreten Konsequenzen ihres Handelns konfrontieren – indem wir ihnen beispielsweise die freie Benutzung des Telefons oder, wenn sie älter sind, des Autos entziehen.

Was auch immer wir zu tun oder zu sagen beschließen, in jedem Fall ist es hilfreich, wenn wir selbst zentriert und mit unserer eigenen Energie und unseren Gefühlen in Kontakt sind, indem wir uns zum Beispiel auf unsere Atmung konzentrieren und diese verlangsamen und vertiefen. Auch können wir uns bemühen, uns unserer Art zu sprechen bewußt zu werden. Wir könnten versuchen, jenen strengen und oft auch lauten und harten Ton zu vermeiden, in den wir in solchen Augenblicken leicht verfallen und das, was wir sagen wollen, ruhig, aber gleichzeitig auch bestimmt und klar sagen.

Letztlich hängt die Bereitschaft unserer Kinder, Grenzen zu akzeptieren, davon ab, wie eng sie sich mit uns Eltern und mit der gesamten Familie verbunden fühlen – davon, ob sie erkennen, daß wir ihnen Grenzen setzen, weil uns ihr Wohlergehen wichtig ist, und schließlich auch davon, daß sie das Gefühl haben, daß wir uns ihnen gegenüber fair verhalten.

Wie viele Eltern mit Kindern im mittleren Schulalter litten wir eine Zeitlang darunter, daß eine unserer Töchter ihre gesamte Freizeit am Telefon verbrachte. Was harmlos anfing, hat sich dahin entwickelt, daß sie vom Augenblick ihrer Heimkehr aus der Schule bis zur Schlafenszeit telefonierte oder auf einen Anruf wartete. Was auch immer sie tat, sie war jederzeit bereit, es zu unterbrechen, auch die Hausaufgaben. Sie versicherte uns zwar, sie würde die Hausaufgaben keinesfalls vernachlässigen, doch hatte sie schließlich nicht mehr die Ruhe, sich wirklich auf die schwierigen Schularbeiten zu konzentrieren, und ihre schulischen Leistungen ließen deutlich nach. Die schlimmste Auswirkung des ständigen Telefonierens war jedoch, daß sie sich dadurch so weit von der Familie isolierte, daß sie anfing sich uns gegenüber wütend und distanziert zu verhalten – so als wären wir Fremde.

Wir hatten das Gefühl, daß es ziemlich autokratisch wäre, einfach die Telefonzeit zu begrenzen. Sie wäre dann mit Sicherheit sehr wütend geworden, hätte eine dramatische Szene gemacht, und die Distanz zwischen ihr und uns wäre noch größer geworden. Statt dessen beschlossen wir, die ganze Familie zu einer Versammlung zusammenzurufen, bei der alle Familienmitglieder ihre Ansicht über das Telefonproblem äußern konnten, ohne unterbrochen zu werden. Indem wir uns gegenseitig zuhörten, konnten wir mehr Verständnis für die Sichtweise der anderen Familienmitglieder entwickeln. Wir alle sagten, was wir für akzeptabel hielten und was nicht, und schließlich entwickelten wir gemeinsam eine Telefonregelung – einen Kompromiß, mit dem schließlich alle einverstanden waren.

Nach einigen Tagen des ungestörten Mittagessens und einer Stunde Zeit, um ihre Hausaufgaben in Ruhe zu erledigen, sagte unsere Tochter, daß ihr die neue Telefonregelung „irgendwie gefalle". Es schien ihr gut zu tun, daß sie jeden Tag eine ruhige Zeit für sich allein hatte, die nicht durch Telefonanrufe unterbrochen wurde. Diesen Freiraum hätte sie sich selbst nicht schaffen können; ihn zu ermöglichen war unsere Aufgabe.

Etwa nach zwei weiteren Wochen fing sie natürlich an, an dem Kompromiß, auf den wir uns geeinigt hatten, zu ziehen und zu zerren. Sie sagte, sie wolle schon eine halbe Stunde früher telefonieren können. Wir willigten unter der Bedingung ein, daß sie dann auch eine halbe Stunde früher aufhören müßte. Weil sie dazu nicht bereit war, hielt sie sich weiter an die ursprüngliche Regelung. Die Tatsache, daß wir die positive Wirkung der eingeschränkten Telefonzeit sowohl auf unsere Tochter als auch auf die ganze Familie sahen, half uns, standhaft bei der Regelung zu bleiben.

Sicherlich gibt es immer wieder Situationen, in denen es wichtig ist, flexibel zu sein, und wir müssen ein Gefühl dafür entwickeln, wann das der Fall ist. Dies macht es uns in gewisser Weise schwieriger, denn wenn unsere Kinder wissen, daß die Möglichkeit zu verhandeln besteht, fangen sie manchmal an, gezielt nach jeder Gelegenheit zu suchen, die Regeln außer Kraft zu setzen. Oft werden sie zu so geschickten Anwälten in eigener Sache, daß es uns als Eltern vielleicht sogar schwerfällt, darin keine erstaunliche Begabung zu sehen, selbst wenn unsere eigene Position durch dieses unerwartete und vielversprechende Talent unterminiert wird.

Jedes Kind ist anders. Bei einem Kind, das morgens sehr früh aus dem Bett kommt, muß die Schlafenszeit natürlich anders festgelegt werden als bei einem Kind, das von Natur aus eine „Nachteule" ist. Ein Kind, das gut lesen kann, hat mehr Möglichkeiten, sich an einem „fernsehfreien Abend" zu beschäftigen, als ein Kind, dem das Lesen schwerfällt. Kindern, die weniger impulsiv und eher nachdenklich sind, brauchen Eltern weniger Grenzen zu setzen.

Selbst wenn wir merken, daß sich unsere Toleranz oder die Art, wie wir Grenzen setzen, bei verschiedenen Kindern und in verschiedenen Lebensaltern oder unter verschiedenen Umständen verändert, kennzeichnet es einen achtsamen Umgang mit Kindern, daß wir immer wieder neu überprüfen, ob das, was wir tun und denken, dem Wohl *dieses* Kindes wirklich förderlich ist, und daß wir uns fragen, ob es vielleicht doch noch eine bessere Alternative gibt, die wir im Augenblick nicht sehen.

*

Wenn unsere Kinder zu Teenagern heranwachsen, wird die Straße, auf der wir als Eltern reisen, kurvenreicher und unübersichtlicher, und die Realität entspricht nicht immer dem äußeren Anschein. Anzeichen dafür, daß ältere Kinder Schwierigkeiten haben, lassen sich leichter ignorieren oder leugnen als die Schreie von Babys. Teenager brauchen ihren Privatraum, doch bedeutet das auch, daß wir nicht immer wissen, was mit ihnen los ist, was sie wirklich tun, was sie beschäftigt. Es kann verführerisch für sie sein, uns anzulügen, um tun zu können, was sie wollen. Ihr Maßstab kann leicht die Frage: „Womit komme ich durch?" werden, statt: „Was ist wirklich in meinem Interesse?" Vielleicht verspüren wir auch gelegentlich die Versuchung, zu Dingen ja zu sagen, zu denen wir eigentlich nein sagen wollen – einerseits, um Streit zu vermeiden, und andererseits, weil wir fürchten, daß wir durch ein Nein die Distanz zu unseren Kindern nur vergrößern.

Für Teenager ist es ebenso wichtig wie für kleinere Kinder, daß wir uns von Zeit zu Zeit intensiver mit ihrer tatsächlichen Situation beschäftigen. Es ist wichtig für sie, daß wir ehrlich unsere Gefühle äußern und daß wir klar sagen, was wir für ihr Wohlergehen als gefährlich erachten. Andererseits sollten wir darauf achten, uns ihnen gegenüber nicht abweisend zu verhalten. Wir dürfen sie nicht in eine Haltung hineintreiben, in der sie sich uns gegenüber verschließen und in der sie die Verbindung zu uns abbrechen. Wenn wir das Gefühl haben, nein zu Dingen sagen zu müssen, die sie von uns wollen, enthält dieses Nein, wenn wir nicht achtsam sind, oft viele andere unausgesprochene Botschaften, beispielsweise: „Wir vertrauen dir nicht", „Du bist schlecht", „Du hast kein Urteilsvermögen". Für eine gute Beziehung zu unseren Kindern ist es sehr wichtig, daß wir uns solcher Gefühle bewußt sind, wenn wir sie haben, sowie auch der automatischen Reaktionen, die sie auslösen, damit wir nicht in Augenblicken, die ohnehin schon schwierig genug sind, unnötige Distanz und Entfremdung hervorrufen.

Wenn Eltern zu ihrer Tochter im Teenageralter sagen: „Nein, du darfst mit diesem Jungen nicht allein bei ihm zu Hause bleiben", so wird die Tochter sie vielleicht fragen: „Vertraut ihr mir nicht?" Darauf könnten die Eltern antworten: „Wir vertrauen der Situation nicht. Es könnten leicht Dinge geschehen, die dich in eine sehr schwierige Lage bringen oder die dir später leidtun könnten." Bei einer solchen Antwort besteht zumindest die Möglichkeit, daß sie nicht als reine Willkür, sondern als respektvolle und realistische Einschätzung gesehen wird, die die Integrität der Absichten des Kindes nicht in Zweifel zieht. Die Tochter mag die Situation vielleicht nicht so sehen wie wir, oder sie lehnt das, was wir sagen, völlig ab und ist ärgerlich und aufgebracht. Trotzdem weisen Eltern mit ihrer Einschätzung auf eine reale Möglichkeit hin, und ihnen ist klar, daß dieser einen Situation, wie sie auch verlaufen mag, vermutlich viele ähnliche folgen werden. Kluge Entscheidungen darüber zu treffen, in welche Situationen wir uns hineinbegeben wollen, ist eine der Lebenslektionen, die zu lernen Zeit und Erfahrung braucht.

*

Eine Freundin von uns erhielt einen Anruf von ihrer Tochter: „Mami, ich bin in New York City." Die Tochter hatte zuvor mehrere Diskussionen mit der Mutter darüber gehabt, warum sie mit ihren sechzehn Jahren nicht allein nach New York fahren und sich dort eine Schule anschauen könne, für die sie sich interessierte. Die Tochter berichtete am Telefon weiter, da sie die Freundin, bei der sie eigentlich hatte bleiben wollen, nicht erreicht habe, habe sie eine andere junge Frau angerufen, die sie kürzlich kennengelernt habe, und jetzt wolle sie bei ihr bleiben. – Welche Möglichkeiten hatte die Mutter, mit dieser Situation umzugehen? Wie konnte sie sich angesichts dessen, daß die Tochter sie vor vollendete Tatsachen gestellt hatte, verhalten?

Sie überlegte einen Augenblick und versuchte, sich über die Situation klar zu werden. Ihre Tochter hatte sich bemüht, für sich selbst zu sorgen, und immerhin hatte sie auch daran gedacht, sie anzurufen, um ihr zu sagen, daß sie sich keine Sorgen zu machen brauche. Da das Mädchen schon in New York war, würde es nichts an der Situation ändern, wenn sie, die Mutter, jetzt wütend würde. Also sagte sie ehrlich: „Ich bin im Augenblick nicht wütend, aber ich behalte mir vor, später wütend zu werden." Auf diese Weise behielt sie sich die Möglichkeit vor, ihre Aufgebrachtheit später zum Ausdruck zu bringen. Dann stellte sie ihrer Tochter konkrete Fragen, um sich ein Bild von der Situation zu machen und um festzustellen, ob sie die Möglichkeit hatte, die Reise zu einem guten Abschluß zu bringen und heil nach Hause zurückzukehren. Sie sah, daß die ganze Aktion ein Versuch ihrer Tochter war, etwas zu tun, das ihr sehr wichtig war. Obgleich die Mutter mit dem eigenmächtigen Vorgehen der Tochter nicht einverstanden war, sah sie durchaus den Mut und die Findigkeit, die in dem ganzen Unternehmen zum Ausdruck kamen. Indem sie ihre eigenen Gefühle nicht verdrängte, gleichzeitig aber auch über die Bedürfnisse ihrer Tochter reflektierte, konnte sie sie unterstützen, ohne daß die zwischen ihnen bestehenden Meinungsverschiedenheiten sie dabei behinderten.

*

Die unvermeidbare Herausforderung, Eltern zu sein, ist: Je älter die Kinder werden, desto beunruhigender werden die Dinge, die sie tun, für uns. Die Heranwachsenden erleben bei ihren Ausflügen in die Welt potentiell gefährliche Situationen, auf die wir – anders als in der Zeit, als unsere Kinder noch klein waren – wenig oder keinen Einfluß haben. In dieser schwierigen Zeit ist es wichtig, daß wir uns unserer eigenen Ängste und Befürchtungen bewußt werden. Dadurch besteht die Chance, daß sie unsere Sicht und Sensibilität nicht verschleiern und so völlig blind dafür machen, was mit unseren Kindern vor sich geht, oder daß wir nicht mehr sinnvoll mit ihnen kommunizieren können. Wir können die Kraft hinter unserer Besorgnis nutzen, um unsere Präsenz zu stärken und unseren Kindern gegenüber empathisch statt feindselig oder kontrollierend zu sein, um die Probleme, mit denen sie konfrontiert sind, zu erkennen oder zu erahnen und herauszufinden, wie wir sie darin unterstützen können, sich auf eine Weise zu entwickeln, die für ihren gesamten Lebensweg gesünder und förderlicher ist.

Wir können in dieser Zeit auf unserem Vertrauensverhältnis zu unseren Kindern und auf dem Gefühl der Verbundenheit innerhalb der Familie aufbauen. Auf dieser Basis wird es möglich, wenn auch nicht immer leicht, mit unseren Kindern über die Gefahren von Alkohol, Drogen und ungeschütztem und verfrühtem Geschlechtsverkehr sprechen.

Da ältere Kinder über immer mehr Freiheit verfügen und da sie die verschiedensten Entscheidungsmöglichkeiten haben, wovon einige destruktiv und gefährlich sind, und da ihre gleichaltrigen Freunde manchmal starken Druck auf sie ausüben, ist es wichtig für sie, Selbstgewahrsein zu entwickeln. Das schließt ein, daß sie lernen müssen, sich in jeder Situation ihrer eigenen Gefühle bewußt zu werden, auch wenn diese Gefühle sehr widersprüchlich sind, und daß sie die Fähigkeit entwickeln, sich zu fragen, was sie wirklich brauchen. Wenn unsere Kinder über ein gewisses Maß an Selbstgewahrsein verfügen, besteht eine größere Wahrscheinlichkeit, daß sie Entscheidungen treffen, die ihrer Entwicklung förderlich sind, und daß sie ihre eigenen Grenzen besser einzuschätzen lernen.

Viele Aktivitäten stärken auf natürliche Weise Selbstgewahrsein, Selbstdisziplin und Selbstvertrauen. Es wäre wünschenswert, wenn Eltern, Schulen und Gemeinden zusammenarbeiten würden, um Kindern Gelegenheiten zur Entwicklung ihrer Persönlichkeit anzubieten und ihnen zu helfen, diese schwierige Zeit zu ihrem eigenen Besten zu nutzen. Die asiatischen Kampfkünste, Tanzen, Malen, Bergsteigen, Camping in freier Natur, Tagebuchschreiben und viele andere Aktivitäten geben Kindern die Möglichkeit, reale und imaginäre Grenzen zu erleben sowie die Befriedigung, die es mit sich bringt, wenn man Öffnungen und Durchbrüche erfährt. Das innere Erleben der eigenen Fähigkeit und Meisterschaft in einem bestimmten Bereich wird sich immer auch auf andere Lebensbereiche positiv auswirken. Irgendwann kommt für unsere Kinder der Augenblick, wo sie sich auf ihr eigenes Gewahrsein, auf ihren gesunden Menschenverstand und auf die Erfahrungen verlassen müssen, die sie bereits gemacht haben. Irgendwann müssen sie ihren Weg in die Welt auf sich gestellt weitergehen und sich den Herausforderungen des Lebens und des weiteren Wachstums stellen.

Sich um seine eigenen Angelegenheiten kümmern

Spanne nicht den Bogen eines anderen.
Reite nicht das Pferd eines anderen.
Diskutiere nicht über die Fehler eines anderen.
Kümmere dich nicht um die Angelegenheiten eines anderen.

Wu Men
(chinesischer Zen-Meister des 13. Jahrhunderts)

„Wo bist du gewesen?"
„Draußen."
„Was hast du gemacht?"
„Nichts."

Wortwechsel in einer Familie

Als Eltern können wir leicht dem Glauben verfallen, wir müßten über alles Bescheid wissen, was unsere Kinder tun, und über alles, was in ihrem Inneren vor sich geht. Daß wir dieses Gefühl entwickeln, ist im Grunde völlig natürlich, weil wir ihnen so nahe sind, wenn sie klein sind, uns in dieser Zeit verantwortlich für sie fühlen und so viel Freude daran haben, wie sie lernen und ihren Horizont erweitern. Doch wenn sie älter werden, ist es sehr wichtig, daß wir ihnen genügend Raum für ihre Privatsphäre lassen, so daß sie selbst entscheiden können, ob und wann sie uns das, was sie erleben, erzählen wollen, wobei wir in unserem Herzen ein Feld liebevoller Güte erzeugen können, das sie umgibt. Wenn sie uns etwas mitteilen wollen, werden sie so vielleicht spüren, daß sie uns vertrauen können und daß wir verstehen, was sie beschäftigt.

Dafür ist es nötig, daß wir gegenwärtig und verfügbar sind. Darüberhinaus erfordert es einen gesunden Respekt vor dem Inneren eines anderen Menschen, denn schließlich können wir das innere Leben eines anderen niemals völlig kennen. Wir können uns schon glücklich schätzen, wenn wir uns in uns selbst einigermaßen auskennen und, aus dieser Erkenntnis heraus, einen gesunden Entschluß fassen, uns um unsere eigenen Angelegenheiten zu kümmern. Zu unterscheiden, was uns etwas angeht und was nicht, ist ein heikler Drahtseilakt, der viel Sensibilität, Wahrnehmungsvermögen und Geduld erfordert.

Da jedes Kind ebenso wie auch jeder Vater und jede Mutter anders ist und die Umstände ebenfalls nie dieselben sind, ist es nötig, daß wir uns ständig der aktuellen Situation in unserer Familie und in unserem eigenen Inneren bewußt sind. Um uns wirklich um unsere eigenen Angelegenheiten kümmern zu können, müssen wir herausfinden, was unsere eigentliche Aufgabe als Eltern ist und was nicht.

Es reicht jedoch nicht aus, dies einfach nur zu wissen. Es ist auch eine Frage des Stils. Geduld und Präsenz, ohne unsere Kinder auszufragen oder sie zu bedrängen, ohne überbehütend zu sein und ohne sie zu verurteilen, wenn sie uns etwas mitteilen sind einer guten Beziehung zwischen uns und ihnen wesentlich zuträglicher, als wenn sie das Gefühl haben, daß wir uns ständig in ihre Angelegenheiten einmischen, daß wir ständig mehr wissen wollen, als sie mitzuteilen bereit sind, und daß wir immer wieder kundtun, wie verletzt wir sind, wenn wir uns von ihrem Leben ausgeschlossen oder abgeschnitten fühlen.

Dieses Erweitern des inneren Raums zwischen uns und unseren Kindern kann sich sowohl auf unsere eigene innere Entwicklung als auch auf die ihre positiv auswirken. Vielleicht ist es hilfreich, wenn wir in diesem Zusammenhang einmal an die Zeit zurückdenken, in der wir selbst Jugendliche waren. Gab es nicht auch für uns in einer bestimmten Zeit Dinge, die wir für uns behalten mußten, Dinge, die unsere Eltern einfach nichts angingen und die sie nie etwas angehen würden oder angehen könnten, weil es Erfahrungen aus unserer privaten inneren Welt waren?

Es gibt Dinge, die unsere Kinder uns niemals mitteilen können. Vielleicht teilt unser Sohn uns irgendwann mit, daß er sich verliebt hat oder daß er heiraten will. Vielleicht wissen wir ein wenig über die äußere Situation und spüren die innere, doch was im Inneren unserer Kinder vor sich geht, können wir nie voll und ganz wissen, und das ist auch gut so, weil es uns einfach nichts angeht. Unsere Aufgabe ist es, uns um unsere eigenen inneren Prozesse zu kümmern, um das, was in unserem eigenen Geist, in unserem eigenen Körper und in unseren eigenen Beziehungen und generell in unserem Leben vor sich geht und unseren Kindern die Freiheit und den Respekt zuzugestehen, den wir für uns selbst beanspruchen, wenn sie von der weitgehenden Abhängigkeit des Kleinkindalters in die von Unabhängigkeit geprägten und auf Gleichgestelltheit und Gegenseitigkeit basierenden Beziehungen des Erwachsenenlebens überwechseln.

Die Qualität und Wärme unserer Beziehung zu unseren Kindern wird immer damit zusammenhängen wie wir mit unserer eigenen inneren Arbeit fortfahren, und mit unserer Bereitschaft, ihnen die Möglichkeit zu geben, ihren Weg selbst zu finden und selbständig Entscheidungen zu treffen. Wahrscheinlich sind sie eher bereit, uns mitzuteilen, was sie bewegt, wenn wir sie nicht bedrängen. Gegenwärtigkeit und Offenheit, Liebe und Interesse sowie die Bereitschaft auf sie einzugehen sind alles, was es braucht. Diese Art von innerer Weite ist die Grundlage für eine Atmosphäre von Respekt und Vertrauen zwischen Eltern und Kind. *Das sind die Angelegenheiten, um die wir uns zu kümmern haben.*

Eine Schachpartie auf dem Bettrand

Nachdem wir uns mit unseren beiden Töchtern einen Film angeschaut haben, legt sich die ältere schlafen, doch die jüngere ist noch nicht müde. Sie zieht sich den Pyjama an und fragt, ob ich (jkz) ihr eine Geschichte vorlesen kann. Doch dann überlegt sie es sich anders und fragt, ob wir auf ihrem Bett Schach spielen können. Wir vereinbaren, daß wir eine Partie spielen werden und daß anschließend Schlafenszeit ist.

Wir werden sehr vorsichtig spielen müssen, damit die Figuren auf dem zusammenrollbaren Schachfeld, das auf der Matraze liegt, nicht umfallen. Doch zuerst bittet sie mich, so wie es eine Prinzessin zu tun pflegt, ihr eine Mandarine zu holen (sie mag Mandarinen sehr gerne). „Und bitte auch eine Wärmflasche mit heißem Wasser, Papi!" Mit dieser will sie an diesem kalten Novemberabend ihr Bett anwärmen. Es macht mir nichts aus, diese Dinge für sie zu holen, doch dauert es eine Weile, bis ich den Verschluß für die Wärmflasche gefunden habe. Dann hole ich das Schachspiel.

Wir spielen nun seit einigen Wochen wieder häufiger Schach. Manchmal fragt sie mich, ob ich Lust dazu habe – manchmal frage ich sie. Lange hatte sie keine Lust zu spielen, doch Myla meinte, ein größeres Spielfeld und größere Figuren als die, mit denen wir angefangen hatten, und dazu eine doppelte Zeituhr, mit der man die für jeden Zug benötigte Zeit stoppen könne, würden ihr Interesse sicherlich wieder wecken. Tatsächlich wirkt die Uhr sehr inspirierend. Es ist, als würde man dadurch ausdrücklich bestätigen, daß man den Zug wirklich so gemeint hat. Sie spielt gern mit der Uhr, und mir selbst geht es ebenso, obwohl wir nie überprüfen, wieviel Zeit vergangen ist. Was uns so gut gefällt, ist das In-gang-Setzen der Uhr zur Bestätigung eines jeden einzelnen Zuges.

Wir beginnen mit unserem spätabendlichen Spiel. Sie hat die schwarzen Figuren. Sie hat „immer" schwarz. Ich setze sie schnell schachmatt. Wir sind beide überrascht. Ich hatte zuerst selbst gar nicht gemerkt, daß es Schachmatt war. Ich hatte meine Königin direkt neben ihrem König plaziert, unterstützt von einem Läufer. Sie konnte mich mit keiner ihrer

Figuren behindern. Die Partie war so schnell zu Ende, daß wir beschlossen, noch einmal zu spielen.

In diesem zweiten Spiel versuchte ich eine ähnliche Eröffnung, doch bemerkte sie schnell, was ich vor hatte, ohne daß wir darüber gesprochen hatten. Ich erkannte dies daran, daß sie genau den richtigen Bauer an genau die richtige Stelle setzte, wodurch mein Plan scheiterte. Mit ganz wenig Hilfe in ein paar wichtigen Situationen setzte sie mich genau einen Zug früher schachmatt, als ich dies hätte tun können. Das Spielen machte uns soviel Spaß, daß wir entschieden, noch eine letzte Partie folgen zu lassen.

Mittlerweile bin ich müde und habe eigentlich keine Lust mehr, weiterzuspielen. Allerdings bin ich sofort wieder hellwach, als wir mit dem dritten Spiel beginnen. Die Energie des Augenblicks bestimmt nun wieder das Geschehen.

Diesmal entwickelt sich ein komplizierter Kampf im Zentrum des Spielfeldes. Beide Königinnen befinden sich auf angrenzenden Feldern und werden von den beiden Königen unterstützt. Die Türme und Läufer befinden sich in nächster Nähe, und unsere Könige fliehen hier und da durch Öffnungen, wir verfolgen einander, setzen uns gegenseitig ins Schach und verlieren den Vorteil immer wieder an die andere Seite. Es war ein wunderbares Spiel, mit nichts zu vergleichen, was wir beide bisher jemals erlebt hatten. Meine Tochter spielte mittlerweile im Liegen; ihr Kopf lag auf der Wärmflasche auf Höhe des Spielfeldes.

Manchmal schauen wir uns beim Spielen amüsiert oder mißtrauisch an, um herauszufinden, was der andere plant, oder um die reine Freude der Beschäftigung mit dieser merkwürdigen Welt eleganter Archetypen aus Kunststoff auf 64 Quadraten zu genießen. Sie will nie, daß ich sie auf etwas hinweise, doch lasse ich sie gern einen Zug zurücknehmen, wenn sie durch diesen eine wichtige Figur verlieren würde, beispielsweise eine Königin, oder wenn sie andernfalls eine große Chance vergeben würde, die sie offensichtlich nicht erkannt hat. Manchmal gesteht auch sie mir dasselbe zu – doch sie will kein Wort über das Geschehen verlieren. Sie möchte die Dinge selbst herausfinden, und ich merke, daß sie in jedem Spiel mehr erkennt und bessere Züge macht. Sie lernt so schnell durch Erfahrung, viel schneller als ich. Sie erwischt mich bei Unachtsamkeiten und ist manchmal gnädig, in anderen Fällen jedoch nicht. Sie lernt, meine Pläne zu erkennen und sie zu vereiteln, und sie lernt auch, eigene Strategien zu entwickeln, um meine Position anzugreifen. Eine besondere Art von Weisheit beginnt sich in ihr zu zeigen. Ich bin stiller Zeuge dieses inneren Geschehens. Ihre Wahrnehmung wird durch das Spiel umfassender. Sie lernt, Risiken zu sehen und abzuwägen, Pläne zu entwickeln und immer wieder abzuwandeln, je nachdem, wie sich die Situation auf dem Spielfeld verändert. Strategie und Taktik entwickeln sich auf diese Weise aus der Notwendigkeit heraus.

Jedes Spiel umfaßt zunächst eine unendliche Zahl von Möglichkeiten, die allmählich eingeschränkt werden und in ein irgendwann unvermeidliches Ende münden. Doch wir können verschiedene mögliche Enden durchspielen und tun das manchmal auch. Das ist so, als würden wir in einem Rollenspiel verschiedene Verläufe eines persönlichen Dilemmas durchspielen. Dadurch erkennen wir die Elemente, die in einer Situation eine Rolle spielen, die Möglichkeiten, sie zu kombinieren, und unsere eigene Fähigkeit, Entscheidungen zu treffen und den Lauf der Dinge zu beeinflussen. Wir stellen uns verschiedene Ansätze vor, erproben sie und sehen die Konsequenzen, die sich aus jeder Möglichkeit ergeben. Einige psychotherapeutische Methoden machen Gebrauch vom Rollenspiel, um emotionale Probleme zu lösen und unterschiedliche Möglichkeiten des Umgangs mit Schwierigkeiten zu erproben. Stellen Sie sich vor, Sie könnten es durch ein Spiel lernen, durch das Sie die Fähigkeit entwickeln, verschiedene Möglichkeiten und Initiativen zu sehen, die Ihnen helfen, Ihr Leben durch Weisheit zu bereichern.

Nach dem dritten Spiel am Bettrand ist es definitiv Zeit zu schlafen. Meine Tochter fragt, ob ich noch ein wenig bei ihr bleibe. Ich schalte das Licht aus und setze mich wieder an ihr Bett. Nach wenigen Sekunden ist sie eingeschlafen. Ich merke es an ihrem plötzlich tiefer und ruhiger werdenden Atem.

Wenn ich sie frage, ob ich sie zu Bett bringen soll, lehnt sie das meistens ab. Deshalb ist ihre Bitte, noch ein wenig bei ihr zu bleiben, für mich etwas ganz Besonderes, und mir scheint, daß das auch für sie so ist: die Chance, einen Zug zu wiederholen, den sie früher oft gemacht hat.

Ich atme noch ein paar Minuten lang mit ihr, verlasse dann still das Zimmer und schließe die Tür hinter mir.

*

Manchmal macht es uns nichts aus, nach dem Verschluß der Wärmflasche zu suchen – oder etwas zu tun, das in unserem Leben die entsprechende Bedeutung hat, wenn wir an der Reihe sind, den nächsten Zug zu tun. In anderen Situationen, und gewöhnlich sind es viele andere Situationen, *macht* es uns etwas aus, nach dem Verschluß der Wärmflasche zu suchen, wir haben keine Lust, eine Mandarine zu holen oder uns irgendeine andere Mühe zu machen ... Es ist schon zu spät, wir sind zu müde, wir wollen einfach, daß unser Kind endlich ins Bett geht ... und wir *wollen* einfach nicht Schach oder irgend etwas anderes spielen! Und manchmal ist es auch okay, das alles nicht zu tun.

Doch wenn wir uns, vielleicht einfach als Experiment, dafür entscheiden, unseren Kindern in genau diesem Augenblick das zu geben, was wir ihnen am liebsten *nicht* geben wollen, und wenn wir uns, statt fest zu werden und uns zu verschließen, völlig öffnen und uns bereitwillig auf sie einlassen – wenn wir dazu in der Lage sind, werden wir vielleicht feststellen, daß sich ihnen *und* uns eine ganze Welt eröffnet, eine gemeinsame Welt, die wir rückblickend niemals mehr werden missen wollen, die wir nicht hätten erahnen können und die vielleicht wichtiger für uns ist als alles andere, was wir stattdessen hätten tun können, trotz unserer Erschöpfung und trotz des Zeitdrucks, unter dem wir zu stehen glaubten.

Wenn wir uns großzügig dafür entscheiden, einem Kind in einem solchen Moment Aufmerksamkeit zu schenken, verhalten wir uns nicht wie sein Sklave (auch wenn wir manchmal dieses Gefühl haben mögen), sondern eher wie ein echter König oder eine Königin, ein souveräner Herrscher, der reich an Zeit und von Herzen gütig ist.

Doch sollten wir die Dinge so sehen, wie sie sind. Obgleich wir in unserer Elternrolle einerseits sicherlich souveräne Herrscher sind, *sind* wir in manchen Augenblicken stärker als in anderen auch Diener – so wie ein weiser König oder eine weise Königin oder jeder Staatenlenker ein wahrer Diener seines Reiches ist. Und es lohnt sich, in diesem Sinne Diener zu sein.

Es ist schon schwierig. Wenn wir uns völlig unseren Kindern hingeben, wenn wir uns ihnen ohne jeden Vorbehalt öffnen, wenn wir ihnen jenes Sein öffnen, das, wie wir gesehen haben, seinem tiefsten Wesen gemäß grenzenlos ist, widersetzen wir uns damit entschieden dem, was in unserer Gesellschaft üblich ist, so daß es praktisch nicht möglich ist, auch nur darüber zu sprechen. Und doch ist es wichtig für uns und unsere

Achtsamkeitspraxis, über diese Dinge zu sprechen, sie zu untersuchen und mit ihnen zu experimentieren, so als würden wir neue Züge auf unseren Schachbrett ausprobieren – manchmal kühne Züge, die wir uns vorher nie hätten vorstellen können. Wir müssen versuchen, aus dem zu lernen, was sich aus ihnen ergibt. Dann wird sich die Welt wie so oft, wenn wir die Initiative ergreifen, öffnen, und es wird Raum für das entstehen, was wir kreieren.

*

Du bist der Klang, wir sind die Flöte.
Wir sind die Berge, du bist das Herabschallen.
Wir sind die Bauern und Könige und Türme,
Die du auf das Spielbrett setzt: Wir gewinnen oder verlieren.
Wir sind Löwen, die sich auf Flaggen einrollen und entrollen.
Dein unsichtbarer Wind trägt uns durch die Welt.

RUMI

Weggabelungen

Haben Sie schon einmal innegehalten und darüber nachgedacht, wie die Dinge sich in Ihrem Leben anders hätten entwickeln können, wenn da nicht dieses bemerkenswerte Zusammenfließen von winzigen unergründlichen und scheinbar zufälligen Ereignissen gewesen wäre, die letztlich über den Verlauf unseres Lebens entscheiden, indem sie uns so ungeheuer wichtige Entwicklungsmöglichkeiten eröffnen und uns andererseits mit scheinbar unüberwindbaren Einschränkungen konfrontieren? Wenn ich (jkz) an jenem Tag im Dezember beschlossen hätte, fünf Minuten früher oder später zum Mittagessen zu gehen, oder wenn Myla nicht zufällig eine Freundin getroffen und mit ihr ein Gespräch begonnen hätte, dann hätten wir uns höchstwahrscheinlich nie kennengelernt. Wir hätten dann nicht die Kinder bekommen, die wir jetzt haben, und wir würden wahrscheinlich auch nicht so leben, wie wir heute leben. Das weist uns auf eine kostbare und geheimnisvolle Eigenart des Lebens hin, über die nachzudenken sich lohnen könnte.

Hätten sich die Dinge nicht so entwickelt, wie es geschehen ist, so wären zweifellos andere Dinge geschehen, und unser Leben würde dann vermutlich ganz anders aussehen. Auch ich wäre dann wohl anders, denn wie ich jetzt bin, hängt in starkem Maße von meiner Beziehung zu Myla und von unserer Liebe zueinander ab.

Das Leben mag ein allgemeines Phänomen sein, doch Liebe und Schönheit sind spezifisch. Die Welt fordert uns unablässig dazu auf, das Leben anzunehmen, wie es sich uns darstellt, an den Orten, wo wir uns wirklich zu Hause fühlen. Es fordert uns auf, die Kinder zu respektieren, die wir haben, sowie das Leben, das zu leben uns gegeben ist, sofern wir es würdigen können und seine Strukturen, Bilder und Klänge mit wachem Geist erfahren, so daß diese vertrauten und stets gegenwärtigen Aspekte unseres Lebens nicht nur in unserer Erinnerung existieren und zusammen mit den Fotoalben im Regal verschwinden. Die aktuellen Gegebenheiten sind für uns ein wahrer Segen, und ihr tagtägliches Erscheinen in allen seinen Einzelheiten ist absolut erstaunlich.

Diese Beobachtung erinnert mich ständig daran, dem in jedem einzelnen Augenblick enthaltenen Potential Ehrerbietung und großen Respekt entgegenzubringen. Sie erinnert mich daran, daß das Potential jedes Augenblicks nahezu unermeßlich ist, selbst angesichts dessen, daß so viele Augenblicke unseres Lebens auf den ersten Blick langweilig und uninteressant wirken und jeder Tag mehr oder minder dem nächsten zu gleichen scheint. Wir können nur zu leicht übersehen, daß jeder Augenblick die Fülle des ganzen Universums enthält, daß er eine Vielzahl von Überraschungen und Möglichkeiten enthalten kann, an die wir nie gedacht hätten. Wir vergessen nur zu leicht wahrzunehmen, wie sich die Folge der Augenblicke entfaltet, und wir sind dazu aufgerufen, an ihrer Entfaltung teilzunehmen. Kleine Kinder sind mit dieser magischen Welt, in der alles frisch und neu und möglich ist, noch vertraut.

Jeden Augenblick als potentielle Weggabelung anzusehen, kann überaus nützlich sein, wenn wir versuchen, die Entwicklung unseres Lebensweges zu verfolgen. Wenn uns daran gelegen ist, daß sich in unserem Leben die Zukunft in irgendeiner Hinsicht von der Gegenwart unterscheidet, dann ist die einzige Zeit, in der wir das erreichen können, die Gegenwart. Denn ist nicht die Gegenwart im Grunde die Zukunft? Ist nicht das Heute die Zukunft von gestern? Hier ist sie. Sie ist schon da. Sie befindet sich unmittelbar vor uns.

Wenn wir die Gegenwart so sehen, könnten wir uns fragen: *Wie* ist sie? Sind wir hier, in ihrem Sosein zu Hause? Wissen, fühlen und spüren wir in diesem oder in jedem anderen Augenblick unseres Lebens, wo wir sind und wie wir an diesen Ort, in diesen Augenblick gelangt sind?

Herausfinden können wir das nur, indem wir unsere Augen offen halten, und nicht nur unsere Augen, sondern *alle* unsere Sinne. Doch selbst dann noch können wir schließlich feststellen, daß unser Wissen darin besteht, zu erkennen, daß wir im Grunde *nicht* wissen und daß wir die Frage trotzdem lebendig erhalten, weil sie interessant ist und weil wir neugierig sind und weil sich unser Leben, was auch immer es im Augenblick beinhalten mag, in diesem Augenblick entfaltet. Das und nichts anderes ist unser Leben!

Wir wissen, daß sich jeder Augenblick aus dem vorigen heraus entfaltet, der auf irgendeine Weise den jetzigen färbt. Der gegenwärtige Augenblick hat eine Eigendynamik. Unsere Handlungen haben immer Konsequenzen.

Wenn wir hoffen, irgend etwas lernen oder wachsen oder unsere Gefühle ausdrücken oder die Qualität unseres zukünftigen Lebens verbessern zu können, dann ist *dieser Augenblick* tatsächlich der einzige Zeitpunkt, wo wir den unablässigen Strom der Handlungen und ihrer Folgen beeinflussen können. Wenn wir uns der Qualität und der Möglichkeiten *dieses* Augenblicks bewußt sind – ob wir nun mit einem Kind zusammen sind oder allein –, wird der nächste Augenblick von diesem Gewahrsein beeinflußt und somit anders werden.

Auf diese Weise kann Achtsamkeit uns Wege eröffnen, die uns noch im Augenblick zuvor nicht zur Verfügung standen, weil sich unsere Sicht nun verändert hat. Diese Möglichkeiten mögen als Potential immer vorhanden gewesen sein, doch sie zu erschließen und zu nutzen erfordert häufig unsere volle Zuwendung. Wenn es also Zeit ist, das Geschirr zu spülen, dann tun wir es auf diese Weise, mit voller geistiger Präsenz. Das eröffnet uns die nächste Möglichkeit. Und genauso ist es mit allen Dingen.

Unsere Aufgabe besteht darin, das Leben, das zu leben uns gegeben ist, voll und ganz zu leben, mit den Kindern, die zu nähren uns gegeben sind, hier und jetzt … und jetzt, und jetzt, und jetzt, jeden Augenblick, Tag und Nacht immer wieder von neuem, ob wir uns durch Zeiten des Lichts oder durch solche der Dunkelheit bewegen.

Teil Zehn

Dunkelheit und Licht

Vergänglichkeit

An einem frühen Morgen im Juli paddle ich (jkz) mit einem Kanu im Norden von Maine über einen See. Ich halte nach Elchen Ausschau, während meine Familie noch in einem Blockhaus am Seeufer schläft. Ich beobachte die Strudel, die das Paddel im stillen Wasser des Sees erzeugt, einen am äußeren Rand des Paddels und einen zweiten auf der anderen Seite. Sie drehen sich eine Zeitlang in entgegengesetzter Richtung und verschwinden hinter mir, während sich das Kanu vorwärtsbewegt. Diese Strudel sind nichts weiter als Wasser in Bewegung, eine Weile getrennt wahrnehmbar. Ihre erkennbare Form entsteht durch das Strudeln des Wassers. Als ich hinter mich schaue, sehe ich, daß sie sich rasch wieder auflösen. Die Energie ihrer Bewegung verliert sich schon bald wieder im See. Mit jedem Paddelschlag entstehen neue Wasserwirbel, jedesmal anders und immer einzigartig. Mein Blick wird wie magisch immer wieder von ihnen angezogen. Infolge bestimmter Voraussetzungen, die der See und mein Paddel schaffen, tritt für einen Augenblick Form aus der Leere in Erscheinung.

Für mich sind diese Wasserwirbel ebenso faszinierend – und in gewisser Weise auch nicht allzu verschieden – wie die Elche, die ich suche, aber an diesem Morgen nicht finde. Auch Lebewesen treten nur für wenige Augenblicke in Erscheinung, als scheinbar eigenständige Wesenheiten, die wir Körper nennen; sie tanzen eine Zeitlang im Licht des Tages, und schon bald darauf sind sie wieder verschwunden. Wir wissen, daß das Leben in seinen unterschiedlichsten Formen aufgrund bestimmter Voraussetzungen entsteht. Wir wissen, daß es schon bald wieder aus diesen konkreten Formen entweicht und sich dann anderswo neu manifestiert. Wir wissen um den Tod. Doch erscheint uns gerade dieser Elch oder diese Person als mehr oder minder beständig, und daß sie irgendwann vergehen, überrascht uns und erfüllt uns häufig mit Schrecken, und das ist auch nicht verwunderlich. Dennoch wissen wir, daß das Vergehen ebenso zum Wesen der Dinge gehört wie ihr Erscheinen. Wir wissen, daß alle Dinge unbeständig und flüchtig sind, doch versuchen wir, diesen Aspekt so lange zu ignorieren, bis er uns unmittelbar vor Augen steht.

Einige Wochen nach dem morgendlichen Ausflug auf dem See erinnere ich mich an diese Betrachtungen, während ich auf den bleichen, ausgemergelten Körper eines fünfzigjährigen Freundes schaue, der an Lymphknotenkrebs erkrankt ist und bald sterben wird. Der Anblick seines abgemagerten Körpers wirkt schockierend. Die Muskeln und Sehnen zeichnen sich unter der Haut ab, so wie es nur unmittelbar vor dem Tode der Fall ist. Dieser Mensch hat trotz seiner Schmerzen, seiner Diarrhöe und seines von Ängsten gezeichneten und mit Medikamenten vollgepumpten Körpers noch irgendwoher die Kraft genommen, eine Party zu besuchen. Im Kreise seiner Freunde liegt er auf einer Couch, spielt mit atemberaubender Virtuosität Gitarre, und es gelingt ihm, den Seiten des Instruments eine Schönheit zu entlocken, die die Seele aller Anwesenden unmittelbar berührt. Seine Frau und seine lebensprühende elfjährige Tochter sitzen neben ihm.

Ich bin völlig ergriffen von dieser ganzen Situation. Meine Kinder werden Zeugen von etwas, das sie noch nie in ihrem Leben erlebt haben. Was sie sehen, ist zwar nicht „schön", aber es ist ehrfurchtgebietend, und es berührt den Bereich des Transzendenten. Ebenso wie der langjährige Arzt unseres Freundes, in dessen Haus die Party stattfindet, können auch wir nicht viel mehr für ihn tun, als es ihm für seine letzten Tage so angenehm wie möglich machen und das Leben ehren, das immer noch in ihm ist.

Wir können das Fortschreiten der Krankheit nicht aufhalten. Wir sind kaum in der Lage, sie beim Namen zu nennen, so stark ist der Impuls, sie zu leugnen oder sich von ihr abzuwenden. Während seine dünnen Finger die Saiten des Instruments anzupfen, während er mit der anderen Hand die Bünde greift, zeigt sein Gesicht deutlich, wieviel Anstrengung ihn das kostet – oder ist es der Ausdruck der Freude? In diesen wenigen Augenblicken scheint er außerhalb der Zeit zu stehen, und ich habe das Gefühl, daß er uns zeigen will, wieviel Kraft er immer noch hat und daß er mit uns allen, und vor allem mit seiner Tochter, die Schönheit teilen will, die er in seinem Leben geschaut und gehört hat.

Kürzlich habe ich eine Frau kennengelernt, deren Sohn im letzten College-Jahr gestorben ist. Er ist nachts in der Wüste mit dem Auto von der Straße abgekommen, und das Auto ist zerschellt. Vielleicht war er eingeschlafen. Die Mutter wird nie genau erfahren, was in jener Nacht wirklich geschehen ist. Doch welche Erklärung wäre in einem solchen Fall zufriedenstellend? Ein Leben in seiner Blüte ist ausgelöscht worden. In das Leben dieser Frau ist ein tiefes Loch gerissen worden, weil das junge Leben, das sie geboren und genährt hatte, und all die Verbindungen, die sie noch zu ihm hatte, plötzlich nicht mehr existierten. Wie läßt sich so etwas ertragen? Wie kann man lernen, das Unakzeptable zu akzeptieren? Und doch ist auch das immer ein Aspekt der menschlichen Existenz gewesen, mit dem Eltern konfrontiert werden können.

Vielleicht ist das Beste, was wir tun können, die Flüchtigkeit allen Lebens und unserer gegenwärtigen Augenblicke zu spüren und in ihnen zu leben, so intensiv wie möglich. Während wir unsere Kinder umarmen und uns an ihrem Leben erfreuen, kann uns gleichzeitig die Gewißheit des Todes bewußt sein, die Tatsache, daß Leben entsteht und wieder vergeht. Der Atem kann uns an diese Tatsache erinnern, denn auch er entsteht und vergeht; ebenso können uns jeder Augenblick, unsere Freunde, das Wetter und unsere Gedanken an die Vergänglichkeit aller Dinge erinnern. Ob es uns gelingen wird, Möglichkeiten zu finden, um achtsam auf diesen Wellen zu reiten und das Leben durch uns hindurchfließen zu lassen? Sind wir in der Lage, diese Geheimnisse zu ehren, die jenseits unseres Verstandes liegen, die unsere zerbrechliche menschliche Existenz formen und ihr ein erstaunliches Maß an Stärke und Weisheit verleihen?

*

Grenzen der Liebe

Hinter und vor
den Ungerechtigkeiten der Leidenschaft
werden die vier Hälften
insgeheim verflochten.
Dispositionen unserer Wahrheit;
Möglichkeiten werden geboren und
zu gegebener Zeit begraben.
Verborgene Galaxien und
sinnlose Verluste,
unsere ungeduldigen Herzen dulden dies nicht.
Orte, wo das Unbekannte weilt,
sind exquisit und schwer faßbar.

RYAN JON ROBINSON
(16 Jahre alt, Oktober 1995)

Dieses Gedicht schrieb Ryan Robinson, mehrere Wochen bevor er an einem unabsichtlich ausgelösten Schuß starb, der ihn in den Kopf traf. Der Vorfall ereignete sich während einer Teenager-Party, bei der Alkohol getrunken wurde und keine Erwachsenen anwesend waren. Die Jungen hatten im Elternschlafzimmer einen russischen Revolver gefunden und geglaubt, dieser sei nicht geladen. Anders als bei amerikanischen Modellen war es bei diesem möglich, trotz der Sicherung den Abzug zu betätigen. Wenn man das tat, ertönte ein Klicken. Die Jungen hatten das Magazin entfernt und mehrmals „trocken" in den Kamin gefeuert. Zufällig mußte sich die Sicherung gelöst haben, bevor Ryan die Waffe bekam. Keiner der Anwesenden hatte auch nur im Entferntesten vermutet, daß noch eine Patrone in der Waffe stecken könnte. Der Vater des Jungen, der im Sommer vor dem Unglück an einem von mir geleiteten Achtsamkeitsseminar teilgenommen hatte, schrieb mir:

Ryan war gerade auf eine neue, wesentlich größere Highschool übergewechselt. Am ersten Tag in der neuen Schule wollte er unbedingt ein Cape tragen, das seine Freunde von seiner vorherigen Schule für ihn gemacht hatten. Auf der Vorderseite stand: „Hi, ich heiße

Ryan", auf der Rückseite war zu lesen: „Ich bin neu hier. Seid nett zu mir." Ich war gerade in der Küche, als er aus dem Haus stürmte. Er war wieder einmal spät dran. Kurz darauf kam er eilig zurück und sagte: „Wo ist mein Cape? Ich habe mein Cape vergessen." Ich sagte: „Aber du willst doch sicher nicht am ersten Tag dein Cape tragen. Warum schaust du dir die neue Umgebung nicht erst einmal an?" Behutsam erwiderte er: „Ist das deine Meinung darüber, was ich tun sollte, oder ist es das, was du tun würdest?" Nun, die Antwort auf diese Frage war natürlich klar. Er sah sehr genau, was in Menschen vor sich ging, auch wenn es unausgesprochen blieb. Manchmal war es für uns schwierig, mit dieser Fähigkeit zurechtzukommen. Aber was er sagte, war immer die Wahrheit.

Ryans Tod, kurz nach seinem sechzehnten Geburtstag, sprengte das Gefüge unserer gemütlichen kleinen Familie für immer. Dieses erschütternde Ereignis beendete schlagartig jenes Familienleben, das mir zuvor als so selbstverständlich erschienen war. In den Monaten nach dem Unfall litt ich Tag für Tag unter einem Schmerz, der weitaus größer war als jede Dankbarkeit dafür, selbst zu leben. Es war ungeheuer schmerzhaft für mich, weiter am Leben zu sein. Ein großer Teil von mir starb an jenem kalten Oktoberabend mit Ryan. In den letzten vier Monaten war mein Leben für mich wie eine Gefängnisstrafe, wie etwas, das ich nur ertragen, worüber ich mich aber nicht mehr freuen konnte. Viele Wochen nach dem Unfall hatte ich keine Kontrolle über die Gedanken und Bilder, die unablässig durch meinen Geist jagten. Sie quälten mich im Schlaf ebenso wie im Wachzustand. Ich versuchte, sie einfach wahrzunehmen, sie zu registrieren, in sie hineinzuatmen, aber es war hoffnungslos. Wohin ich mich auch wendete, alles erinnerte mich an meinen Sohn. Es war, als wären tausend wilde Hengste außer Kontrolle geraten. ...
Ich bin dankbar dafür, daß ich die Achtsamkeitspraxis kennengelernt habe. Sie ist für mich zu einer Landkarte geworden, die mich durch sehr schwieriges, sehr schmerzhaftes unbekanntes Gebiet geleitet. Interessant ist, daß ich vorher glaubte, ich sei mit meinen Gedanken identisch. Nun sind meine Gedanken etwas, das ich habe, nicht das, was ich bin. Mein Leben scheint der Kontext zu sein, in dem alle meine Gedanken erscheinen und in dem sich meine Emotionen manifestieren. Im Laufe des Tages treten die

Gedanken und Emotionen in Erscheinung, so wie es immer war. Die wildesten unter jenen wilden Hengsten entziehen sich immer noch meiner Kontrolle, und ich fühle mich ihnen immer wieder ausgeliefert. Meist jedoch vermag ich sie einfach wahrzunehmen, sie zu erfahren und sie dann loszulassen, während ich zu meinem Atem zurückkehre. Die meisten kann ich mittlerweile am Sattel packen und mich auf sie schwingen, bevor ich selbst am Ende eines Seils hinter ihnen hergeschleift werde und dann auf meine eigenen Felsen aufschlage, die „Opfer" und „Selbstmitleid" heißen. Dafür bin ich sehr dankbar.

Im Laufe eines Tages beobachte ich eine Vielzahl von Gedanken. „Ich kann das einfach nicht mehr … Mein Leben ist nicht mehr lebenswert. Ich habe als Vater versagt." Während der Sitzmeditation beobachte ich diese und andere Gedanken … Unterdessen versuche ich, geduldig immer wieder zum Atem zurückzukehren. Ich vergesse ihn und kehre wieder zu ihm zurück. Ich schweife mit meinen Gedanken ab und kehre wieder zurück. Ich bemerke meine Ungeduld und kehre zurück. Mittlerweile erkenne ich, daß unter den Gedanken und Emotionen, unter dem Schmerz und Kummer, unter der inneren Leere und unter meiner Trauer noch etwas anderes ist: die bedingungslose Liebe, die ich für einen wundervollen jungen Mann empfinde, den ich einfach ungeheuer vermisse.

Die vielleicht wichtigste Lektion, die ich aus dieser Tragödie gelernt habe, ist, daß ich vor dem tragischen Unfall der Zeit gegenüber ungeheuer arrogant gewesen bin. Ich habe gelernt, wie wichtig es ist, Menschen zu sagen, daß man sie liebt, weil „morgen" nichts weiter ist als eine Vorstellung in unserem Geist.

Der Strom der verborgenen Trauer

Ich (jkz) war mit siebenhundert Männern aller Altersstufen in einem Raum, die nahezu alle über ihre verloren gegangene Beziehung zu ihrem Vater weinten. Bevor sie den Raum betreten und miteinander geredet und einander zugehört hatten, war den meisten von ihnen nicht einmal klar gewesen, daß sie soviel Traurigkeit mit sich herumtrugen, und kaum einer von ihnen hätte mit anderen Männern über diese Trauer gesprochen.

Ich habe im Laufe von Achtsamkeitsseminaren mit Gruppen von Hunderten von Teilnehmern, die im Bereich der Gesundheitspflege tätig sind, erlebt, wie sowohl bei Männern als auch bei Frauen ein ungeheurer Strom von aus der Kindheit stammender Traurigkeit zu fließen begann. Bei solchen Seminaren oder Retreats lassen wir den emotionalen Ausdruck von Trauer und die Geschichten, durch die diese Trauer entstanden ist, an die Oberfläche kommen, und dann tun wir eine Zeitlang nichts weiter, als dieser Trauer schweigend unsere volle Aufmerksamkeit zu schenken. Es ist manchmal nicht leicht anzunehmen, daß zur Praxis der Achtsamkeit nicht nur gehört, daß wir lernen, unserem Atem zu folgen, sondern daß es ebenso wichtig ist, Raum für tiefe und auch für unangenehme Emotionen zu schaffen.

Ein wirklicher Strom von Trauer scheint in uns allen zu fließen. Da er meist unterirdisch fließt, sind wir uns oft nicht darüber im klaren, daß er überhaupt existiert. Doch ist dieser Strom der Trauer nie so weit von uns entfernt und uns nie so fremd, wie wir vielleicht denken, wenn wir ihn durch das Herz eines anderen Menschen fließen sehen. Ob wir ihn sehen oder nicht, er kann sich auf unser gesamtes Leben auswirken wie auch auf unseren Charakter, unsere Berufswahl und den Umgang mit unseren Kindern.

Ich bin überzeugt davon, daß dieser Strom der Trauer in den meisten von uns fließt und daß er tiefe und vielleicht sogar archetypische Gefühle birgt, mit denen wir nur selten in Kontakt treten und von deren Existenz wir meist nicht einmal etwas ahnen. Wenn wir mit unserer Trauer nicht in

Kontakt sind, kann es ziemlich unangenehm für uns sein, diese bei anderen Menschen mitzuerleben. Wir können über ihr Verhalten beunruhigt sein, oder wir verhalten uns ihnen gegenüber reserviert und verurteilen sie, indem wir beispielsweise sagen: „Warum macht der nur soviel Aufhebens wegen dieser Sache?" – „Vor so langer Zeit ist das gewesen?" – „Hat sie sich denn damit noch nicht in ihrer Therapie beschäftigt?" – „Darüber bin ich nun wirklich hinaus."

Wir alle haben eine mehr oder weniger starke Panzerung gegen unsere tiefsten Gefühle aufgebaut. Wäre das nicht so, dann würden wir sie nicht mehr auf dieselbe Weise mit uns herumtragen. Menschen, die weniger stark gegen ihre Trauer gepanzert sind, kritisieren andere nicht so stark, wenn sie ihre Trauer zeigen. Die eigentliche Funktion der Achtsamkeit besteht darin, Raum für das zu schaffen, was geschieht, während es geschieht, was immer es sein mag. Diesen Raum können wir im Geiste der Offenheit, des Gleichmuts, der Empathie und des Mitgefühls schaffen. Das bedeutet, daß wir lernen, mit uns selbst und mit anderen geduldig zu sein und uns nicht verfrüht etwas anderem zuzuwenden, nur weil uns das, was geschieht, unangenehm ist.

Doch in den seltenen Augenblicken, in denen wir Kontakt zu unserer Trauer haben, in denen aus irgendeinem Grunde plötzlich unsere Gefühle zum Vorschein kommen, ist die Situation plötzlich anders. Dann ist die ganze Welt vom Schmerz gepeinigt, unser ganzes Universum ist von der Trauer geprägt, und wir haben das Gefühl, daß sie weit über den Bereich unseres persönlichen Lebens hinausgeht.

Vielleicht würden wir als Erwachsene nicht soviel verborgene Trauer mit uns herumtragen, wenn wir als Kinder mit mehr Güte und Achtsamkeit aufgewachsen wären. Ob das zutrifft, werden wir nicht mit letzter Sicherheit sagen können. Die Situation jedes Menschen ist anders. Jeder von uns hat eine andere Konstellation schmerzhafter Erfahrungen erlebt und anders auf dieselben reagiert, wobei einige dieser Ereignisse und Erfahrungen im Unbewußten vergraben und andere bewußt sind.

Es braucht oft Jahre der inneren und äußeren Arbeit an uns selbst, um von den Verlusten verschiedenster Art sowie von dem Mangel an Anerkennung, Respekt und angemessener Fürsorge zu genesen, unter dem wir in unserer Kindheit gelitten hatten. Oft dauert es viele Jahre, bis wir uns unserer tiefsten Gefühle über unsere Erfahrungen und darüber, wie wir behandelt worden sind, auch nur bewußt werden. Dabei ist es gar nicht immer so, daß unsere

Eltern uns geschlagen oder mißbraucht haben, daß sie Alkoholiker waren oder uns in schwerwiegender Weise vernachlässigt hätten. Ein großer Teil der Verletzungen, unter denen viele von uns leiden, ist entstanden, obwohl unsere Eltern im Rahmen ihrer Möglichkeiten, ihrer Umwelt und ihrer Weltanschauung versucht haben, ihr Bestes für uns zu tun. Unsere Eltern wurden durch ihre eigenen Erfahrungen geprägt, die positiven ebenso wie die negativen, und davon, was ihre Eltern ihnen mit auf den Weg gegeben hatten, so wie auch wir von unseren Eltern beeinflußt worden sind. Jede Familie ist durch ihre eigene, einzigartige Kombination von Liebe, Scham- und Schuldgefühlen, Beschuldigungen, Vorenthaltungen und Bedürftigkeiten gekennzeichnet, und am schädlichsten wirken diese Faktoren, wenn sie sich mit einem allgemeinen Mangel an Bewußtheit verbinden.

Eine Frau hat mir erzählt, als ihre Mutter gestorben sei, sei sie noch ein junges Mädchen gewesen und hätte kleinere Geschwister gehabt. Ihr Vater habe den Kindern verboten, nach dem Tode der Mutter in irgendeiner Form über sie zu reden. Es war, als ob sie, nachdem sie begraben war, niemals existiert hätte. So wurden alle Kinder gezwungen, ihre Gefühle gegenüber der Verstorbenen zu unterdrücken. Der Vater glaubte, es sei besser, einfach mit dem normalen Alltag fortzufahren, ohne sich lange mit dem aufzuhalten, was nun einmal geschehen war. Doch damit fügte er seiner Familie einen tiefen emotionalen Schaden zu.

Wir sehen also, daß unsere Trauer oft durch Ignorieren (im buddhistischen Sinne des Ignorierens dessen, wie die Dinge tatsächlich sind) überdeckt wird. Dieses Ignorieren kann dazu führen, daß Eltern ihre eigenen Kinder nicht kennen. Diese Trauer existiert auch in Familien, in denen vieles positiv ist und die nach außen hin den Eindruck erwecken, hier würden Harmonie und Liebe vorherrschen. Das eine schließt das andere keineswegs aus.

Unbewußte Trauer wirft einen Schatten, der weit und tief in unsere Psyche hineinreicht. Sie lebt in den dunklen Schlupfwinkeln unserer Erinnerung. Sie führt ein unterirdisches Eigenleben, selbst wenn unser Leben oberflächlich hell zu sein scheint. Tatsächlich sind die emotionalen Schatten manchmal um so länger und dunkler, je heller die Oberfläche wirkt.

Robert Bly beschreibt in Die dunklen Seiten des menschlichen Wesens die Dynamik unserer verborgenen Emotionen, indem er das Bild einer unsichtbaren Tasche benutzt, die wir früh in unserem Leben erwerben und die wir während unserer Kindheit und Jugend allmählich mit all den Teilen von uns vollstopfen, die sich bei unseren Versuchen, gesehen zu werden, als unerwünscht herausstellten. Das tun wir, um im Kreise derer, die uns wichtig sind und die wir schätzen, gesehen und akzeptiert zu werden. Das kann unter Umständen unser ganzes Leben lang so weitergehen, so daß wir, um den äußeren Anschein zu wahren oder um uns innerhalb unseres Umfelds anzupassen, eine Lüge leben.

Diese Entwicklung kann schon in unserer Beziehung zu unseren Eltern begonnen haben, in der Zeit, als wir noch Kinder waren und sie uns Botschaften darüber vermittelt haben, was ihnen gefiel und was nicht, welche Gedanken, Gefühle und Verhaltensweisen in ihren Augen „akzeptabel" waren und welche nicht. Und sie setzt sich dann in der Schule, mit unseren Lehrern und Kameraden fort, und später in der Welt ist es auch nicht anders. Im Laufe der Zeit wird unsere Tasche immer voller und schwerer, weil wir immer mehr von uns in sie hineinstopfen: unsere Wut, unsere Impulsivität, unsere Spontaneität, unsere Sanftheit, unsere Stärke und sogar unsere Intelligenz. Von alldem distanzieren wir uns in dem verzweifelten Bemühen, geliebt und akzeptiert oder gut angesehen zu sein oder um in einen bestimmten Rahmen hineinzupassen, von dem wir glauben, wir müßten ihm unbedingt entsprechen – dem des Stoikers, dem des Märtyrers oder dem des Weisen. Es ist wirklich dunkel in unserer Tasche, weil wir kein Licht in sie hineinlassen wollen und weil wir nicht sehen wollen, was in einem großen Teil unserer Psyche vor sich geht.

Wenn wir so tun, als hätten wir diese Tasche nicht auf unserer Schulter, und wir uns deshalb weigern, sie innerhalb von dreißig oder vierzig Jahren zumindest von Zeit zu Zeit einmal zu öffnen, außer, um noch mehr Dinge hineinzustopfen, werden die Schatten, die wir darin verborgen haben und die in Wahrheit wichtige, wenn auch verleugnete und nicht akzeptierte Teile von uns selbst sind, vermodern und giftig werden, weil wir sie nicht anerkennen und sie nicht zum Ausdruck bringen. Sie können den Verlauf unseres Lebens tiefgreifend beeinflussen, auf Arten, die uns nicht klar sind und die wir nur gelegentlich in Träumen erahnen oder dann, wenn das Gebäude unseres Lebens zerfällt oder plötzlich in sich zusammenbricht. Was wir in unserem Inneren nicht anschauen wollen, zeigt sich oft in unserer Außenwelt. Das Innere spiegelt das Äußere, und das Äußere spiegelt das Innere. Wenn wir einen Zustand der Harmonie erreichen wollen, müssen wir das Innere und das Äußere in Einklang bringen, beides wieder miteinander verbinden in der Umarmung von Gewahrsein und Annahme.

Vielleicht ist es an der Zeit, daß wir uns mit dieser Last beschäftigen, die wir ständig mit uns herumtragen, und uns mehr und mehr bewußt darum zu bemühen, alle Aspekte unseres Seins zu akzeptieren, unserem Schatten und unserem unterirdischen Strom verborgener Trauer zuzuhören, mit ihm zu sprechen, uns selbst zu achten und bedingungslos zu akzeptieren und uns selbst Mitgefühl entgegenzubringen. Das bedeutet, daß wir uns selbst einfühlsame Eltern werden können und daß wir jene Arbeit zum Abschluß bringen, die zu dem führt, was wir „wirkliches Erwachsensein" nennen könnten.

Wenn wir uns selbst in diesem Sinne liebevolle Eltern werden, werden wir vielleicht auch unsere Kinder klarer sehen und in der Lage sein, sie so wahrzunehmen und zu akzeptieren, wie sie tatsächlich sind, statt ihnen das Gefühl zu vermitteln, sie müßten so sein, wie wir es uns vorstellen, und sie müßten Teile von sich verleugnen, damit sie unsere Liebe nicht verlieren.

*

Ring the bells that can still ring.
Forget your perfect offering.
There is a crack in everything.
That's how the light gets in.
LEONARD COHEN

An einem seidenen Faden

Wenn unsere Kinder unter Schmerzen leiden, leiden auch wir. Aber auch, wenn sie nicht leiden, kann es schwer genug für uns sein, Eltern zu sein. Manchmal ist es so, als würden wir an einem seidenen Faden hängen.

*

Kinder, die miteinander streiten, Wutanfälle, „Mir ist langweilig!", Zahnen, Lärmen, Krankheiten, schlaflose Nächte, lange Wintertage, dunkle Regentage, Tage, an denen wir uns energielos oder müde fühlen, an denen wir versuchen, verschiedene Bedürfnisse zu erfüllen und auszubalancieren, Beruf und Familie und noch hundert andere Dinge unter einen Hut zu bringen, mit den Kindern verhandeln, immer wieder neue kreative Ideen hervorbringen oder unkreative oder auch nur das Abendessen auf den Tisch bringen … Am Ende des Tages fühle ich (mkz) mich erschöpft, gereizt, ungeheuer eingeschränkt und eingesperrt. Meine Welt ist mir zu klein geworden. Ich verspüre einen überwältigenden Drang, ins Freie zu laufen, etwas Luft zu schnappen, etwas Distanz zu gewinnen, etwas Raum.

Wenn es wegen der Witterung nicht möglich ist, Dinge im Freien zu tun, und wenn wir über lange Zeit ans Haus gebunden sind, werde ich mir der Grenzen meiner Möglichkeiten sowie all der Fähigkeiten, die ich nie entwickelt habe und die ich deshalb auch meinen Kindern nicht vermitteln kann sehr stark bewußt. Und ich erkenne die Grenzen unserer Kultur. Es scheint, als hätte alles, was wir tun können, in irgendeiner Weise etwas mit Konsum zu tun. Ob es Einkaufen oder Essen oder eine Filmvorführung ist – oft fühlt sich all das leer und völlig unlebendig an. Wo gibt es in unseren Städten Zentren, in denen Menschen aller Altersgruppen tanzen, musizieren, einander Geschichten erzählen und miteinander sprechen können?

Es heißt, um ein Kind aufzuziehen, sei ein ganzes Dorf vonnöten. Doch wo sind die Dörfer in unserer Gesellschaft geblieben? Spuren der Dörfer aus alten Zeiten sehen wir immer noch in erweiterten Familien, Gemeindezentren, Selbsthilfegruppen, Freundschaften zwischen Menschen verschiedener Generationen und in Glaubensgemeinschaften. Dennoch sind Eltern viel zu häufig isoliert und auf sich gestellt. Das gilt in besonderem Maße für alleinerziehende Eltern, die nicht mit einem Partner über ihre tagtäglichen Kämpfe sprechen oder neue Perspektiven entwickeln oder einfach jemandem ihr Leid klagen können – andererseits muß auch gesagt werden, daß Partner manchmal keine Hilfe bieten und das Leben vielleicht sogar noch schwerer machen. Selbst wenn wir von Freunden oder von einem Partner unterstützt werden, sind die schwierigsten Situationen für uns alle doch gewöhnlich die, in denen wir allein sind. Eltern-sein kann manchmal einsame Arbeit sein.

Um unsere individuellen Ressourcen und unsere zwangsläufig immer begrenzten Fähigkeiten zu erweitern und uns zu regenerieren, brauchen wir eine Gemeinschaft. In einer Gemeinschaft können wir neue Ideen kennenlernen, frischen Enthusiasmus entwickeln und auf die Lebenserfahrung von Menschen unterschiedlichster Art und mit den verschiedensten Fähigkeiten zurückgreifen, wenn wir mit unseren eigenen Möglichkeiten am Ende sind. Als Eltern haben wir die Aufgabe, die Grundlage für unsere Familie zu schaffen – aber wir können nicht alles selbst zur Verfügung stellen.

Die Schwierigkeiten, denen wir als Eltern kleiner Kinder begegnen, können die verschiedensten Formen annehmen. Es gibt eine Unmenge von Umständen und Erfahrungen, die beeinflussen, mit was sich jede Familie und jeder Elternteil auseinandersetzen muß.

*

Wenn unsere Kinder älter werden und sie die Teenager-Jahre mit all ihren komplexen Veränderungen und Problemen erreichen, erscheint uns der Umgang mit Babys und kleineren Kindern verglichen damit vielleicht relativ einfach, und manchmal sind wir verwirrt, entmutigt oder sogar verzweifelt. Wie wir schon gesehen haben, können wir leicht das Gefühl haben, daß unsere Kinder sich von uns entfernen, daß sie immer stärker dem Einfluß ihrer Altersgenossen unterliegen und daß sie möglicherweise sogar auf selbstzerstörerische Verhaltensweisen verfallen. Auch spüren wir, daß wir sie in gewisser Weise tatsächlich verlieren, wenn unsere Kinder in die Welt hinausgehen. Wir leiden dann, weil wir wissen, daß sie nach wie vor verletzlich sind und wir trotzdem keine Möglichkeit sehen, sie zu schützen. Und manchmal ärgern wir uns auch darüber, wie sie ihre Gefühle zum Ausdruck bringen – oder darüber, daß sie es nicht tun.

Unser intuitiver, elementarer und sehr physischer Umgang mit unseren Kindern, als sie noch kleiner waren, ist in dieser Situation nicht mehr angemessen. Vielleicht merken wir, daß an die Stelle unserer früheren physischen Erschöpfung nun eine mentale und emotionale Anstrengung tritt, teilweise weil wir unsere Rolle ständig abwandeln müssen, während sich unsere heranwachsenden Kinder um die Erfüllung ihrer Bedürfnisse nach Autonomie, Verbundenheit, Liebe und Sinn bemühen.

Sie durchlaufen während der Pubertät erstaunliche und unerwartete Wandlungen, die manchmal sehr anstrengend für uns sein können. Doch auch wir selbst müssen in dieser Situation wachsen und uns verändern. Während unsere Kinder unabhängig werden und uns weniger brauchen, kann es sein, daß wir im Umgang mit ihnen in eine Routine verfallen – was für uns selbst ebenso oberflächlich und unbefriedigend ist wie für sie. Sie brauchen mehr Zeit für sich, mehr Raum, in dem sie nicht von uns gestört werden, und eine *andere* Art der Feinfühligkeit unsererseits. In mancherlei Hinsicht sind wir nun für sie unwichtig geworden, doch in anderer Hinsicht sind wir immer noch sehr wichtig für sie.

Manchmal spüren wir kaum, daß sie uns immer noch brauchen, insbesondere wenn sie wütend sind, uns ständig kritisieren und sich uns gegenüber verschließen und wir diese Dinge überdies durch den Schleier unserer eigenen Verärgerung und Besorgnis sehen. In bestimmten Situationen müssen wir ein ungeheures Maß an Willenskraft und Entschlossenheit aufbringen, um uns nicht völlig von ihnen zu distanzieren, wenn wir uns verwirrt, frustriert und verzweifelt fühlen und sie uns das Gefühl vermitteln, wir seien völlig unwichtig für sie.

Natürlich gibt es immer Situationen, in denen Heranwachsende ihr Leben als unbefriedigend empfinden, in denen ihre tiefsten seelischen Bedürfnisse unerfüllt bleiben, in denen sie unglücklich sind und Fragen stellen wie: „Wozu soll dieses ganze Leben eigentlich gut sein? Was für einen Sinn hat es? Hat das Leben nicht mehr zu bieten als das? Was könnte meine Aufgabe im Leben sein?" Manchmal werden sie launisch, ziehen sich in sich selbst zurück und fühlen sich uns ferner, als wir uns das in ihrer Kindheit je hätten vorstellen können. Vielleicht stoßen sie uns sogar durch ihre Feindseligkeit und Wut regelrecht von sich. Obwohl wir sehen, wie verletzt sie sich fühlen, ist es schwierig für uns, sie zu erreichen.

Aber auch wenn sie sich entfremdet und allein fühlen, sollten sie spüren, daß wir noch für sie da sind, wenn es für uns einen Weg gibt. Manchmal schauen sie uns an, als stünden sie auf der anderen Seite eines tiefen Abgrunds. Sie in diesem Zustand zu erreichen kann sehr schwierig sein. Diese Kluft kann für uns und für sie erschreckend sein. Vielleicht fühlen wir uns so machtlos wie nie zuvor. Sie vermitteln uns unabsichtlich ein Gefühl unserer eigenen Schwäche, unserer Zweifel und Ängste, unserer Gefühle der eigenen Verletzlichkeit, die gewöhnlich tief in unserem Inneren verborgen sind und sich der täglichen Untersuchung entziehen.

Wenn unsere Kinder die Authentizität von Gefühlen, von Menschen und gar von sich selbst in Frage stellen, dann tun wir gut daran, zu einem Ort in uns selbst zurückzukehren, der authentisch, einfach und echt ist. Wir können uns ein paar Augenblicke Zeit nehmen, um unsere Aufmerksamkeit auf unseren Atem, auf unseren Körper und auf unsere Gefühle zu richten. Vielleicht fühlen wir uns in solchen Momenten nicht besonders stark mit unserem Kind verbunden, sind ihm nicht besonders nahe, doch wir können eine mitfühlende Präsenz entwickeln und die Verbindungsfäden, die sie uns anbieten, so dünn sie auch sein mögen, aufgreifen.

Wir können auch selbst vorsichtig Verbindungsfäden knüpfen, wenn wir das Gefühl haben, daß die Situation dies zuläßt. Das heißt vielleicht, daß wir ihnen einfach zuhören und ihnen bestätigen, daß sie sich in einer schwierigen Situation befinden oder daß wir ihren Schmerz und ihre Unsicherheit nachvollziehen können. In manchen Fällen müssen wir uns jedoch intensiver um sie kümmern, indem wir beispielsweise einen Tag, ein Wochenende oder sogar eine Woche mit ihnen verreisen. Vielleicht erscheint uns das in einer ohnehin schwierigen Situation unmöglich, doch wirklich schwierige Situationen erfordern kreative Lösungen. Wenn wir etwas mit ihnen unternehmen, wovon wir wissen, daß sie es gern tun, so kann ihnen das helfen, wieder Kontakt zu jenem tieferen Sinn aufzunehmen, der unter ihrer Geschäftigkeit und ihren manchmal monotonen Alltagsroutinen verborgen liegt. Ein solches Heraustreten aus dem zermürbenden Alltag kann, auch wenn ihm eine Krise vorausgeht, für uns selbst die gleiche Funktion erfüllen wie für sie, und uns helfen, unsere Verbindung zu unseren Kindern zu erneuern.

Manchmal, wenn ältere Söhne oder Töchter in ihrem Leben einen Tiefpunkt erreicht haben und sich völlig unglücklich fühlen, ist es wichtig, daß wir entschlossen handeln. Das gilt insbesondere, wenn wir befürchten, daß sich ihr Leben in eine gefährliche oder selbstzerstörerische Richtung bewegen könnte. Es ist sicherlich wichtig, daß sie wissen, daß wir uns ihretwegen Sorgen machen und worauf sich diese Sorgen beziehen. Vielleicht müssen wir ihnen sogar aktiv bei der Lösung bestimmter Probleme helfen, uns für sie einsetzen oder zusammen mit ihnen nach Möglichkeiten suchen, wie sie ihr Leben befriedigender und sinnvoller gestalten können.

Teenager sind sich oft völlig klar über die innere und äußere Situation, in der sie sich befinden. In anderen Fällen spüren sie zwar, daß irgend etwas nicht in Ordnung ist, doch wissen sie nicht, *was* es ist. In solchen Situationen kann es wichtig für sie sein, daß wir ihnen mit aller Weisheit, die wir im Laufe unseres Lebens erworben haben, bei der Lösung ihres Problems helfen. Ebenso wie wir selbst brauchen auch unsere Kinder viel Zeit, um zu verstehen, wie die Welt funktioniert und wie sie dieses Verständnis zu ihren Gunsten nutzen können. (Und „verstehen" wir die Welt wirklich jemals ganz und gar?)

Ihnen zu helfen kann für uns besonders schwierig sein, wenn sie meinen, wir seien ein Teil ihres Problems. Selbst wenn wir bereit sind, unser Verhalten zu verändern, bedeutet das nicht unbedingt, daß wir ihnen auch helfen können, ihr eigenes Leben zu verändern. Vielleicht sind wir nicht einmal der gleichen Ansicht wie sie darüber, was geschehen müßte, um die Situation zu verbessern, oder auch nur darüber, worin das Problem besteht. Doch schon wenn wir ihre Schwierigkeiten anerkennen, können wir dadurch erreichen, daß sie sich nicht mehr isoliert, sondern wieder mit uns verbunden fühlen, daß sie nicht mehr das Gefühl haben, wir würden sie verurteilen, sondern daß wir uns um sie kümmern. Wenn sie spüren, daß ihre Eltern sich um sie sorgen und ihre Situation trotzdem liebevoll akzeptieren, so kann dadurch ein Kontext entstehen, innerhalb dessen sie ihre momentanen Schwierigkeiten in einem sinnvolleren Zusammenhang zu sehen vermögen.

In anderen Fällen können wir sie mit unserer Besorgnis und unseren gut gemeinten Gesprächsangeboten geradezu überwältigen. So schwer es uns fallen mag, wir müssen nun einen Schritt zurücktreten und ihnen mehr Raum geben.

*

Es gibt Situationen, in denen unsere Kinder, ganz gleich, wie alt sie tatsächlich sind, in ein jüngeres Alter zurückzufallen scheinen. Das kann für uns als Eltern irritierend sein und uns fast zum Wahnsinn treiben. Oft passiert so etwas gerade dann, wenn wir uns selbst besonders verletzlich und erschöpft fühlen. In solchen Augenblicken ist es fast so, als ob sie gleichzeitig mit unserem inneren Zustand und ihrem eigenen in Kontakt sind.

*

Der sechzehnjährige Sohn von Freunden hatte sich emotional von seinen Eltern distanziert und war etwa zur gleichen Zeit sehr schwer an einer Infektion erkrankt. Seine Eltern hätten die plötzliche Erkrankung als ein rein körperliches Problem sehen können, also unabhängig von seinem emotionalen Zustand und von den Schwierigkeiten, die der Sohn mit der Familie hatte. Die Eltern sahen die Erkrankung jedoch in einem größeren Zusammenhang und machten sich daran, die physischen und emotionalen Streßfaktoren im Leben ihres Sohnes und innerhalb der Familie zu untersuchen. Nach dieser Bestandsaufnahme nutzten sie die Zeit der Krankheit und der allmählichen Genesung, um eine Heilung im umfassenderen Sinne herbeizuführen. Sie akzeptierten sein Bedürfnis, zu Hause zu bleiben und zu „regredieren" – daß er eine Art Ruhepause einlegte, sich eine Zeitlang in sich selbst zurückzog, besonders gesunde Nahrung aß und den Kontakt zur Familie wiederherstellte –, und sie erkannten die regenerierende und transformierende Wirkung von alldem auf ihn und auf die Familienbeziehungen.

„Regression" ist heutzutage ein Wort mit einem stark negativen Beigeschmack. Gewöhnlich schwingen darin Bedeutungen mit wie „eine gestörte Beziehung zur sozialen Wirklichkeit", „die Unfähigkeit, sich dem eigenen Alter entsprechend zu verhalten" sowie „Rückfall auf eine 'infantilere' Entwicklungsstufe". Doch ist es für Kinder, und nicht nur für kleine Kinder, manchmal wichtig, daß eine Zeitlang für sie gesorgt wird, daß wir ihnen Geschichten vorlesen und ihnen etwas vorsingen – eine Zeit, in der sie sich nach innen wenden, um sich später wieder der Außenwelt zuwenden zu können. Wenn wir in Regressionsphasen unserer Kinder verständnisvoll, gütig und ohne zu urteilen auf sie eingehen, unterstützen wir dadurch ihre Bemühungen zu reifen. Wir helfen ihnen dann, eine alte Haut abzustreifen und ihren Weg fortzusetzen. Das ist für sie ein wertvolles Geschenk.

Natürlich ist das nicht immer leicht oder auch nur möglich. Aufgrund unserer beruflichen und anderweitigen Verpflichtungen haben wir nicht immer die Zeit, uns intensiv um unsere Kinder zu kümmern. Manchmal können wir uns nur mit den Symptomen befassen, die bei ihnen auftreten, statt uns um die den Symptomen zugrundeliegenden Probleme zu kümmern. Doch wenn wir uns über längere Zeit nur um die Symptome kümmern, kann deren Wurzel ungehindert weiterwachsen und ständig neue Probleme hervorbringen.

Wenn ein Kind unglücklich ist, wenn es sein inneres Gleichgewicht verloren hat und regrediert, ist es manchmal sehr schwer, mit ihm zurechtzukommen. Doch wenn wir ihm dieses schwierige Verhalten persönlich übelnehmen und uns deshalb ihm gegenüber abschotten und daran festhalten, daß wir uns verletzt fühlen, werden die Mauern zwischen uns und dem Kind immer dicker und höher. In solchen Fällen ist es hilfreich, die Situation mit neuen Augen zu betrachten. Dies bedeutet, daß wir das Geschehen im größtmöglichen Kontext zu sehen versuchen, mit der Intention, die Dinge zu untersuchen, völlig in der Gegenwart verankert zu sein und alles, was geschieht, innerhalb des paradoxen Rahmens von Distanz *und* Mitgefühl zu sehen. Nachdem die Krise vorüber ist und wir unsere Verletztheit, unseren Groll und unseren Ärger loslassen können, können wir zusammen mit unseren Kindern einen völlig neuen Augenblick erfahren.

Am Ende eines Tages, an dem ich von meinen beiden kleinen Töchtern ständig kritisiert und mit Negativität überhäuft wurde, kuschelte sich eine von ihnen, die zehn Jahre alt war, an mich und erklärte mir ganz ernst, daß sie mich lieb habe. Diese wundervolle Fähigkeit, negative Gefühle sofort wieder loszulassen, verändert sich, wenn Kinder älter werden. Wir müssen sie dann durch unser eigenes Verhalten daran erinnern, daß es durchaus möglich ist, sich aktueller Probleme bewußt zu sein und einander gleichzeitig in jedem Augenblick mit der Bereitschaft, einen neuen Anfang zu wagen, zu begegnen.

Was letztlich am meisten zählt, sind nicht unsere Ideen, sondern es sind die Authentizität unseres Seins und unsere Fähigkeit, auch in den schwierigen Augenblicken, die wir als Eltern immer wieder erleben und deretwegen wir manchmal alles in Frage stellen, liebevoll und fürsorglich zu bleiben. In der Sprache der Zen-Praxis würde man sagen, daß dies ein hartes Training ist.

*Du brauchst nicht gut zu sein.
Du brauchst nicht auf den Knien
hundert Meilen durch die Wüste zu rutschen, um zu bereuen.
Du brauchst nur das sanfte Tier deines Körpers lieben zu lassen, was es liebt.
Erzähle mir von deiner Verzweiflung,
dann werde ich dir von der meinen berichten.
Inzwischen dreht sich die Welt weiter.
Die Sonne und die klaren Regentropfen
bewegen sich über die Landschaften,
über die Prärien und die tiefen Bäume,
über die Berge und die Flüsse.
Und die Wildgänse, hoch in der reinen blauen Luft,
fliegen wieder heim.
Wer auch immer du bist, so einsam du auch sein magst,
die Welt bietet sich deiner Vorstellungskraft dar,
schickt dir ihren Ruf, wie die Wildgänse, rauh und erregend –
und weist dir immer wieder deinen Platz zu
in der Familie der Dinge.*

MARY OLIVER
„Wild Geese", *Dream Work*

„Sich vergessen"

Alle Eltern „vergessen sich" gelegentlich. Manchmal verlieren wir die Geduld, und manchmal auch den Verstand. Wir können das innere Gleichgewicht verlieren, unseren Weg, unsere Würde und unsere Selbstachtung. Wenn das passiert, ist das immer sehr schmerzhaft, ganz gleich, weshalb es passiert ist.

Gewöhnlich geschieht so etwas, wenn wir erschöpft oder gezwungen worden sind, über unsere Grenzen hinauszugehen – wobei sich leicht starke Frustrationen aufbauen, die wir manchmal nicht gleich erkennen, oder wir schaffen es einfach nicht, rechtzeitig umzuschalten, oder wir versuchen dies gar nicht erst. Manchmal schreien, brüllen oder schimpfen wir, oder wir vergessen uns ganz und geben unseren Kindern einen Klaps oder schlagen sie sogar. Nach solchen Vorfällen fühlen wir uns gewöhnlich schrecklich. Wir sind wütend über uns selbst und traurig wegen unserer Kinder. Plötzlich ist das ganze Leben für uns ein Alptraum. Ich (mkz) möchte Ihnen das an einem Beispiel aus meinem eigenen Leben veranschaulichen.

Ich bringe meine Tochter zu Bett. Es ist ihr immer schon schwergefallen, abends schlafen zu gehen, und mit acht Jahren ist sie schon eine richtige „Nachteule" und bleibt so lange auf, wie es eben geht. Nach 22.00 Uhr erreiche ich gewöhnlich meinen Tiefpunkt. Ich verliere dann leicht die Geduld. Meine Tochter wird oft besonders anspruchsvoll wegen aller möglichen Dinge, wenn sie zu Bett gehen soll. Oft möchte sie dann noch etwas essen, sie möchte nicht allein gelassen werden, sie möchte, daß das Licht an bleibt, und die Nachtbeleuchtung reicht ihr nicht. Wenn es für sie Zeit ist, zu Bett zu gehen, bleibe ich eine Zeitlang bei ihr sitzen. Falls ich merke, daß es ein langes Gezerre werden wird – und an diesem Abend ist das einmal wieder so –, und ich zu müde bin, um lange bei ihr zu bleiben, sage ich zu ihr: „Wenn du willst, kannst du heute nacht in meinem Bett schlafen." Also zieht sie um. Aber ich sage: „Wenn du bei mir schlafen willst, mußt du allerdings ein T-Shirt anziehen. Ich möchte mich nicht die ganze Nacht darum kümmern, daß es dir nicht zu kalt wird!" Sie weiß das, hat jedesmal etwas dagegen, zieht das T-Shirt dann aber trotzdem an. Diesmal jedoch fängt sie sofort an, Theater zu machen, indem sie um sich tritt und auf das Bett haut. Ich hole ihr ein anderes T-Shirt, das weicher und bequemer ist. Mittlerweile ist sie noch wütender und beschimpft mich. *Sie* will, daß das Licht an bleibt, *ich* will, das es ausgeschaltet wird. Es kommt zu einem Kampf darum, wer seinen Willen durchsetzt. Ich fürchte, daß ihre Schwester wieder wach werden könnte, und fühle mich in einer Zwickmühle. Ich fühle mich unter Druck gesetzt. Ich fühle mich hilflos. Die Situation entwickelt eine gewisse Eigendynamik, und es scheint, als könnte ich nichts daran ändern.

Dann höre ich ihre Schwester rufen, wir sollten endlich still sein. Sie ist also schon aufgewacht. Ich werde noch wütender. Ich schreie meine Tochter an, sie soll still sein. Doch sie schlägt weiter auf das Bett ein und schreit, und schließlich fühle ich mich so frustriert, wütend und hilflos, daß ich ihr eine Ohrfeige gebe. Sie fängt an zu heulen und schreit noch lauter. Ich fühle mich schrecklich, weil ich meine Tochter geschlagen habe. Sie schreit, was ich getan hätte, sei Kindesmißhandlung, und sie werde die Polizei rufen. Ich bin gelähmt vor Scham und Reue. Das Ganze ist zu einem riesigen Alptraum geworden. Nachdem sie ungefähr zwanzig Minuten lang gebrüllt und geschrien hat und ich mir sicher bin, daß die ganze Nachbarschaft es gehört haben muß, ruft sie nach ihrem Vater. Doch der ist nicht zu Hause. Schließlich schluchzt sie: „Mami!"

Ich bringe ihr Eis und einen Waschlappen und setzte mich neben sie. Wir weinen zusammen, und ich gebe zu, daß das, was ich getan habe, ziemlich übel war. Ich sage ihr, daß es mir leid tut, daß ich ihr weh getan habe. Nach einer Stunde schließlich liegt sie in meinem Bett und schläft an mich gekuschelt. Ich liege hellwach da und fühle mich schrecklich.

So schrecklich derartige Erfahrungen auch sein mögen, gewöhnlich lerne ich etwas aus ihnen, das mir hilft, mit der nächsten ähnlichen Situation besser umzugehen. Ich frage mich, ob ihr irgend etwas das Einschlafen erleichtert hätte. Wie kann ich mit meinem Zorn und meiner Frustration so umgehen, daß die Situation dadurch nicht noch schwieriger wird?

Jedes Kind ist anders. Für manche ist das Zubettgehen jeden Abend ein großes Problem, und am Morgen wach zu werden fällt ihnen ebenso schwer. Andere Kinder schlummern selig ein, nachdem man ihnen eine Gutenachtgeschichte erzählt oder ihnen ein Schlaflied vorgesungen hat. Doch manchmal können wir versuchen, was wir wollen, alles führt zu einer

Katastrophe. Am soeben geschilderten Abend begannen meine Versuche, meine Tochter ins Bett zu bringen, damit, daß ich ihr am Kaminfeuer Geschichten vorlas. Danach hatten wir gemeinsam auf ihrem Bett gesessen und Bilder gemalt – ein wunderschöner Anfang, der trotzdem in einer Katastrophe endete.

Ich frage mich, was ich hätte anders machen können. Manchmal ist es sehr einfach, diese Frage zu beantworten. In diesem Fall jedoch ist es alles andere als einfach. Manchmal ist es so, als *müßten* solche nächtlichen Gewitter einfach niedergehen. Aber mußte in diesem Fall wirklich das geschehen, was geschehen ist? Wann gebe ich nach? Wann bin ich zu nachgiebig? Hätte ich die Möglichkeit gehabt, das Geschehen in eine andere Richtung zu lenken?

Sowohl für meine Tochter als auch für mich ist es sehr wichtig, daß ich Reue für meinen Fehler und Anteilnahme an ihren Gefühlen gezeigt habe, statt das Geschehene einfach auf sich beruhen zu lassen und darüber hinwegzugehen. Nur so kann es zu einer Heilung kommen, und wir können beide etwas aus der Situation lernen. Dazu muß ich zugeben, daß ich das, was geschehen ist, schrecklich finde, und ich darf nicht versuchen, es zu verharmlosen oder sie dafür verantwortlich zu machen. Am nächsten Tag, wenn wir beide eine gewisse Distanz gewonnen haben, können wir ausführlicher über den Vorfall reden und darüber, wie wir beide uns dabei gefühlt haben.

Manchmal ist es gut, sich noch einmal über getroffene Vereinbarungen zu unterhalten und sich Gedanken darüber zu machen, ob irgendwelche Neuregelungen angebracht wären. Nach dieser Katastrophe einigten wir uns auf ein Zeichen, durch das wir uns gegenseitig signalisieren wollten, daß sich eine schwierige Situation anbahnte. Wir hofften, mit Hilfe des Zeichens eine drohende Katastrophe noch abwenden zu können. Es ist zu hoffen, daß wir jedesmal, wenn so etwas passiert, etwas lernen, das die Wahrscheinlichkeit einer Wiederholung verringert.

Es ist in jedem Fall hilfreich, wenn wir inmitten eines Sturms einen Augenblick innehalten, uns des eigenen Atems bewußt werden und uns zugestehen, daß wir nicht unbedingt alles in diesem Augenblick lösen müssen. Das kann uns helfen, nicht aus unserem Wutgefühl heraus zu reagieren, denn dadurch würden wir die Situation nur auf die Spitze treiben.

Es kann manchmal schrecklich sein, wenn wir die Beherrschung verlieren. Doch können wir aus solchen Vorfällen auch etwas lernen und daran wachsen – sofern wir den Mut haben, uns einzugestehen, daß dies tatsächlich geschehen ist, statt unsere eigene Reaktion zu leugnen oder herunterzuspielen oder unsere Energie darauf zu verwenden, uns selbst oder unsere Kinder zu beschuldigen oder uns schlicht zu wünschen, daß die Situation anders sein möge, als sie tatsächlich ist, ohne die Verantwortung für unser Tun zu übernehmen. Gleichzeitig kann es sein, daß wir unseren Kindern je nach ihrem Alter helfen müssen, ihren eigenen Anteil am Geschehen zu begreifen und mit ihnen zusammen überlegen, ob es für sie effektivere Möglichkeiten gibt, ihre Gefühle auszudrücken und die verschiedenen Verhaltensalternativen zu sehen, die sie in schwierigen Situationen haben.

Eine Garantie gibt es nicht

Als Eltern wissen wir nur zu gut, daß es viele Dinge gibt, auf die wir keinerlei Einfluß haben, und daß es auch keinerlei Garantien gibt, ganz gleich, was wir tun mögen. Wichtig in unserem Bemühen um einen achtsamen Umgang mit Kindern ist, daß wir uns unserer Erwartungen und unserer eigenen Grenzen bewußt sind und daß wir in jeder Situation unser Bestes versuchen, ohne ein bestimmtes Ergebnis erzwingen zu wollen.

Vom Augenblick der Schwangerschaft bis zur Geburt unseres Kindes und auch in den folgenden Jahren gibt es Myriaden von Faktoren, die seinen Lebensweg und seine Entwicklung beeinflussen. Einige dieser Faktoren kennen wir, andere nicht. Manche sind leicht zu verstehen, andere zutiefst geheimnisvoll. Wir können „alles richtig machen" und stellen später fest, daß unsere Entscheidungen doch nicht so „richtig" waren und daß Faktoren im Spiel waren, die uns nicht bewußt waren und an die zum betreffenden Zeitpunkt vielleicht niemand gedacht hat. Letztendlich können wir nur auf ein Zusammenwirken unserer Intuition, unseres gesunden Menschenverstandes, des Gewahrseins, ausreichender Information und, was am wichtigsten ist, unserer Liebe vertrauen. Selbst wenn wir uns alle Mühe geben, die Bedürfnisse unserer Kinder zu erfüllen, ist es wichtig zu erkennen, daß wir viele Einflüsse weder kontrollieren noch verhindern können.

Das offensichtlichste Beispiel hierfür sind jene tragischen Mißgeschicke und Unfälle, die ein Kind für sein ganzes weiteres Leben beeinträchtigen und seine Familie zwingen können, ihr Leben völlig umzustellen, um die Bedürfnisse des Kindes weiterhin erfüllen zu können. Ebenso einschneidend ist der Tod eines Kindes, denn er reißt ein riesiges Loch in das Leben der zurückbleibenden Familienmitglieder.

Die Gesundheit eines Kindes kann auch großen Schaden erleiden, wenn es über längere Zeit starken Umweltgefahren ausgesetzt ist. Ständig werden neue Erkenntnisse über derartige Gefahren bekannt, die manchmal sehr widersprüchlich sind und oft verwirrend. Mittlerweile hat man viele

Ursachen für Krebs und Geburtsschäden nachgewiesen; bei vielen anderen besteht ein Verdacht, daß sie schädlich sind, und in einer Reihe weiterer Fälle ist noch nicht völlig geklärt, ob sie wirklich gefährlich sind.

Von Alkohol, Rauchen, Drogen, Asbest, Blei, Radon, Pestiziden und vielen anderen Chemikalien ist heute zweifelsfrei erwiesen, daß sie für die menschliche Gesundheit schädlich sind und daß ihre Auswirkungen auf Kinder am stärksten wirken. Die gesundheitsschädigenden Folgen anderer heute allgegenwärtiger Faktoren wie beispielsweise der Mikrowellenstrahlung werden zur Zeit noch untersucht. Als Eltern sollten wir uns einerseits darüber im klaren sein und akzeptieren, daß unser Wissen über all diese Gefahren und darüber, wie wir unsere Kinder vor ihnen schützen können, begrenzt ist, und andererseits sollten wir versuchen, uns im Rahmen unserer Möglichkeiten zu informieren und unsere Kinder so gut wie möglich zu schützen.

Achtsamkeit gegenüber der Umgebung zu entwickeln, der ein Kind ausgesetzt ist, ob während der Schwangerschaft, zu Hause oder in der Welt, erfordert Energie und Aufmerksamkeit. Diese ganze Thematik ist stark angstbesetzt, weil es dabei um wichtige Dinge geht und weil wir uns oft machtlos fühlen. Außerdem läßt sich manchmal schwer feststellen, was wirklich über eine Sache bekannt ist, um dann die Risiken für die einzelnen Familienmitglieder abwägen zu können. Sicher ist es leichter, die gesamte Problematik der Umweltgefahren einfach völlig zu ignorieren.

Manchmal werden wir auch in unserem Zuhause mit Umweltgefahren konfrontiert, beispielsweise mit Asbest in Heizkörpern oder mit abblätternder bleihaltiger Farbe. Manchmal weisen Gerüche uns auf Gefahren hin, beispielsweise auf Formaldehyd oder andere flüchtige chemische Stoffe wie die Ausdünstungen neu verlegter Teppiche. Andere Gefahren können wir nicht mit Hilfe unserer Sinne feststellen, beispielsweise wenn Blei und andere Chemikalien im Leitungswasser enthalten sind. Umweltrisiken wie die chemische Verseuchung von Quellen, Pestizide in Nahrungsmitteln und die Luftqualität in Schulräumen können es erforderlich machen, daß wir uns in Gruppen organisieren, um uns gemeinsam für die Verbesserung der Lebensbedingungen unserer Kinder zu engagieren.

So ungeheuer wichtig es zweifellos für unsere Kinder ist, daß sie sich in emotionaler Hinsicht geschützt fühlen, so groß ist unsere Verantwortung als Eltern, auch die Gefahren in der physischen Umwelt unserer Kinder auszumachen und zu beseitigen oder zumindest einzuschränken.

Andere Faktoren, auf die wir als Eltern keinen Einfluß haben, mit denen wir uns aber trotzdem beschäftigen müssen, sind die einzigartigen physischen und emotionalen Eigenschaften, mit denen unsere Kinder geboren werden. Natürlich wissen alle Eltern, daß jedes ihrer Kinder mit einzigartigen Eigenschaften geboren wird, die sich im Laufe der Zeit entwickeln und verändern. Eine von diesen wird gewöhnlich Temperament genannt. Rudolf Steiner unterscheidet vier verschiedene Arten von Temperamenten: den *Choleriker* (feurig, energievoll, oft athletisch, engagiert und eigenwillig), den *Melancholiker* (introvertiert, einsam, pessimistisch, sensibel, mag Regentage und traurige Geschichten), den *Sanguiniker* (leichtherzig, nachlässig, launisch, gesellig, verträumt) und den *Phlegmatiker* (ißt gern und macht es sich gern gemütlich; verschlossen, vorsichtig, wachsam, bedächtig).

Bei uns allen mischen sich die Einflüsse von verschiedenen dieser Temperamente, und zu verschiedenen Zeiten in unserem Leben überwiegen jeweils andere Aspekte. Ein Kind, das sehr cholerisch, anspruchsvoll und vital ist, kann später zeitweilig eher sanguinische Eigenschaften und manchmal auch melancholische Züge entwickeln. Und ein sanguinisches Baby kann als Teenager einen starken Willen und ein feuriges Temperament haben.

Die besonderen Charaktermerkmale eines Kindes können für die Eltern manchmal sehr anstrengend sein. Und noch schwieriger kann der Umgang mit unseren Kindern für uns aufgrund unserer unbewußten Erwartungen und unseres eigenen Temperaments werden. Wenn in ein und derselben Familie mehrere sehr unterschiedliche Temperamente vertreten sind, können sich starke Spannungen entwickeln, es können hohe Erwartungen aufgebaut werden, was leicht zu ausgeprägtem Ärger führen kann. Wenn die Eltern eher athletisch und sehr ehrgeizig sind, haben sie wahrscheinlich Probleme mit einem Kind, das seinem Wesen nach eher phlegmatisch ist und es sich am liebsten mit einem Snack und einem Buch auf dem Sofa gemütlich macht. Sehr stark verbal orientierte Eltern werden vermutlich mit einem künstlerisch veranlagten Kind Schwierigkeiten haben, das ein reiches und tiefes Gefühlsleben hat und eher den nonverbalen Ausdruck bevorzugt. Wenn wir die Charaktereigenschaften unserer Kinder ebenso wie unsere eigenen klar sehen, so kann uns das helfen, verständnisvoller zu werden und mit mehr Einfühlungsvermögen an konkrete Situationen heranzugehen.

Vielleicht war eines unserer Kinder als Baby sehr „pflegeleicht", es ließ sich leicht stillen und war auch sonst nicht besonders anspruchsvoll, und dadurch haben wir Erwartungen in bezug auf das nächste Baby aufgebaut, das aber eventuell wesentlich schwieriger zu stillen und schwieriger im Umgang ist oder das an einer Kolik oder unter Allergien leidet. Einem pflegeleichten und anpassungsfähigen Kind kann ein Kind folgen, dem jede Umstellung schwerfällt und das ständig gegen Grenzen jeder Art rebelliert. Einem Kind, das gut lernt und eine echte Leseratte ist, kann ein Kind folgen, das große Schwierigkeiten hat, sich zurechtzufinden und dem auch das Lesen schwerfällt.

Manche Kinder scheinen in unterschiedlichster Hinsicht größere Schwierigkeiten zu haben als andere. Vielleicht ist das schon seit ihrer Geburt so, oder die Probleme entwickeln sich später, oder sie fühlen sich zu Dingen hingezogen, die problematisch oder sogar gefährlich oder selbstzerstörerisch sind. Gute Eltern zeichnen sich nicht dadurch aus, daß ihre Kinder im Leben keinerlei Probleme haben. Doch stellen wir uns einmal vor, wie das Leben unserer Kinder wohl aussähe, wenn sie in einer Familie aufwachsen würden, in der sie nicht als die gesehen würden, die sie sind, in der die Eltern sich nicht bemühen, auf achtsame Weise die tatsächlichen Gegebenheiten einer Situation zu berücksichtigen, und in der sie vielleicht ignoriert, abgelehnt oder beschämt werden, weil sie in irgendeiner Hinsicht anders als andere Kinder und vielleicht auch ziemlich anstrengend sind.

Achtsamkeit im Umgang mit Kindern verlangt uns einiges ab. Sowohl eine intensive innere Arbeit als auch reichlich äußere Arbeit ist erforderlich. Unser Gewahrsein bezieht alles mit ein. Wir tun dies für unsere Kinder und in dem Wissen, daß es keinerlei Erfolgsgarantien gibt.

Verirrt

Dante sagte die Wahrheit, als er *Die Göttliche Komödie* mit den folgenden Zeilen eröffnete:

Mittwegs auf unsres Lebens Reise fand
In finstren Waldes Nacht ich mich verschlagen,
Weil mir die Spur vom graden Wege schwand.

Mit anderen Worten: Ich hatte mich verirrt. Um wirklich zu wissen, wo wir sind, so erklärt uns Dantes Gedicht in seinem weiteren Verlauf in allegorischer Form, müssen wir zuerst in die Tiefe hinabsteigen, unter die Erde, in die Dunkelheit der Hölle. Erst nachdem wir dort angelangt sind, können wir zum Himmel emporsteigen.

Wenn wir glauben, daß wir uns in einer Zeit der Dunkelheit oder Verzweiflung oder Verwirrung befinden und den Weg verloren haben, können wir uns fragen: „Wie bin ich hierhergekommen?" – „Wo bin ich?" – „Was ist das für ein Ort, wo ich mich jetzt befinde?"

Sobald wir anfangen, uns mit der Situation auseinanderzusetzen, endet der Zustand des Verirrtseins. Wir sind dann einfach da, wo wir sind. Und der Ort, wo wir tatsächlich sind, ist immer ein guter Ausgangspunkt, sowohl wenn wir in der physischen Realität unsere Orientierung verloren haben als auch im metaphorischen Sinne, wenn wir das Gefühl haben, als Eltern oder in unserem Beruf oder in irgendeinem anderen Bereich unseres Lebens nicht mehr zu wissen, was wir tun sollen. Vielleicht befinden wir uns in einem gewissen Sinne ständig im Zustand der Verirrung – nämlich in dem Maße, wie wir nicht völlig erwacht sind. Am wichtigsten ist, daß wir bereit sind, da zu sein, wo wir tatsächlich sind, daß wir wirklich voll und ganz dort weilen, in der Dunkelheit ebenso wie im Licht, ohne daß wir irgendwo anders hingehen müßten. Vielleicht wird uns erst dann klar, wohin wir unseren Fuß setzen müssen, wenn die Zeit gekommen ist, ihn zu bewegen.

Ein Gedicht von David Wagoner, das auf der Tradition der Indianer des Nordwestens basiert, versucht, diesen Geist wiederzugeben. Das Gedicht beschreibt, was ein älterer Mensch einem Jungen oder einem Mädchen auf die Frage: „Was kann ich tun, wenn ich mich im Wald verirrt habe?" antworten könnte.

> *Bleibe stehen. Die Bäume vor dir und die Büsche neben dir*
> *haben sich nicht verirrt. Wo auch immer du bist, wird Hier genannt,*
> *Und du mußt dieses Hier wie einen mächtigen Fremden behandeln,*
> *Du mußte es um Erlaubnis bitten, es kennenzulernen.und erkannt zu werden.*
> *Der Wald atmet. Höre. Er antwortet.*
> *Ich habe diesen Ort um dich her gemacht.*
> *Wenn du ihn verläßt, kannst du wieder zu ihm zurückkommen,*
> *indem du Hier! sagst.*
>
> *Für einen Raben sind nicht zwei Bäume gleich.*
> *Für einen Zaunkönig gleichen nicht zwei Äste einander.*
> *Wenn dir entgeht, was ein Baum oder ein Busch tut,*
> *hast du dich wirklich verirrt. Bleibe stehen. Der Wald weiß,*
> *wo du bist. Du mußt nur zulassen, daß er dich findet.*
>
> DAVID WAGONER
> Lost

Der Dichter erinnert uns daran, daß unser Leben von unserer Sensibilität gegenüber den Einzelheiten abhängt, daß wir uns wirklich zutiefst verirrt haben, wenn wir nicht mehr sehen, was der Wald oder ein Baum oder der Blick eines Kindes besagt. Unser aller Aufgabe ist es, unsere Aufmerksamkeit zu entwickeln, wach zu werden und zu erkennen, wo wir sind, was sich vor uns und um uns herum befindet, hier und jetzt. Können wir lernen stehenzubleiben? Hören wir den Wald des Lebens und die Welt atmen? Hören wir, wie sie uns zurufen: „Sei einen Augenblick still! Wach auf! Spüre die Verbundenheit aller Dinge und Wesen! Erkenne, daß keine zwei Augenblicke einander gleichen!" Sind wir in der Lage, auf diese Weise unseren Kindern zuzuhören?

Das ist die Herausforderung, die Achtsamkeit im Umgang mit Kindern mit sich bringt. Und das gilt insbesondere für die dunkelsten Augenblicke, in denen wir uns besonders hilflos und orientierungslos fühlen – verirrt. Sind wir in der Lage, hier, auf der Stelle, und jetzt, in diesem Augenblick, stillzustehen und mit Hilfe unserer Aufmerksamkeit zu dem in Kontakt zu treten, was am grundlegendsten ist, und uns dann davon leiten zu lassen?

Es ist nie zu spät

Wir alle sind mehr oder minder Produkte unserer Zeit. Die Entscheidungen, die wir als Eltern treffen, sind von der Zeit beeinflußt, in der wir unsere Kinder bekommen, und von den Werten dieser Zeit sowie von den Menschen in unserer Umgebung – von unseren Eltern, unseren Freunden und natürlich auch von den „Experten". Wir halten die Äußerungen mutmaßlicher Fachleute für richtungsweisend und berücksichtigen dabei oft nicht den sozialen Kontext, aus dem heraus sie gemacht wurden. In einer Zeit, in der alle Welt die Ernährung mit der Flasche propagiert, ist es sehr schwierig, ein Baby zu stillen, insbesondere da es den jungen Müttern oft an Unterstützung, an sachkundiger Information und an Vorbildern fehlt. Vielleicht sind wir in einer Familie aufgewachsen, wo man Nähe vermied, in der Gefühlen keine besondere Bedeutung beigemessen wurden oder in der liebevolle Zuwendung stets an Bedingungen und Erwartungen geknüpft war. Vielleicht setzen wir diese Art des Umgangs selbst als Eltern fort, weil wir uns nicht allzu viele Gedanken machen wollen und uns lieber auf das verlassen, was uns vertraut und was deshalb bequem für uns ist, oder weil wir nicht den Mut haben oder den Willen aufzubringen vermögen, uns der vorherrschenden Tendenz unserer Zeit zu widersetzen.

Vielleicht haben wir uns manchmal bei Dingen, die wir als Eltern getan haben, nicht wohlgefühlt, und wir haben dann intuitiv unserem Unbehagen Ausdruck gegeben oder unserer Sehnsucht nach etwas anderem, doch sahen wir in der betreffenden Situation andererseits auch gar keine andere Möglichkeit. Unsere Gefühle, unsere Instinkte und unsere Intuition waren vielleicht vergraben, und jetzt, später im Leben, stehen wir da mit unserem Bedauern, unserer Traurigkeit, unserem Verlustgefühl oder unserem Schmerz.

Eine Mutter erwachsener Kinder hat uns die folgenden Reflexionen geschickt, die sie mehrere Jahre vor unserer Begegnung geschrieben hatte:

Ich bin selbst noch fast ein Baby, als ich mein erstes Kind bekomme. Dreiundzwanzig Jahre – das bedeutet, daß man irgendwo in Europa herumreisen möchte oder zur Graduate School gehen oder mit mehr als einem Jungen in einer Woche ausgehen möchte. Mit dreiundzwanzig will man noch keine Windeln wechseln oder Babyflaschen sterilisieren oder Baumwollpolster auf dem Schoß liegen haben. Aber es ist Anfang der sechziger Jahre, und was anderes hat ein hübsches jüdisches Mädchen mit zwanzig zu tun, als einen netten jüdischen Jungen zu heiraten und ein Enkelkind zu zeugen?

Es ist Anfang der sechziger Jahre, und mein Ehemann setzt mich einfach am Krankenhaus ab, als bei mir die Wehen einsetzen. Der Arzt sagt, er werde ihn zu Hause anrufen ... damit er sich keine Sorgen macht und ein wenig Schlaf bekommt. „Mach's gut, Liebling", sagt er zum Abschied. Die Schwester fährt mich im Rollstuhl weg und schaut mir in mein kleines Gesicht. „Was fehlt Ihnen denn?" – „Ich bekomme ein Baby", antworte ich. Sie schaut sich meinen Bauch an und fragt: „Wo ist es denn?" Es ist Anfang der Sechziger, und je schlanker man ist, um so besser. Ich wiege 15 Pfund mehr, als ich laut Normalgewicht wiegen dürfte. Es ist Anfang der Sechziger, und als Schwangere den Bauch zu verbergen ist „in" ... zu zeigen, was da heranwächst wie eine Blüte, ist definitiv „out".

Ich werde in den Kreißsaal gefahren. Es ist Anfang der Sechziger, und ein Kind bei klarem Bewußtsein zu bekommen ist „out" ... Dabei bewußtlos zu sein ist „in". Deshalb bekomme ich eine Injektion, die mich in einen Dämmerschlaf versetzen soll. Im Entbindungssaal fühle und sehe ich nichts mehr. Das einzige, woran ich mich noch erinnern kann, ist, daß irgend jemand meinen Arm schüttelt und ich undeutlich eine Stimme höre, die sagt: „Sie haben einen Jungen." Es ist Anfang der Sechziger, und ich bekomme meinen Sohn erst viele Stunden nach der Geburt zu sehen. Anfang der Sechziger ist es in Krankenhäusern nicht üblich, daß Mutter und Kind in einem Zimmer zusammen bleiben. Die Väter bekommen ihre Frauen und die Kinder nur während der offiziellen Besuchszeit zu sehen. Stillen ist „out" ... Babynahrung aus der Fabrik ist „in" ... Für die ersten vier Wochen eine Amme zu haben ist „in" ... Bonding ist – nun ja, zu dieser Zeit spricht noch niemand über so etwas.

Mein Mann und ich, wir mögen Eltern sein, aber im Grunde sind wir selbst noch Kinder. Keiner von uns beiden hat sich mit den grundlegenderen Problemen des Kinderhabens auseinandergesetzt,

und als die Amme nach vier Wochen das Haus verläßt, weine ich. Die Situation ist für mich unglaublich hart. Mit dreiundzwanzig fühle ich mich wie festgenagelt. Ich muß mich an einen festen Zeitplan gewöhnen: Füttern, Windeln wechseln, Baden, Schlafen. So bin ich „reif" für den Rat, den „erfahrene Eltern" mir geben: „Du darfst ihn nicht verhätscheln ... Nimm ihn nicht ständig auf den Arm ... Laß ihn einfach schreien. So haben wir es mit dir auch gemacht. Hör auf uns ... Wir sind deine Eltern. Nachdem wir zwei Kinder aufgezogen haben, wissen wir, wie man es richtig macht. Das Schlimmste ist nachzugeben, wenn er schreit ... Oh, du kannst natürlich nachsehen, ob er eine neue Windel braucht oder ob er Hunger hat, aber wenn das nicht der Fall ist, dann laß ihn schreien. Irgendwann wird er schon einschlafen."
Ich nehme den Rat an ... Ich will eine gute Mutter sein und mein Kind nicht verwöhnen. Also füttere ich den Jungen, wechsle die Windeln, bade ihn, und wenn ich ihn schreien höre, lasse ich ihn schreien. Das Wort „verwöhnt" bringt mir unangenehme Erinnerungen zu Bewußtsein, Erinnerungen an Situationen, in denen mich meine Eltern als Kind als „verwöhnt" bezeichnet hatten.
„Du solltest dankbar sein für das, was du hast ... für das, was wir für dich tun ... Andere Kinder haben es nicht so gut wie du ... Wir haben dich verwöhnt ..."
Ich schaue meinen kleinen Sohn an ... Nein, ich werde seinem Weinen nicht nachgeben.
Es ist Anfang der Sechziger, und es ist „in", eine Haushälterin zu haben; es ist „in", Mitglied eines Country-Clubs zu werden; es ist „in", in einem Verein Hallentennis zu spielen. Zwar tue ich nichts von alldem, aber ich erfülle auch nicht das primäre Bedürfnis meines Sohns nach Nähe und Kontakt. Auch über die große Bedeutung des Bonding zwischen Mutter und Kind höre ich fünfundzwanzig Jahre später zum ersten Mal etwas.
Irgendwann während der achtziger Jahre fällt mir auf, daß immer mehr Frauen ihre Babys stillen – in der Öffentlichkeit genauso selbstverständlich wie zu Hause. Ich lerne, daß es in Ordnung ist, Bedürfnisse zu haben und etwas zu wollen. Ich höre zum ersten Mal Wörter wie „Kontakt", „Wärme" und „Bonding". Irgend etwas in mir ist zutiefst traurig. Irgend etwas in mir möchte weinen.

Ich sehne mich danach, zu meinem kleinen Sohn zurückzukehren, ihn auf den Arm zu nehmen und seine Baby-Tränen zu küssen; ich sehne mich danach, ihn zu liebkosen und ihn sanft in den Schlaf zu begleiten. Doch sich tatsächlich noch eine solche zweite Chance zu ermöglichen ist „out".

Ich befinde mich nun in den Neunzigern ... Mein Sohn ist ein erwachsener Mann, und für mich ist es „in", Schmerz und Gefühle zu spüren.

Die Trauer über ungenutzt verstrichene Gelegenheiten, darüber, wie wir zu einer anderen Zeit waren oder nicht waren, liegt tief in der menschlichen Psyche vergraben. Manchmal weckt sie in uns die Sehnsucht nach einer Möglichkeit, den Schmerz unserer Kinder und unseren eigenen Schmerz zu heilen und uns auf diese Weise einander zu nähern. Wir müssen wohl oder übel akzeptieren, daß wir das bereits Geschehene nicht mehr rückgängig machen können. Wir können es nur erkennen, tief erkennen, fühlen, tief fühlen, und vielleicht können wir es durch unser Erkennen und Akzeptieren transformieren. Neue Möglichkeiten existieren nur in der Gegenwart. Daß wir unseren Kummer und unsere Trauer akzeptieren und den Schmerz, den wir vielleicht verursacht haben, ist ein Teil der Gestaltung jener neuen Möglichkeiten. Es trägt dazu bei, daß in uns etwas Neues geboren werden kann, und das erfordert vielleicht auch, daß wir uns von etwas Altem trennen, so zäh es auch an uns festhalten mag und wir an ihm.

Unserer Meinung nach ist es für uns als Eltern nie zu spät, zu versuchen, unsere Beziehungen zu erwachsenen Kindern, die wir durch unsere einstmalige Ignoranz beschädigt haben, zu heilen. Dabei spielt es keine Rolle, wie ahnungslos wir waren oder wie verständlich unser Versagen erscheinen mag, ob es aus mangelnder Aufmerksamkeit, aufgrund unserer Geschäftigkeit, aus Nachlässigkeit, Reserviertheit, dem zwanghaften Bedürfnis, ständig zu urteilen, oder aufgrund von Mißbrauch geschehen ist. Es ist nie zu spät dazu, daß wir uns um eine Erneuerung unserer Beziehung zu unseren Kindern bemühen, selbst wenn sie uns nicht mehr vertrauen oder wenn sie über unser früheres Verhalten verärgert sind, über Dinge, die wir getan oder nicht getan haben und deren Konsequenzen sie als schädlich für ihre Entwicklung ansehen.

Ein Weg, diese Wunden zu heilen, ist, unseren erwachsenen Kindern einzugestehen, daß uns das, was wir getan haben, leid tut, daß uns klar geworden ist, daß wir Dinge getan haben, die für sie schädlich waren oder deretwegen wir sie vernachlässigt haben. Wir können ihnen das entweder in Form eines Briefes oder in einem Gespräch mitteilen. Ein Brief ist sicherlich die sensiblere Form der Kontaktaufnahme, insbesondere wenn ein Kind das Gefühl hat, daß wir bewußt oder unbedacht seine Grenzen verletzt haben. Ein solcher Versuch ist allerdings nur dann sinnvoll, wenn er ein echtes Angebot ist, wenn es uns dabei vor allem um das Wohl unseres Kindes geht und wenn wir, so hart das auch für uns sein mag, akzeptieren, daß möglicherweise ein irreparabler Schaden verursacht wurde und eine Versöhnung unmöglich geworden ist. Wir müssen uns an einem inneren Ort befinden, wo es uns nicht darum geht, selbst Sympathie, Verständnis, Bestätigung oder Zuneigung zu finden, und der frei ist von jeglichem Wunsch, von irgendeiner Schuld befreit zu werden. Wir können diese Gefühle zur Kenntnis nehmen, wenn sie auftauchen, und unsere Aufmerksamkeit anschließend wieder auf die Frage richten: „Was ist für mein Kind am besten?" – auch wenn dieses Kind schon erwachsen ist.

*

Wenn wir unsere Beziehungen zu unseren erwachsenen Kindern im Geiste der Achtsamkeit gestalten wollen, müssen wir uns dessen bewußt werden, ob und wie unsere Annahmen und Erwartungen einschränkend oder respektlos auf sie wirken könnten. Außerdem müssen wir uns der Anforderungen und Belastungen bewußt werden, mit denen unsere Kinder in ihrem Leben zu kämpfen haben.

Das heißt jedoch nicht, daß wir in unserer Interaktion mit unseren erwachsenen Kindern unsere Gefühle und Bedürfnisse nicht zum Ausdruck bringen dürften. Wenn etwas passiert, worüber wir uns Sorgen machen, ist es durchaus sinnvoll, möglichst bald nach dem Ereignis mit ihnen darüber zu sprechen, statt die Dinge sich aufstauen zu lassen. Wenn wir unsere Kinder um etwas bitten, müssen wir akzeptieren, daß sie Erwachsene sind und daß sie die Freiheit haben, nein zu sagen oder uns völlig abzulehnen.

Es ist sehr hilfreich, unsere erwachsenen Kinder so zu sehen, als würden wir ihnen zum ersten Mal begegnen, nicht wie Babys („unsere Kleinen"), sondern wie völlig fremde Menschen. Jeder gemeinsame Augenblick, auch am Telefon, ist eine neue Chance, in der Gegenwart verankert zu sein,

Vertrauen aufzubauen, eine Verbindung herzustellen, sensibel und empathisch zu sein, sie so zu akzeptieren, wie sie sind, und ihre Eigenständigkeit und Souveränität zu achten.

Wenn wir gelegentlich in ein altbekanntes Muster zurückfallen, wenn wir merken, daß wir unsere erwachsenen Töchter und Söhne kritisieren, daß wir ihnen gegenüber unfreundlich sind, daß wir sie verurteilen, Forderungen an sie stellen, uns von ihnen distanzieren oder daß wir irgendeine andere der Myriaden Arten negativen Verhaltens zeigen, dann sollten wir einen Augenblick innehalten und auf das zurückblicken, was geschehen ist. In solchen Situationen ist es sehr hilfreich, wenn wir uns eingestehen, was wir getan haben, daraus lernen und uns für unser Verhalten entschuldigen. Und dann ... beginnen wir von neuem.

*

Die westliche Medizin basiert auf dem von Hippokrates formulierten Kardinalprinzip, zuerst und vor allem nicht zu schaden. Vielleicht sollten wir eine Art „Hippokratischen Eid" für Eltern schaffen, der beinhaltet, daß wir uns zuallererst bemühen wollen, keinen Schaden anzurichten. Das allein wäre schon eine gute Übung.

Achtsam zu sein bedeutet vor allem, daß wir das Leben leben, das zu leben uns gegeben wurde. Dies können wir nur, indem wir Raum schaffen, in welchem unsere wahre Natur hervortreten kann – das Tiefste und Beste in uns. Obgleich wir alle als geheimnisvolle Wesen geboren wurden, kann unser Genius ohne adäquate Nahrung an Sauerstoffmangel sterben. Der Sauerstoff, der unsere wahre Natur nährt, ist in Stille, Aufmerksamkeit, Liebe, Souveränität und Gemeinschaftserleben enthalten. Achtsamkeit im Umgang mit Kindern eröffnet uns Möglichkeiten, unsere Kinder und uns selbst zu nähren und der Suche treu zu bleiben, jener Heldenreise, die ein im Geiste des Gewahrseins gelebtes Menschenleben ist, und dadurch zu dem heranzuwachsen, was wir alle sind und füreinander werden können, für uns und für die Welt.

Epilog

Sieben Intentionen und zwölf Übungen zur Entwicklung von Achtsamkeit in der Familie

Intentionen –
Elternschaft als spirituelle Disziplin

Intentionen erinnern uns daran, was wichtig ist. Wenn wir uns vornehmen, etwas zu tun, und diese Intention unsere Entscheidungen und Handlungen prägt, steigen die Chancen außerordentlich, daß wir sensibel werden für das, was in unserem Leben wichtig ist, und es besteht eine höhere Wahrscheinlichkeit, daß wir den größeren Zusammenhang im Auge behalten. Unsere Intentionen helfen uns, unseren Bemühungen Gestalt und Richtung geben und die Ergebnisse unserer Bemühungen, etwas wertvolles in uns und unserem Leben zu entwickeln, einzuschätzen. Aus diesem Grunde ist es sehr hilfreich, wenn wir uns irgendwann entscheiden, was uns wirklich wichtig ist, und dann daran arbeiten, diesen Orientierungsrahmen immer im Sinn zu behalten, während sich unser Leben entfaltet.

Für die Praxis der Achtsamkeit in der Familie ist es wichtig, gewisse Grundprinzipien von Anfang an zu beherzigen. Das bedeutet jedoch nicht, daß es zu spät ist, sich um Achtsamkeit zu bemühen, wenn wir bereits Kinder haben. Es bedeutet vielmehr, daß wir dann beginnen, wenn wir bereit sind, wo auch immer wir uns in unserem Leben befinden mögen, und daß wir mit dem Hier und Jetzt arbeiten und die Intentionen formulieren, die zu bestärken und anzuwenden für uns wichtig und realistisch sind. Es ist nicht nur nie zu spät, Achtsamkeit in unser Leben zu integrieren; vielmehr ist der Augenblick, indem wir die innere Verpflichtung eingehen, das zu tun, in jedem Fall der richtige Augenblick, um damit zu beginnen.

Wir haben im folgenden einige Intentionen zusammengestellt, die Ihnen vielleicht hilfreich sein werden, die Praxis der Achtsamkeit in Ihren Alltag mit Kindern zu integrieren. Natürlich können Sie auch ihre eigenen entwickeln, oder die hier vorgeschlagenen abwandeln, so daß sie für Sie passen.

INTENTION 1: Ich werde meine ganzen kreativen Möglichkeiten für die Entwicklung von Achtsamkeit im Umgang mit meinen Kindern einsetzen.

INTENTION 2: Ich werde meine Aufgabe als Vater oder Mutter als eine spirituelle Übung betrachten – in dem Sinne, daß sie eine außergewöhnliche Möglichkeit darstellt, Weisheit, Mitgefühl und ein offenes Herz zu entwickeln, so daß ich meine wahre Natur erkennen und zum Ausdruck bringen und meine besten Eigenschaften mit meinen Kindern und der Welt teilen kann.

INTENTION 3: Ich werde in meinem alltäglichen Leben Achtsamkeit und Unterscheidungsvermögen entwickeln, insbesondere im Umgang mit meinen Kindern, und ich werde das Gewahrsein meines Atems nutzen, um mich im gegenwärtigen Augenblick zu verankern.

INTENTION 4: Ich werde mir alle Mühe geben, zu erkennen, wer meine Kinder wirklich sind, und mich immer wieder daran zu erinnern, sie als die anzunehmen, die sie in ihrem jeweiligen Alter sind, statt mich von meinen eigenen Erwartungen und Ängsten blenden zu lassen. Indem ich mich dazu verpflichte, mein eigenes Leben voll zu leben und daran zu arbeiten, daß ich mich so sehe und annehme, wie ich bin, wird es mir auch leichter fallen, meine Kinder so zu akzeptieren, wie sie sind. So kann ich ihnen helfen, zu wachsen und ihr volles Potential als einzigartige Wesen zu realisieren.

INTENTION 5: Ich werde mir alle Mühe geben, die Dinge immer wieder auch aus der Sicht eines jeden Kindes zu sehen und zu verstehen, welche Bedürfnisse jedes meiner Kinder hat, und diese, so gut ich kann, zu erfüllen.

INTENTION 6: Ich werde alles, was in meinem Leben und im Leben meiner Kinder geschieht, auch die dunkelsten und schwierigsten Situationen, als „Korn für die Mühle" nutzen, um als Mensch zu wachsen, so daß ich besser imstande bin, meine Kinder, ihre seelischen Bedürfnisse und das, was von mir als Mutter oder Vater erforderlich ist, zu verstehen.

INTENTION 7: Ich werde diese Intentionen in meinem Herzen bewahren und mich dazu verpflichten, sie, so gut ich kann, in die Praxis umzusetzen, jeden Tag, und auf eine Art und Weise, die ich als richtig empfinde und die sowohl die Souveränität meiner Kinder als auch meine eigene respektiert.

Zwölf Übungen zur Entwicklung von Achtsamkeit in der Familie

1 Versuchen Sie sich die Welt aus der Perspektive Ihres Kindes vorzustellen und sich dabei bewußt von Ihrer eigenen Sichtweise zu lösen. Tun Sie das jeden Tag wenigstens ein paar Augenblicke lang, um sich daran zu erinnern, wer dieses Kind ist und womit er oder sie in der Welt konfrontiert wird.
2 Stellen Sie sich vor, wie Sie auf Ihr Kind wirken oder wie Sie in seinen Ohren klingen – auf das Kind, daß Sie heute, in diesem Augenblick, zur Mutter oder zum Vater hat. Wie könnte sich das darauf auswirken, wie Sie in Ihrem Körper zuhause sind und sich im Raum bewegen, wie auf Ihre Art zu sprechen und auf das, was Sie sagen? Wie möchten Sie zu Ihrem Kind in *diesem* Augenblick in Beziehung treten?
3 Üben Sie sich darin, Ihre Kinder, so wie sie sind, als vollkommen zu sehen. Versuchen Sie, sich in jedem Augenblick ihrer Souveränität bewußt zu bleiben, und arbeiten Sie daran, daß sie sie so annehmen können, wie sie sind – auch in Situationen, in denen Ihnen dies besonders schwerfällt.
4 Bringen Sie sich Ihre Erwartungen Ihren Kindern gegenüber zu Bewußtsein, und überlegen Sie sich, ob diese wirklich zu ihrem besten sind. Versuchen Sie sich auch wahrzunehmen, wie Sie diese Erwartungen vermitteln und welchen Einfluß sie auf Ihre Kinder haben.
5 Üben Sie sich in einer selbstlosen Haltung, indem Sie die Bedürfnisse Ihrer Kinder, wann immer möglich, über Ihre eigenen stellen. Versuchen Sie dann zu sehen, ob es vielleicht doch gemeinsamen Boden gibt, so daß auch Ihre eigenen wahren Bedürfnisse erfüllt werden können. Sie werden möglicherweise überrascht sein, wie viele Überschneidungen es tatsächlich gibt, insbesondere wenn Sie geduldig sind und sich um ein Gleichgewicht bemühen.

6 Halten Sie inne, wenn Sie das Gefühl haben, Sie hätten sich verirrt, so wie es David Wagoner in seinem Gedicht „Lost" beschreibt: „Der Wald atmet. ..." Lassen Sie seine Botschaft zu sich sprechen: „Der Wald weiß, wo du bist. Du mußt nur zulassen, daß er dich findet ... " Meditieren Sie über das Ganze, indem Sie der Situation, Ihrem Kind, sich selbst und Ihrer Familie Ihre volle Aufmerksamkeit schenken. Auf diese Weise können Sie vielleicht über das Denken hinausgelangen, so positiv und umfassend es auch sein mag, und intuitiv mit Ihrem ganzen Wesen (Ihren Gefühlen, Ihrer Intuition, Ihrem Körper, Ihrem Geist und Ihrer Seele) wahr, was wirklich zu tun ist. Wenn Ihnen das nicht in jedem Augenblick klar ist, ist es vielleicht am besten, gar nichts zu tun, bis es klarer geworden ist. Manchmal ist es gut, einfach still zu bleiben.

7 Üben Sie sich im stillen Gegenwärtigsein. Diese Fähigkeit kann sich sowohl aus der formellen als auch aus der nicht-formalen Achtsamkeitspraxis entwickeln, wenn Sie darauf achten, wie Sie sich verhalten und was Sie mit Körper, Geist und Ihren Worten ausdrücken. Hören Sie sich selbst sorgfältig zu.

8 Lernen Sie, mit Anspannungen zu leben, ohne daß Sie Ihr Gleichgewicht verlieren. In seinem Buch *Zen in der Kunst des Bogenschießens* beschreibt Eugen Herrigel, wie er lernte, im Augenblick größter Anspannung mühelos dazustehen, ohne den Pfeil abzuschießen. Im richtigen Augenblick schießt der Pfeil sich auf geheimnisvolle Weise selbst ab. Tun Sie das, indem Sie üben, in jeden noch so schwierigen Augenblick hineinzugehen, ohne irgend etwas verändern zu wollen und ohne ein bestimmtes Ergebnis zu erwarten. Bringen Sie einfach Ihr volles Gewahrsein und Ihre Präsenz in diesen Augenblick hinein. Üben Sie sich darin zu sehen, daß alles, was in Erscheinung tritt, zu verarbeiten ist, wenn Sie bereit sind, auf diese Weise in der Gegenwart zu sein und dabei auf ihre Intuition und auf ihre Instinkte zu vertrauen. Für Ihr Kind ist es, insbesondere wenn es noch sehr jung ist, wichtig, daß Sie ein Zentrum der Ausgewogenheit und Vertrauenswürdigkeit sind, ein verläßlicher Orientierungspunkt, mit dessen Hilfe es Punkte in seiner eigenen Landschaft anpeilen kann. Pfeil und Ziel brauchen einander. Etwas erzwingen zu wollen führt zu nichts. Sie finden einander besser durch weise Aufmerksamkeit und Geduld.

9 Entschuldigen Sie sich bei Ihrem Kind, wenn Sie sein Vertrauen auch nur geringfügig verletzt haben. Entschuldigungen wirken heilend. Wenn Sie sich entschuldigen, bringen Sie dadurch zum Ausdruck, daß Sie über die fragliche Situation nachgedacht haben, daß Sie sie nun klarer sehen und vielleicht auch die Sicht des Kindes besser verstehen. Doch sollten wir uns andererseits auch davor hüten, daß uns zu oft etwas leid tut. Wenn wir uns zu häufig entschuldigen, wenn wir uns das zur Gewohnheit machen, verliert es seinen Sinn. Dann kann es dazu führen, daß wir die Verantwortung für unsere Handlungen nicht in vollem Umfang übernehmen. Behalten Sie das im Auge. Hin und wieder im Gefühl echter Reue zu schmoren ist eine gute Meditation. Schalten Sie den Herd nicht ab, bevor das Essen fertig ist.

10 Jedes Kind ist einzigartig, und jedes Kind hat ganz spezielle Bedürfnisse. Jedes sieht die Welt auf seine eigene, einzigartige Art und Weise. Bewahren Sie ein Bild jedes Ihrer Kinder in Ihrem Herzen. Lernen Sie das Wesen eines jeden einzelnen Kindes zu würdigen, und wünschen Sie all Ihren Kindern das Beste.

11 Es gibt sehr wichtige Situationen, in denen wir uns darin üben müssen, unseren Kindern gegenüber klar, stark und unmißverständlich zu sein. Bemühen Sie sich darum, in solchen Fällen, so gut Sie können, aus Gewahrsein, Großzügigkeit und Unterscheidungsvermögen heraus zu handeln, statt aus Angst, Selbstgerechtigkeit oder dem Bedürfnis, die Situation zu kontrollieren. Achtsamkeit bedeutet nicht, daß wir als Eltern übermäßig nachsichtig, nachlässig oder schwach sind, und ebensowenig, daß wir rigide und dominant sind und alles kontrollieren.

12 Das größte Geschenk, das Sie Ihrem Kind machen können, sind Sie selbst. Deshalb besteht ein Teil Ihrer Aufgabe als Mutter oder Vater darin, an Selbsterkenntnis und Gewahrsein zu wachsen. Wir müssen im gegenwärtigen Augenblick verwurzelt sein, um unsere tiefsten und besten Aspekte mit anderen teilen zu können. Dies ist eine ständige innere Arbeit, aber sie kann dadurch unterstützt werden, daß wir regelmäßig eine Zeitspanne für stille Kontemplation reservieren – wie auch immer uns das am meisten zusagt. Wir haben nie etwas anderes als das Jetzt. Wir haben immer wieder von Neuem die Gelegenheit, es zu unserem Besten zu nutzen, um unserer Kinder und um unserer selbst willen.

Literatur

Robert Aitken: *The Gateless Barrier. The Wu-Men Kuan.* North Point Press, Berkeley 1991.American Medical Association: *Physicians's Guide to Media Violence, 1996.*
Robert Bly: *Die dunklen Seiten des menschlichen Wesens.* Droemer/Knaur, München 1993.
Robert Bly: *Die kindliche Gesellschaft.* Kindler, München 1997.
Geffroy Chancer: *Wife of Bath's Tale.* Bedford Books, New York 1996.
Alighieri Dante: *Die Göttliche Komödie.* Diogenes, Zürich 1998.
T.S. Eliot: *Gesammelte Gedichte.* 1909-1962, 4 Bände. Suhrkamp, Frankfurt 1988.
Louise Erdrich: *The Blue Jay's Dance.* HarperCollins, Scranton, (USA) 1995.
Clarissa P. Estés: *Die Wolfsfrau. Die Kraft der weiblichen Urinstinkte.* Heyne, München 1997.
Clarissa P. Estés: *Theater of Imagination. Vol 1.* Sounds True Audio, Louisville. (Kassette)
Daniel Goleman: *Emotionale Intelligenz.* Carl Hauser, München 1996.
Eugen Herrigel: *Zen in der Kunst des Bogenschießens.* Scherz Verlag München 1997.
Thich Nhat Hanh: *The Long Road turns to Joy. A Guide to walking Meditation.* Parallax Press, Berkeley/CA 1996.
Nikos Kazantzakis: *Alexis Sorbas.* Rowohlt Tb, Reinbek.
Jon Kabat-Zinn: *Gesund durch Meditation. Das große Buch der Selbstheilung. Das grundlegende Übungsprogramm zur Entspannung, Streßreduzierung und Aktivierung des Immunsystems.* Scherz, München 1994.
Jon Kabat-Zinn: *Im Alltag Ruhe finden. Das umfassende praktische Meditationsprogramm.* Herder, Freiburg 1998.
Mel Lazarus: „Angry Fathers" in *Sunday New York Times.* The New York Times Company 1995.
Astrid Lindgren: *Ronja, Räubertochter.* Oetinger, Hamburg 1982.
Alice Miller: *Am Anfang war Erziehung.* Suhrkamp, Frankfurt 1980.

Mary Oliver: *Dream Work.* Atlanic Monthly Press, New York 1986. *Oxford English Dictionary.* Cary, New York 1994.
Joseph Chilton Pearce: *Der nächste Schritt der Menschheit. Die neurologischen und biologischen Grundlagen für die volle Entfaltung des menschlichen Potentials.* Arbor, Freiamt 1997.
Robbi Pfeufer Kahn: *Bearing Meaning. The Language of Birth.* University of Illinois, Baltimore 1996.
Mary Pipher: *Reviving Ophelia.* Putnam, New York 1994.
Mary Pipher: *The Shelter of Each Other.* Putnam, New York 1996.
Rainer Maria Rilke: *Briefe an einen jungen Dichter.* Insel, Frankfurt 1997.
Rainer Maria Rilke: *Die Gedichte in einem Band. Sämtliche Gedichte.* Insel, Franfurt 1986.
William Sears: *Baby Book. Everything You Need to Know About Your Baby.* Little Brown & Co, USA 1993.
Rosemary Sutcliff: *The Sword and the Circle.* Dutton Childrens's Books, USA 1992.
John Ronald R. Tolkien: *Der kleine Hobbit.* dtv Junior, München 1995.
Mark Twain: *Die Abenteuer des Huckleberry Finn.* Ravensburger Tb., Ravensburg 1996.
David Whyte: *The Heart Aroused.* Industrial Society, England 1997.
William Butler Yeats: *The Collected Works of W.B. Yeats. Volume 1: The Poems.* Macmillan, New York 1989.

Der Verein Mit Kindern wachsen e.V.

Der Verein *Mit Kindern wachsen e.V.* besteht mittlerweile seit mehr als zwanzig Jahren. Unsere Aktivitäten richten sich an Menschen, die mit Kindern neue Wege gehen wollen – Wege, die ein Kind von Anfang an als fühlendes Subjekt respektieren, seine Integrität bewahren und es ihm erlauben wollen, sich nach seinem eigenen inneren Gesetz zu entfalten.

Dabei haben sich in den letzten Jahren folgende Schwerpunkte herausgebildet:

Die Zeitschrift Mit Kindern wachsen

Unsere Zeitschrift erscheint vierteljährlich. Zusätzlich bringen wir in unregelmäßigen Abständen themenbezogene Sonderhefte heraus, wie z.B. unser Kennenlernheft oder unser Special zum Thema Geburt, Säuglinge und Kleinkinder. Gegen Zusendung von Euro 5,- (CHF 10,-) schicken wir Ihnen gerne ein Probeheft.

Seminare und Fortbildungen

Über diese Aktivitäten hinaus organisieren wir Fortbildungen, Seminare und Vorträge mit verschiedenen Referenten, die unserer Arbeit nahe stehen, wie z.B. mit Anna Tardos, Polly Elam, Myla & Jon Kabat-Zinn, Prof. Remo Largo, Jesper Juul, Katharina Martin, Lienhard Valentin und anderen.

Weitere Informationen über uns, unsere Zeitschrift und unsere Arbeit finden Sie im Internet unter www.mit-kindern-wachsen.de oder schriftlich unter
Mit Kindern wachsen e.V., Karlstr. 3a, 79104 Freiburg,
Fax +49.(0)761.21 69 461, info@mit-kindern-wachsen.de

http://www.mit-kindern-wachsen.de

Lienhard Valentin
Mit Kindern neue Wege gehen

Wie können Kinder am sinnvollsten auf eine heute noch völlig unbekannte Zukunft vorbereitet werden?
Wie können sie die Kraft finden, sich den Herausforderungen der Gesellschaft zu stellen?
Und wie können sie gleichzeititg „emotionale und soziale Intelligenz" entwickeln, das heißt die Fähigkeit, echte und tiefe Beziehungen einzugehen?
Dieses Buch macht deutlich, dass Erziehungskonzepte im besten Fall Landkarten sind, die uns bei der Orientierung helfen. Und wir werden ermutigt, uns Kindern ohne fertige Rezepte zuzuwenden – denn nur so können wir sie in ihrer Einzigartigkeit wahrnehmen und sie einfühlsam ins Leben begleiten.
Der erfahrene Elternberater Lienhard Valentin bietet als Unterstützung konkrete Übungen, Geschichten und Reflexionen. Mit ihrer Hilfe können Eltern, Erzieherinnen und Lehrer Kinder und ihre Bedürfnisse besser verstehen und sie dabei unterstützen ihr Potential so weitgehend wir möglich zu entfalten.

„Dieses Buch weist uns einen wirkungsvollen, überzeugenden und im wahrsten Sinne des Wortes praktischen Weg, den wir als Eltern beschreiten können, um Kinder auf achtsame Weise ins Leben zu begleiten. So ermöglichen wir ihnen, die innere Kraft zu finden, in einer Welt zu bestehen, die sich grundsätzlich von der unseren unterscheiden und sie mit ungeahnten Herausforderungen konfrontieren wird."
Myla & Jon Kabat-Zinn

ISBN 3-936855-23-4

Jon Kabat-Zinn
Zur Besinnung kommen
Die Weisheit der Sinne und der Sinn der Achtsamkeit in einer aus den Fugen geratenen Welt

Unsere Gesundheit und unser Wohlergehen stehen auf dem Spiel, wenn es uns nicht gelingt, in dieser aus den Fugen geratenen Welt wieder zur Besinnung zu kommen, als Individuen und als menschliche Gemeinschaft. Dies ist die zentrale These des bekannten Verhaltensmediziners und Meditationslehrers Prof. Dr. Jon Kabat-Zinn, dessen Programm der „Stressbewältigung durch die Praxis der Achtsamkeit" (MBSR) weltweit in immer mehr Universitätskliniken, Krankenhäusern, Gesundheitszentren, aber auch in wirtschaftlichen und politischen Institutionen erfolgreich praktiziert wird.
Wir haben weitgehend den Kontakt verloren zur wahren Wirklichkeit dessen, was wir in unserer Tiefe und in allen unseren Möglichkeiten sind; ebenso zu unserem Körper und zu den „Körperschaften" unserer gesellschaftlichen und politischen Institutionen. Diese Entfremdung von dem, was wirklich ist, macht uns und unsere Gesellschaft auf die Dauer krank. Das Tor, durch das wir erneuten Zugang zu unserem inneren Potential, zu unserem Körper, unseren Gefühlen, unseren Mitmenschen und unseren Organisationen gewinnen können, ist das unserer Sinne – und zu denen zählt der Autor aus buddhistischer Sicht auch den denkenden Geist.
Der Königsweg zu dieser Belebung der Weisheit der Sinne ist die Achtsamkeit. Ihre heilsame Kraft ist in der buddhistischen Meditationspraxis seit zweieinhalb Jahrtausenden erforscht, erprobt und angewendet worden. Dieses Buch zeigt, wie wir mit Hilfe dieser Praxis wieder zur Besinnung kommen und mit allen Sinnen zu einem gesunden und erfüllten Leben in der Gemeinschaft finden können.

ISBN 3-936855-17-X

Kabat-Zinn, Jon und Ulrike Kesper-Grossman
Die heilende Kraft der Achtsamkeit
Stärkung der Gesundheit mit Hilfe einer alten buddhistischen Praxis

Das Meditationsprogramm, das durch den Alltag begleitet. Die auf den CDs praxisnah und leicht umsetzbar vorbereiteten Meditationen haben bereits vielen Menschen geholfen. Zehntausende von Patienten mit Herzbeschwerden, chronischen Schmerzen, Krebs oder anderen schweren, oft unheilbaren Krankheiten profitieren bereits von der heilenden Kraft der Achtsamkeit.
Halbleinen-Buch mit Doppel-CD, ISBN 3-924195-77-3

Kabat-Zinn, Jon und Ulrike Kesper-Grossman
Stressbewältigung durch die Praxis der Achtsamkeit
Buch mit CD

Diese CD mit Begleitbuch enthält eine Anleitung zur Achtsamkeitsmeditation und zum Body-Scan, wie sie von Dr. Jon Kabat-Zinn in der Stress-Reduction-Clinic entwickelt wurden. Den deutschen Text spricht Ulrike Kesper-Grossman.
Halbleinen-Buch mit CD, ISBN 3-924195-57-9

„Die Schönheit der meditativen Arbeit liegt darin, dass wir auf die Praxis selbst vertrauen können, um uns aus dem Schlamassel zu führen. Sie hält uns auf dem Pfad, selbst in den dunkelsten Momenten; sie stellt sich selbst unseren fürchterlichsten Geisteszuständen und äußerlichen Bedingungen. Sie erinnert uns an unsere Möglichkeiten."

Jon Kabat-Zinn

Saki Santorelli
Zerbrochen und doch ganz
Die heilende Kraft der Achtsamkeit

Mit diesem Buch stellt Saki Santorelli die Essenz der von Jon Kabat-Zinn entwickelten achtwöchigen Kurse zur Praxis der Achtsamkeit im Gesundheitswesen vor.
Saki Santorelli zeigt auf, wie es auch bei schweren Krankheiten möglich ist, mit dem Teil in sich in Berührung zu kommen, der unverletzbar, heil und ganz ist, und wie es Menschen so gelingen kann, ihrem Leben eine vollkommen neue Dimension zu geben.
Anhand zahlreicher Beispiele, Übungen und geleiteter Meditationen bietet er Einsichten und effektive Methoden an, um Achtsamkeit im täglichen Leben zu fördern. Saki Santorelli erinnert uns an eine Art von innerer Heilung, die in der westlichen Medizin beinahe vergessen ist. In Prosa und Poesie sowie in ergreifenden Fallbeispielen ruft Saki Santorelli für uns die Gegenseitigkeit der heilenden Beziehung wach. „Zerbrochen und doch ganz" ist ein klarer Spiegel, in dem wir jene Freiheit finden können, die im Herzen jeder authentischen Heilung zu finden ist. Ein wunderbares Buch über die heilende Kraft der Achtsamkeit, das in keiner Gesundheitsbibliothek fehlen sollte.
Mit einem Vorwort von Jon Kabat-Zinn

„Einfach ein sehr schönes Buch! Ein vollständiger Körper-Geist-Herzkontakt zwischen dem, was innen heilt, und dem, was noch weiter innen jene Heilung fördert.
Ein äußerst notwendiges Buch für jeden Medizinstudenten und jede Bibliothek mit Werken über das Heilen."

Stephen Levine

Dr. Saki F. Santorelli ist Leiter der *Stress Reduction Clinic* der Universität von Massachusetts. Dr. Santorelli leitet zudem die klinischen und pädagogischen Dienste im *Zentrum für Achtsamkeit in Medizin, Gesundheitsvorsorge und Gesellschaft*.

ISBN 3-936855-47-1

Gerne informieren wir Sie über unsere weiteren Veröffentlichungen. Schreiben Sie uns oder besuchen Sie uns im Internet unter:

www.arbor-verlag.de

Hier finden Sie umfangreiche Leseproben, aktuelle Informationen zu unseren Büchern und Veranstaltungen, Links und unseren Buchshop.

Arbor Verlag • D-79348 Freiamt
Tel: 0761. 401 409 30 • info@arbor-verlag.de